김대중의 화해와 통합

Kim Dae-jung's Politics of
Reconciliation and Integration

김대중의 화해와 통합

제1판 1쇄 인쇄 2026. 2. 23.
제1판 1쇄 발행 2026. 3. 1.

발　　간　김대중평화회의, 김대중학술원
기　　획　백학순
책임편집　김학노
지 은 이　김학노, 최영태, 양재진, 박진경, 김병로, 남기정, 박명림
펴 낸 이　김경희
펴 낸 곳　(주)지식산업사
　　　　　본사•10881, 경기도 파주시 광인사길 53
　　　　　전화 (031)955-4226~7 팩스 (031)955-4228
　　　　　서울사무소•03044, 서울특별시 종로구 자하문로6길 18-7
　　　　　전화 (02)734-1978 팩스 (02)720-7900
　　　　　한글문패　　지식산업사
　　　　　영문문패　　www.jisik.co.kr
　　　　　전자우편　　jsp@jisik.co.kr
　　　　　등록번호　　1-363
　　　　　등록날짜　　1969. 5. 8.

책값은 뒤표지에 있습니다.

ISBN 89-423-9994-9 93990

이 책을 읽고 저자에게 문의하고자 하는 이는
지식산업사 전자우편으로 연락 바랍니다.

김대중의 화해와 통합

김학노 책임편집

김학노, 최영태, 양재진, 박진경, 김병로, 남기정, 박명림 지음

기획의 말씀

백학순 (김대중학술원장)

2026년 새해에 김대중연구서 《김대중의 화해와 통합》을 출간한다. '김대중평화회의 연구' 시리즈 기획자로서 가슴 설렘과 기쁜 마음을 독자들과 함께한다.

김대중은 여느 정치인과 달리, 치열한 독서와 사유로써 동서고금을 통해 축적된 인류의 경험, 지식과 지혜를 바탕으로 자신의 철학과 사상을 정립하고, 야당 지도자 시절부터, 특히 대통령이 되었을 때 자신의 철학과 사상을 구체적인 정책으로 실천하여 우리 사회와 나라, 민족 그리고 인류의 공공선과 행복의 증진에 기여한 역사적으로도 매우 드문 '철인 정치가'哲人 政治家, philosopher-statesman, '사상가 지도자'였다.[1]

2024년에 세계 각국 정치학회들의 연합체인 세계정치학회 International Political Science Association가 '철인 정치가' 김대중에 주목하고 세계 평화, 민주주의, 인권 분야에 대한 그의 공헌을 기려 '김대중상'Kim Dae-jung Award을 제정했다. 세계 평화, 민주주의, 인권 분야에서 뛰어난 연구 업적을 낸 세계적인 학자에게

---

1) 김대중재단 엮음, 《김대중 어록집: 통찰과 지혜》 (서울: 김대중재단 출판부, 2025), 13-77, 161쪽. 참고로, '사상가 김대중'에 대한 연구는 '김대중평화회의 연구' 시리즈 제1권으로서 황태연 책임편집, 《사상가 김대중: 그의 철학과 사상》 (서울: 지식산업사, 2024)으로 출간되었다.

2년마다 개최되는 세계대회World Congress에서 김대중상을 수여
하기로 했다.[2] 2025년 7월에 서울에서 개최된 제28차 세계대회에
서 제1회 김대중상이 수여되었다.[3]

　　김대중은 누구보다도 화해와 통합의 지도자였다. 그의 용서와
화해, 포용과 통합의 철학과 사상은 개인적 차원에서는 기독교(천주
교), 동학(천도교)에 연결되어 있었고, 정치·사회적 차원에서는 공동
체와 공공선, 민주주의와 인권, 평화, 그리고 역사 발전을 위한 동력
으로 작동되고 실천됐다.

　　잠시, 김대중의 개인적 차원의 용서와 화해를 살펴보자. "우리
는 우리가 죄인이기 때문에 남을, 원수조차 용서해야 한다."[4] "용서
하는 것은 인간의 권리가 아니라 의무이다. 그러므로 용서가 큰 미덕
이기보다는 용서하지 않는 것이 큰 잘못이다. 사실 용서할 수 있는
사람을 용서하는 것은 진정한 용서가 아니다. 용서할 수 없는 것을
용서하는 것이 참용서요, 인간 승리의 극치이다."[5] "용서만이 참된
승리를 얻는 길이다."[6] "용서는 모든 사람과의 평화와 화해의 길이
기 때문에 기쁜 마음으로 해야 한다."[7] "죄는 미워해도 사람은 미워
해서는 안 된다"라고 했다.[8]

---

2) 세계정치학회가 제정한 상 중에는 이미 유명한 정치학자들의 이름을 딴 상들이 있지만,
　　정치지도자의 이름을 딴 상은 김대중상이 최초였다.
　　　https://www.ipsa.org/page/awards-kim-dae-jung-award (2024년 11월 1
　　일 조회).
3) 2025년 제1회 김대중상은 캐나다 맥길대학교(McGill University) 정치학 교수인 T.V.
　　Paul에게 수여되었다.
　　　https://www.ipsa.org/page/awards-kim-dae-jung-award-new 　(2025년
　　12월 1일 조회).
4) 김대중, 《옥중서신 1: 김대중이 이희호에게》 (서울: 시대의창, 2009) (1980년 12월
　　7일), 175쪽.
5) 김대중, 《새로운 시작을 위하여》 (서울: 김영사, 1993), 116쪽.
6) 위의 책, 108쪽.
7) 김대중, 《옥중서신 1: 김대중이 이희호에게》…, (1980년 12월 7일), 175쪽.

　김대중은 결코 사람이 저지른 죄악과 나쁜 제도를 용서하지 않았지만,[9] 죄인, 즉 인간은 용서해야 한다는 자신의 철학에 따라, 5월 광주 〈김대중 내란음모 조작사건 관련 최후 진술〉을 통해 '마지막 부탁'으로서 "내가 죽더라도 다시는 이러한 정치보복이 없어야 한다는 것을 유언으로 남기고 싶다"고 했다.[10] 그리고 평생 자신을 핍박하고 자신을 도쿄에서 납치하여 현해탄에서 수장水葬시켜 살해하려고까지 했던 박정희를 용서하고 박정희대통령기념관을 건립하는 데 200억 원의 국가보조금을 지원하고, 자신이 직접 건립추진위원회 명예회장을 맡았다. 그리고 1997년 12월 대통령에 당선되자 "오직 피해자만이 가해자를 용서할 수 있다."라는[11] 자신의 용서 철학에 따라 김영삼 대통령에게 전두환·노태우의 사면을 건의하였고, 김영삼 대통령은 전두환·노태우를 특별사면했다.

　한편, 김대중의 정치·사회적 차원에서의 포용과 통합에서 매우 특별한 것은 그의 '한恨풀이' 철학이다. 보복보다는 소망의 성취를 통해 공동체 통합과 역사 발전을 이뤄야 한다는 것이다. "한은 민중의 좌절된 소망을 안고 그 성취를 바라는 민중의 기다리는 마음과 몸부림인데, 한풀이는 그 소망을 성취함으로써 이루어지고 복수를 통해서 이루어지는 것이 아니다."[12] 춘향이의 맺힌 한은 춘향이가 이 도령을 만나고, 심청이의 한은 심 봉사가 눈을 뜨고, 흥부의 한은 그가 부자가 되고, 용궁에 끌려갔던 토끼의 한은 그가 살아 돌아오고, 광주의 한은 민주회복과 조국통일이 되는 날 풀린다고 했다.[13]

---

8) 김대중, 〈국정에 관한 교섭단체 대표연설〉, 제14대 국회 제159회 제6차 본회의, 1992년 10월 14일.
9) 김대중, 《새로운 시작을 위하여》…, 112쪽.
10) 김대중, 〈김대중 내란음모 조작사건 관련 최후 진술〉, 1980년 9월 13일.
11) 김대중, 〈나는 왜 대선에 출마하려고 하는가? 10가지 이유〉, 제14대 대통령후보 출마 선언문, 1992년 5월 16일.
12) 김대중, 〈광주 의거 희생자 3주년 추도식, 추도사〉, 1983년 5월 22일.

그래서 "내일의 국민적 화해와 생산적 전진을 위해서 만일 과오를 범한 자들이 뉘우치고… 한풀이에 동참한다면… 어떠한 정치보복도 엄중히 삼가야" 한다고 했다.[14]

그런데 여기에서 강조할 것은 김대중은 "사람을 용서하는 것이지 그 죄악과 나쁜 제도를 용서하는 것은 아니"였고,[15] "독재를 범한 인간은 용서할 수 있지만, 독재를 강요한 제도는 독재정치든 반민주정치든 결코 용납할 수 없다"는 것을 명백히했다는 점이다.[16] 참고로, 김대중 대통령의 〈대통령 수칙 15항〉의 제1항이 "사랑과 관용, 그러나 법과 질서 엄수해야"였다.[17]

김대중의 나쁜 정치와 정치제도에 대한 엄격함은 '5월 광주'와 '제주 4.3'를 다루는 데서 잘 나타났다. 국가공권력을 이용해서 저지른 헌법 파괴와 국민 학살의 범죄에 대한 처리 기준과 방향을 네 가지로 제시했다. 첫째, 정확한 진상조사와 처벌, 둘째, 희생자들의 명예 회복(위령탑 건립 포함), 셋째, 희생자들에 대한 정신적, 물질적 충분한 보상(배상), 넷째, 재발 방지와 역사 발전을 위한 법적·제도적 조치였다.[18]

결국, 김대중의 용서와 화해, 포용과 통합은 무조건 이뤄진 것

---

13) 김대중, 〈광주 망월동 묘역에서 처음으로 참배한 후 추도사〉, 1987년 9월 8일; 김대중, 〈광주 개헌 추진 지부 결성 녹음 축사〉, 1986년 3월 30일; 김대중, 〈광주 의거 희생자 3주년 추도식, 추도사〉, 1983년 5월 22일.

14) 김대중, 〈광주 의거 희생자 3주년 추도식, 추도사〉, 1983년 5월 22일.

15) 김대중, 《새로운 시작을 위하여》, 112쪽.

16) 김대중, 〈광주 망월동 묘역에서 처음으로 참배한 후 추도사〉, 1987년 9월 8일.

17) 김대중 대통령은 제15대 대통령 당선 다음 날인 1997년 12월 19일 아침에 〈대통령 수칙 15항〉을 작성했다. 〈대통령 수칙 15항〉, 김대중재단 엮음, 《김대중어록집: 통찰과 지혜》…, 154쪽.

18) 김대중, 〈'광주 의거 5주년에 즈음하여', 민주화추진협의회 공동의장 김대중·김영삼 공동성명서〉, 1985년 5월 18일; 김대중, 《제민일보》와의 인터뷰, 1994년 4월 4일; 《제주 4·3 사건 진상규명 및 희생자 명예회복에 관한 특별법》 (법률 제6117호), 2000년 1월 12일 제정.

이 아니었다. 그것은 원칙 없는 양보나 봉합이 아니라, 책임 소재를 정확히 밝히고 확실한 처벌을 한 바탕 위에서 진심으로 대화와 설득을 통해 포용과 관용을 하고 국민 누구도 배제하지 않으면서 공동체 전체를 역사 발전에 참여시키는 정의롭고 지속가능하며 미래지향적인 통합이었다.[19]

종합하면, 김대중은 정치지도자들이 용서와 화해, 포용과 통합, 협치의 정치를 하는 것이 성공의 길이고 공동체의 생명력을 회복하여 전진하는 길이라고 설파했다. "역사를 보아도, 나라를 보아도 가장 위험한 함정은 오만이다. (중략) 사람도, 정치도 관대함이 있어야 성공한다."[20] 난국을 당하여, 이를 해결하는 가장 좋은 방법은 "대화와 협의를 통하여 합의된 통일안을 발견하는 것이다. 여기에는 승자도 패자도 없고 무엇이 최선인가만이 문제이다. 이러한 합의가 이루어지면 그 사회는 다시 생명력을 회복하여 전진한다"고 했다.[21] 정치지도자들뿐만 아니라 우리 모두 배워야 할 지혜라 하지 않을 수 없다.

책임편집을 맡은 김학노 교수님이 '책머리에'에서 잘 설명하고 있듯이, 본 연구서는 김대중의 '서로주체적 정신과 자세'에 기반을 둔 김대중의 '화해와 통합'의 철학과 사상이 어떻게 국내정치적, 사회경제적, 성평등적, 민족적, 국제적 부문에서 실천되었는지, 또 현재와 미래에 대한 함의는 무엇인지를 밝히고 있다. 그리고 화해와 통합의 정치를 구현한 빌리 브란트Willy Brandt와 넬슨 만델라Nelson Mandela와의 비교를 통해 김대중의 화해와 통합의 정치가 갖는 보편성과 세계사적 위상과 맥락을 조명하고 있다.

---

19) 《김대중 타임스》, 제13호, 〈신년 사설〉, 2026년 1월 27일.
20) 최경환, 《김대중 리더십》 (서울: 아침이슬, 2010), 131–132쪽.
21) 김대중, 《옥중서신 1: 김대중이 이희호에게》 ... (1982년 9월 23일), 441쪽.

　본 연구서는 많은 분의 참여와 수고로 이뤄졌다. 무엇보다도 책임편집을 맡아주신 김학노 교수님(영남대 정치외교학과)과 집필자로 참여한 김학노, 최영태(전남대 사학과), 양재진(연세대 행정학과), 박진경(행정학 박사), 김병로(서울대학교 통일평화연구원), 남기정(서울대학교 일본연구소), 박명림(연세대학교 대학원 지역학 협동 과정·김대중도서관장) 교수님께 깊이 감사드린다.

　본 연구서는 전라남도가 주최하고 김대중평화센터가 주관한 김대중평화회의의 '연구 부문'으로 기획·연구·출판되었다. 2021년에 김대중평화회의를 창립한 김영록 전라남도 지사님, 김대중평화센터 고 김홍업 이사장님과 김성재 상임이사님(현 이사장)에게 특별한 감사를 드린다. 2025년 김대중평화회의는 전라남도 외에 목포시가 함께 힘을 합했다. 전라남도 의회, 목포시 의회에도 마찬가지로 감사드린다. 김대중평화회의의 성공을 위해 애쓰신 김대중평화회의 조직위원회와 집행위원회 여러분, 전라남도, 목포시 관계자 여러분, 김대중평화센터 박한수 기획실장님과 직원 여러분, 김대중학술원의 조은영 연구원(서울대 정치외교학부 박사 후보)에게도 깊이 감사드린다.

　마지막으로, 본 연구서의 출판을 맡아주신 지식산업사의 김경희 사장님, 문영준 국장님, 권민서 편집자님께 깊은 고마움을 표한다.

2026년 1월

김대중학술원 원장
김대중평화회의 집행위원장
백학순 지識

김학노 (영남대학교)

책머리에

오늘날 김대중에 관한 연구가 상당히 활발하게 진행되고 있다. 2024년 김대중 탄생 100주년을 맞아 학술회의를 비롯하여 여러 기념 행사가 개최되었고, 그의 삶과 정치적 여정을 돌아보는 영화가 상영되는 등 다양한 문화 활동이 전개됐다.[1] 특히 김대중학술원을 중심으로 김대중의 정치 활동과 사상에 관한 연구물도 다량 출판됐다.[2] 김대중학술원에서 〈김대중평화회의 연구〉 시리즈로 《사상가 김대중》, 《김대중 시대의 민주주의와 인권》, 《김대중의 문화정치》 등 3권이 출판되었고, 별도로 〈김대중학술원 연구〉 시리즈로 《김대중의 성평등》이 출판되었다. 이 책은 그 연속선에서 〈김대중평화회의 연구〉의 4번째 연구서로 김대중의 화해와 통합 정치를 다룬다.

김대중에 대한 연구의 한 가지 특징은 공동 연구가 많다는 점이다. 다방면의 전문가들이 특정 분야에서 정치가 김대중의 활동과 사

---

[1] 김대중재단 엮음, 《김대중 탄생 100주년 기념 백서》 (서울: 김대중재단출판부, 2025).

[2] 황태연 외, 《사상가 김대중: 그의 철학과 사상》 (파주: 지식산업사, 2024); 신진욱 외, 《김대중 시대의 민주주의와 인권》 (파주: 지식산업사, 2024); 박소현 외, 《김대중의 문화정치: 문화─민주주의와 문화─미래주의의 접속》 (파주: 지식산업사, 2024); 이상덕 외, 《김대중의 성평등: 대한민국 여성의 삶을 바꾸다》 (파주: 지식산업사, 2024); 박명림 외 《김대중의 사상과 정치 1: 평화 · 민주주의 · 화해 · 협력》 (서울: 연세대학교 출판문화원, 2023); 박명림 외, 《김대중의 사상과 정치 2: 평화 · 민주주의 · 화해 · 협력》 (서울: 연세대학교 출판문화원, 2023).

상이나 김대중 정부의 정책과 업적에 대한 분석을 수행한다. 김대중이 대통령직을 수행하면서 국정 전반에 걸쳐 많은 업적을 남겼고 그의 언명처럼 "정치는 종합예술"[3]이므로, 특정 연구자가 김대중의 행적을 모두 다루기에는 역부족일 수밖에 없다. 공동 연구가 많다는 점은 그만큼 김대중이 얼마나 큰 인물인지 보여주는 것이기도 하다. 한 두 사람의 연구로 다루기에는 김대중의 생각과 행동은 그 범위가 너무나 넓고 그 깊이 또한 가늠하기 어렵다.

  오늘날 김대중 연구의 또 한 가지 특징은 김대중의 '사상'에 초점을 두는 연구가 증가하는 경향이다.[4] '사상가 김대중'의 여러 면모를 고찰하는 연구물들이 많이 나오고 있다. 〈김대중평화회의 연구〉 시리즈의 첫 번째도 《사상가 김대중》이다. 김대중은 그야말로 사상과 실천을 겸비한 지도자로서, "그냥 민주 투사가 아니고 뛰어난 사상가"의 반열에 오른 "세계에 자랑할 만한 지도자"이다.[5] 이는 김대중이 단순히 정치 지도자로서 정치 권력을 추구하는 데 그치지 않고, 수많은 시련 속에서 올바른 삶을 향한 구도자적 자세를 꾸준히 유지했기 때문이라고 생각된다.[6] 김대중은 민주화 운동을 이끌면서 민주주의와 민족통일 문제에 관해 고유하면서도 통찰력 있는 사색을 계속했고, 정권을 잡은 이후에도 그리고 대통령직에서 물러나서도 국민과 나라의 발전을 위한 구도자적 탐구를 멈추지 않았다. 한편으로

---

3) 김대중, 《다시, 새로운 시작을 위하여》 (개정판. 파주: 김영사, 1998), 279쪽.
4) 황태연 외, 《사상가 김대중》; 김학재, 〈김대중 정치사상의 토대 탐색: 정치 · 권력 · 갈등 · 정치가론을 중심으로〉, 《철학 · 사상 · 문화》 47호 (2025), 311–342쪽; 김용철, 〈현대평화이론의 관점에서 본 김대중의 평화관〉, 《현대정치연구》 제14권 2호 (2021), 101–136쪽.
5) 노무현재단 엮음 · 유시민 정리, 《운명이다: 노무현 자서전》 (파주: 돌베개, 2019), 187–190쪽; 최영태, 《빌리 브란트와 김대중: 아웃사이더에서 휴머니스트로》 (서울: 성균관대학교출판부, 2020), 431쪽.
6) 그의 구도자적 자세가 가장 잘 드러나는 곳은 가장 힘든 시절의 하나였을 감옥생활 중의 고뇌와 사색을 담은 《옥중서신》이다.

현실 정치가로서 또 다른 한편으로 삶의 자세를 끊임없이 반추하는 구도자로서 김대중의 사상은 그 외연과 내포에 있어서 독보적이다.

이 책은 사상가 김대중과 전략가 김대중의 바탕에 그의 화해와 통합의 사상과 실천이 있다는 생각에서 〈김대중의 화해와 통합〉에 초점을 맞춘다. 권력을 장악한 이후에 김대중은 오랜 민주화 투쟁 과정에서 자신을 억압하고 제거하려고 했던 세력들에게 정치적 보복을 가하지 않고 화해와 통합의 정치를 실현했다. 자신의 정적이었던 박정희를 기념하는 박정희대통령기념관 건립을 적극 지원했으며, 자신에게 사형을 선고했던 전두환의 사면을 위해 영향력을 행사했다. 대외적으로는 일본과의 불편한 관계를 극복하고 우호적이고 더 개방적인 한일관계를 여는 데 앞장섰다. 민족 차원에서도 대북 화해협력 정책을 통해 남북한 관계를 개선했다. 자신에게 적대적이었던 세력에게 김대중은 용서와 화해를 통해 국민 대통합과 국제간 화해 및 민족 화해와 통합을 추구했다. 이 점에서 화해와 통합이야말로 김대중 정치의 요체라고 할 수 있다.

이 책의 목적은 온갖 정치적 박해를 받으면서도 민주화 운동에 앞장섰던 김대중이 일관되게 추구했던 화해와 통합 정신과 행적을 부문별로 고찰하는 데 있다. 김대중은 왜 그리고 어떻게 일관되게 화해와 통합을 주장하고 몸소 실천할 수 있었는가? 역사의 과오에 대한 청산을 주장하는 사람들과 맞서 그는 왜 단절과 청산이 아닌 화해와 통합을 주장하였는가? 이러한 그의 생각을 김대중은 어떻게 국내 문제에 국한하지 않고 다른 국가들과의 관계에까지 확장할 수 있었는가? 이러한 질문들에 대한 답을 모색하는 것이 이 책의 목적이다.

이 책은 다음과 같이 7편의 논문으로 구성된다. (1) 김대중의 화해와 통합 사상, (2) 국내정치 차원에서의 화해와 통합, (3) 사회경

제 부문에서의 화해와 통합, (4) 성평등적 화해와 통합, (5) 민족 차원
에서 남북한의 화해와 통합, (6) 국제관계 차원에서 화해와 통합의
외교, (7) 화해와 통합의 정치를 구현한 외국 지도자들(빌리 브란트와
넬슨 만델라)과의 비교 분석 등이다.

먼저, 1장에서 김학노는 김대중 정치와 사상의 핵심이 '화해와
통합'에 있으며, 이는 그의 '서로주체적 정신과 자세'에 뿌리를 두고
있다고 주장한다. 서로주체적 자세는 상대방을 나와 동등한 존재로
서 그 주체성을 인정하고 존중하며, 서로 대등하게 만나는 자세다.
서로주체적 정신은 인간과 사회, 나아가 비생물을 포함한 세상 일반
에 대해 김대중이 견지한 기본적인 자세이다. 이는 모든 사람이 동등
하게 자유로운 주체로서 참여하는 그의 이상사회론에 잘 나타나며,
역사를 이 같은 서로주체적 사회를 향한 창조적 진화 과정으로 이해
하는 그의 역사관에도 반영되어 있다. 김대중은 수평적 차원은 물론
수직적 차원에서 모두 서로주체적 자세를 견지했다. 수직적 차원에
서는 국민을 이끌어야 할 대상이 아니라 함께 나아갈 동반자이자 주
체로 보는 김대중의 '반걸음 지도자론'에 그의 서로주체적 자세가 특
히 잘 드러난다. 김대중은 민주주의 체제가 현존 사회주의에 대해
궁극적으로 승리한 핵심적인 이유를 민주주의의 자기학습 및 자기정
정 능력에서 찾는데, 이러한 능력이 가능한 것이 바로 지도자와 국민
사이의 서로주체적 관계 때문이다. 수평적 차원에서는 김대중의 '형
제적 경쟁론'과 적에 대한 보복금지 및 용서론에서 그의 서로주체적
정신과 자세를 찾을 수 있다.
김대중의 화해와 통합 사상은 바로 이 같은 그의 서로주체적
정신과 자세에 입각해 있다. 김대중의 화해와 통합 사상은 '나쁜 정
치'를 용서할 수는 없지만 그 나쁜 정치를 한 사람은 용서할 수 있다

는, 행위와 그 행위를 한 사람의 구분에서 출발한다. 즉, 악행과 악인을 구분하고, 악행에 대해서는 처벌하고 재발 방지를 위해 제도를 개선해야 하지만, 그 악행을 저지른 사람 자체에 대해서는 용서하고 화해하고 통합하려고 노력해야 한다는 생각이다. 이때 용서는 확실한 책임 소재 규명과 적합한 처벌을 전제로 한다.[7] '왜 악인을 용서해야 하는가'에 대한 구도자적 고민 끝에 김대중은 신앙적인 이유와 함께 합리적인 (현실적) 이유에 도달했다. 신앙의 차원에서, 김대중은 '우리 모두가 죄인'이라는 생각에서 인간의 '오류 가능성'을 전제할 때 용서는 인간의 권리가 아닌 의무라는 결론에 이른다. 현실적인 차원에서, 김대중의 화해 사상은 용서가 가져올 현실적인 결과 즉 사회 전체의 이익을 중시하는 '책임윤리'에 입각해 있다. 악에 대해 악으로 대항하는 것은 보복의 악순환을 초래할 뿐이며, 결코 한을 푸는 방법이 될 수 없다. 한풀이는 보복이 아니라 좌절된 소망을 성취함으로써만 이루어질 수 있다는 김대중의 독특한 '한풀이론'은 바로 악인에 대한 용서와 화해의 출발점이 된다.

이처럼 김대중은 용서와 화해를 주장했지만, 동시에 불의에 대한 비타협적 투쟁과 '행동하는 양심'을 강조하기도 했다. 용서와 비타협적 투쟁은 서로 상충할 수 있다. 김대중의 화해와 통합 관련 실천은 이처럼 얼핏 모순돼 보이는 양면성을 가지고 있다. 김학노는 '언제 용서하고 언제 싸워야 하는가'의 문제에 대해 김대중이 보여온 행태 속에서 궁극적으로 두 가지 기준을 모색한다. 하나는 책임윤리와 역사윤리 사이의 갈등이다. 어떤 결정(행동 또는 선택)을 할 때 책임윤리가 당대 현실에서 결과와 영향을 중시한다면, '역사윤리'는 장대한 역사라는 차원에서 결과와 영향을 중시한다. 김대중은 자신의 신

---

7) 백학순, 이 책의 〈기획의 말씀〉

념 자체보다 그 현실적인 결과를 중시하는 책임윤리에 충실했지만, 당대 현실보다 더 긴 안목에서 역사에 미치는 결과와 의미를 또한 중시한 역사윤리에도 충실한 인물이었다. 용서와 비타협이라는 김대중의 양면성은 책임윤리와 역사윤리 사이에서 김대중의 갈등을 보여준다. 다른 하나는 상대방과의 헤게모니 관계에 대한 고려다. 상대방이 악인이라고 전제할 때, 자신이 상대적 열위에 있을 때는 자기의 주체성을 지키고 수립하기 위한 "비타협적 저항"이 필요하다. 이것이 악의 보편화를 막는 길이기 때문이다. 반면에, 자신이 상대적 우위에 있을 때는 악을 응징하기보다 "끌어안고 포용"해야 한다. 이때의 화해와 타협은 선의 우위에 입각한 것이며, 악의 보편화를 막고 축소를 가져오는 길이 된다. 대통령 당선자로서 전두환 사면에 동의한 것은 자신이 상대적 우위에 있을 때 보복이 아닌 포용을 통해 서로주체적 관계를 정립하려는 의도로 해석될 수 있다.

2장에서 최영태는 국내정치 활동에 나타난 김대중의 용서와 화해 및 통합의 실천을 살펴본다. 김대중은 자신을 향한 수차례의 생명 위협과 정치적 탄압에도 불구하고, 경쟁자는 물론 정적까지도 용서하는 화해와 통합의 정치를 실천했다. 이러한 화해와 통합의 정치는 그의 정치적 유산을 관통하는 핵심 원리로서 작동했다. 최영태는 김대중의 국내정치 차원에서의 화해와 통합의 정치를 (1) 민주 세력 내 화해와 통합, (2) 보수 세력과의 화해와 통합, (3) 지역 간 화해와 통합, (4) 대북 햇볕정책을 위한 국내 화해와 통합, (5) 정치적 적과의 화해와 통합 등 여러 부문으로 나눠서 심층 분석한다.

첫째, 민주 세력 내 화해와 통합 정치다. 김대중은 소장 정치인 시절부터 오랜 경쟁자인 김영삼과 화해와 협력을 통해 유신체제와 전두환 군부독재를 극복했다. 치열한 경쟁 관계 속에서도 김대중은

1974년과 1979년 신민당 전당대회에서 김영삼을 지지했으며, 미국 망명 중이던 1983년에도 김영삼의 단식투쟁을 적극 지지했다. 박정희의 유신체제와 전두환 독재체제의 극복을 위해 민주 세력 내 화해와 통합을 우선한 것이다. 1987년 대선에서 김대중은 김영삼과 단일화를 이루지 못했으나, 이후 야권 통합과 재야인사 영입을 통해서 민주진영의 분열을 극복하기 위한 통합 정치를 지속했다. 1997년 대한민국 최초의 수평적 정권교체는 이 같은 진영 내 화해와 통합의 정치에 기반하여 이뤄질 수 있었다.

둘째, 보수 세력과의 화해와 통합 정치다. 김대중은 1997년 보수적 인사인 김종필과 선거연대(DJP 연대)를 도모하여 수평적 정권교체를 이루었고, 집권 후 공동정부를 구성하여 IMF 위기를 수습했다. DJP 연합은 (1) 민주화 세력과 산업화 세력이라는 상이한 세력 사이의 연합, (2) '민주 개혁파'와 '보수 우파'라는 상이한 이념 사이의 연합, (3) 호남과 충청 사이의 지역 연합 등 3중의 의미를 갖는다. 이 같은 중층적 연합에 기초한 DJP 공동정부를 구성하는 한편, 능력 중심의 인사와 보수 인사의 포용을 통해 정치사회적 외연을 확장하고 국민통합을 도모했다. 국가적 위기 상황에서 정파를 초월한 새로운 연합정치의 모델을 수립한 것이다.

셋째, 지역 간 화해와 통합 정치다. 김대중은 1971년 대선에서 본격적으로 조장되기 시작하고 광주항쟁을 거치면서 더욱 증폭된 패권적 지역주의의 최대 피해자였다. 이 점에서 1997년 김대중의 대통령 당선은 영남 패권주의의 차별구조를 정치 분야에서 극복한 상징적 의미를 지닌다. 대통령이 된 후 김대중은 김중권(비서실장)과 박태준(국무총리)을 비롯하여 영남 출신 인사들을 중용함으로써 영호남 통합 의지를 보여주었다. 또 지역 차별 정책을 지양하고 지자체장의 여야 당적을 가리지 않고 지역에 대해 초당적 지원을 하는 등 지역주의 극복을 위해 노력했다. 그러나 한국사회에서 지역주의의 벽이 너무 높았고, 김대중의 지역 간 화해통합 정치는 큰 성과를 거두지 못했다.

넷째, 대북 햇볕정책을 위한 국내 화해와 통합이다. 햇볕정책을 통합 남북한 차원의 화해와 통합 정치는 5장에서 별도로 다룬다. 2장에서는 김대중이 햇볕정책을 추진하면서 남북 간의 화해뿐만 아니라, 그 전제조건으로서 남한 내부의 화해와 통합을 중시하고 적극 도모했다는 점을 강조한다. 김대중은 햇볕정책을 추진함에 있어서 노태우 정부의 북방정책을 지지하고 계승했으며, 보수적인 정권의 정책이라도 남북화해와 협력을 위해 적합하다는 판단 아래 정책의 연속성을 강조하고 이어갔다. 임동원을 비롯한 이전 보수 정권의 인사들이 햇볕정책의 핵심 주역으로 활동한 배경이다. 아울러 '정경분리' 원칙을 천명하여 보수적 경제인인 정주영과 긴밀히 협력하고 기업인들의 자유로운 대북 경협을 권장했다. 이는 남북협력정책의 전제로서 남남갈등을 최소화하고 실질적 성과를 얻어내기 위해서였다.

다섯째, 박정희와 전두환 등 정치적 적대세력에 대한 용서와 화해통합 정치다. 김대중은 1997년 대선 승리 후 박정희와 화해하고 전두환을 용서하는 등 정치적 '적'들과의 화해와 통합을 꾸준히 실천했다. 대통령 당선 후 박정희기념관 건립을 적극 지원했으며, 자신에게 사형 선고를 내렸던 전두환에 대해서도 정치보복을 가하는 대신 그를 사면 복권하는 데 동의했다. 김대중의 화해는 원칙 없는 포용이 아니었다. 1980년 전두환의 신군부에 대한 협력 거부, 1990년 노태우의 3당 합당 제의 거절 등 불의와는 타협하지 않는다는 원칙을 지켰다. 오늘날 정치권의 극단적 대립과 사회적 분열이 심화하는 상황에서, 김대중의 용서와 화해 정신과 실천은 진정한 통합의 리더십이 무엇인지를 보여준다. 최고 지도자의 관용이 역사적 정의를 바로 세우는 문제와 어떻게 조화를 이룰 것인가는 남겨진 과제이다.

3장에서 양재진은 사회경제 영역에서 김대중의 화해와 통합 정책을 포괄적으로 분석하고, 특히 그의 국정 철학과 복지국가 건설을 위한 노력을 집중 조명한다. 김대중의 사회경제적 화해와 통합 비전은 그의 정치 인생 전반에 걸쳐 지속해서 준비되었고, 대통령 당선 이후 실천되었다. 그는 대통령 당선 직후 기자회견에서 국민 화해와 통합을 최우선 과제로 천명하며, 사회경제적 차원에서 민주노총을 포함한 노동계를 정책 결정 과정에 참여시키고, IMF 경제위기의 희생자들을 위한 사회적 안전망을 확충하여 사회적 배제를 줄이고, 전 국민의 사회적 화해와 통합을 위한 제도적 기반을 마련했다.

김대중의 사회경제적 화해와 통합은 두 가지 특징을 지닌다. 첫째, 김대중의 사회경제적 화해와 통합 정책은 단순히 위기 극복을 위한 응급처방이 아니었다. 김대중은 청년 시절부터 노동과 복지에 깊은 관심을 가져왔으며, 이미 1950년대 시사평론가로 활동하며 〈한국 노동운동의 진로〉와 같은 저술을 통해 사회경제 문제를 고민했다. 그는 젊은 시절부터 복지국가 건설을 구상했으며, '대중경제론'을 통해 경제성장의 궁극적 목표는 복지사회 건설에 있다는 점을 강조했다. 대중경제론은 경제발전과 복지 확대를 함께 추구해야 한다는 사상으로, 훗날 대통령이 되어 내세운 국정 철학의 근간이 되었다. 김대중은 노동자가 경제적 주체로서 존중받고 사회적 네트워크를 형성해야 진정한 사회통합이 가능하다고 보았다. 그는 단순한 분배정책이 아니라 일을 통한 자립, 참여, 그리고 포용을 중시했으며 이는 이후 '생산적 복지론'으로 체계화되었다.

둘째, 김대중의 사회경제적 통합 정책은 단순한 복지정책이 아니라 사회적 연대와 참여를 통한 포용적 사회통합을 목표로 했다.

김대중 정부는 '생산적 복지론'을 국정지표로 삼아 생산과 복지의 선순환 구조 창출을 도모했다. IMF 위기를 극복하는 데 전력을 기울이는 한편으로, 4대 사회보험의 보편화와 국민건강보험 통합 및 국민기초생활보장제도의 도입 등 한국 복지국가 도약을 위한 제도적 토대를 마련하였다. 또한, 노사정위원회를 출범시키고 사회적 합의 공간을 제도화함으로써, 한국 사회에서 처음으로 사회적 대타협을 제도화했다. 노동시장 유연화라는 고통 분담에 대한 반대급부로, 김대중 정부는 이전까지 억압되었던 노동기본권을 획기적으로 신장시켰다. 민주노총과 전교조의 합법화, 노조의 정치 활동과 정치자금 기부의 합법화, 공무원의 단결권 보장 등이 대표적인 예다. 이 정책들은 궁극적으로 한국 사회의 사회적 연대와 포용적 사회통합을 목표로 했다. 비록 노동시장의 양극화라는 의도치 않은 과제를 남겼지만, 김대중의 철학과 정책은 한국 복지 국가 이행에 결정적으로 기여했으며, 사회적 대화와 연대를 통한 문제 해결의 선례를 남겼다.

결과적으로 김대중 정부의 사회경제적 화해와 통합 정책은 한국 사회가 복지국가로 이행하는 결정적 계기를 제공했다. 그는 '민주주의와 시장경제의 병행 발전'이라는 국정 이념 속에서 노사정 합의와 생산적 복지를 실천함으로써 사회통합을 구체적으로 구현했다. 비록 모든 구상이 완전히 실현된 것은 아니었지만, 그의 철학과 정책은 이후 한국 사회의 복지국가 발전에 큰 영향을 주었으며, 사회적 대타협의 전범이라는 소중한 유산을 남겼다.

4장에서 박진경은 김대중의 정치철학과 여성주의의 접점을 집중적으로 분석한다. 김대중의 정치철학에서 핵심인 화해와 통합 사상이 여성주의와 결합하여 한국 사회의 성평등과 민주주의 심화에 기여한 과정을 보여준다. 한국 사회는 민주화와 경제 성장을 동시에 이루었으나, 여성의 지위는 여전히 낮았고 구조적 성차별이 심각하였다. 김대중은 1971년 대선에서 여성지위향상위원회 설치를 공약했고, 대통령이 된 이후 여성부 신설, 여성할당제, 성주류화 정책을 도입하며 최초로 성평등을 국가 의제로 끌어올렸다. 그는 1979년 YH사건 당시 여성노동자의 죽음을 민주주의 과제로 인식하며 여성들의 권리를 단순히 동정하는데 그치지 않고 정당한 정치적 행위로 인정하고 보장에 앞장섰다. 김대중은 여성을 단지 보호 대상으로 보지 않고, 사회 변혁의 동등한 주체로 인정하고 사회발전의 필수적 동반자로 보았다. 김대중의 화해통합 사상과 여성주의는 성평등을 단순히 여성 권익 향상에 머무는 것이 아니라 사회통합과 민주주의 완성의 핵심 조건으로 보는 지점에서 만난다. 그는 남성들이 '여성 우선주의'와 '신사정신'을 실천해야 한다고 주장하며, 성평등을 남성의 윤리적 책임으로까지 확장했다.

김대중 정부는 거버넌스 국정 철학을 성평등 정책에도 적용했다. '젠더-거버넌스'라는 새로운 국정 운영 방식을 통해 성평등 정책을 체계적으로 제도화했다. 이는 정부, 시민사회, 전문가 그룹이 협력하여 정책 전반에 젠더 관점을 통합하는 전략이었다. 젠더 관점을 국가 정책 전반에 통합하는 '성 주류화gender mainstreaming'를 추구한 것이다. 이에 따라 대통령 직속 여성특별위원회를 설치하고 여성부를 신설했으며 6개 중앙 부처에 여성 정책 담당관을 배치하는 등 제도적 기반을 마련했다. 김대중은 제1야당 총재 시절부터 가족법 개정을 주도했으며, 대통령 임기 동안 성폭력 및 가정폭력 방지법 등 다양한 입법을 통해 여성 인권 보장을 제도화했다. 그는 북경여성회의 행동강령을 국가 의제로 채택하고, APEC 여성자문회의 초대 의장국을 수임하는 등 국제 사회와의 연대를 강화하는 한편, 여성 전문가들의 국제기구 진출을 적극 지원하여 한국을 '아시아에서 가장 모범적인 여성 정책 국가'로 선도했다. 또 IMF 위기에 대처하면서 남성생계부양자 모델에서 맞벌이 중심의 양성소득자 모델로 전환하는 계기를 마련하고, 일과 가정의 양립을 도모했다.

특히, 여성 정치참여 확대는 김대중의 성평등적 화해통합 전략에서 핵심 사항이었다. 그는 여성의 정치 참여 확대야말로 민주주의 발전의 핵심 과제라고 인식하고, 적극적 차별철폐조치affirmative action를 통해 이를 제도적으로 실현했다. 비례대표 여성 30% 할당제를 도입하고, 교호 순번제와 여성 정치 발전 기금을 마련하여 여성 국회의원의 비율을 높였다. 신낙균, 한명숙, 김명자, 손숙 등 여성 장관을 대거 발굴하고, 최초 여성 장군 양승숙, 여성 총리서리 장상 등 역사적으로 유의미한 여성 지도자들이 등장하도록 했다. 무엇보다도 김대중은 여성 할당제가 여성에 대한 '특혜'나 남성에 대한 '역차별'이 아니라, 오랫동안 지속되어 온 여성에 대한 우리 사회의 구조적 차별을 시정하기 위해 필요한 '헌법적 책무'라는 신념을 가지고 있었다. '적극적 조치'는 그야말로 '차별 시정을 위한 잠정적 평등 조치'로 이해되었다. 이러한 조치는 상징성과 실질적 효과를 동시에 갖추었고, 성평등을 민주주의 전략으로 구현한 대표적 사례였다.

요컨대, 김대중은 성평등을 민주주의의 본질로 인식했다. 그는 여성 권리를 특정 집단의 이익이 아니라 사회 전체의 민주성과 직결된 문제로 보았고, 여성 할당제를 역차별이 아닌 구조적 불평등 해소를 위한 최소한의 조치로 적극 반영하였다. 오늘날 안티페미니즘이 확산하며 성평등 정책이 후퇴하는 현실에서, 그의 사상은 성평등을 사회통합과 민주주의 완성의 조건으로 재확인하게 한다. 김대중의 여성주의와 화해통합 철학은 단지 과거의 유산이 아니라, 젠더 민주주의를 실현하기 위한 오늘날의 지침으로 여전히 빛나고 있다.

5장에서 김병로는 김대중의 민족 화해와 통합의 사상과 정책을 분석한다. 김대중은 분단과 전쟁을 겪은 남북한을 화해와 통합으로 이끌어간 지도자다. 이에 남북문제에 대한 김대중의 사상과 철학을 엿볼 수 있는 민족과 역사에 대한 그의 관점, 분단에 대한 그의 인식, 그리고 한국전쟁 시기 김대중의 전쟁 경험에서 비롯한 그의 평화 의지 등을 추적한다. 나아가 분단을 극복하고 통일을 이루기 위해 김대중이 구상했던 방안, 집권기 김대중이 추진한 남북대화와 교류협력 정책, 그 결과 달라진 남북관계와 남북한 사회 내부의 실질적 변화를 검토한다.

김대중은 주변국의 침략으로 오랫동안 고난과 아픔을 겪은 우리 민족의 과거를 긍휼의 눈으로 바라보는 역사의식을 가지고 있었다. 우리 민족은 한 번도 타국을 침략한 적 없는 평화 애호 민족이지만, 중국과 일본 등 주변 강국으로부터 수시로 침략당하고 고통받은 역사로 인해 '한恨'의 정서를 깊숙이 가지고 있다. 또한, 김대중은 한국 민족이 농경민족의 보수성과 기마민족의 진보성을 동시에 지닌 양면적 특성을 가졌다고 보았다. 외세의 침략에 맞서 나라를 지켜낸 강한 보수성과 저항력을 높이 평가했지만, 현실을 타파하고 미래를 건설해 나가는 진보성이 부족하고 변화와 개혁에 소극적인 측면이 상대적으로 강한 사실에 대해 깊이 고민했다. 진보성이 부족한 우리 민족이 외세가 강제한 분단의 굴레와 남북전쟁의 원한을 어떻게 극복할 것인가 하는 주제가 김대중의 중요한 고민이었다.

한국전쟁 당시 죽음의 고비를 넘나들면서 공산주의의 실체를 체험한 김대중은 확고한 반공주의자가 되었다. 동시에 동족상잔의 비극을 경험하면서 "어떤 이유로든 전쟁은 안 된다"는 절대 평화의 신념을 갖게 되었다. 냉전 시절부터 이미 김대중은 한반도 문제를 해결하기 위한 독창적이고 건설적인 전략을 강구하였다. 닉슨독트린으로 압축되는 급변하는 국제정세 속에서 김대중은 한반도 데탕트를 구상하고 이를 실현할 구체적 방안을 주창했다. 한편으로는 한반도의 분단이 외세에 의해 강제되었으므로 이를 극복하기 위해서 국제 구조의 동학을 활용해야 하며, 다른 한편으로는 민족자결 정신으로 남북교류와 통일 노력을 지속해 나가야 한다는 구상이었다. 국제 차원에서는 남북한의 유엔 동시 가입과 4대국 평화보장에 의한 한반도 평화 구축을 강조했고, 민족 차원에서는 민족자결에 의한 통일을 이루기 위해서 공화국연합제와 3단계 통일론을 제시했다. 이러한 통일·평화 구상을 실질적으로 추동하는 동력을 찾기 위해 남북의 경제적 협력과도 긴밀히 연결하였다.

집권기에 김대중의 민족 화해·통합 구상은 대북 화해협력 정책 즉, '햇볕정책'으로 구현되었다. 김대중 정부는 한반도 평화를 위한 남·북·미·중의 4자 회담을 추진하는 한편, 남북한이 이미 1991년에 합의한 남북기본합의서의 이행을 통해서 '사실상의 통일'을 실현한다는 목표로 대북정책을 추진했다. 또, (1) 흡수통일 배제, (2) 안보와 화해의 병행 추진, (3) 정경분리 원칙 등 3대 원칙을 천명하고 이를 일관되게 추진함으로써 국민의 우려를 달래는 동시에 북한의 의구심을 해소하는 노력을 기울였다. 햇볕정책의 일관된 추진의 결과로 분단 55년 만에 역사적인 첫 남북정상회담이 개최되고, 6·15 남북공동선언이 채택되었다. 김대중과 김정일의 첫 정상회담을 통해 민족 화해와 통일문제, 긴장 완화와 평화정착 문제, 남북 간 교류와 협력의 활성화 문제, 이산가족문제 등의 구체적 사안을 남북이 함께 논의하고 합의하였다. 햇볕정책은 남북교류와 왕래, 소통 차원에서 일대 변화를 일으켰으며, 북한 내부의 시장화와 의식변화도 촉진했다. 특히 금강산 관광과 개성 관광 등을 통해 남북 주민의 접촉이 크게 늘었으며, 햇볕정책에 대한 기대를 바탕으로 북한

당국도 2002년 7.1 경제관리개선조치를 단행했다. 햇볕정책은 세계적 명성을 얻는 한국의 브랜드가 되었다.

이러한 성과에도 불구하고 글로벌 시대를 맞아 민족문제는 도전을 받고 있고 남북관계는 과거 어느 때보다 위태로운 국면에 놓여 있다. 김대중의 "서생적 문제의식과 상인적 현실 감각"으로 다시 한 번 민족 화해와 통합을 위한 성찰과 지혜가 요구되는 때이다. 특히, 북한이 '두 국가론'을 제시한 현 상황에서, 남북이 각자의 체제와 주권을 인정하며 공존하는 김대중의 '국가연합' 통일 모델은 남북의 화해와 통합을 위한 가장 현실적인 대안으로 재조명되어야 한다.

6장에서 남기정은 기존의 각론적 분석을 넘어, 김대중의 외교 행보 전체를 '화해와 통합'이라는 일관된 비전 아래 총체적으로 조명한다. 김대중이 동북아시아에서 화해와 평화의 공동체를 구축하는 과정에서 남북화해협력의 제도화를 시도했다는 문제의식에서, 김대중의 외교전략을 '화해와 통합의 건축학'으로 명명하고, 미국, 일본, 중국, 러시아, 몽골 및 아세안ASEAN 국가들을 상대로 한 외교의 궤적을 추적한다. 김대중은 자신의 개인적인 '피해자의 서사'를 미래지향적인 '화해의 정치가'로서 새로운 서사로 전환했으며, 그의 외교정책은 이 '서사적 전환'을 국제관계 차원에서 실천한 것이었다. 이 과정에서 김대중은 '화해→협력과 통합→공동체'의 선순환 과정을 구상하고 실현하고자 했다.

'화해와 통합의 건축학'으로서 김대중 외교의 출발점은 핵심적인 양자 관계의 확고한 재정립이다. 그는 우리의 핵심 우방인 미국 및 일본과의 양자 관계를 '자존'과 '화해'라는 원칙 위에 자리매김했다. 먼저, 김대중은 한미관계에 "자존 있는 동맹"이라는 새로운 패러다임을 제시했다. 민주주의를 희생시키는 '안보 절대주의'와 안보 공백을 무릅쓰는 '평화 절대주의'의 양극단을 모두 경계하고, 국민의 자존 존중과 안정적 한미동맹의 균형을 추구했다. 1999년 노근리 사건의 처리 과정은 이 같은 김대중의 접근을 분명하게 보여줬다. 다음으로, 김대중은 일본과의 '화해'를 통해 새로운 한일관계의 장을 열었다. 1998년 10월의 김대중-오부치 공동선언은 개인적 차원의 용서를 넘어 국가 간 화해를 제도화한 역사적 전환점이었다. 이 선언은 미래지향적 한일관계의 토대를 마련한 것은 물론, 중일 관계 개선과 북일 수교 논의를 촉진하는 등 동북아 국제관계의 새로운 화해의 지평을 열었다.

　　미국 및 일본과의 확고한 양자 관계를 바탕으로 김대중은 동북아 전체의 안정과 협력 구조로 확장하기 위한 다자적 네트워크 외교를 본격적으로 추진했다. 그의 북방 및 남방 네트워크 외교는 한반도 문제를 지역적 신뢰 질서 속에 편입시키려는 건축학적 구상의 실천이었다. '실용과 중재'를 원칙으로 한 북방 외교는 남북화해를 위한 우호적인 환경을 조성하는 데 결정적 역할을 했다. 중국과는 '협력 동반자 관계'를 구축하고, 러시아로부터는 '적극적 중재자' 역할을 확보했으며, 몽골에는 '완충과 연계'의 평화 외교를 통해 다자적 네트워크를 구축했다. 남방 네트워크 외교는 아세안과의 협력을 통해 '안정과 역동'이라는 이중의 목표를 추구했다. 아세안을 미중 강대국 경쟁의 변동성을 완화하는 '안정적 무게추'로 삼는 한편, '동아시아비전그룹EAVG' 제안을 통해 '동아시아 공동체'라는 구상의 제도화를 시도했다. 이는 한국 외교가 양자 관계 중심에서 다자 및 지역 차원으로 확대되는 분수령이었으며, 북방 네트워크가 확보한 안정성을 바탕으로 지역 통합의 비전을 제시한 건축학적 확장이었다.

　　김대중의 양자 및 다자 외교 활동은 궁극적으로 '화해의 공동체로서 아시아연합Asian Union'이라는 원대한 비전으로 수렴된다. 그는 한미동맹의 재정립, 한일관계의 제도적 화해, 그리고 북방 및 남방 국가들과의 다자적 협력 네트워크 구축이라는 개별 과제들을 하나의 통합된 설계도 아래 추진했다. 그가 설계한 외교 건축의 최종 목표는 분단과 갈등의 상징이었던 한반도를 동아시아 평화와 통합의 출발점으로 전환하는 것이었다. 2000년 6월의 극적인 남북정상회담은 이 같은 김대중의 적극적인 양자 및 다자 외교를 바탕으로 이루어질 수 있었다. 김대중의 외교 철학은 "화해 없는 공동체는 불가능하고, 공동체 없는 화해는 지속하지 않는다"는 핵심 명제로 요약된다. 윤리적 차원의 화해가 제도적 통합으로 구체화해야 지속 가능하게 되며, 공동체 구성원 간의 화해를 더욱 깊게 만드는 선순환 구조를 만들 수 있다는 통찰이다. 김대중의 '화해와 통합의 건축학' 외교 철학과 실천은 오늘날 미중 전략 경쟁 심화와 역사 갈등 재연으로 불안정성이 고조되는 동아시아의 현실 속에서 더욱 중요한 정치적 함의를 지닌다.

7장에서 박명림은 김대중의 '화해와 통합'의 리더십을 독일의 빌리 브란트 및 남아프리카공화국의 넬슨 만델라와 비교 분석한다. 이들 세 지도자는 공통적으로 국내의 반대 세력이나 적대 세력과의 화해와 통합의 정치를 진지하고도 현실(주의)적으로 실현했다. 해외 지도자들과의 비교 분석은 김대중의 화해와 통합의 정치를 한국의 국내 차원에 국한하지 않고 20세기 말의 탈냉전과 민주화라는 거대한 세계사적 흐름 속에서 조명할 수 있게 해준다. 이는 분단과 독재라는 한국적 특수성 속에서 전개된 김대중의 정치와 리더십에 담겨 있는 보편적 가치를 밝히는 작업이다. 아울러 김대중의 화해와 통합의 사상과 정치가 세계적인 지도자들과 견주어 결코 부족하거나 뒤지지 않았음을 보여준다.

화해와 통합의 정치에 있어서 세 지도자는 공히 자신의 반대 세력을 포용하고 연합하는 통합의 정치를 우선하여 구현했다. 김대중, 브란트, 만델라 리더십의 첫 번째 공통분모는 자신의 오랜 정적 또는 이념적 반대 세력과 손을 잡는 '연합 정치'를 통해 집권의 기틀을 마련했다는 점이다. 이는 단순히 권력을 쟁취하기 위한 선거 공학을 넘어, 국가적 분열을 치유하고 더 큰 목표를 향해 나아가기 위한 전략적 결단이었다. 적대세력과의 연합 정치는 적대적 대결 구도를 협력적 국정 운영의 틀로 전환하는 결정적 계기를 만들었다. 김대중의 1997년 DJP 연합은 집권을 위한 일회성 선거 전략이 아니었다. 그것은 무엇보다 대한민국 현대사를 양분해 온 민주화 세력과 산업화 세력 간의 '역사적 화해'의 의미를 지닌다. 양대 세력의 연합을 통해 형성된 안정적인 국내 기반이 없었다면 당시로서는 파격적인 햇볕정책의 추진이 정치적으로 불가능했을 것이다. 사민당 당수 브란트가 정치적 맞수인 기민당과 연합하여 구성한 전후 독일 최초의 대연정도 냉철한 현실주의에 기반한 결단이었다. 대연정을 통해 구축한 정치적 안정은 브란트가 동독 및 동유럽과 화해를 모색하는 동방정책을 추진할 수 있는 튼튼한 국내 정치 기반을 제공했다. 수십 년간 이어진 아파르트헤이트 종식 후 내전 위기에 놓인 남아프리카공화국에서 넬슨 만델라가 구성한 '국민통합정부Government of National Unity, GNU'도 흑인 억압의 주체였던 국민당NP까지 포함한 통합 정부였다. 이 내부 통합은 인종차별로 고립되었던 남아공이 국제 사회의 일원으로 다시 복귀하는 전제 조건이 되었다.

적대 세력과 손을 잡는 연합 정치를 통해 안정적인 국내 기반을 마련한 세 지도자는 과거사가 남긴 깊은 상처를 치유하고 국민적 화합을 이끌어내는 '화해의 정치'를 본격적으로 실천했다. 이들의 화해는 개인적 차원의 용서를 넘어, 국가 공동체의 미래를 위해 과거의 진실을 직시하고 이를 제도적·상징적으로 극복하는 정치 행위였다. 이들은 보복의 악순환을 끊어내고, 과거의 적들을 공동체의 일원으로 끌어안음으로써 더 큰 사회통합을 이루어냈다. 김대중은 자신에게 사형을 선고했던 전두환·노태우 전 대통령을 국민 대화합 차원에서 사면하는 결단을 내렸으며, 자신의 최대 정적이던 박정희 전 대통령의 기념사업을 지원했다. 이로써 그는 한국 정치의 고질적 병폐였던 정치 보복의 악순환을 자신의 대에서 끊어내고자 했다. 브란트는 1970년 12월 폴란드 바르샤바 게토 희생자 추모비 앞에서 예고 없이 무릎을 꿇는 상징적인 행동을 감행했다. 이는 나치 독일의 범죄에 대한 진정한 사죄의 표현이자, 동유럽과의 화해를 여는 역사적인 전환점이 되었다. 만델라는 아파르트헤이트라는 잔혹한 역사를 청산하기 위해 '용서하되, 잊지 않는다'는 원칙 아래 진실화해위원회를 설립했다. 이는 처벌과 보복 대신, 가해자가 진실을 고백하면 사면하는 '이행기 정의'의 새로운 모델을 수립했다.

　세 지도자는 국내에서 이념적 적수와도 손을 잡는 화해·통합의 정치가, 대담하고 변혁적인 대외 정책을 수행하는 데에도 기여한다는 사실을 잘 보여준다. 김대중의 DJP 연합은 햇볕정책을 가능하게 했고, 브란트의 대연정은 동방정책을 뒷받침했으며, 만델라의 국민통합 정부는 아파르트헤이트 이후 남아공이 국제 사회에 복귀하도록 했다. 이들의 리더십은 분열과 갈등이 심화하는 현대 사회에 강력한 교훈을 던져준다. 진정한 리더십은 적을 규정하고 배제하며 갈등을 증폭시키는 것이 아니라, 가장 어려운 상대와도 대화하고 협력하여 공동의 미래를 만들어나가는 용기와 지혜에 있음을 이들은 삶과 정치로 증명했다.

이 책의 필자들은 화해와 통합을 위한 김대중의 생각(사상)과 실천(정치) 및 그 전략을 오늘의 관점에서 다시 바라보고 분석하고 현재와 미래를 위한 함의를 찾고자 노력했다. 오늘날 우리 사회는 극단적인 갈등과 정치적 양극화로 깊은 상처를 안고 있다. 계층, 지역, 젠더, 세대 갈등이 심하고 상대방에 대한 차별과 혐오가 극심해져 있다. 최영태는 현재의 한국 정치를 "심리적 내전 상태"로 부를 정도다.[8] 특히 2024년 12월 3일 계엄령 사태로 인해 우리 사회에 팽배한 적대적 관계와 감정이 극에 달했다. 계엄령을 둘러싼 혼란은 윤석열 대통령의 탄핵과 새로운 대통령 선거로 일단락되었지만, 이재명 정부 출범 이후에도 '내란' 사건을 둘러싼 공방이 여전히 계속되고 있다. 우리 사회의 갈등과 적대적 대립은 언제든지 폭발할 잠재성을 갖고 있어 보인다.

2024년 12월의 계엄령 사태는 김대중의 전두환 사면 행위를 오늘의 현장에 다시 불러냈다. 전두환을 제대로 처벌했어야 정당한 명분 없는 쿠데타를 기도하거나 이를 비호하는 세력이 생기지 않았을 것이라는 주장이 한편에 있고, 정치적 반대 세력에게 아량을 베풀어서 용서하고 화해를 도모하자는 주장이 다른 한편에 있다.[9] 이 같은 오늘날의 상황에서 김대중이 평생에 걸쳐 추구해온 화해와 통합의 정치에 대한 고찰은 절실히 필요한 작업이다. 김대중의 고난과 구도자적 극복, 그리고 화해와 통합 사상 및 그 실천을 다시 살펴봄으로써 현재 극심한 갈등과 대립에 빠져 있는 우리 사회의 나아갈 길을 밝히고 굳건한 규범을 정립하는 데 이 책이 도움이 되길 기대한다.

---

8) 이 책의 2장.
9) 1장 참조.

참고 문헌

김대중. 1998. 《다시, 새로운 시작을 위하여》. 개정판. 파주: 김영사.

김대중. 2000. 《김대중 옥중서신》. 서울: 한울.

김대중재단 엮음. 2025. 《김대중 탄생 100주년 기념 백서》. 서울: 김대중재단출판부.

김용철. 2021. 〈현대평화이론의 관점에서 본 김대중의 평화관〉. 《현대정치연구》 제14권 2호, 101–136.

김학재. 2025. 〈김대중 정치사상의 토대 탐색: 정치·권력·갈등·정치가론을 중심으로〉. 《철학·사상·문화》 47호, 311–342.

노무현재단 엮음·유시민 정리. 2019. 《운명이다: 노무현 자서전》. 파주: 돌베개.

박명림·백학순·임혁백·최영태·황인구·장훈각·정현백·김귀옥·노명환. 2023. 《김대중의 사상과 정치 1: 평화·민주주의·화해·협력》. 서울: 연세대학교 출판문화원.

박명림·백학순·임혁백·최영태·황인구·장훈각·정현백·김귀옥·노명환. 2023. 《김대중의 사상과 정치 2: 평화·민주주의·화해·협력》. 서울: 연세대학교 출판문화원.

박소현 외. 2024. 《김대중의 문화정치: 문화–민주주의와 문화–미래주의의 접속》. 파주: 지식산업사.

신진욱 외. 2024. 《김대중 시대의 민주주의와 인권》. 파주: 지식산업사.

이상덕 외. 2024. 《김대중의 성평등: 대한민국 여성의 삶을 바꾸다》. 파주: 지식산업사.

최영태. 2020. 《빌리 브란트와 김대중: 아웃사이더에서 휴머니스트로》. 서울: 성균관대학교출판부.

황태연 외. 2024. 《사상가 김대중: 그의 철학과 사상》. 파주: 지식산업사.

차례

2. 김대중의 국내정치적 화해와 통합 _최영태 (전남대 명예교수)

3. 김대중의 사회경제적 화해와 통합 _양재진 (연세대학교 교수)

4. 김대중의 성평등적 화해와 통합 _박진경 (행정학자)

6. 김대중의 국제적 화해와 통합: 내부 화해자의 평화 건축학

_남기정 (서울대학교 일본연구소 교수)

7. 김대중·브란트·만델라의 화해와 통합의 정치

_박명림 (연세대학교 교수, 김대중도서관장)

/ 1

김대중의 화해와 통합 사상

김학노 (영남대학교 교수)

I. 들어가기

　이 글은 화해와 통합이 김대중 정치와 사상의 핵심이며 그의 서로주체적 정신과 자세에 뿌리를 두고 있다고 주장한다. 김대중은 사상과 실천을 겸비한 지도자로서, "그냥 민주 투사가 아니고 뛰어난 사상가"의 반열에 오른 "세계에 자랑할 만한 지도자"였다.[1] 김대중의 활동 범위가 워낙 넓으므로 그의 사상과 정책, 전략 및 정치 행위의 근간이 무엇인지에 대한 근원적인 탐구가 필요하다. 이 글은 사상가이자 전략가인 김대중의 바탕에 그의 화해와 통합의 사상과 실천이 있으며, 이는 곧 서로주체적 자세와 정신에 바탕을 두고 있다고 주장한다.

　김대중은 권력을 장악한 이후에도, 오랜 민주화 투쟁 과정에서 자신을 억압하고 제거하려고 했던 세력들에게 정치적 보복을 가하지 않고 화해와 통합의 정치를 실현했다. 자신의 정적이었던 박정희를 기념하는 박정희대통령기념관 건립을 적극 지원했으며, 자신에게 사형을 구형했던 전두환의 사면·복권에 합의하였다. 대외적으로는 일본과의 불편한 관계를 극복하고 우호적이고 더 개방적인 한일관계를 여는 데 앞장섰다. 민족 차원에서도 대북화해협력 정책을 통해 북한과의 적대적 관계를 지양하고 남북한의 화해와 교류협력을 도모했다. 자신이나 우리에게 적대적이었던 세력에게 김대중은 용서와 화해를 통해 국민 대통합과 국제적 및 민족적 화해와 통합을 추구했다.

---

1) 노무현재단 엮음·유시민 정리, 《운명이다: 노무현 자서전》 (파주: 돌베개, 2019), 187-190쪽; 최영태, 《빌리 브란트와 김대중: 아웃사이더에서 휴머니스트로》 (서울: 성균관대학교출판부, 2020), 431쪽.

요컨대, 화해와 통합이야말로 김대중 정치의 요체라고 할 수 있다. 이 글은 이 같은 김대중의 화해통합 정치의 바탕에 그의 서로주체적 자세와 정신이 기초하고 있다고 주장하고, 이를 중심으로 김대중의 화해통합 사상을 체계적으로 정립하고자 한다.

김대중의 용서와 화해 및 통합 사상에 대한 기존 연구는 상당히 축적되어 있다. 여기서는 대표적인 연구들 몇 개만 간략히 검토한다. 김귀옥은 김대중의 용서와 화해 정치의 특징으로 (1) 가해 당사자의 사과가 전제되지 않은 무조건적인 용서와 화해, (2) 분노할 만한 상황이 해소되지 않은 상태에서도 파괴적 보복의 지양과 성찰적 분노로의 승화, (3) 용서 과정과 소통 및 화해 과정의 연결 등을 제시한다. 그에 따르면, 김대중의 이 같은 용서와 성찰적 분노는 (1) 갈등과 대립 구조를 해결하는 '정치로서의 화해', (2) 책임 규명과 동시에 희생자의 고통에 호응하는 '정의로서의 화해', (3) 정치적 보복이 없는 '윤리로서의 화해'를 모두 실천했다고 한다.[2]

박명림은 김대중 정부가 (1) 진보-보수 사이의 내부적 화해, (2) 김대중-오부치 선언을 통한 한일화해, (3) 남북정상회담으로 대표되는 남북화해를 이루었을 뿐만 아니라, (4) 아래로부터의 국민통합을 이루었음을 강조한다. 마지막 사항이 특히 주목할 만하다. 아래로부터의 국민통합의 대표적인 사례는 한국전쟁 참전 용사에게 명예수당을 제공하는 사업과 제주 4·3사건의 진상규명을 함께 추진한 것이다. 이는 '국가를 위한 충성(한국전쟁 참전자)'과 '국가에 의한 희생(제주 4·3사건 희생자)'을 동시에 포용하고 추념하는 것으로서 우리 사회의 근본적인 대립 지점을 찾아서 화해와 통합을 실천한 것이다. 이 점에

---

2) 김귀옥, 〈김대중의 화해의 정치〉, 박명림 외, 《김대중의 사상과 정치 2: 평화·민주주의·화해·협력》(서울: 연세대학교 출판문화원, 2023), 293-313쪽; 박명규, 〈평화와 화해: 책임정치와 심정윤리의 간극〉, 전우택 외, 《용서와 화해에 대한 성찰》(서울: 명인출판사, 2018), 142-143쪽 참조.

서 박명림은 "아래로부터의 적극적인 국민통합"이야말로 김대중이 추구한 "화해의 근본 중의 근본"이라고 평가한다.[3]

노명환은 더 근원적으로 사상가 김대중의 철학적 사고에 초점을 두면서, 김대중의 용서·화해 사상을 그의 "변증법적 세계관·우주관"으로 이해한다. 그에 따르면, 김대중의 용서·화해 사상이 그의 "창조적이고 변증법적인 통일의 철학"[4]에 입각해 있으며, 여기에는 주역의 음양이론, 헤겔의 변증법, 토인비의 도전과 응전의 역사관, 테야르 드 샤르뎅의 창조적 진화론의 신학 등이 함께 녹아들어 있다고 한다. 용서·화해의 보편성과 특수성이 부단한 변증법적 과정을 통해서 분단 극복·지구평화와 연결된다고 한다.[5]

마지막으로, 장신기는 김대중의 화해통합론이 우리나라의 평화적 민주화를 가능하게 하는 데 결정적으로 기여했다고 본다. 그에 따르면, 우리 역사에 과거사 청산 문제가 중요한 갈등과 대립 축을 형성하고 있는데, 특히 (1) 일제 강점기 유산, (2) 해방 이후 좌우 갈등과 한국전쟁 시기 민간인 학살, (3) 독재 정권에 의한 인권 탄압 등 세 가지가 중첩되어 복잡한 구조를 이루고 있다. 이처럼 중첩된 과거사 청산 방식으로서 (1) 단절청산론과 (2) 화해통합론이 대립한다. 단절청산론은 법적 절차에 따른 엄격한 인적 청산과 사법적 처리에 중점을 두며, 사법적 정의 또는 인과응보적retributive 정의를 추구한다. 이와 달리화해통합론은 가해자에 대한 인적 처벌에 반대하고 도덕적 권위에 기반한 화해·용서·관용을 강조하며, 응보적 정

---

3) 박명림, 〈김대중의 연합과 통합의 정치〉, 박명림 외, 《김대중의 사상과 정치 2: 평화·민주주의·화해·협력》 (서울: 연세대학교 출판문화원, 2023), 427–441쪽.
4) 김대중, 《김대중 옥중서신》 (서울: 한울, 2000), 33쪽; 연세대학교 김대중도서관 편, 《김대중 전집 II》 (서울: 연세대학교 대학출판문화원, 2019), 9권, 251쪽.
5) 노명환, 〈김대중의 용서·화해 사상과 분단 극복·지구평화〉, 박명림 외, 《김대중의 사상과 정치 2》, 334–371쪽.

의보다 회복적restorative 정의를 추구한다. 장신기에 따르면, 김대중은 단절청산론에 맞서 일관되게 화해통합론을 추진했으며, 이것이 우리가 평화적으로 민주화를 이루는 데 결정적으로 기여했다.[6]

이 글은 이 같은 기존 연구의 성과 위에 두 가지 점을 보태고자 한다. 첫째, 김대중의 화해통합 사상과 실천은 물론이고 그의 사상 전반의 근본적인 토대를 그의 서로주체적 자세와 정신에서 찾는다. 김대중 사상의 근간을 찾는 많은 연구가 그의 화해통합론 이외에도 민주주의와 평화 및 인권 사상에 주목한다.[7] 특히 민주주의야말로 김대중 정신의 핵심이라는 데 대부분의 연구가 수렴한다. 나는 김대중의 화해통합론뿐 아니라 민주주의와 평화 및 인권 사상도 그의 서로주체적 정신과 자세에서 비롯한다고 본다. 이는 김대중 사상의 핵심을 민주주의에서 찾는 기존 연구들과 맥을 같이 한다. 다만, 제도로서의 민주주의와 구분되는 사상과 가치로서 민주주의의 핵심이 서로주체적 정신과 자세에 있다고 본다. 김대중 사상의 보편적 가치는 바로 여기에 있다.

둘째, 화해통합에 관한 김대중의 당위론을 살피는 동시에 그의 투쟁 정신을 살피고 양자 사이의 괴리를 좁히는 길을 모색한다. 김대

---

6) 장신기, 《성공한 대통령 김대중과 현대사》 (서울: 시대의창, 2021), 192–195쪽.

7) 황태연, 〈김대중의 중도정치와 창조적 중도개혁주의〉, 황태연 외, 《사상가 김대중: 그의 철학과 사상》 (파주: 지식산업사, 2024), 79–140쪽; 한상진, 〈제2근대 전환의 선구자 김대중: 김대중 사상 연구의 미래지향적 과제〉, 황태연 외, 《사상가 김대중》, 141–222쪽; 노명환, 〈김대중과 동서융합의 민주주의 사상〉. 황태연 외. 《사상가 김대중》, 223–306; 김귀옥, 〈김대중 평화사상의 형성과 실천〉, 황태연 외, 《사상가 김대중》. 307–354; 장훈각, 〈김대중의 민주주의 철학과 사상: 국민이 주인인 정치, 대화와 협력의 정치〉, 박명림 외, 《김대중의 사상과 정치 2》, 80–151쪽; 최영태, 〈김대중과 국제주의〉, 박명림 외. 《김대중의 사상과 정치 1: 평화·민주주의·화해·협력》 (서울: 연세대학교 출판문화원, 2023), 155–233쪽; 황인구, 〈김대중의 인권사상과 인권정치: 초국가적 운동과 코즈모폴리턴 비전〉, 박명림 외, 《김대중의 사상과 정치 2》, 2–79쪽; 김용철, 〈현대평화이론의 관점에서 본 김대중의 평화관〉, 《현대정치연구》 제14권 2호 (2021), 101–136쪽; 가쿠마 다카시, 《아시아의 리더 김대중 대통령》. 개정판. 추성춘 옮김. (서울: 창작시대, 2009).

중의 화해통합론은 적대 세력을 사랑하고 포용하는 기독교적 신앙에 입각해 있으면서 동시에 그에 머물지 않고 김대중 나름으로 구축한 현실적인 합리적 논리에 바탕하고 있다. 이 글에서는 화해통합에 대한 그의 당위론 즉, "왜 악인을 용서하고 화해해야 하는가"에 대한 그의 입론을 신앙과 현실의 두 측면으로 나눠서 고찰한다. 한편, 김대중은 선과 악을 구분하고 악에 대한 투쟁의 실천을 주창했다. 이른바 '행동하는 양심'론이다. 김대중은 화해통합론을 주창하고 실천한 한편으로, 늘 민주주의의 적대세력을 비롯한 악에 대한 투쟁을 주창하고 몸소 실천한 인물이다. 일견 모순될 수 있는 투쟁과 화해라는 두 측면이 김대중이라는 한 인물에 어떻게 융화되어 있는지 또는 융화될 수 있는지 살펴봄으로써, 그의 사상을 체계적으로 정립하는 데 기여하고자 한다.

이 글의 구성은 다음과 같다. 다음 2절에서 김대중 사상의 바탕에 그의 서로주체적 정신과 자세가 있음을 논한다. 많은 학자들이 김대중 사상의 핵심을 화해통합론, 민주주의와 인권 중시 등에서 찾는다. 이 글은 화해통합뿐 아니라 김대중의 민주주의론과 인권 사상도 그의 서로주체적 자세에 그 뿌리가 있다고 주장한다. 2절에서는 먼저 이상사회에 대한 김대중의 비전이 바로 서로주체적 사회임을 밝히고, 수직적 차원과 수평적 차원으로 나눠서 각각 그의 '반걸음' 지도자론과 '형제적' 경쟁론을 중심으로 그의 서로주체적 정신과 자세를 살핀다.

3절에서는 서로주체적 자세의 딜레마 즉, 상대가 내게 홀로주체적인데 왜 나는 서로주체적 자세를 견지해야 하는가의 문제를 다룬다. 화해통합론의 일반적인 용어로 풀어 말하자면, 죄를 미워하되 죄인을 미워하지 말라는 말에서 더 나아가서 왜 죄지은 상대를 용서하고 화해해야 하는가의 문제이다. 왜 악인을 용서해야 하는가? 이에 대해 김대중은 오랜 고민과 숙고의 시간을 가졌다. 이 문제에 대해 김대중이 어떤 대답에 도달했는지를 신앙적인 근거와 현실적인 이유를 나눠서 살핀다. 신앙적인 근거에서 가장 중요한 이유는 우리 모두가 악을 범할 수 있는 '죄인' 즉, '오류 가능한' 인간이라는 생각이다. '불완전한 인간'이라는 관점이 김대중의 서로주체적 자세의 근간인 셈이다. 현실적인 차원에서 가장 중요한 것은 어떤 행동(선택)이 현실사회에 가져올 결과에 대한 '책임윤리' 의식이다. 김대중은 악에 대한 선의 투쟁이라는 신념윤리에 매몰되지 않고 자기 신념의 현실적 결과를 중시하는 책임윤리 의식이 강했다.[8] 이것이 그의 화해통합론으로 이어지는 바, '한풀이'에 대한 김대중의 독특한 해석을 통해 이를 살펴본다.

4절에서는 언제 화해하고 용서하며, 언제 분노하고 투쟁해야 하는지의 문제를 다룬다. 김대중은 화해통합론을 일관되게 견지했지만, 동시에 악에 대해 싸우지 않는 것은 악을 행하는 것과 마찬가지라는 입장도 고수했다. '행동하지 않는 양심은 악의 편'이라는 그의 외침은 그의 신념이며 그는 늘 악에 대항해서 싸워야 할 때 싸워온 인물이었다. 그렇다면 언제 화해하고 용서할 것이며, 언제 분노하고 싸워야 하는가? 이에 대한 김대중의 대답은 체계적이거나 명쾌하지 않다. 나는 화해통합과 투쟁을 선택하는 데 김대중에게 두 가지 기준이 있었다고 생각한다.

---

8) 신념윤리와 책임윤리의 구분은 베버, 《막스 베버, 소명으로서의 정치》(2판. 최장집 엮음·박상훈 옮김. 서울: 후마니타스, 2013) 참조. 베버가 강조하듯이, 신념윤리는 자신의 신념에 따라서 올바른 행동을 할 뿐 결과는 고려하지 않는다. 이와 달리 책임윤리는 자기 행동의 옳고 그름뿐만 아니라 그 결과를 고려하고 그에 대해서 책임을 진다. 신념윤리를 신봉하는 사람은 순수한 신념에서 나오는 행위가 나쁜 결과를 가져오더라도 그 책임을 자신의 탓으로 생각하지 않는다. 책임윤리를 따르는 사람은 "인간이 가진 평균적 결함을 고려"하고, 자기 행위의 결과를 다른 사람에게 떠넘길 수 없다고 생각한다. 베버, 《막스 베버, …》, 210–212쪽.

첫째, 책임윤리와 역사윤리 사이의 갈등이다. 김대중은 적(악인)에 대해서 신념윤리에 따른 보복이나 단죄를 가하기보다 그 현실적 결과를 중시하는 책임윤리에 충실했다. 동시에 그는 당대 현실에서의 승패를 떠나 '역사와 승부'한 인물이었다. 역사에 대한 결과와 역사의 심판을 중시하는 점에서 나는 이를 단순한 신념윤리가 아니라 '역사윤리'로 부르고자 한다. 그는 적과의 화해와 투쟁 사이에서 선택할 때 당대 현실에 대한 결과를 중시하는 책임윤리와 함께 장대한 역사라는 또 다른 차원의 현실에 대한 영향을 중시하는 역사윤리 사이에서 갈등했다.

둘째, 상대방과의 헤게모니 관계에 대한 고려가 책임윤리와 역사윤리 사이의 갈등에 영향을 미쳤다. 나는 김대중이 자신과 상대방 사이의 헤게모니 관계에 따라 상대방에 대해 상이한 자세를 선택한 것으로 생각한다. 자신이 상대방에 비해 열위에 있을 때는 자신의 주체성을 지키고 수립하기 위한 투쟁이 필요했고, 자신이 상대방에 비해 우위에 있을 때는 상대방을 대등한 주체로서 대하는 자세를 견지하면서 용서하고 화해하는 입장에 섰다는 게 나의 잠정적 판단이다. 헤게모니 관계에 따른 자세의 변화는 그의 서로주체적 관계를 지향하는 태도로 설명 가능하다. 상대가 악의 세력이라는 전제 아래, 자신이 약세에 있을 때에는 자신의 주체성을 지키기 위해 투쟁하는 것이 악의 보편화를 막는 방법이고, 자신이 우세에 있을 때는 상대방을 홀로주체적으로 완전히 파괴하는 대신 상대방을 용서하고 포용함으로써 서로주체적 관계를 복원하는 것이 악을 축소하는 방법인 것이다.

마지막 결론 부분에서는 글의 논의를 요약하고, 김대중의 화해통합 사상이 오늘날 한국사회와 역사에 대해 갖는 함의를 간략하게 논한다.

II. 김대중의 서로주체적 정신[9]

김대중을 읽다 보면 그의 인간적인 따뜻함을 느낄 수 있다. 박정희와 전두환 정권을 거치면서 수십 년 동안 집권세력의 온갖 박해와 탄압을 받은 정치인인 김대중이 독재자와 싸우면서 그들을 닮기는커녕 그들을 용서하고 화해하려는 마음을 가진다는 사실이 경이로울 정도다. 이해동은 김대중에 대해 "천사라도 악마로 변해 있을 수밖에 없"을 정도로 국가권력을 장악한 세력으로부터 박해와 수난을 당했음에도, "인간미가 넘치는 분"으로 기억한다.

> "매우 부드럽고 섬세한 인간미가 넘치는 분이었다. 마음이 고운 분이었다. 눈물도 많고 정감이 넘치는 분이었다. 모든 사람에게 선의로 대하며, 특히 약자에 대한 배려가 세심하고 따뜻한 분이었다. 유머 감각도 뛰어나서 좌중을 웃기고 편안하게 해 주는 분이었다."[10]

실로 김대중은 "눈물이 많은 정치인"이었다. 1987년 10월 처음으로 광주 망월동 묘지를 방문해서 광주항쟁의 유가족들을 부둥켜안고 통곡하던 모습, 1994년 1월 문익환 목사의 빈소에서 오열하던 모습, 2009년 5월 노무현의 죽음 앞에서 권양숙 여사의 손을 잡고 끝내 울음을 터뜨린 모습 모두 우리가 생생하게 기억하는 장

---

9) 이 절의 2항과 3항은 김학노, 〈김대중의 서로주체적 리더십: 대북정책을 중심으로〉, 《한국정치연구》 제34집 2호 (2025), 227-255쪽의 일부를 확대, 보완한 것임.
10) 이해동, 〈아마 천사라도 악마로 변해 있을 수밖에…〉, 강원택 외, 《김대중을 생각한다》 (서울: 삼인, 2011), 75쪽.

면이다.[11)]

　김대중은 또한 1950년대 정계에 투신한 이래 2009년에 타계할 때까지 현실정치의 한복판에서 살아남으면서 단연 돋보이는 지도자의 위치를 유지해왔다. 현실정치 속에서 권력에 대한 저항의 한가운데 있었고 결국에는 집권에 성공하기도 했다. 김근태가 증언하듯이, 보통 이해관계를 중심으로 하는 권력정치를 오래하다 보면 정치 초년기의 순수성을 잃고 권모술수에 능한 정치인으로 전락하기 쉽다. 그러나 김대중은 그렇지 않았다.

　　DJ도 권력 정치를 했다. 그러나 명분을 놓치지 않았다. 더구나 그런 명분이 대개의 경우 진보적이거나 개혁적이었다. 민주 세력 내부에 강력한 동조자를 만들 수 있었다. 적대적이기까지 했던 한국 정치 현장에서 DJ가 살아남기 위해서는 권력 정치를 하는 것이 불가피했다. 그러면서도 방향을 잃지 않고 비전을 모색하고 공부하고 연구한 정치인이었다."[12)]

　한마디로, 김대중은 "카리스마와 용기, 그리고 감성을 동시에 갖춘" 인물이었다.[13)] 나는 김대중이 이처럼 고난 속에서도 인간미 넘치는 인격을 유지한 바탕에 인간에 대한 그의 사랑과 존중이 자리하고 있었다고 생각한다. 현실 권력정치에서 살아남기 위해서 본인 스스로 권력에 저항하거나 권력을 잡고 휘두르면서도 명분을 잃지 않고 비전을 모색한 데에도 인간과 삶에 대한 그의 기본적인 자세가

---

11) 한홍구, 〈서자 김대중, 민주주의의 적통을 열다〉, 강원택 외, 《김대중을 생각한다》, 118쪽.
12) 김근태, 〈2012 정권 교체, DJ가 있었다면…〉, 강원택 외, 《김대중을 생각한다》, 111쪽.
13) 최경환, 《국민을 존경하고 사랑한 대통령 김대중》 (서울: 현북스, 2015), 42쪽,

바탕하고 있었다고 생각한다. 최경환은 "민주주의 수호, 남북의 화해협력, 중산층과 서민의 정치, 관용과 화해의 정치"가 '김대중 정신'이며 이 같은 '김대중 테제'는 실현 과정에 있다고 주장한다.[14] 나는 이 같은 김대중 테제의 밑바탕에 있는 그의 근본적인 '자세'를 '서로주체적 자세'로 보고, 이것이야말로 김대중 정신의 진수라고 주장한다.

나는 김상봉의 '서로주체성'과 '홀로주체성' 개념을 다소 단순화해서 헤게모니 행사방식의 두 가지 이념형을 구분한다. 홀로주체적 헤게모니 방식은 상대방의 주체성을 인정하지 않는다. 홀로주체적인 나는 너를 나와 동등한 주체로 인정하지 않는다. 너는 주체적 존재가 되지 못하고 대상이나 객체가 될 뿐이다. 너는 나의 목적을 위한 수단일 뿐이다. 이와 달리 서로주체적인 방식은 나와 대등한 존재로서 상대방의 주체성을 인정하고 존중한다. 서로주체성은 너와 나의 상호 동체同體, 동등同等, 동존同存의 가치를 추구한다. 너와 나는 각각 "자아준거적" 주체로서 정립하고 동시에 상대방이 그런 주체임을 인정하고 서로 공존한다. 서로주체적 관계는 서로를 숭배하지도 억압하지도 않으며, 서로 경쟁과 협력 및 연대의 주체로 만난다. 너와 내가 만남을 통해서 더 확장된 우리 즉 대아大我가 되는 과정에서도 너와 나의 소아小我로서의 주체성이 억압되지 않고 동등한 주체로 만나는 것이 서로주체적 통합이다.[15]

---

14) 최경환, 2010, 《김대중 리더십》 (서울: 아침이슬, 2010), 16쪽.
15) 김학노, 《정치: 아(我)와 비아(非我)의 헤게모니 투쟁》 (서울: 박영사, 2023), 28-32쪽; 문승익, 《주체이론: 서문》 (아인각, 1970), 39-70, 112-142쪽; 김상봉, 《서로주체성의 이념: 철학의 혁신을 위한 서론》 (서울: 길, 2007), 36-37, 69-70쪽.

1. 이상사회

이 글은 김대중 사상의 전반적인 토대를 그의 서로주체적 정신에서 찾는다. 김대중의 서로주체적 정신과 자세는 무엇보다도 그가 그리는 이상사회의 모습에서 찾을 수 있다. 1993년 한 대담에서 김대중은 그의 이상사회를 묻는 질문에 다음과 같이 언급한다.

"이상사회는 한 마디로 말하면 그 구성원들이 **모두가 주인**의 입장에서 참여하고 내일의 좋은 사회와 자기의 정당한 몫을 기대하면서 최선을 다해서 신바람 속에서 노력하는 그런 사회라고 생각합니다. 이상사회의 첫째 조건이 꼭 풍요사회는 아닙니다. 모든 사람이 원하는 것을 다 충족하는 것도 이상사회의 조건은 아닙니다. 이상사회는 그 구성원들이 모두 내가 주인이다 하는 **주인의식**을 가지고, 자기가 왜 이 일을 해야 하느냐, 이 일을 하는 것이 내게 어떻게 유익하냐 하는 데 대한 확신을 가지고 신바람나게 참여하는 사회입니다. 그런 이상사회에서는 자기가 자기 운명의 주인이기 때문에 권세나 권력이 지배하거나 국민이 하는 일에 대해서 간섭하는 것은 최대한으로 줄여져야 합니다."16)

그는 이 같은 이상사회의 예로 동양의 요순시대를 들면서, 모든 사람이 스스로 주체로서 자유롭게 참여하는 것이 특히 중요하다고 강조한다. "모든 참여자가 내가 주인이다, 그리고 나는 내 할 일을 하고 그것을 통해서 내 자아 발전을 시키고 있고 사회에 공헌하고 있다, 정치는 그러한 우리의 권리를 보장해 주고 제발 간섭하지 말아라."라는 것이 "이상사회의 근본정신"이라는 것이다. 17)

---

16) 김대중, 《나의 길 나의 사상》 (파주: 한길사, 1994), 92-93쪽. 강조 첨가; 《김대중 전집 II》 16권, 333쪽.

"한 사회가 이상사회가 되자면 그 구성원들이 굶주림으로부터 해방되는 것이 필요하겠지만, 무엇보다도 자유로운 참여 속에 자아가 실현되어야 한다고 생각합니다."18)

김대중은 자신이 생각하는 이상사회와 서양의 플라톤과 아리스토텔레스가 생각하는 이상사회를 대조한다. 이로써 그가 생각하는 이상사회의 모습이 더 분명해진다. 그의 이상사회는 모든 사람이 동등하게 자유로운 주체로서 신명나게 참여하는 서로주체적인 사회인 것과 달리, 플라톤이나 아리스토텔레스의 이상사회는 사람들의 사회적 자리가 우열관계와 지배관계 속에 정해져 있는 홀로주체적 사회다. 플라톤과 아리스토텔레스의 이상사회에 대한 그의 말을 직접 들어보자.

"플라톤은 이상국가의 모델을 제시할 때 완전히 스파르타식을 도입했지요. … 사람이 나면 금과 은과 동으로 가른다, 금은 통치하는 수호자 계급이고, 은은 전쟁에 종사하는 군인 계급이고, 동은 생산에 종사하는 평민 계급이다, 평민들이 노예와 같이 일해서 나머지를 먹여 살려야 한다, 플라톤은 경제에 있어서 일종의 공산주의를 주장했는데 가족 제도까지 그랬습니다.

......

아리스토텔레스도 역시 놀라운 이야기를 많이 하고 있습니다. 상인과 공인은 대우받을 자격이 없다, 농민은 노예가 되어야 한다, 노예는 열등한 자가 되는 법인데 그 우열은 전쟁으로 결정한다, 열등한 자는 통치자 밑에서 노예로 사는 것이 행복하다, 사람은 나면서부터 통치자나

---

17) 김대중, 《나의 길 나의 사상》, 93쪽; 《김대중 전집 II》 16권, 334쪽.
18) 김대중 《나의 길 나의 사상》, 95쪽; 《김대중 전집 II》 16권, 336쪽.

노예의 운명을 타고 났다, 여자의 지위는 열등한 것으로서 노예의 지위처럼 아주 자연스러운 것이라고 했습니다. 이러한 것들을 어떻게 이상사회의 모습이라 할 수 있겠습니까?"[19]

김대중이 홀로주체적 사회와 대조되는 서로주체적 사회를 이상으로 지향하고 있음이 잘 드러난다. 김대중에게 있어 이상사회는 현실과 유리되어 구름 속에 존재하는 이상향이 아니다. 그에게 이상사회는 먼 훗날이 아니라 오늘 현재의 이야기여야 한다.

"이상사회는 오늘의 현실 속에서 선이 이기고 악이 패배하는 사회입니다. 우리는 이상사회를 완성할 수는 없다고 생각합니다. 그러나 완성을 지향하고 완성의 확신을 가지고 나가야 합니다. 오늘을 보람있게 살고 내일의 희망을 갖고 살아야 합니다."[20]

이상사회가 현실과 괴리되어 존재하는 것이 아니듯, 역사는 이상사회의 실현과 연결되어 있다. 그에게 역사는 이상사회 즉, 서로주체적 사회를 향해 발전하는 과정이다.

"역사는 크게 보면, 내가 앞에서 말한 바와 같이, 사회 구성원들이 **다같이 주인으로 참여해서 자아를 실현할 수 있는** 그런 방향으로 발전해 나가고 있다고 봅니다. 즉 인간으로서 발명한 최선의 제도인 **민주주의** 제도가 실현되어가는 방향입니다."[21]

---

19) 김대중, 《나의 길 나의 사상》, 93-94쪽; 《김대중 전집 II》 16권, 334-335쪽.
20) 김대중, 《나의 길 나의 사상》, 94쪽; 《김대중 전집 II》 16권, 335쪽.
21) 김대중 《나의 길 나의 사상》, 101쪽. 강조 첨가; 《김대중 전집 II》 16권, 341쪽.

김대중은 이러한 역사관을 뒷받침해줄 수 있는 철학적 기반을 테야르 드 샤르뎅의 '창조적 진화론'에서 찾았다.[22] 《인간현상》에 전개된 드 샤르뎅의 진화론과 생명관은 대단히 독특하다. 그는 지구의 탄생부터 물질들의 결합과 복잡화 과정에 이미 생명과 의식이 싹터왔다고 본다. 인간의 정신을 '얼(누우스)'이라고 한다면 물질들에도 저마다 일종의 기초의식 또는 '넋(프시케)'이 있다고 본다.[23] 물질의 결합을 통한 조직화 및 복잡화에서 생명이 나타나고 의식이 발달한다. 무기물과 유기물의 구분이 명확하지 않은 것이다. "처음부터 있지 않았던 것이 나중에 진화를 거쳐 생긴 것은 없다."라는 원칙에 입각해서,[24] 드 샤르뎅은 무기 화합물처럼 유기 화합물도 지구의 어린 시절부터 시작되었다고 본다. 지구의 탄생과 함께 생명도 단 한 번 분출한 것이다. 이 '이른 생명'에서 세포혁명을 거치면서 본격적인 '생명'이 탄생하고 진화한다. 드 샤르뎅은 생명의 진화가 일정한 방향성을 가지고 전개된다는 '정향진화定向進化'를 주장한다.

드 샤르뎅의 정향진화론과 관련하여 두 가지를 강조하고자 한다. 첫째, 정향진화 속에 인간의 독특한 위치와 역할이다. 생명의 진화 과정에서 사람은, 자연에 큰 변화가 없는 상태에서 '다른 어떤 종과 다를 게 없이' "조용히" 등장했다. 그러나 사람은 다른 생명체와 달리 스스로 '반성'하는 능력이 있다. 반성은 "우리 자신을 '대상으로' 놓고 자신의 존재와 가치를 헤아리는 능력이다." 반성 행위로 인해 이전에 없던 '생각'의 세상이 열렸다. 사람 이전의 생물에도 얼(넋)이 있었고 무생물에도 얼(넋) 즉 내면이 있었지만, 사람의 등장 이후에

---

22) 노명환, 《김대중 생애·사상·정책의 의미: 빌리 브란트와의 관계·비교 속에서》 (서울: 신서원, 2024), 45, 371-372, 529-530쪽.
23) 얼과 넋의 구별에 대해서는 드 샤르뎅, 《인간현상》 (양명수 옮김. 파주: 한길사, 2001), 43쪽의 역주 참조.
24) 드 샤르뎅, 《인간현상》, 77쪽.

비로소 얼과 얼이 만나 이루는 '얼누리Noosphere(정신계)'가 생겼
다.25) 사람은 생각의 힘으로 생명을 비판하고 판단하고, 진화를 깨
닫고 의식한다. 사람은 이제 "얼누리를 더욱 앞으로 밀고 나가야 하
는 과제"를 의식하고 수행한다. 여기서 중요한 것은 "우리가 카드
놀이의 카드이면서 동시에 놀이를 하는 자라고 하는 것을 알게 된
점이다."26) 더 완전한 것을 향해 나아가는 정향진화 속에서 사람은
진화의 한 과정이자 동시에 그 진화의 방향성을 완성하는 주역이 된
것이다. 동시에 이러한 사실을 의식하고 있다.

둘째, 정향진화의 마지막 지점, 드 샤르뎅이 '오메가 Ω 포인트'
라고 부른 '끝'은 개체와 전체가 서로 공존하는 '서로주체적 통합'의
모습을 하고 있다. 정향진화의 끝은 수많은 개체가 자기의 개체성을
유지하면서 하나의 전체로 통합되는 하나됨이다. 오메가 포인트에
이르러 세계는 '큰 사람'의 모습을 띠게 될 것이다. 그런데 이 '큰
사람'은 공산주의나 나치(국가사회주의)에서처럼 전체주의의 모습을
띠어서는 안 된다. 전체 속에 개인들이 예속되어서 노예화되는 것은
마치 흰개미떼와 같은 홀로주체적 통합이다. 드 샤르뎅이 그리는 오
메가 포인트는 철저히 서로주체적 통합의 모습이다. 오메가에 가까
울수록 개체들은 하나의 전체에 모이는 동시에 다른 존재와 더욱 뚜
렷하게 구분된다.27)

"얼의 농축으로 이루어지는 세상의 마지막 상태는 통일성과 함께 복합
성이 같이 있는 조직이 될 것이다. 그러므로 세상의 끝을 개체가 완전
히 사라지고 생기는 하나의 큰 중심으로 보는 것은 잘못이다. 결국 오

---

25) 드 샤르뎅, 《인간현상》, 159-182쪽. 여기에서 '얼'은 넓은 의미, 즉 넋을 포함하는
   의미로 쓰였다.
26) 드 샤르뎅, 《인간현상》, 217쪽.
27) 드 샤르뎅, 《인간현상》, 237-252쪽.

메가는 '여러 중심이 이룬 유기체 한가운데서 빛나는 중심'이다. 매우 자율적인 '하나' 아래에서 '전체'의 하나됨과 각 개체의 개체화가 서로 섞이지 않고 동시에 최고에 달한다."[28]

종합하면, 이 세상은 오메가 포인트를 향한 진화의 과정에 있다. 오메가 포인트는 사람들이 개별주체로서 동등하게 하나가 되는 서로주체적 통합의 지점이다. 역사의 진행 속에서 인간은 서로주체적 통합으로 나아가는 진화의 한 과정이지만, 그 반성 능력의 힘으로 말미암아 그러한 진화를 완성하는 주역이기도 하다. '이른 생명'에서 '생명'과 '생각'을 거쳐 '다음 생명'으로 나아가는 진화과정 속에 등장한 인간이 곧 그 정향진화를 완성할 주역이 되는 것이다.

김대중의 서로주체적 정신과 자세는 이 같은 그의 이상사회 개념과 드 샤르뎅의 정향진화론에 담긴 역사관에 입각해 있다. 우리는 이상사회 즉, 서로주체적 사회를 현실 속에 구현해가야 하며 이는 불완전에서 완전으로, 악에서 선으로, 홀로주체적 세계에서 서로주체적 세계로 나아가는 역사의 큰 흐름에 주역으로서 동참하는 것이다.[29] 김대중 자신도 홀로주체적 사회에서 서로주체적 사회의 실현을 위한 창조적 진화과정에 역사적 소명의식을 갖고 적극 참여하는 모습을 견지했다. 이 같은 역사의식이 있었기에 사형 선고를 받고 고뇌에 찬 속에서도 김대중은 '역사에 대한 믿음'을 가질 수 있었다.

"죽음을 앞둔 한계 상황에서 '인간의 삶과 죽음은 무엇이고, 나는 어디에서 왔다 어디로 가는가'라는 본질적이면서도 철학적인 주제에 대해서 관심을 갖게 되었습니다. … 내가 많은 사색 끝에 내린 결론은 유한한

---

28) 드 샤르뎅, 《인간현상》, 244쪽.
29) 최경환, 《국민을 존경하고 사랑한 대통령 김대중》, 27쪽.

인간의 시각으로 보면 당장은 정의가 망하고 역사가 후퇴하는 것처럼 보이지만 길게 보면 정의가 승리하고 역사는 발전한다는 것이었어요. 나는 하느님이 계신다고 믿습니다. … 내가 죽고 사는 것은 하느님께 맡기고 내가 현실에서 죽는다고 해도 패배하는 것이 아니고 결국은 역사 속에서, 우리 국민 속에서 살아나고 승리할 것이라는 믿음을 갖고 이겨내려고 했던 것입니다."[30)

2. 수직적 서로주체성

김대중의 서로주체적 자세를 수직적 차원과 수평적 차원으로 나눠서 살펴본다. 수직적 차원에서 김대중의 서로주체적 자세는 (1) 그의 '반걸음' 지도자론과 (2) 민주주의론에 잘 나타난다.

먼저, 김대중의 반걸음 지도자론을 살펴보자. 2006년 3월 21일 영남대학교 특강에서 정치가가 되고자 하는 새내기에게 김대중은 두 가지 평소 지론을 강조했다. (1) 지도자는 "서생적 문제의식과 상인적 현실감각을 가져야 한다"는 것과, (2) 지도자가 되기 위해서는 "국민의 손을 잡고 반걸음만 앞서가라."라는 것이다.[31) 가히 김대중의 지도자론이라고 할 만한 이 두 가지 지론 가운데 두 번째 즉, '반걸음 지도자론'에서 그의 서로주체적 정신을 잘 볼 수 있다.

"정치의 중요한 요체는 국민과 같이 가야 한다는 것입니다. 국민의 손을 잡고 반 걸음 앞으로 가야 합니다. 국민과 나란히 서도 발전이 안 되고, 손 놓고 혼자 한발 두발 앞으로 나가도 국민과 유리되어서 안

---

30) 김대중, 《김대중 육성 회고록: 김대중은 오늘 우리에게 무엇을 말하는가》 (파주: 한길사, 2024), 390-391, 718쪽.
31) 김대중, 《김대중 자서전 2》 (서울: 삼인, 2010), 547쪽.

됩니다. 국민이 옳은 일인데도 안 따라오면 서서 기다리고 설득해야 해요. 그렇게 해서 국민이 따라오게 해야 합니다. 국민은 옳은 것임을 알면 따라옵니다."[32]

여기서 핵심은 지도자가 항상 '국민과 함께' 나가야 한다는 점이다. 우선, 정치인은 국민에게 비전을 제시하고 솔선수범을 보여야 하는 점에서 국민보다 앞서 나가야 한다. 지도자는 국민과 나란히 서서 "대중에 영합하면서 단순하게 호흡을 맞추는 사람이 아니라 대중보다 조금 앞서가면서 비전을 제시하고 그 방향으로 대중을 인도"해야 한다.[33] 동시에, 지도자는 대중보다 너무 앞서 나가면 안 된다. 너무 앞서 나가서 국민과 유리되면 실패한다. 너무 앞서가면 독선적인 인물로 평가받고, 국민의 지지를 바탕으로 한 정치적인 동력을 만들어내는 데 실패하게 된다. 김대중은 재야운동에서 국민보다 너무 앞서 나간 사례를 찾는다. 재야운동을 하는 사람들이 "당위를 중시하고 도덕적이고 이성적인 면에 초점을 맞춰서" 생각하고 행동하는 경우 종종 "국민들의 눈높이와 충돌하는 경우"를 볼 수 있는데, 국민보다 너무 앞서 나가기 때문에 이 같은 현상이 발생하는 것이다.[34] 따라서 "정치인은 국민보다 '반보半步' 앞에서 **국민과 함께** 나아가야" 한다.[35]

김대중은 한 인터뷰에서 역사상 위대한 지도자로 중국의 진시황제, 러시아의 표트르 대제, 일본의 오다 노부나가 등을 언급한다.

---

32) 김대중, 《21세기와 한민족: 김대중 전 대통령 주요 연설·대담 1998~2004》 (파주: 돌베개, 2004), 302쪽; 연세대학교 김대중도서관 편, 《김대중 전집 I》 (서울: 연세대학교 대학출판문화원, 2015), 9권, 162쪽.
33) 최영태, 《빌리 브란트와 김대중: 아웃사이더에서 휴머니스트로》, 457쪽.
34) 김대중 《김대중 육성 회고록》, 477쪽.
35) 김대중, 《김대중 육성 회고록》, 709-710쪽. 강조 첨가.

그는 이들이 만인에 앞서서 무엇인가 혁명을 일으킨 사람들인 점을 인정한다. 반면, 오늘날 지도자는 국민과 함께 가야 한다는 점을 강조한다.36)

"오늘날에 있어서 혁명이라는 것은 예전과 같이 단지 혼자서 독재적으로 추진해 나가는 혁명이라기보다는 다수의 국민과 쌍방향의 대화를 하면서 산업 민주주의적인 리더십을 가지고 국민과 함께 진행해 가는 형태의 혁명이라야만 한다고 생각합니다."37)

반걸음 지도자론에서 김대중이 무엇보다 경계하는 것은 지도자가 국민을 이끌고 갈 '대상'으로만 보는 홀로주체적 자세다. 지도자가 국민을 "교양의 대상, 계몽의 대상"으로 보는 자세, "국민을 자신의 기준으로 재단하고 가르치려 하는 태도"는 반드시 피해야 한다.38) 김대중은 무엇보다도 지도자가 "자기만 옳다는 생각"을 가져서는 안 된다는 점을 강조한다.39) 그 같은 생각과 자세는 서로주체적 리더에게 절대 금물이다. 대중이 안 따라오면 지도자는 서서 기다리고 설득해야 한다. 나아가 그들이 왜 안 따라오는지 묻고 듣고 배워야 한다. "네가 안 따라오는 것이 네 잘못이라고 하면서 혼자 앞으로 가면, 대중으로부터 유리"된다.40) 김대중이 홀로주체적 리더십을 철저히 경계하고 있음을 잘 알 수 있다.

"지도층에 있는 사람들은 국민을 깔보고 열등시하는 자세를 버려야 합

---

36) 가쿠마 다카시, 《아시아의 리더 김대중 대통령》, 273-278쪽.
37) 가쿠마 다카시, 《아시아의 리더 김대중 대통령》, 278-279쪽.
38) 최경환, 《김대중 리더십》, 49쪽.
39) 김대중, 《다시, 새로운 시작을 위하여》 (개정판. 파주: 김영사, 1998), 273-274쪽.
40) 김대중, 《나의 길 나의 사상》, 133쪽; 《김대중 전집 II》 16권, 372쪽.

니다. 많이 알지 못한다고 해서, 무엇이 옳고 무엇이 그른지 잘 판단할 줄 모른다고 해서, 민주적 사고와 생활을 할 줄 모른다고 해서, 그들을 군화로 짓밟는 식으로 대해서는 안 됩니다. 아무리 그래도 그들은 **모두 엄연한 인격체이고 주체입니다.** 그들의 말에 귀를 기울이고, 그들의 견해를 존중해 주고, 그들이 자율적으로 민주주의 정신에 따라 생활하도록 유도해야 합니다. … 그런데 하나 명심할 것은 국민은 개개인으로서는 부족한 점이 많지만 하나의 집단의사, 즉 민심으로 응집될 때는 어떠한 현인보다도 더 현명하고 어떠한 장사보다도 힘이 셉니다."[41]

이 같은 생각의 바탕에는 국민 모두가 주체라는 생각과 함께 국민에 대한 김대중의 절대적인 믿음이 있다. 그는 늘 역사와 국민에 대한 믿음을 강조했다.[42] 그의 자서전의 마지막 문구도 "나는 마지막까지 역사와 국민을 믿었다"이다.[43] 김대중은 "역사와 국민의 뜻에 합치하는 것"이야말로 전투에 지더라도 "전쟁에 이기는 길"이라고 믿었다.[44] "우리 국민은 독재가 탄압하면 일시적으로 위축될 수는 있어도 언젠가는 반드시 일어나서 독재를 타도했"다는 믿음을 김대중은 끝까지 고수했다.[45] 국민에 대한 신뢰야말로 그가 온갖 고난을 이겨낼 수 있었던 힘의 근원이었다.

"가장 핵심적인 것은 국민에 대한 신뢰였습니다. '우리 국민은 반드시 독재를 타도할 것이다'라는 믿음을 갖고 있었기 때문에 나는 좌절하지 않고 버틸 수 있었어요. … 내가 민주화투쟁을 하면서 온갖 고난을 겪

---

41) 김대중 《나의 길 나의 사상》, 113쪽. 강조 첨가; 《김대중 전집 II》 16권, 350–351쪽.
42) 최경환, 《김대중 리더십》, 38쪽; 김택근, 《새벽: 김대중 평전》 (파주: 사계절, 2012), 102쪽.
43) 김대중, 《김대중 자서전 2》, 603쪽.
44) 김대중, 《김대중 망명일기》 (파주: 한길사, 2025), 345쪽.
45) 김대중 《김대중 육성 회고록》, 218쪽.

으면서도 좌절하지 않고 정진할 수 있었던 것은 역사와 국민에 대한 확고한 신뢰, 우리는 반드시 승리할 수 있다는 확신을 갖고 있었기 때문입니다. … 역사를 길게 보면 결국 국민을 위해서 헌신한 사람이 패배한 경우는 없습니다. 일시적으로 패배할 수는 있지만 결국 그 길대로 역사가 흘러가기 때문에 죽은 후에라도 반드시 성공하게 됩니다. 우리나라 현대사를 봐도 알 수 있어요. … 나는 국민들이 반드시 일어나 유신독재에 맞서 싸울 것이라고 확신했어요. 내가 앞장서서 이러한 억눌린 흐름을 반전시키고 유신독재를 끝내겠다는 의지를 다지게 된 것입니다."46)

국민을 단순히 통치와 지도의 대상이 아니라 같이 나아갈 동반자이자 주체로 섬기는 자세, 이러한 서로주체적 정신은 지도자 자신에게도 힘이 되는 것을 알 수 있다. 상대방을 주체로 인정하고 존중하는 것이 나에게 힘이 되는 것이다.47)

다음으로, 김대중의 서로주체적 정신은 민주주의에 대한 그의 신념에서도 잘 나타난다. 김대중 사상의 근간을 찾는 대부분의 연구들이 그의 민주주의 정신으로 수렴한다. 김대중은 민주주의를 사상과 가치로서 중시한다. 장훈각에 따르면, 민주주의에 대한 김대중의 생각에서 "놀라울 만한 특징은 민주주의에 관한 철학과 원리를 제도로부터 분리하여 사유하고 있다는 점이다."48) 이 구분에 입각해서, 김대중은 제도로서의 민주주의가 근대 유럽에서 발전되어 전파되었

---

46) 김대중 《김대중 육성 회고록》, 300-301쪽.
47) 김대중의 국민에 대한 이 같은 서로주체적 자세는 참모에 대해서도 여지없이 발휘되었다. 최경환에 따르면, 김대중은 참모를 꾸중할 때도 (1) 사람들 앞에서 꾸중하지 않고, (2) 조용히 잘못된 점을 지적해주었으며, (3) 꾸중하고 나서 절대 다른 사람에게 말하지 않는 원칙을 지켰다고 한다. 최경환. 《김대중 리더십》, 173쪽.
48) 장훈각, 〈김대중의 민주주의 철학과 사상: 국민이 주인인 정치, 대화와 협력의 정치〉, 박명림 외, 《김대중의 사상과 정치 2》, 89쪽.

지만, 동양과 한국에서도 민주주의 정신과 자세가 오래 전부터 발달해왔다고 자주 강조했다. "의회나 행정부 같은 민주제도는 서구사회의 창조물이지만 민주주의 이념은 서구사회만의 독창물이 아니"라는 생각이다.[49] 그는 맹자의 '방벌론', 불교의 만유불성萬有佛性, 동학의 인내천과 사인여천 등을 그 예로 든다. 가치와 사상으로서의 민주주의야말로 사람들 삶 속에 스며들어 있는 점에서 제도로서의 민주주의보다 더 근본적이다. 김대중은 가치와 사상으로서의 민주주의가 동서양에 공통적으로 나타난 것이며, 우리 역사에서도 이 같은 민주주의의 요소를 무수히 찾을 수 있다고 주장한다.[50]

사상과 가치로서 민주주의의 핵심은 국민이 단순히 지도와 지배의 대상이 아니라 통치의 주인이며 주체라는 생각이다. 지도자와 국민 사이에 서로주체적 관계가 민주주의의 핵심인 것이다.

> "민주주의의 핵심은 'by the people'이다. 국민의 충분한 자유로운 참여 없이는 아무리 국민의 이익을 도모한다 하더라도 민주주의는 아니다."[51]

> "민주주의는 한마디로 요약하면 government by the people이다. 참여의 정치다. 참여의 정치란 백성이 주인 되는 정치, 백성이 자기 운명을 자기가 결정하는 정치, 백성이 스스로 신이 나서 건설하고 나라 지키는 정치, 백성이 그 속에서 발전하는 정치이다."[52]

---

49) 김대중, 《나의 길 나의 사상》, 54쪽; 《김대중 전집 II》 17권, 79쪽.
50) 김대중, 《김대중 자서전 1》 (서울: 삼인, 2010), 470-471쪽.
51) 김대중, 《김대중 옥중서신》, 266쪽; 《김대중 전집 II》 9권, 419쪽.
52) 김대중, 《김대중 옥중서신》, 349쪽; 《김대중 전집 II》 9권, 472쪽.

민주주의는 국민에 의한 통치이므로, 민주주의의 발전도 국민의 힘으로 이뤄져야 한다. 김대중은 10·26과 관련하여 김재규를 민주주의의 영웅으로 생각하는 당시 일부 분위기에 반대한다. 민중의 힘으로 민주주의를 쟁취하는 순간이 다가왔는데, 독재자가 부하에게 살해당한 것은 우리 민주주의에 이롭지 않다고 판단한 것이다.[53]

"민주주의는 쿠데타나 암살로 되는 것이 아닙니다. 민주주의는 국민의 힘으로 이뤄야 진정한 민주주의입니다."[54]

요컨대, 민주주의의 핵심은 국민이 주인인 정치, 국민이 주체적으로 참여하는 정치다. 그것은 지도자와 국민 사이에 서로주체적 관계에 입각한 정치다. 국민이 주인이 되고 주체적으로 참여하지만, 현실적으로 지도자와 국민 일반의 구별이 생길 수밖에 없다. 치자와 피치자의 구분이다. 다만 민주주의에서는 지도자와 국민 사이에 일방적인 상하관계가 아니라 쌍방향적인 서로주체적 관계가 수립되고 유지된다. 민주주의에서 지도자는 국민을 일방적인 지도나 지배의 대상으로 대하지 않는다. 그렇게 대할 수가 없다. 지도자가 국민을 이끌듯이 국민도 지도자를 이끌거나 영향력을 행사하기 때문이다. 민주주의에서는 국민들이 자유롭게 지도자에게 국민 의사를 전달하고, 지도자가 이러한 의사소통에서 학습하고 자신의 국정을 개선한다. 지도자가 국민의 뜻을 제대로 따르지 않으면 국민이 선거를 통해서 지도세력을 교체한다.[55] 한마디로, 민주주의에서도 현실적인 지

---

53) 김택근, 《새벽: 김대중 평전》, 139쪽.
54) 김대중, 《김대중 자서전 1》, 386쪽.
55) 김대중, 《나의 길 나의 사상》, 384쪽; 《김대중 전집 II》 17권, 4쪽.

도-피지도, 지배-피지배 관계와 구분이 이루어지지만 그것이 고정
된 것도 아니고 일방향적인 수직적인 관계도 아니다.

　　민주주의의 핵심이 이 같은 서로주체적 관계이기 때문에 지도
자와 국민은 '서로 배움'의 관계에 있다. 지도자가 국민을 일방적으
로 가르치거나 지도하는 홀로주체적 관계가 아니다. 지도자가 국민
일반을 이끌고 나가지만, 때로 국민들이 지도자에게 가르치는 관계
가 수립된다. 국민들의 여론과 적극적 의견 표출에서 지도자가 학습
하고 자기의 잘못을 정정하는 것이 바로 민주주의 체제의 중요한 장
점이다. 민주주의의 가장 큰 장점인 '자기 학습'과 '자기 정정' 능력은
이 같은 지도자와 국민의 서로주체적 관계를 바탕으로 한다.[56)]

　　이와 달리 비민주적인 독재 정치에서는 이 같은 국민에 의한 피
드백이 허용되지 않는다. 권력자가 국민을 대등한 주체로 보지 않고
통치의 대상으로만 보기 때문이다. 그 바탕에는 지도자와 국민의 관
계를 상하관계, 우열관계로 보는 홀로주체적 자세가 깔려 있다. 독재
자는 자기가 우월하며 자기는 항상 옳다고 생각한다. 국민으로부터
배우려고 하지 않는다. 자신의 '오류 가능성'을 인정하지 않는 것이
다. 이 같은 홀로주체적 관계의 결과 독재 정치에서는 자기 정정 능
력이 결여되어 있다.

　　김대중은 탈냉전 시대에 공산주의 체제가 대거 무너진 것을 이
같은 독재와 민주주의의 대결 결과로 이해한다. 그는 "20세기는 사
회주의에 대한 자본주의의 승리가 아니라 독재에 대한 민주주의의
승리의 역사"임을 강조한다[57)] 공산주의 국가들의 몰락은 사회주의
나 공산주의 때문이 아니라 독재(비민주) 때문이라는 생각이다.

---

56) 김학노, 〈서로주체적 헤게모니〉, 《한국정치학회보》 제45집 5호 (2011), 53-79쪽 참
　　조.
57) 김대중, 《김대중 자서전 1》, 579쪽.

"많은 사람이 자본주의가 승리하고 사회주의가 패배했다고 말하고 싶어 합니다. 그러나 나의 생각은 다릅니다. 오늘날 많은 공산 국가들이 몰락한 것은, 그 나라들이 사회주의를 했기 때문이 아니라 민주주의를 하지 않았기 때문입니다. 사회주의가 패배한 것이 아니라 민주주의를 하지 않은 독재적 사회주의가 패배한 것입니다. 사회주의만이 아니라 자본주의 국가 중에서도 몰락한 나라는 얼마든지 있습니다. 독일의 나치즘과 일본의 군국주의가 그 대표적인 예입니다. 그 나라들 역시 독재 자본주의에 매달려서 민주주의를 하지 않은 나라들입니다.

　　　　……

그러면 왜 민주주의를 하는 나라는 승리하고, 민주주의를 하지 않는 나라는 몰락하는 것일까요? 그 이유는 명백합니다. 민주주의를 하면 국민들의 비판과 요구가 정부에 전달됩니다. 그리고 그 비판이 정당하게 수용되지 못하고, 요구가 실현되지 않으면 국민은 선거를 통해서 정권을 바꾸어 버립니다. 요새 흔히 말하는 정치의 피드백 작용이 원활하게 이루어진다는 것입니다. 그러나 독재 하에서는 의사가 위에서 밑으로 내려올 뿐 밑에서 위로 올라가지 못하고 정권을 바꿀 길도 없습니다."[58]

김대중의 민주주의관이 정확히 서로주체적 정치와 일치하는 것을 알 수 있다. 민주주의는 치자와 피치자 사이에 서로주체적 관계가 정립되어 있으므로 雙方向 학습을 통해 자기 정정이 가능하다. 이와 달리 독재는 홀로주체적 관계에 입각해 있어서 이 같은 雙方向 학습이 불가능하다. 자기 정정 능력이 결여된 중요한 이유다.

김대중은 이 같은 서로주체적 관계, 雙方向 소통과 상호 학습의 관계를 사회 곳곳에 확대해야 한다고 생각한다. 예를 들어, '효도'를

---

58) 김대중, 《김대중 자서전 1》, 578-579쪽.

일방적인 상하관계로 자리매김하는 대신 부모와 자식 간의 서로주체적 관계로 재규정할 것을 제안한다. 그는 강제성에서 오는 부작용이 제거되면 우리의 전통적인 '효' 사상은 인간이 성취한 윤리 가운데 가장 자랑스러운 것이라고 하면서, 효도의 개념을 종래의 일방적 복종과 희생으로부터 부모·자식 간의 상호존중과 이해를 바탕으로 하는 인격적인 관계로 발전시킬 것을 주장한다. 이렇게 서로주체적 관계로 효 사상을 재정립하면, 효도를 개인적 차원의 윤리에 국한시키지 말고 자식 없는 부모에 대해 사회가 봉양을 제공하는 사회적 효도로 발전시킬 수도 있다.[59]

나아가 김대중은 국가에 대한 '충'의 개념도 일방향이 아니라 쌍방향으로 재정립한다. 1999년 3월 18일 유림 대표들과의 만남에서 김대중은 충과 효를 모두 쌍방향 관계로 재정립할 것을 역설한다.

"충의 대상이 무엇입니까. 흔히 국가를 떠올릴 것입니다. 그런데 국가를 충의 대상으로 하면 잘못하면 히틀러의 나치즘이나 일본의 군국주의가 될 수 있습니다. 충의 대상은 국민이어야 합니다. 헌법에서도 국민이 주권자입니다. 충의 대상은 바로 내 아내요, 남편이요, 자식이요, 내 이웃입니다. … 그래서 충을 바르게 하려면 민주주의를 철저하게 할 수밖에 없습니다. 효의 대상은 무엇입니까. … 자식만이 부모를 섬기는 무조건적 효의 시대는 지나갔습니다. … 부모와 자녀 관계가 쌍방향으로 흘러야 합니다. 이제는 자식이 항상 부모를 모시기가 어렵습니다. 그래서 국가가 효도를 해야 합니다. 경로사상을 받들어 노인들을 국가가 보호해야 합니다. 이를 사회적 효도라고 할 수 있겠습니다. 자식의 개인적인 효와 국가의 사회적인 효가 합쳐져서 노인들을 바르게 모시는 시대가 온 것입니다."[60]

---

59) 김대중, 《김대중 옥중서신》, 264-265쪽; 《김대중 전집 II》 9권, 418-419쪽.

한마디로, 김대중은 민주주의의 핵심을 지도자와 국민의 서로주체적 관계에서 찾았으며 이를 사회적 관계 일반으로 확대하고자 했다. 아울러 그는 '신인도주의'를 표방하며 글로벌 차원으로 민주주의를 확대할 것을 주창한다. 신인도주의에 입각한 민주주의의 질적 승화는 (1) 국민국가 차원의 일국 민주주의에서 (2) 유럽연합 같은 지역 단위에서 주변 국가들의 민주적 재편성으로, (3) 제3세계를 포함한 범세계적 차원에서 자유와 정의가 실현되는 민주주의로 전개되어야 한다.[61] 지역 차원이나 글로벌 차원에서 국가 사이의 민주주의란 국내 민주주의와 같은 정치제도의 확산이기보다는 국가들 사이에서도 서로주체적 관계가 확산, 심화되어야 한다는 뜻이다.

이 연장선에서 김대중은 민주주의 정신이 인간만이 아니라 지구상의 모든 존재의 안전과 생존권을 보장하는 차원으로 발전해야 한다고 주장한다. 신인도주의에 입각한 민주주의의 확산은 인간사회에 국한되지 않고, 지구상에 있는 모든 자연의 존재들, 동식물과 흙과 땅과 물과 공기 등 비생명에도 적용돼야 한다는 것이다. 모든 자연의 존재들의 생존과 번영도 보장해 주는 '지구적 민주주의'는 그의 서로주체적 정신이 인간관계를 넘어 인간과 자연 사이로도 확장되고 있음을 보여준다.

"우리의 어머니인 지구에게 감사하고 사랑해야 합니다. 그리고 지구 위의 만물과도 같이 살고 같이 번영해야 합니다. 이것은 그렇게 하지 않으면 인류까지 멸망한다는 서구식 환경보존론으로는 부족합니다. 동양 전래의 자연과 사람을 하나로 생각하는 자연존중과 애호의 사상,

---

60) 김대중, 《김대중 자서전 2》, 165쪽.
61) 김대중, 《나의 길 나의 사상》, 52–54, 102–103쪽; 《김대중 전집 II》 16권, 342쪽; 《김대중 전집 II》 17권, 78–79쪽; 장훈각, 〈김대중의 민주주의 철학과 사상〉, 박명림 외, 《김대중의 사상과 정치 2》, 95쪽.

또는 모든 만물에 부처님이 깃들었다는 불교의 사상 등이 바탕이 되는 새로운 인도주의와 민주주의의 철학이 형성되어야 합니다."[62]

종합하면, 수직적 차원에서 김대중의 서로주체적 정신은 그의 반걸음 지도자론과 민주주의론에 근본적인 토대를 제공한다. 그의 서로주체적 정신은 지도자와 국민과의 관계에서 핵심을 이루며, 이것은 그의 민주주의 사상의 바탕에 있다. 그가 제안한 글로벌 민주주의 사상은 그가 서로주체적 관계를 인간 관계를 넘어서 자연의 궁극으로 확대하고자 했음을 보여준다.

3. 수평적 서로주체성

수평적 차원에서 김대중의 서로주체적 정신은 (1) 경쟁자와 (2) 적에 대한 그의 기본적인 자세에서 찾아볼 수 있다. 먼저, 수평적 차원에서 김대중의 서로주체적 리더십은 그의 '형제적 경쟁론'에서 잘 볼 수 있다. 김대중은 '형제적 경쟁'과 '적대적 경쟁'을 구분한다. 형제적 경쟁은 상대방과 협력하며 서로를 "살리면서 또는 … 살리기 위해서 경쟁한다." 적대적 경쟁은 상대방을 "파멸시키면서 또는 … 파멸시키기 위해서 경쟁한다." 형제적 경쟁은 서로 "성장"시키고 적대적 경쟁은 서로 "좌절"시킨다.[63] 형제적 경쟁은 상대방과 서로 동등한 주체로 만나서 서로 인정하고 공존하면서 경쟁하는 한편, 적대적 경쟁은 상대방의 주체성을 부인하고 파괴하려고 한다. 이는 각각 서로주체적 경쟁과 홀로주체적 경쟁에 해당한다. 김대중이 형제적

---

62) 김대중, 《나의 길 나의 사상》, 53쪽; 《김대중 전집 II》 17권, 78쪽.
63) 김대중, 《김대중 옥중서신》, 388쪽; 《김대중 전집 II》 9권, 497쪽.

경쟁과 적대적 경쟁을 구별하는 이유는 스스로 적대적 경쟁을 지양하고 형제적 경쟁 즉, 서로주체적 경쟁을 구현하기 위해서다.

김대중은 조선왕조가 망하게 된 가장 큰 문제점의 하나로 형제적 경쟁이 아니라 적대적 경쟁이 주를 이뤘던 점을 지적한다. 그에 따르면, 조선왕조 지배층의 "놀라울 정도의 폐쇄성"은 (1) 정신적인 배타주의와 (2) 양반–상민의 가혹한 구분(수직적 홀로주체성) 뿐만 아니라, (3) 지배층 내부의 수평적 차원의 홀로주체적 경쟁에서 찾을 수 있다.[64] 양반들끼리 동·서로, 급기야는 노론·소론·남인·북인의 사색으로 갈라서고 지역으로 나뉘어서 일체의 사교적 접촉이나 통혼도 없이 서로 상대방을 인정하지 않는 죽기 살기의 경쟁을 한 것이 근원적인 문제라는 생각이다.

"조선왕조 지배층은 처음에는 서북사람들을 정권 참여에서 제거하더니, 그다음 정여립鄭汝立의 난 이후에는 호남사람을 제거하고, 영남과 기호 사람끼리 피투성이의 지역 싸움을 했는데, 작고한 본인들의 뜻에 반하여 전자는 주로 이퇴계를, 후자는 주로 이율곡을 추앙하면서 서로 상대방의 추앙 인물을 헐뜯기에 여념이 없었습니다. 그러나 안동 김씨, 풍양 조씨, 여흥 민씨의 세 외척의 세도 시대로 들어서니까 이번에는 다시 좁혀서 서울 사대문 안 사람만이 정권을 농단하는 지경에 이르렀습니다. 철저한 배타였고 철저한 자기 폐쇄의 작태였습니다. 이것이 망국의 길이요, 국민 전체의 정신과 문화와 생활에 미치는 악영향은 말할 것도 없지만, 무엇보다도 가장 가혹한 자기 형벌을 그들은 500년이나 가해 온 것입니다. 대화도 없고 관용도 없고 공존도 없는 삭막하고 황량한 정신풍토를 그들은 형성하고, 그 안에 마치 조개같이 파묻혀 증오와 불신과 음모의 세월을 보냈던 것입니다. ……

---

64) 김대중, 《김대중 옥중서신》, 172–174쪽; 《김대중 전집 II》 9권, 357–359쪽.

관용·공존·이해·협력의 기풍 대신에 증오·보복·곡해·중상 등의 기풍이 판친다면 다른 어떤 것이 건설되고 발전되더라도 희망이 없다는 것은 자명한 일입니다. 그런데 전자의 가능성을 배제하고 후자의 수렁 속으로 빠져들어간 최대 원인은 상호 이해의 부족에서 오는 수가 태반이며, 이해의 결핍은 대화의 부재에서 옵니다. 우리가 가정해서 조선왕조 시대에 유교와 불교 사이에 흉금을 털어놓고 대화가 있었다면, 천주교와 동학에 대한 유교나 정부의 대화가 행해져서 그 본질을 바르게 이해했더라면, 그리고 아울러 서구 사정이나 민중의 기막힌 사정이 통달되었더라면 얼마나 우리가 달라졌을까요? 양민과 상민 간에 대화가 행해지고 도별 지역 차이 없이 정권에 참여하고 당파 간에 대화가 행해졌더라면 … 사랑하려면 먼저 용서해야 합니다. 용서하려면 상대의 처지와 심정을 이해해야 합니다. 이해하려면 상대방의 처지와 심정을 알기 위한 대화가 필요한 것입니다."[65]

적대적 경쟁을 지양하고 형제적 경쟁을 구현하기 위해서는 상대방을 인정하고 그를 이해하려고 노력하는 것이 필요하다. '대화'를 통한 상호 이해 노력이 중요한 것이다. 2차 미국 망명 시절 미국의 보수주의자들과 대화를 많이 했다는 지적과 관련해서 김대중은 다음과 같이 말한다.

"나와 생각이 다르다고 만나지 않고 설득하지 않으려고 하면 안 됩니다. 그렇게 하면 효과가 없어요. 나와 생각이 같은 사람들끼리만 만나서 이야기하면 끼리끼리 그 안에서만 통할 뿐이에요. 그렇기 때문에 나와 생각이 다른 사람들을 만나고 이야기하는 것을 두려워해서는 안 됩니다. 당당하게 나서서 적극적으로 이야기하고 설득해야 합니다."[66]

---

65) 김대중, 《김대중 옥중서신》, 173-174쪽; 《김대중 전집 II》 9권, 358-359쪽.

68

　김대중은 자신의 정치적 경쟁 세력과 서로주체적 자세로 대화에 임한 정치인이었다. 비록 성사되지 못했지만, 유신 시절 자신을 탄압했던 박정희 대통령과의 대화를 희망하고 제안했다(김대중 2024, 357; 박찬수 2025, 155). 김대중은 집권 기간 동안 제1야당 대표와 영수회담을 가장 많이 한 대통령이었다. 2001년 1월 4일 당시 한나라당 총재인 이회창 총재와의 영수회담을 앞두고 작성한 그의 국정노트에는 "① 침착, 의연, 정도正道의 대응 — partner ② 당리 아닌 국정을 같이 협의, 그러나 할 말은 (한다) ③ 잘못된 주장에는 확실한 소명" 등이 적혀 있었다. 야당을 국정 파트너로 인정하고 의연하면서도 침착하게 대화하는 그의 서로주체적 자세가 잘 나타난다(박찬수 2025, 124-147).

　김대중에게 "최고의 대화는 경청이다."67) 경청은 상대방으로 하여금 솔직하게 대화하도록 이끌어준다. 더 근본적으로는 상대방의 입장을 듣는 척하는 데 그치지 말고 진정으로 이해하려고 노력하기 위해서 경청이 필요하다. 경청을 통해 상대방의 입장을 이해해야만 그의 입장에서 생각해보는 역지사지易地思之가 가능하다.

　대화와 경청을 바탕으로 상대방을 포용하는 자세도 필요하다. 형제적 경쟁은 적대 진영에 속했던 인물도 내 편으로 끌어올 수 있다. 상대가 나와 공존할 수 없는 적이냐 아니면 나와 공존을 바탕으로 하는 경쟁자냐 하는 것은 처음부터 고정된 것이 아니다. 상대가 홀로주체적일 때에도 내가 서로주체적 자세로 경청하고 이해하면 상대를 적에서 경쟁자로, 나아가 협력자로 관계를 바꿀 수 있다. 실제로 "김대중은 정치적으로 대척점에 있던 인물과 세력에 대한 포용과 연대를 통해서 정치사회적 외연 확장을 지속적으로 이뤄냈다."68) 그

---

66) 김대중, 《김대중 육성 회고록》, 412-413쪽.
67) 김대중, 《김대중 옥중서신》, 246쪽; 《김대중 전집 II》 9권, 406쪽.

는 자신과 다른 진영에 속해 있던 유능한 인물들을 찾아 설득함으로써 자신을 위해 협력하게 하는 포용의 리더십을 발휘했다. '햇볕정책의 전도사'로 불린 임동원은 원래 노태우 정부에서 통일부 차관을 역임했던 인물이고, 김대중 정부에서 국정원장을 맡았던 이종찬은 민정당 원내총무 출신이었다. 김중권 비서실장도 노태우 정부의 정무수석이었다.[69] 민주화 운동 시기에는 예춘호, 양순직 등 공화당 출신 인사들과 함께 협력하기도 했다. 적대적 관계에 가까웠던 김종필과의 연합정치도 서로주체적 통합의 관계로 보아야 할 것이다.

　　김대중은 대외 관계에서도 이 같은 서로주체적 경쟁 관계를 지향하였다. 대외 관계 즉 국가와 국가의 관계에서도 서로주체적 관계의 정립을 염두에 두고 열린 민족주의를 추구해야 한다고 주장했다.[70]

> "민족주의는 민주적이어야 한다. 그래야만 대외적으로 독립과 공존을 양립시킬 수 있고, 대내적으로는 통합과 다양성을 병행시킬 수 있다. 민주주의 없는 민족주의는 쇼비니즘과 국민 억압의 도구가 되기 쉽다."[71]

나아가 김대중은 민족주의를 서로주체적인 유형과 홀로주체적인 유형으로 나누고 전자를 내연적(내포적) 민족주의, 후자를 외연적 민족주의로 구별한다. '외연적 민족주의'가 "자기 민족만을 위해서 남의 민족을 마구 침략"한다면, '내연적 민족주의'는 "남에 대해서는 해를 주지 않으면서 자기 민족의 자주와 복지를 위해서 힘쓰는" 민족주의다. 김대중에게 외연적 민족주의는 악이고, 내연적 민족주의는

---

68) 장신기, 《성공한 대통령 김대중과 현대사》, 38쪽.
69) 김하중, 《증언: 외교를 통해 본 김대중 대통령》 (서울: 비전과리더십, 2015), 55−61쪽; 장신기, 《성공한 대통령 김대중과 현대사》, 38쪽.
70) 노명환, 《김대중 생애 · 사상 · 정책의 의미》, 162−163쪽.
71) 김대중, 《김대중 옥중서신》, 315쪽; 《김대중 전집 II》 9권, 450쪽.

선이다.[72]

> "민족주의에는 크게 두 가지 형태가 있다. 하나는 과거 식민지국과 같이 자기민족만의 이익을 위해서 다른 민족을 탄압하고 수탈하는 제국주의적 · 확장지향주의적 · 외연적外延的 민족주의가 그것이고, 다른 하나는 자기민족을 식민지 내지는 반식민지 고통으로부터 해방시켜서 자유와 독립 그리고 생존의 길을 얻고자 하는 정당한 자주적 독립지향의 내연적內延的 민족주의이다."[73]

김대중이 수평적 차원의 서로주체성을 국내 정치뿐만 아니라 대외관계 일반에까지 확대하고 있음을 알 수 있다. 김대중 정부가 김대중—오부치 선언을 통해 일본과의 화해와 협력 관계를 구축한 것이나, 북한과의 화해협력 관계를 도모한 것도 모두 내연적 민족주의 즉 상대방에 대한 서로주체적 자세에 기반하고 있다. 김대중은 열린 민족주의를 기반으로 하는 민족공동체를 추진하면서 나아가 지역공동체 · 세계공동체 · 글로벌(우주)공동체를 구성해 갈 것을 제안하고 모색한 것이다.[74]

다음으로, 김대중은 '적'에 대한 용서와 적대적 세력과의 화해 및 통합의 정치를 추구했다. 가쿠마 다카시는 '관용의 철학'이야말로 김대중의 위대함의 진수라고 한다.[75] 김대중은 적대적 경쟁 대신 형제적 경쟁을 강조하는 한편, 이미 적대적 관계에 있는 상대방 즉 '적'을 상대하는 데에 있어서도 서로주체적 관계의 수립을 지향한다. 적

---

72) 김대중, 《나의 길 나의 사상》, 198쪽; 《김대중 전집 II》 16권, 212쪽.
73) 김대중, 《나의 길 나의 사상》, 391쪽; 《김대중 전집 II》 17권, 11쪽.
74) 노명환, 《김대중 생애 · 사상 · 정책의 의미》, 164쪽.
75) 가쿠마 다카시, 《아시아의 리더 김대중 대통령》, 91쪽.

대적 관계에 있더라도 용서와 화해를 통해 서로주체적 관계를 회복하는 것이 바람직하고 가능하다는 생각이다.

적과의 서로주체적 관계 수립을 위해 김대중은 (1) 보복 금지와 (2) 용서와 화해를 통한 통합의 정치를 강조했다. 첫째, 김대중은 먼저 적에 대한 '보복'을 절대 금지했다. 그는 이를 몸소 앞장서 실천했다. 1980년 9월 13일 김대중내란음모조작사건 1심 재판 최후진술에서 김대중은 다음과 같이 당부한다.[76]

> "마지막으로 여기 앉아 계신 피고인들에게 부탁드린다. 내가 죽더라도 다시는 이러한 정치보복이 없어져야 한다는 것을 유언으로 남기고 싶다."[77]

> "내 판단으로 머지않아 1980년대에는 민주주의가 회복될 것입니다. 나는 그걸 확실히 믿고 있습니다. 그때가 되거든 먼저 죽어 간 나를 위해서든, 또 다른 누구를 위해서든 정치적인 보복이 이 땅에서 다시는 행해지지 않도록 부탁하고 싶습니다."[78]

적을 용서하는 김대중의 자세는 사형 선고를 받을 때 새롭게 등장한 것이 아니다. 김대중 내란음모조작사건이 발발하기 전인 1980년 3월 1일에도 그는 박정희와 전두환 같은 정치적 적에 대한 정치 보복을 스스로 엄금하였다.

> "저는 유신 체제 하에 약간의 고난을 당했으나 더 밝은 미래 사회를

---

76) 장신기, 《성공한 대통령과 김대중과 현대사》, 198쪽.
77) 김대중, 〈다시는 정치보복이 없어야 한다: 법정 최후진술〉, 김대중 외, 《김대중 내란음모의 진실》 (서울: 문이당, 2000), 23쪽.
78) 김대중, 《김대중 자서전 1》, 422쪽.

창조하기 위해 어떠한 보복이나 협량狹量을 절대 배격하겠습니다. …
정치 보복은 종지부를 찍어야 합니다. 이제부터는 그러한 보복의 악순
환이 우리 정치 풍토에서 말끔히 사라져야 할 것입니다."[79]

김대중은 광주 항쟁에서 광주 시민들이 무력 보복을 하지 않은
사실을 대단히 높게 평가한다. 불의의 적에 맞서 항쟁하면서 억울한
피해를 입었어도 시민들은 보복에 나서지 않은 것이다.

"광주 항쟁은 청사에 빛날 것이다. 열흘 동안 광주 시민들은 숭고한
일을 해냈다. 시민들은 무기를 손에 쥐고도 대화를 요구했다. 억울하게
죽어 간 시체를 눈앞에 두고도 단 한 사람에게도 보복하지 않았다. 질
서를 지켰고 도둑질이나 약탈도 없었다. 도청 공무원이 넣어 둔 책상
서랍 속의 월급봉투가 그대로 있었다. 완벽하게 질서를 유지했고, 상점
과 은행도 평상시처럼 문을 열었다. 시민들은 비非폭력, 비용공, 비반
미로 일관했다. 이런 민주 혁명은 세계에서 유래를 찾아볼 수 없었다.
현대사의 비극이지만 분명 역사가 평가할 위대한 항쟁이었다. 불의에
는 과감히 맞서되, 현실을 살폈던 광주 시민들을 나는 한없이 존경하고
사랑한다."[80]

보복 금지는 비폭력주의로 이어진다. 정치 보복은 상대방에 대
한 폭력의 행사이며, 폭력 사용은 그 자체로 상대방의 주체성을 훼손
하는 홀로주체적 행위다. 따라서 불의의 적에 대한 투쟁에 있어서도
철저하게 비폭력을 고수해야 한다.

---

79) 《김대중 전집 II》 9권, 48쪽; 장신기, 《성공한 대통령 김대중과 현대사》, 197-198쪽.
80) 김대중, 《김대중 자서전 1》, 411

"폭력은 그 자체로 정당성도 없고 전략적이지도 못한 방법입니다. … 폭력을 쓰면 그 순간은 굉장히 강한 투쟁을 하는 것으로 보이지만, 독재정권을 무너뜨리는 것은 불가능합니다. 그런 투쟁은 사람들의 폭넓은 동의를 얻을 수 없기 때문에 오래가지 못하고 성공할 수 없어요. 비폭력투쟁을 해야만 사람들의 동의를 꾸준히 넓힐 수 있고 이것이 독재 권력을 이겨낼 때 비로소 민주화의 길이 열리는 것입니다."[81]

둘째, 김대중은 용서와 화해를 통해 적대적 세력과 통합의 정치를 추구했다. 적대적 세력에 대한 폭력적 보복 대신에 우리가 취해야 할 길은 비폭력 투쟁과 함께 적대적 세력을 용서하고 화해하는 통합의 정치다. 김대중은 영국과 미국의 역사에서 화해와 통합 정치의 전범을 찾는다. 그에 따르면, 영국 민주주의의 기반은 다름 아닌 '용서의 정치'에 있다. 영국은 찰스 1세의 처형(1649년 청교도혁명 시) 이후 극도의 분열을 겪었고 크롬웰의 가혹한 독재정치를 경험했다. 여기에서 역사적 경험을 배운 영국인들은, 1688년의 명예혁명 이후 찰스 1세의 둘째 아들 제임스 2세를 축출할 때는 폭력적 보복을 자제했다. 오히려 그가 프랑스로 도망갈 수 있도록 은근히 도와줬다. 영국은 제임스 2세와 그의 자손들이 망명정부를 세우고 왕권 수복을 위한 투쟁을 계속할 것으로 예상하면서도 그들에 대한 정치 보복을 계속 자제했다.[82] 김대중은 오늘날 영국에서 왕실과 귀족 및 노동당이 공존하고, 관용과 상호 이해에 의한 정치를 계속할 수 있는 배경을 이 같은 역사에서 찾는다. 그는 영국인들의 용서와 화해를 떠올리며 전두환과 노태우 두 전직 대통령을 용서하고 사면·복권하는 데

---

81) 김대중, 《김대중 육성 회고록》, 453-454쪽.
82) 김대중, 《김대중 옥중서신》, 183-186쪽; 《김대중 전집 II》 9권, 365-367쪽; 김대중, 《김대중 자서전 2》, 19쪽; 김대중, 《다시, 새로운 시작을 위하여》, 76-77쪽.

합의했다고 회고한다.[83]

김대중은 영국의 이 같은 서로주체적 정치를 프랑스나 러시아의 홀로주체적 정치와 대조한다. 프랑스 왕과 귀족은 1789년 혁명 전이나 이후 일시 왕정복고 때에도 결코 시민계급과 타협하지 않았고, 증오와 보복으로 일관했다. 부르주아 계급 역시 왕과 왕후 및 수많은 귀족을 처형했다. 이는 보복에 굶주린 혁명세력 상호 간의 피의 숙청의 수라장으로 이어졌다. 러시아 혁명에서도 니콜라이 2세 일가를 모두 처형함으로써 적대 세력을 용서하지 않고 처단하고 제거했다. 이 같은 홀로주체적 정치의 결과 프랑스와 러시아는 입헌 민주주의가 정착하는 데 훨씬 힘들었다는 게 김대중의 생각이다.

적에 대한 관용과 용서 및 화해통합의 정치 사례로 김대중은 미국 남북전쟁 후 링컨의 서로주체적 리더십을 특히 주목한다. 링컨은 남북전쟁에서 이긴 북쪽 사람들이 남부인들에 대한 보복에 나서자 이를 반대했으며, 북부인들의 비난에도 불구하고 남쪽을 감싸 안는 포용의 리더십을 보였다. 링컨은 (노예)제도를 폐지하면 됐지 사람을 처벌할 필요는 없다고 보았으며, 남부인들에게 전쟁의 보복을 가하면 남북이 영원히 갈라져서 별개의 국가가 되고 말 것이라고 우려했다. 이 같은 링컨의 정신이 없었다면 미국은 남과 북의 두 나라로 갈라졌을 것이라는 게 김대중의 생각이다. 링컨이 보여준 정신 즉, "누구에게도 악의를 품지 않고 모든 사람에게 자비를 베푼다Malice toward none, Charity for all" 그리고 "보복을 용서하지 않는다"는 자세야말로 미국의 통합을 유지한 비결이라는 것이다.[84]

나아가, 김대중은 역사에 있어서 궁극적으로 서로주체적 정치

---

83) 김대중, 《김대중 자서전 2》, 19쪽.
84) 김대중, 《김대중 자서전 2》, 173쪽; 김대중, 《다시, 새로운 시작을 위하여》, 77-78
　　쪽; 《김대중 전집 II》 20권, 319-320쪽.

를 펼친 나라가 발전하고 홀로주체적 정치에 머물렀던 나라들은 쇠퇴했다고 본다. 그는 역사가 홀로주체적 정치에서 서로주체적 정치로 나아가고 있다고 보았다. 이 과정에서 홀로주체적 정치를 펼친 나라보다 서로주체적 정치를 전개한 나라들이 우세해지는 것은 신의 섭리에 해당하는 것이라고 할 수 있다.

> "역사적으로 다원적 가치를 인정하고 관용을 베푼 나라가 융성했다. 다른 민족에게 기회와 동기를 부여했고, 그들의 열정은 강대국으로 성장하는 에너지가 되었다. 페르시아, 로마, 당(唐), 미국 등이 이에 속한다. 역으로 다른 민족을 배척하여 쇠망한 나라는 스페인, 유태, 나치스 독일, 군국주의 일본 등을 꼽을 수 있다. 한국이 앞으로 융성하려면 인종, 문화, 이념의 순혈주의에 빠져서는 안 된다. 신라, 고려, 조선 왕조를 보면 조선 왕조 시대에 이르러 유별나게 파벌적 순혈주의(당쟁), 종교적 순수성(배불숭유)이 두드러진다. 그래서 시대 흐름에 능동적으로 대처하지 못했고 국력은 쇠약해졌다."[85]

종합하면, 김대중의 서로주체적 정신은 수직적 차원뿐만 아니라 수평적 차원에서도 두드러진다. 수평적 차원에서 적대적 경쟁이 아니라 형제적 경쟁을 지향했으며, 적대적 세력에 대해 보복과 처벌이 아니라 용서와 포용, 화해와 통합을 지향했다. 김대중의 화해통합 사상은 수평적 차원에서 그의 서로주체적 정신이 발현된 것이다.

---

85) 김대중, 《김대중 자서전 2》, 582쪽.

III. 왜 악인을 용서해야 하는가?

여기서는 '서로주체적 자세의 딜레마' 즉, 상대가 내게 홀로주체적인데 왜 나는 상대에게 서로주체적 자세를 견지해야 하는가의 문제를 다룬다. 풀어 말하자면, 죄를 미워하되 죄인을 미워하지 말라는 말에서 더 나아가서 왜 죄 지은 상대를 용서하고 화해해야 하는가의 문제다. 왜 악인을 용서해야 하는가? 이에 대해 김대중은 오랜 고민과 숙고의 시간을 가졌다. 이 문제에 대해 김대중이 어떤 대답에 도달했는지를 살펴보자.

화해통합과 관련한 김대중의 입장은 '진실은 밝히되 사람은 용서한다'는 말과 '악을 낳는 법과 제도를 개선한다'는 말로 압축된다.[86] 여기에는 두 가지 구분이 전제되어 있다. 사람과 그의 행위, 그리고 사람과 그의 환경의 구분이 그것이다.

첫째, 사람과 그의 행위의 구분이다. "'나쁜 정치'는 용서할 수 없으나, 그 '나쁜 정치'를 한 사람은 용서할 수 있다."라는 것이 김대중의 일관된 입장이다.[87] 상대가 아무리 나쁜 짓을 했을지라도 그의 죄를 미워할망정 사람 자체를 미워하면 안 된다는 생각이다. 악행과 악인의 구별이다. 김대중의 화해통합의 대상은 악행 자체가 아니라 악행을 저지른 사람이다.

둘째, 사람과 환경(제도 및 법)의 구분이다. 김대중은 악을 저지른 사람을 탓하는 대신 그를 그렇게 만든 환경을 탓한다. 누구나 선과 악의 측면을 내면에 가지고 있으며 선을 행하거나 악을 행하는

---

86) 김대중, 《김대중 육성 회고록》, 540-541쪽.
87) 김대중, 《다시 새로운 시작을 위하여》, 76쪽; 《김대중 전집 II》 20권, 319쪽.

근본적인 이유는 사람 자체가 아니라 그를 둘러싼 환경에 있다는 것이다.

> "사람의 마음 속에는 선과 악이 있어서 누구든지 악을 행할 수가 있습니다. 악을 행한 사람도 개심하면 선을 행할 수 있어요. 그런 예는 많습니다. 문제는 악이 발현되기 쉬운 환경과 조건입니다. 그래서 법과 제도의 개혁이 근본적으로 중요한 것입니다. 악이 발현될 수 있고 악이 지속되도록 하는 법과 제도가 나쁜 것이기 때문에 이 문제 해결이 가장 중요하고 근본적인 것입니다. 이렇게 판단하면 악을 행한 사람을 용서할 수 있습니다. 그래서 나는 박정희 정권 때부터 일관되게 독재체제를 용서할 수 없고 반드시 민주주의를 이뤄야 한다고 강조하면서도 나를 탄압한 사람은 용서하겠다고 말했던 것입니다."[88]

악행과 악인을 구분하고 악인과 그 환경을 구별함으로써, 우리는 비로소 악을 행한 사람 자체를 미워하는 대신 용서하고 사랑으로 포용하고 화해하고 통합할 수 있다. 그러나 이는 결코 쉬운 일이 아니다. 내가 받은 상처가 남아 있고, 그것이 원한이 되어 분노로 가득할 수 있기 때문이다. 더구나 악을 저지른 상대방을 동등한 주체로서 인정하고 포용해도 상대방은 여전히 나에게 홀로주체적인 자세를 견지할 수 있다. 반성과 사과는커녕 여전히 악한 마음을 가지고 나의 용서를 역이용하고 나에게 악행을 계속할 수 있는 것이다.

이는 볼프Volf가 '십자가의 스캔들'이라고 부른 문제이다. 볼프에 따르면, 적에게 자기를 내어주고 받아들이는 하나님의 사랑이야말로 기독교 정신의 핵심인데, 그 자기 내어줌에 대해 상대방이 착취

---

88) 김대중, 《김대중 육성 회고록》, 388쪽.

와 기만으로 대응하는 데 십자가의 스캔들이 있다.[89] 상대가 여전히 나에 대해서 홀로주체적일 때 내가 일방적으로 서로주체적 자세로 다가가는 것이 악용될 수 있는 딜레마이다.[90] 김대중 본인이 이 같은 '서로주체적 자세의 딜레마'를 의식하고 있었다. 대북 화해협력정책을 추진하면서 동시에 북한이 이를 악용하지 않도록 그들이 무력도발을 할 경우 철저하게 대처한다는 것을 명확히 한 이유다.

> "악한 자가 '선의'를 악용할 길을 열게 하는 것은 화해도 아니고 평화도 아닙니다. 그렇기 때문에 우리들은 확고한 체제를 갖추고 상대방이 선의의 길로 나아가는 것 외에는 다른 방도가 없도록 만들지 않으면 안 됩니다."[91]

이 같은 딜레마를 의식하면서, 자신에게 악행을 가한 사람들에 대한 용서와 화해의 문제에 대해 김대중은 오랜 숙고와 사고 끝에 그들을 용서해야 하는 이유를 다음과 같이 정립한다.

> "사랑하는 데 있어서 어려운 것은 자기가 원치 않는 사람, 심지어 증오한 자를 용서하고 사랑해야 하는 것이다. 감정이 용납하지 않는 사람을 사랑한다는 것은 인간으로서는 불가능한 일일 것이다. 오직 하느님에게 의존해서 하느님의 도우심을 간구할 때에 가능하다고 믿는다. 그러나 인간적으로 생각하더라도 거기에는 몇 가지 가능한 길이 있다고 본다. 첫째는 나 자신도 죄인이라는 것이다. … 둘째는 남을 용서하지 않고 미워한다는 것은 자기 자신의 마음을 증오와 사악으로 괴롭히는 자기가해自己加害의 어리석은 행동이라는 점이다. 셋째는 용서와 사랑을 거부

---

89) 볼프, 《배제와 포용》 (박세혁 옮김. 서울: 한국기독학생회출판부, 2012), 32-47쪽.
90) 김학노, 《남과 북의 서로주체적 통합》 (서울: 사회평론아카데미, 2018), 112-115쪽.
91) 가쿠마 다카시, 《아시아의 리더 김대중 대통령》, 282쪽.

해 가지고는 인간 사회의 진정한 평화와 화해를 성취할 수 없다. … 넷째로 용서와 사랑은 진실로 너그러운 강자만이 할 수 있다. …"[92]

인용문에서 김대중은 신앙의 힘을 빌어 용서하는 길 이외에도 인간적으로 용서를 해야 하는 이유를 애써 정립하고 있다. 김대중이 제시한 네 가지 이유 가운데 뒤의 두 가지 즉, (3) 사회의 평화와 화해 성취 문제와 (4) 강자만이 실현 가능하다는 생각은 신앙을 넘어선 현실적인 고려에 해당한다. 그가 단순히 신앙에 의존해서 용서를 하는 대신 인간적인 차원의 이유들을 밝힌 것은, 한편으로 그가 화해통합을 위해 원칙적인 문제뿐만 아니라 현실적인 고민도 깊이 했음을 보여준다. 처음 두 가지 이유 즉, (1) 우리 모두가 죄인이라는 생각과 (2) 용서와 사랑을 부정하는 마음이 너무나 괴롭다는 생각에는 여전히 신앙인 김대중의 구도자적 모습이 담겨 있다. 김대중은 종교를 넘어서 인간의 이성적인 차원에서 악인을 용서하고 사랑해야 하는 규범론을 정립하려 했지만, 그 바탕에는 독실한 구도자의 자세가 여전히 자리하고 있어 보인다. 신앙을 넘어서는 합리적인 근거를 애써 찾고 있지만, 신앙인의 구도자적 모습이 그 근저에 있는 것이다.

아래에서는 악인을 사랑해야 하는 이유에 대한 김대중의 고민을 (1) 신앙적인 차원과 (2) 현실적인 차원으로 나눠서 살펴본다. 전자는 대체로 원칙을 중시하는 것이고, 후자는 현실(결과)을 중시하는 것이다. 악인을 용서해야 하는 당위론을 정립하면서 김대중은 원칙과 현실 사이에서 고민하면서 그 균형을 도모하였다.

---

92) 김대중, 《김대중 옥중서신》, 27-28쪽; 《김대중 전집 II》 9권, 223-224쪽.

1. 신앙적인 이유: '오류 가능한' 인간

신앙인으로서 김대중은 선과 악을 분명히 구별한다. 악인을 용서하고 사랑하기에 앞서 그가 당면한 질문은 전지전능한 하느님이 계심에도 도대체 왜 애초에 악이 존재하는가였다. 박정희, 전두환 정권으로부터 온갖 탄압을 받으면서 그들을 용서하기 전에 도대체 자신이 왜 이 같은 시련을 겪어야 하는지 근본적인 질문을 던진 것이다.

전지전능한 하느님은 왜 악이 행해지고 그로 인해 무고한 사람들이 희생되는 것을 막지 않으시는가? 이에 대한 김대중의 우선적인 대답은, 악의 존재가 선을 가능하게 하는 것이라는 생각이다.

"만일 하느님이 인간이 행하는 악을 본원적으로 막으시면 그때는 하느님이 인간에게 주신 최대 선물인 자유(악의 행함뿐 아니라 하느님께 대항하는 자유까지 허용한)는 없어지고 인간은 동식물같이 본능과 조건반사에 의해서만 움직이는 존재가 되고 말 것입니다. 그때는 우리는 의롭게 될 수도 하느님과 더불어 이 세상의 주인이 될 수도 없을 것입니다."[93]

선과 악의 이분법을 받아들이면서도 이들이 서로 맞물려 존재한다는 음양론적 사고를 엿볼 수 있는 대목이다. 하지만 악이 있으므로 인해서 인간의 자유가 가능하고 선과 의로움의 주체가 될 수 있다는 그의 생각은 그렇게 만족스럽지 못하다. 악의 역설적이지만 긍정적인(?) 기능을 인정하는 셈이 되기 때문이다.

---

93) 김대중, 《김대중 옥중서신》, 56-57쪽; 《김대중 전집 II》 9권, 279쪽.

기독교 신앙이 김대중에게 갖는 가장 큰 의미는 바로 적에 대한 사랑이다. 김대중은 원수를 미워하지 않고 용서하고 사랑하는 것이야말로 종교로서 가톨릭(기독교)의 가장 큰 의미라고 파악한다.

"크리스천이 된 행복은 무어라 해도 남(敵)을 미워하지 않고 사랑할 수 있다는 것이며, 이웃 특히 고난받는 사람들에의 사랑의 마음과 봉사를 주님의 뜻으로 행하는 기쁨일 것이오."[94]

용서야말로 예수의 의미다. 김대중에 따르면, 예수는 하느님 상의 변모다. 크리스천교가 적에 대한 보복에서 사랑과 용서, 화해의 종교로 변한 것은 예수의 재림 이후다. 구약의 하느님이 "진노의 하느님, 징벌과 보복의 하느님"이었던 반면, 예수의 재림 이후 "사랑의 하느님, 용서와 구원의 하느님"으로 하느님 모습이 완전히 변모했다고 한다.[95] 김대중에게 예수의 가르침은 "사랑에 의한 현세의 정복 사상"으로 요약된다. 예수의 출현 이후 기독교의 지향점이 홀로주체적 지배의 세계에서 서로주체적 사랑의 세계로 변환한 것이다.

"사랑에 의한 현세의 초극사상입니다. 예수 이전은 힘에 의한 지배의 시대였으며, 이에 대한 저항이란 대체로 소극적인 부정과 은둔 또는 현세를 이탈한 피안에의 정신적 탈출이 고작이었습니다. 그러나 예수 이후 이 세계는 역사 안에 현존하는 하느님과 더불어 힘에 의한 불의의 지배와 악의 발호에 대하여 단호한 부정과 저항을 전개하였으며, 고난받고 약한 이웃에 대한 비호와 봉사를 최대의 신앙적 덕성으로 강조하게 되었습니다.

---

94) 김대중, 《김대중 옥중서신》, 42쪽; 《김대중 전집 II》 9권, 270쪽.
95) 김대중, 《김대중 옥중서신》, 77쪽; 《김대중 전집 II》 9권, 292쪽.

그러나 이러한 불의와 악에 대한 투쟁의 수단은 결코 그들과 같은 힘에
의한 것이 아니라 사랑에 의한 현세의 정복사상이었습니다. 현세의 악
을 긍정하지도 않고 그렇다고 같이 증오와 폭력으로 대하지도 않고 또
이를 피하지도 않으면서 악을 행하는 그 당사자까지도 대상으로 하는
무한대의 사랑으로 이 세계를 품 안에 안으며 정복하는 것이 예수의
하느님 사랑이며 이것이 인간과 그 역사에 결정적 영향을 주면서 오늘
에 이르렀습니다.”[96]

김대중은 특히 누가복음 15장에 나오는 '탕자의 귀환' 얘기에서
죄인에 대한 하느님의 절대적인 사랑, 아무 조건도 없는 용서를 배운
다. 그의 해석을 보자.

 (1) 하느님은 작은 자식이 집 나가려는 것이 잘못인 줄 알지만 그의 자유
  를 막지 않으셨습니다.
 (2) 하느님은 그가 진정으로 회개하고 돌아왔을 때 한없는 기쁨으로 받
  아들이십니다. 거기에는 아무 조건도 없고 과거에 대한 질책이나 따
  지는 것도 없습니다.
 (3) 돌아온 탕자의 회개는 자기를 한없이 낮추는 겸손한 것이었다는 점
  을 우리는 주목해야 할 것입니다.
 (4) 큰아들이 자기의 공로와 의로움을 내세워서 불평하는 것은 인간적
  으로는 당연하나 우리는 거기서 믿는 자들이 빠지기 쉬운 바리새파
  적인 자의식을 경계해야 할 것 같습니다.[97]

여기에서 마지막 네 번째 항목을 특히 주목할 필요가 있다. 김

---

96) 김대중, 《김대중 옥중서신》, 145쪽; 《김대중 전집 II》 9권, 340쪽.
97) 김대중, 《김대중 옥중서신》, 66쪽; 《김대중 전집 II》 9권, 285쪽.

대중은 돌아온 탕자에 대한 용서에 대해 엄격한 율법에 입각해서 불평하는 것을 경계하고 있는 것이다.

이는 '탕자의 귀환' 애기에 대한 볼프의 해석과 일맥상통한다. 볼프는 탕자의 비유를 '두 팔을 벌리신 하나님 아버지'라는 주제로 설명하면서, 관계가 도덕보다 우선함을 주장한다. 돌아온 탕자의 이야기에서 잃어버린 아들은 하나가 아니라 둘이다. 둘째 아들은 아버지를 떠남으로써 아버지가 떠받치고 있던 기존 질서를 파괴하고, 그 질서 안에서 유지되던 아버지와 아들의 관계를 위협했다. 그런데 사실은 첫째 아들 역시 아버지를 떠나고 있다. 첫째 아들은 기존질서의 도덕적 틀을 고수함으로써, 동생이 돌아온 뒤 아버지가 새롭게 구축하려는 가정의 질서를 거부하고 부자 관계를 위협함으로써 아버지를 떠나고 있는 것이다. 그럼에도 아버지는 두 아들 모두에게 '낭비적' 사랑을 베푼다. 아버지는 어떤 규칙보다도 두 아들과의 관계를 우선하는 사랑을 베풂으로써 깨어졌던 가정을 온전히 회복시킬 약속을 만들어내고 있는 것이다.[98] 첫째 아들이 '도덕적 범주'에 입각하여 '선 vs. 악'의 잣대로 동생을 판단하는 것과 달리, 아버지는 '관계적 범주'에 입각해서 '잃어버린 vs. 찾은' 그리고 '(그에게) 살아 있는 vs. (그에게) 죽은'이라는 잣대로 아들의 떠남과 귀환을 해석한다. 아버지의 태도는 한마디로 "관계가 모든 규칙보다 우선한다는 믿음"이다.[99]

이 이야기에서 기존의 도덕질서를 지킨 첫째 아들은 도덕적 악행이 아니라 의로움으로 인해서 아버지의 잔치에 참여하지 못하고

---

98) 볼프, 《배제와 포용》, 247-262쪽; 심혜영, 〈'하나 됨'에 대한 기독 신앙적 성찰: 새로운 '나'와 '우리' 정체성의 확립을 위하여〉, 고재길 외, 《통일에 대한 기독교적 성찰》 (서울: 새물결플러스, 2014), 200-202쪽
99) 볼프, 《배제와 포용》, 260쪽.

있다. 둘째 아들이 기존 질서를 깨치고 물리적으로 떠남으로써 기존의 도덕적 규칙을 위반하였고, 첫째 아들이 아버지 옆에 남아서 기존의 질서를 준수한 것은 분명하다. 하지만 첫째 아들은 형제간 그리고 부자간 관계에 앞서 자신의 도덕주의적 잣대를 앞세우는 홀로주체적 자세를 견지하고 있다.[100] 심혜영에 따르면,

> "그 부정적인 영향력의 측면에서 보면, 둘째 아들의 잘못보다는 첫째 아들의 잘못이 훨씬 클 수 있다. 첫째 아들 식의 독선은 증오와 억압을 모두 진리의 이름으로 정당화하고, 용서할 줄 모르고 남을 판단하는 마음을 낳기 쉽기 때문이다. 이런 첫째 아들에게 절실하게 필요한 것은 자신도 '동생만큼이나 자기중심적이고 아버지에게 근심거리'라는 점을 깨닫고, 자신이 만든 분노의 감옥에서 벗어나 '아버지가 동생을 용서한 것과 똑같이 동생을 용서할 자유를 누리는' 것이다.[101]

탕자의 비유에 대한 김대중의 해석에서 그가 신앙인으로서 구도자의 자세를 견지하면서도, 자신이 옳다고 믿는 잣대로 모든 것을 재단하는 홀로주체적 자세를 경계하고 있음을 알 수 있다. 김대중은 신앙에서 적을 용서하고 사랑하라는 가르침을 배울 뿐 아니라 그 근본적인 이유를 탐구하고 습득하고 있다. 우리는 우리가 옳다고 믿는 원칙을 지키고 있을 때에도 돌아온 탕자에 대한 큰아들의 태도처럼 잘못을 범할 수 있다. 요컨대, 우리가 죄인이나 적을 용서하고 사랑해야 하는 근원적인 이유는 우리 모두가 잘못을 저지를 수 있는 죄인이기 때문이다.

---

100) 김학노, 《남과 북의 서로주체적 통합》, 125–126쪽.
101) 심혜영, 〈하나 됨'에 대한 기독 신앙적 성찰〉, 204쪽.

"우리는 우리가 죄인이기 때문에 남을, 원수조차 용서해야 한다. 용서는 하느님 앞에 가장 강한 사람만이 할 수 있으며, 용서는 모든 사람과의 평화와 화해의 길이기 때문에 기쁜 마음으로 이를 해야 한다. … 용서를 위해서는 상대방의 입장에 한 번 서서 이해해 보는 것이 아주 효과적인 방법일 수 있다."[102]

"남을 용서하는 데 있어서 우리가 첫째로 알아야 할 것이 하나 있습니다. 그것은 자신이 용서받아야 할 대상이라는 사실입니다. … 그러므로 용서는 그 어떤 자선이나 권리가 아니고 의무입니다. 용서는 이미 영국의 예에서도 본 바와 같이, 사회적으로도 꼭 필요한 성공의 조건입니다. 그러나 용서는 사람을 용서하는 것이지 그 죄악과 나쁜 제도를 용서하는 것은 아닙니다."[103]

"용서하는 것은 인간의 권리가 아니라 의무입니다. 그러므로 용서가 큰 미덕이기보다는 용서하지 않는 것이 큰 잘못입니다. 사실 용서할 수 있는 사람을 용서하는 것은 진정한 용서가 아닙니다. 용서할 수 없는 것을 용서하는 것이 참용서요, 인간 승리의 극치입니다. 용서하는 삶, 그 삶은 용서받는 삶이요, 마음의 평화를 누리는 삶입니다."[104]

우리 모두가 죄인이라는 인식은 '나는 옳고 너는 틀리다'는 식의 홀로주체적 자세를 경계하게 만든다. 죄인 의식은 인간의 '오류 가능성'에 대해 열린 자세를 갖게 한다. 우리는 모두 오류를 범할 수 있는 나약한 인간이다. 따라서 내가 선과 악을 구별하고 선을 구현하려고

---

102) 김대중, 《김대중 옥중서신》, 31쪽; 《김대중 전집 II》 9권, 249쪽.
103) 김대중, 《다시, 새로운 시작을 위하여》, 79-80쪽; 《김대중 전집 II》 20권, 321쪽.
104) 김대중, 《다시, 새로운 시작을 위하여》, 84쪽; 《김대중 전집 II》 20권, 323쪽.

노력하지만, 내 자신이 오류를 범할 수 있기 때문에 나의 선악관을 절대시하면 곤란하다. 이 같은 '오류 가능한' 자아라는 의식이 상대방으로부터 서로 배우는 자세를 갖는 서로주체적 관계의 바탕에 있다. 이와 달리홀로주체적 자세를 견지하는 사람은 자신의 오류 가능성을 인지하지도 인정하지도 않는다. 자신에 대한 절대 맹신과 절대적 확신이야말로 홀로주체적 자세의 특징이다. 상대방의 잘못을 끝끝내 용서하지 않고 처벌하고자 하는 데에는 이 같은 홀로주체적 자세가 바탕에 있다. 스스로의 홀로주체적 자세를 경계하는 것은 상대방을 위해서 뿐만 아니라 나를 위해서도 중요하다. 김대중은 예수님의 인간으로서의 약하심을 보고 홀로주체적 자세를 경계하는 다짐을 한다. 우리는 나(우리) 자신의 "불완전함"을 솔직히 말하고 직면해야 한다. 그렇지 않으면 "어느새 자기도 뜻하지 않는 의인의 굴레를 쓰고 옴짝달싹할 수 없는 위선과 고뇌의 함정에 빠지기 쉬울 것"이기 때문이다.[105]

물론 인간사회는 사람들의 잘못에 대해 처벌을 하고 이를 제도화하고 있다. 도저히 용서하기 힘든 사람들, 용서해서는 안 될 사람이 있는 것도 사실이다. 도조 같은 전쟁 범죄자에게 교수형을 집행하는 처벌이 사회적으로 필요할 수도 있다. 김대중이 언급하듯이, 하느님의 법률과 사람의 법률 사이에 갈등이 있는 것이다. 현실사회에서 처벌의 불가피성에도 불구하고, 인간에 의한 인간의 단죄에 있어서 김대중은 다음과 같이 홀로주체적 자세를 경계한다.

> "하느님의 입장에서 보면 인간에게 그럴 권리는 없습니다. 그러나 사람들은 현실사회의 질서를 지키고, 무고한 사람들의 희생을 막기 위해서 불가피한 조치로 이러한 일을 집행합니다. 하느님의 법률과 사람의 법률 사이의 갈등이 여기서 나타납니다. 이것은 우리에게 던져진 커다란

숙제입니다. 그러나 여기서 분명한 것은 어떠한 경우에도 나는 의롭다, 나에겐 죄가 없다는 태도로 증오와 심판자의 교만 속에 남을 처단해서는 안 된다는 것입니다."[106]

한마디로, 우리가 악인을 용서하고 사랑해야 하는 궁극적인 이유는 우리 모두가 죄인이기 때문이다. 우리 모두 불완전한 존재로서 다른 사람에 대해 심판할 권리가 없다. 어떤 경우에도 나는 의롭고 나에겐 죄가 없다는 홀로주체적인 태도를 지녀서는 안 된다. 모두가 불완전한 존재일진대, 우리는 죄는 미워할지언정 그 잘못을 저지른 사람은 같은 불완전한 죄인으로서 용서하고 사랑해야 한다. 이 점에서 용서는 인간의 권리가 아니라 '의무'가 된다. 용서는 단순히 미덕이 아니라 모두가 죄인인 인류가 근원적으로 갖고 있는 의무다. 김대중의 이 같은 생각의 근저에는 모든 인간의 불완전성, 오류 가능성이 존재한다. 내가 불완전하다는 자각은 서로주체적 자세의 출발점이다. 내가 완벽하다는 생각이 '나는 옳고 너는 틀렸다, 그러므로 내가 너를 단죄한다'는 보복을 초래한다. 예수는 본인 스스로의 나약함과 불완전함을 가리지 않고 보여주었다. 우리도 그처럼 우리 자신의 불완전함을 솔직히 인정하고 직면해야 한다. 그러한 자각이 있어야, 다른 사람에 대한 홀로주체적 태도에서 벗어날 수 있다. 모두가 불완전하다는 생각, 모두가 죄인이며 악을 행할 수 있다는 생각, 죄인인 우리가 다른 죄인을 단죄할 수 없다는 생각, 이런 생각들이 서로주체적 자세의 기반이 된다. 다른 이들을 용서하고 사랑해야 하는 근원적인 이유는 우리 자신도 그 같은 용서를 받고 사랑을 받아야 하는 불완전한 존재이기 때문이다.

---

106) 김대중, 《다시, 새로운 시작을 위하여》, 83쪽; 《김대중 전집 II》 20권, 323쪽.

2. 현실적인 이유: '한풀이'론

앞의 인용문에서 악인을 용서해야 하는 이유로 김대중이 제시한 네 가지 가운데 뒤의 두 가지는 단지 종교적인 믿음의 차원이 아니라 더 현실적인 사회적 이유로 보인다. 즉, (3) 인간 사회의 진정한 화해와 평화를 이루기 위해서 악인을 용서해야 한다는 생각과 (4) 이 같은 사랑과 용서는 진실로 강자만이 할 수 있다는 생각은 현실 사회에 한쪽 다리를 굳게 딛고서 하는 생각이다. 이 가운데 후자 즉, 강자만이 사랑과 용서를 할 수 있다는 생각은 악인을 용서해야 할 이유이기보다 그 가능성을 언급한 것으로 보인다. 이는 '용서할 수 있기 때문에 용서한다'는 태도로, 또는 우리가 용서함으로써 우리가 오히려 강자임을 확인할 수 있다는 이야기로 들린다. 우리가 악인을 왜 용서해야 하는지에 대한 직접적인 이유로는 전자 즉, 사회의 화해와 평화 구축이 더 적합해 보인다.

인간 사회의 진정한 화해와 평화를 이루기 위해서 적을 용서해야 한다는 논리는 용서라는 행위가 가져올 것으로 기대되는 결과 즉 그 효과를 근거로 용서의 규범론을 제시하는 것이다. 이 인용문 이외에도 김대중이 곳곳에서 밝힌 악인을 용서하고 화해해야 하는 이유들은 이처럼 결과를 중시하는 입장에 입각해 있다. 김대중이 악인을 용서해야 하는 이유를 고민할 때, 그 과정이나 선택의 적합성뿐만 아니라 선택한 행위가 가져올 결과를 중시하고 있음을 알 수 있다. 그는 사회적 안정이나 국민 화합처럼 사회 전체의 이익을 위해 법의 집행에 있어서도 집행유예나 사면과 같은 관대한 조치를 실시할 수 있다고 본다. 물론 이는 가해자의 진정한 사과를 전제로 한다.[107]

---

107) 김대중, 《나의 길 나의 사상》, 119쪽; 《김대중 전집 II》 16권, 355쪽. 한편, 김학재에 따르면 김대중은 1997년 대선 직전 '조건적 용서'에서 '무조건적 용서'로 입장을 바꾸

김대중이 선과 악을 구별하고 악에 대해 투쟁해야 한다는 신념윤리에 매몰되지 않고, 늘 자기 신념의 결과에 대해 고민하는 '책임윤리'의 의식이 강하다는 사실을 알 수 있다.[108]

결과의 측면에서 악인을 용서해야 하는 가장 큰 이유는 한마디로 악에 대해 악으로 대항하는 것이 결코 해결책이 될 수 없기 때문이다. 혐오에 대항혐오로 맞받아치고, 악행에 악행으로 대응하거나, 증오와 분노에 대항해서 또 다른 증오와 분노로 대하는 것, 이 모든 것이 해결책이 될 수 없다. 홀로주체적인 상대방에 대해 같은 자세로 맞대응하는 것은 해결책이 못 된다. 악에 대해 악으로 대응하는 것은 더 큰 악을 초래할 뿐이다. 더 큰 악을 피하고 방지하기 위해서 홀로주체적 관계를 서로주체적 관계로 바꿔야 한다. 홀로주체적 자세를 견지하고 있는 상대방에 대해 내가 서로주체적 자세로 대할 때 딜레마가 생길 수 있지만('서로주체적 자세의 딜레마'), 그렇다고 내가 홀로주체적 자세로 대응하는 것이 결코 그 딜레마의 해결책이 될 수 없다는 생각을 김대중은 뚜렷하게 가지고 있었다.

이를 김대중은 '한풀이' 개념으로 설명한다. 악인을 처벌하는 것이 '한'을 푸는 해결책이 될 수가 없다. 악인을 용서하고 사랑해야 하는 이유다. 그는 한을 "좌절된 소망을 안고 몸부림치는 상태"[109] 또는 "민중들이 좌절된 소망을 안고 이것을 기어이 이루려고 몸부림치는 것"으로 정의한다.[110] 민중들의 한은 그들이 이루지 못한 소망

없었다고 한다.(김학재, 〈김대중의 용서론과 화해정치〉, 《한국동양정치사상사연구》 제23권 2호 (2024), 173-174쪽). 조건적 용서는 가해자의 사과와 진정한 반성을 전제로 하는 것이고, 무조건적 용서는 가해자의 사과와 반성이 없어도 용서하는 것이다.

108) 이 점은 김대중의 망명시절 일기에서도 확인된다. 국내외의 열악한 상황 속에서도 김대중은 자신이 집권하여 "조국의 민주주의와 대중의 행복을 구현해야 할 중책"이 있다고 스스로 다짐하면서, 정권을 잡기 위해서는 대의명분이 중요하지만 집권 후에는 대중생활을 향상시키는 실질적인 성과를 내야 한다는 생각을 다지고 있다(김대중, 《김대중 망명일기》, 184-185, 197, 210-211, 358-359쪽. 인용은 184쪽).

109) 김대중, 《김대중 육성 회고록》, 49쪽.

을 이룸으로써 비로소 풀어질 수 있다. 춘향이의 한은 이도령과의 사랑이 좌절된 것에서 비롯한 것이므로, 이도령을 만나서 사랑을 이뤄야 풀린다. 흥부의 한은 제대로 먹지 못하는 가난에서 발생한 것으로, 가난의 문제를 해결해야 풀린다. 심청이의 한도 아버지가 앞을 못 보는 고통에서 비롯하였으므로, 이 문제를 해결해야 풀린다.[111] 한은 보복을 통해서 해소될 수 없다. 변사또에게 보복한다고 춘향이의 한이 풀리는 것이 아니고, 놀부에게 보복을 한다고 흥부의 한이 풀리는 것이 아니다. 보복은 한풀이의 수단이 되기는커녕 보복의 악순환을 불러일으킴으로써 더 큰 수렁에 빠뜨린다. 한풀이는 보복의 악순환으로 이루어질 수 없다. 한풀이는 보복이 아니라, 소원(목적) 성취를 통해서 이루어지는 것이다.[112]

"민주화 이후에 우리 사회가 더욱 굳건한 연대 속에 발전하기 위해서는 관용과 포용을 통한 대통합의 정치가 필요합니다. 정의의 명분을 갖고 있다 하더라도 힘을 잘못 쓰면 보복의 악순환에 빠지면서 결국 아무 일도 못 해요. … 춘향이의 한은 이 도령을 만나는 것으로 풀어졌지 변 사또에게 보복하는 것으로 풀어지지 않아요. 흥부의 한은 부자가 되어 배부르게 먹고살 수 있게 되면서 해소되었지 자기를 박대한 놀부에게 보복하는 것으로 해결된 것이 아니에요. 이렇게 한이란 것은 자신의 고통스러운 현실의 원인을 제거하고 바꾸면서 해결되는 것이지 누구에게 보복하는 것으로 해결되는 것이 아닙니다."[113]

---

110) 김대중, 《나의 길 나의 사상》, 116쪽; 《김대중 전집 II》 16권, 353쪽.
111) 김대중, 《김대중 육성 회고록》, 49쪽.
112) 김대중, 《나의 길 나의 사상》, 116–117쪽; 《김대중 전집 II》 354쪽; 김대중, 《김대중 육성 회고록》, 387–388쪽.
113) 김대중, 《김대중 육성 회고록》, 455쪽.

　김대중에게 국민통합 즉 대화합은 이 같은 의미에서 한풀이의 일환이다. 그는 자신이 대통령 후보로서 '국민적 대화합'을 주장한 것을 다음과 같이 한풀이와 연관하여 설명한다.

　　"그 화합은 과거에 한에 맺힌 사람들은 그 한을 풀어주고, 잘못한 사람들은 국민 앞에서 회개함으로써 대화합한다는 것이었습니다. 무원칙한 '잊어버리자' 주의는 아니었습니다. 광주 문제도 한이 맺힌 사람들에 대해서 진상 규명이라든가 명예 회복을 통해서 한을 풀어주고, 그 대신 악을 행한 사람들에 대해서는 국민이 사과를 받아야 합니다. 그리고 처벌은 안 한다, 이렇게 해서 대화합을 한다, 이런 생각을 가졌습니다. 나는 이것을 87년 대선 이래 일관되게 주장해 왔습니다. 이래야만 과오를 범한 사람들에게는 그 과오를 청산하여 새 출발을 할 수 있는 기회를 주게 됩니다. 그리고 한에 맺힌 사람들에게는 그 한을 풀면서 용서의 아량을 베풀 수 있게 해야 한다는 것입니다. 이것이 진정한 한풀이요, 화해이며, 국민적 단결과 새 출발의 길입니다."114)

　김대중은 악인에 대한 용서와 화해가 자신의 원칙을 저버리는 것으로 생각하지 않는다. 원칙은 엄격하게 고수하면서 사회의 커다란 이익을 위해서 방법상의 유연성을 견지하는 것일 뿐이라고 한다. 그는 목포상고 3학년 때 담임이던 노구치 진로쿠 선생으로부터 "삶의 원칙을 확고히 지켜야 한다"는 말과 함께 "원칙을 고수한다고 방법에서 유연하지 못하면 승리자가 되기 어렵다"는 말을 감명 깊게 배우고, 이를 명심하고 실천해왔다고 한다. 그는 이를 전쟁의 승리를 구하기 위해 직접전법보다 간접전법이 훨씬 효과적이라는 점을 들어 설명한다.

---

114) 김대중, 《나의 길 나의 사상》, 117–118쪽; 《김대중 전집 Ⅱ》 16권, 354쪽.

"전쟁터는 극한 상황입니다. 그곳에서 고수해야 할 하나의 원칙은 승리입니다. 그 하나의 원칙만은 양보할 수 없지만, 나머지 모든 것은 방법적으로 동원 가능합니다. 각각의 상황에 맞는 전략과 전술이 필요한 것이지 무조건 정공법으로 '공격, 앞으로!'만 한다고 저절로 이길 수 있는 것은 아닙니다. 나는 일생동안 원칙을 위해서는 목숨을 버릴지언정 양보하지 않았습니다. 그러나 그 방법에 있어서는 언제나 그 시대의 상황에 맞게, 무엇보다도 국민이 이해하고 따라올 수 있는 선에서 유연한 자세를 취하려고 애써 왔습니다."[115]

적을 용서하는 것은 기본 원칙을 훼손하는 것이 아니다. 무조건적인 잊어버림이 아니다. 다만 중요한 원칙을 지키면서 더 큰 목적을 달성하기 위해 사용하는 유연한 방법일 뿐이다. 상대방을 적대적으로 처벌하지 않고 용서하면서 동시에 나의 목표를 실현하는 것을 김대중은 '혁명'과 대비되는 '개혁'에 빗대어 설명한다.

"혁명과 개혁은 다릅니다. 혁명은 법을 무시합니다. 개혁은 법을 지킵니다. 혁명은 과거를 따져서 사람을 처벌합니다. 그러나 개혁은 과거의 나쁜 법과 제도를 고치면서 사람은 용서합니다. 혁명은 국민에게 불안 공포를 느끼게 하지만 개혁은 희망과 안정을 줍니다. 혁명은 혁명세력들이 국민을 강제로 끌고 가기도 하지만, 개혁은 국민 모두가 나아가는 방향과 자기가 얻을 몫을 알고 적극 협력하는 신바람 나는 자발적인 행위인 것입니다. 혁명은 원칙도 강경하고 방법도 강경하지만, 개혁은 원칙은 강하지만 방법은 유연합니다. 국민과 같이 가는 개혁에는 결코 실패가 없습니다."[116]

---

115) 김대중, 《다시 새로운 시작을 위하여》, 118쪽; 《김대중 전집 Ⅱ》 20권, 384쪽.
116) 김대중, 《다시, 새로운 시작을 위하여》, 118-119쪽; 《김대중 전집 Ⅱ》 20권, 385쪽.

그렇다면 김대중에게 결코 양보할 수 없는 원칙은 과연 무엇인가? 김대중이 평생 고수한, 양보할 수 없는 원칙은 바로 민주주의다.[117] 김대중은 민주주의야말로 우리가 확고히 지켜야 할 원칙이라고 서슴없이 주장한다.

"원칙은 흔들림 없이 지키되 방법에 대해서는 유연성을 가져야 합니다. 우리가 확고하게 지켜야 하는 원칙이란 민주주의입니다. 민주주의는 어떠한 경우에도 흥정이나 양보의 대상이 되어서는 안 됩니다. 그러나 원칙이 정해진 다음에는 모든 것을 대화와 협상으로 풀어 가며, 양보도 하고, 타협도 하는 유연성을 가져야 합니다."[118]

민주주의는 국내의 적대 세력과의 투쟁에서 끝까지 고수해야 할 기본적인 원칙이다. 김대중에게 민주주의는 모든 사람이 주인인 사회 즉, 서로주체적 관계에 입각한 체제다. 그 구체적인 제도나 절차에 다양한 변이가 가능하겠지만, 민주주의의 핵심에는 일반 국민 즉 시민의 참여와 목소리가 필수적이다. 이 근본적인 원칙을 침해하는 시도에 대해서 타협이나 흥정은 있을 수 없다. 다만 민주주의를 고수하면서 더 많은 민주주의, 더 나은 민주주의를 가져오기 위한 방법에는 얼마든지 유연성을 발휘할 수 있다.

심지어 민주주의를 파괴한 사람도 처벌만이 능사가 아니다. 반민주적인 세력을 처벌함으로써 우리 사회의 통합이 깨지고 와해된다면, 그래서 우리 사회가 적대적 세력들 사이의 홀로주체적인 대립으로 갈라진다면, 그같은 처벌은 결코 바람직하지 않다. 원칙을 지킨다는 신념이 그 원칙을 해치는 결과를 가져올 수 있기 때문이다. 민주

---

117) 최경환, 《김대중 리더십》, 21쪽.
118) 김대중, 《다시 새로운 시작을 위하여》, 278쪽; 《김대중 전집 II》 20권, 362쪽.

주의 수호와 심화라는 원칙을 지키기 위해서 때로는 반민주적인 인사들을 용서하고 사랑으로 포용하는 유연한 태도를 보여야 하는 이유다. 한마디로, 김대중은 원칙을 지키면서도 그 원칙이 초래할 결과를 늘 고민하고 주시했다. 원칙과 현실(결과) 사이의 균형을 끊임없이 도모한 것이다.

김대중의 이 같은 '확고한 원칙 준수와 방법에서 유연성 제고' 태도는 대외적인 측면에서도 발견할 수 있다. 북한의 핵 개발을 용납하지 않으면서도 북한과의 대화와 화해협력을 꾸준히 추구한 것과 일본과의 관계 개선을 위해 유연한 태도를 유지한 것도 같은 맥락으로 이해할 수 있다.

일찌감치 김대중은 박정희 정권의 한일 국교 정상화 회담에 대해 비판을 하면서도 무조건 반대의 입장에 서지 않았다. 그는 당시 제1야당인 민정당 윤보선 총재의 '한일회담 무조건 반대'에 동의하지 않았다. 박순천 민주당 총재와 함께 김대중은 여당의 첩자라는 말을 들으면서까지 "국가의 이익을 위해서 일본과의 관계 정상화는 피할 수 없다고 생각했다." 북한, 중국, 소련에 둘러싸인 우리나라가 일본까지 잠재적 적으로 삼을 수는 없기 때문이다. 게다가 한일 국교 정상화는 미국이 구상하는 아시아 정책의 요체로서, 우리가 피하려고 해서 피할 수 있는 문제가 아니었다.[119]

김대중 정부 시절 단행한 일본의 대중문화 개방 조치도 김대중의 화해통합 사상에서 비롯하였다. 일본 대중문화에 대한 한국 시장의 개방은 전적으로 김대중의 의지가 반영된 것이다. 이는 우리 문화의 저력에 대한 믿음을 바탕으로 한 결정이었다. 우리는 오랫동안 중국 문화권에 속해 있지만 동화되지는 않았다. 우리 민족의 문화적

---

119) 김대중, 《김대중 자서전 1》, 162-168쪽.

독창성 때문이다. 김대중이 일본 문화를 받아들여도 아무 문제가 없을 것이라고 생각한 근거다. 그는 오히려 일본 문화를 막는 것이 더 문제라고 주장했다. 여기에는 문화교류를 서로 배움의 관계로 보는 김대중의 서로주체적 관점이 전제되어 있다.

"문화를 역사의 어느 한 시점의 우열로만 판단하여 교류할 수는 없다. 문화는 과거, 현재, 미래를 잇는 끝없는 상호 학습을 통해 형성되기 때문이다. 그렇게 볼 때 문화 교류는 서로를 배우는 과정이다. 일본 문화를 막는 것은 우리에게는 수치스러운 일이다."[120]

북한에 대한 화해협력 정책도 적대적인 세력과 서로주체적 관계를 모색하고 정립하기 위한 것이었다.[121] 클린턴과 부시 등 미국 대통령들과의 대화에서 김대중은 햇볕정책을 "미국의 성공에서 배운 것"으로 설명한다.[122] 2차대전 후 미국은 대소련 봉쇄정책을 펴다가 1970년대 데탕트로 전환했다. 봉쇄정책을 펼 당시에는 소련도 미국에 대해서 강경하게 대응해서 미소 관계가 냉전으로 치달았다. 데탕트 이후 경제협력과 교류가 늘어나면서 소련이 서서히 문을 열고 변화하기 시작했다. 자유 진영의 최대 무기인 자유의 정신은 봉쇄가 아닌 교류협력을 통해서 위력을 발휘한 것이다. 김대중은 동일한 패턴을 미국의 중국과 베트남과의 관계에서도 발견한다. 이와 달리쿠바는 수십 년 동안 봉쇄를 지속했지만 굴복하지 않았다. 이 같은 역사적 경험에 입각해서 김대중은 홀로주체적 상대에게 서로주체적 자

---

120) 김대중, 《김대중 자서전 2》, 114-115쪽; 노명환, 〈김대중의 용서 · 화해 사상과 분단 극복 · 지구평화〉, 박명림 외, 《김대중의 사상과 정치 2》, 367 참조.
121) 김학노, 〈김대중의 서로주체적 리더십: 대북정책을 중심으로〉.
122) 김대중, 《김대중 자서전 2》, 83-84쪽.

세를 취하는 것이야말로 적대적 경쟁을 형제적 경쟁으로, 나아가 평화적 공존과 통합을 이루는 길이라고 생각했다.

> "공산주의는 문을 열면 망하고 닫으면 강해집니다. 우리는 소련, 중국, 베트남을 통해서 배웠습니다. 북한도 마찬가지입니다. 공산주의를 대할 때 군사적 힘으로 다른 도발은 못 하게 하고 다른 한쪽으로는 개방을 하도록 유도해야 합니다. 우리의 햇볕정책은 미국의 대외 정책을 통해 이미 검증을 마친 것입니다."123)

현실적인 결과의 논리가, 상대방이 내게 홀로주체적 자세를 견지하고 있음에도 내가 서로주체적 자세를 취해야 할 이유임을 알 수 있다. 현실의 바람직한 결과를 위해 악인과도 손을 잡고 화해해야 한다. 김대중은 원칙과 현실(결과) 사이의 균형을 끊임없이 도모하고 추구했다.

IV. 언제 화해하고 언제 싸워야 하는가?

1. 화해통합의 실천과 전두환 사면 문제

김대중은 민주화 과정에서 박정희 및 전두환 독재에 대항하기 위해서 김영삼과 수차례에 걸쳐 화해와 통합을 실행했다. 민주진영

---

123) 김대중, 《김대중 자서전 2》, 84쪽.

내 자신의 라이벌인 김영삼과 치열하게 싸우면서도 "국민이 요구하고 역사가 명령할 때는 화해와 통합을 주저하지 않았다." 권력을 장악하는 과정에서 김종필로 대표되는 보수 세력과 이른바 'DJP 연합'을 구축하고 연합정치를 실시했으며, 수많은 보수 인사들을 중용하기도 했다. 특히, 권력을 장악한 이후에, 대통령 김대중은 오랜 민주화 투쟁 과정에서 자신을 억압하고 제거하려고 했던 사람들에게 정치적 보복을 가하지 않고 화해와 통합의 정치를 실현했다. 자신을 탄압했던 정적 박정희를 기리는 박정희기념관 건립을 적극 지원했으며, 1973년 김대중 납치 및 암살 미수 사건을 지시한 것으로 알려진 이후락도 용서하고 정치보복을 가하지 않았다.[124] 무엇보다도, 광주학살의 원흉이자 김대중 내란음모 조작 사건을 통해 자신을 사형시키려 했던 전두환의 사면·복권에 합의하였다. 요컨대, 김대중은 자신에게 적대적이었던 세력에 대한 용서와 화해를 통해 국민 대통합을 추구했다. 김대중 정치의 요체를 그의 화해와 통합 사상 및 실천에서 찾는 이유다.

　　김대중의 용서와 화해통합 실천은 광범위하다. 이 책의 여러 장에 나눠서 살펴듯이 그의 화해와 통합 실천은 국내 정치세력 사이에 국한되지 않는다. 남북, 국제(일본), 남녀, 노사 및 계층간 등 실로 넓은 영역에 걸쳐 있다. 동시에 그의 화해통합 실천은 적지 않은 논란의 대상이 되었다. 특히 1997년 대통령 당선자로서 5·18 학살자에 대한 사면 문제를 둘러싸고 논쟁이 일었다. 김대중은 1997년 대선 과정에서 국민통합을 위한 조치로 전두환과 노태우의 사면을 공약했다. 김학재에 따르면, 이 무렵 김대중은 가해자의 사과와 진정한 반성을 전제로 하는 조건부 용서에서 무조건 용서로 입장을 바꾸었

---

124) 최영태, 이 책의 2장.

다.[125] 이후 대통령 당선자로서 그는 전두환과 노태우에 대한 김영삼의 사면 조치에 합의했다. 현직 대통령인 김영삼이 사면의 형식적 주체였지만, 대통령 당선자인 김대중의 동의가 없었으면 불가능한 일이었다.[126] 당시 법학자들 중에는 전두환, 노태우의 충분한 사과가 전제되어야 한다는 점을 강조하면서, 1997년 사면은 시기상조라는 비판이 적지 않았다.[127]

> "전두환 씨를 체포해야 한다는 극한적인 여론이 들끓을 때, 나는 많은 재야인사와 학생들로부터 비난을 받아가면서까지 반대의 입장을 고수했습니다. 그것은 죄는 미워하고 진실을 밝혀야 하지만 사람에게 보복해서는 안 된다고 주장해 온 나의 일관된 원칙과 위배하기 때문이었습니다. … 나는 원수를 원수로 갚지 않았습니다. 국민들, 특히 재야인사들의 오해와 비난을 감수하면서 나는 군중들을 설득했습니다."[128]

이 문제와 관련하여 가장 깊이 고민한 사람 가운데 한 명인 최영태는 당시 김대중이 전두환과 노태우의 사면 복권 문제와 관련하여 어떤 선택을 하든 비난을 받을 수밖에 없는 처지에 있었다고 이해한다. 김대중이 전두환·노태우의 사면에 합의하면 광주 시민과 민주 진영에서 비난을 받을 것이 분명했고, 사면에 반대하면 보수 진영으로부터 정치보복이라는 비난을 받을 것이 예상됐기 때문이다. 그는 김대중의 전두환·노태우 사면에 대한 합의 행위를 "피해자가 가해자를 용서해야 진정한 화해가 가능하다."라는 김대중의 평소 지론에

---

125) 김학재, 〈김대중의 용서론과 화해정치〉, 173-174쪽.
126) 박찬수, 《김대중의 국정노트》 (서울: 한겨레출판, 2025), 169쪽.
127) 김귀옥, 〈김대중의 화해의 정치〉, 295쪽 참조.
128) 김대중, 《다시, 새로운 시작을 위하여》, 113-114쪽; 《김대중 전집 II》 20권, 382쪽.

입각한 것으로 본다. 정치적 이해관계의 계산에 의한 것이 아니라 "정치보복 근절"이라는 김대중의 신념에 따른 것이라는 해석이다. 다만, 전두환이 12·12쿠데타나 광주학살에 대해 형식적으로라도 사과나 반성을 하지 않은 상태에서 김대중이 그를 사면한 데 그치지 않고 전직 대통령으로 청와대에 초청하고 깍듯이 예우한 것에 대해 문제를 제기한다. 전직 대통령들을 청와대에 초청하여 만찬을 함께 하고 주요 국정 현안을 보고하고 의견을 듣는 것이 아름다운 관행을 수립하는 일일 수 있으나, 자칫 전두환으로 대표되는 반민주세력의 뿌리를 온존하는 결과를 가져올 수 있다는 생각에서다. 이 점에서 최영태는 개인으로서 김대중의 용서와 관용 정신을 높이 평가하지만, 공인으로서 특히 최고 지도자로서 김대중의 용서와 화해 실천은 좀더 신중했어야 한다고 본다.[129]

　　최영태의 평가처럼, 개인 김대중의 용서와 화해 행위는 그의 진심과 신념에 의한 것이었을지라도, 지도자 김대중의 공인으로서의 용서와 화해 행위는 그 의도의 순수성으로만 판단할 수는 없다. 게다가 김대중은 신념윤리뿐만 아니라 책임윤리 의식이 강한 지도자가 아니던가? 김대중의 전두환 사면 합의 행위는 2025년 오늘날의 우리 사회에서도 여전히 논란이 되고 있다. 2024년 12·3 계엄령 시도 이후 우리 사회에서 민주주의에 대한 중차대한 도전이 일어난 이유를 전두환의 사면에서 찾는 목소리도 들린다. 김대중의 용서와 화해통합 사상 및 실천에 대한 비판이 그의 사후에 전개되는 셈이다.

> "전두환은 부정 축재한 돈을 모두 압수당하고 감옥에서 죽어야 했다. 전두환과 신군부에 대한 처벌이 제대로 이루어졌다면 군이 동원되는 계엄도, 계엄을 비호하는 세력도 생겨날 수 없었을 것이다."[130]

---

129) 최영태, 《빌리 브란트와 김대중: 아웃사이더에서 휴머니스트로》, 380–382쪽.

아직 끝나지 않은 현재진행형의 문제로서 김대중의 전두환 사면 행위에 대하여 몇 가지 근본적인 질문을 제기하지 않을 수 없다. 광주학살에 대한 진상규명과 희생자의 명예 회복이 제대로 이루어졌는가? 진상규명과 명예 회복으로 과연 김대중이 말한 진정한 '한풀이'가 되었는가? 가해자가 과오를 인정하지도 진심으로 사과하지도 않은 상태에서 진상규명과 명예 회복만으로 피해자와 유가족의 한이 과연 해소되었는가? 이런 상태에서 용서와 화해를 요구할 수 있는가? 그래서, '새 출발'을 했는가? 김대중은 보복의 악순환을 막기 위해서, 사회의 진정한 화해와 평화를 이룬다는 현실적인 이유로 용서와 화해통합을 강조했다. 그러나, 전두환으로 대표되는 수구세력도 보복의 악순환 고리를 끊었는가? 과연 전두환의 사면이 우리 사회에 진정한 화해와 통합을 이루는 데 기여했는가?

또 김대중은 "하느님과 국민에 대한 약속"이었기 때문에 사면했다고 한다. 하지만, 진정 국민에 대한 약속으로 정당화할 수 있는가? 김대중은 더 큰 목적을 실현하기 위해 방법에 있어서의 유연성을 강조했는데, 전두환 처벌에 대한 국민의 요구가 강경할 때 그를 용서한 것이, 국민이 이해하고 따라올 수 있는 선에서 유연한 방법을 사용한 것으로 이해할 수 있는가? 아니면, '용서는 의무'라는 자신의 원칙을 지키는 선택이었을 뿐인가? 이것이 과연 국민과 함께 그리고 국민보다 '반걸음' 앞서서 간다는 그의 지도자론에 부합하는가? 대다수 국민이 받아들일 수 없을 정도로 너무 앞서 나간 것은 아닌가? 그것이 아무리 고매한 발걸음일지라도, 국민들이 살고 있는 지상에서 너무 멀리 너무 높이 나아간 것은 아닌가?

---

130) 장정일, 〈다시 만날 세계, 우리가 이길 거야〉, 《시사IN》 915호 (2025년 4월 1일), 65쪽.

2. '행동하는 양심'론

이 같은 근본적인 질문에 더하여 우리를 더욱 곤혹스럽게 만드는 것은 김대중 자신이 때로 타협을 배제하고 강경한 투쟁을 주장하기도 했다는 점이다. 한편으로 용서와 화해통합을 주장하고 실천하면서 다른 한편으로 김대중은 원칙에 어긋나는 타협에 대해 단호하게 비판하고 '행동하는 양심'이 될 것을 또한 강조했다. 그는 불의에 대한 비타협적 투쟁에 앞장섰고, 싸워야 할 때 싸우지 않는 것을 '악의 편'이라고 비판했다. 적대적 세력의 용서와 화해를 강조하는 그의 화해통합 사상과 충돌할 수 있는 부분이다.

우선, 김대중은 선과 악의 구별을 고수했다.

"인간에게는 어떠한 희생이나 손실에도 불구하고 절대로 포기할 수 없는 선善과 절대로 범해서는 안 되는 악이 있다."[131]

선과 악의 명확한 구분은 그의 신앙과 관련되어 있어 보인다. 이러한 선악 구분에 입각해서 김대중은 악과의 타협에 대해 단호한 입장을 고수해야 한다고 생각한다. 하나의 예로, 1980년 5월 17일 연행된 이후 7월 10일 경 광주민주화 운동 발생 사실을 비로소 알게 되었을 때, 김대중은 "내가 죽더라도 이자들과 타협할 수 없다."라는 다짐을 한다.[132]

1970년대 신민당 시절 이철승의 중도통합론에 대한 비판도 같은 맥락에서 이해된다.

---

131) 김대중, 《김대중의 옥중서신》, 39쪽; 《김대중 전집 II》 9권, 254-255쪽.
132) 김대중, 《김대중 육성 회고록》, 380쪽.

"중도 통합론이 무엇입니까? 중도 통합이란 게 정치학에 없는 것은 아닙니다. 원칙이 섰을 때는 중도 통합이 있습니다. 원칙이 다를 때, 방향이 다를 때 중도 통합은 없습니다. 선과 악 사이에 중도 통합은 없습니다. 공자와 도둑놈 사이에 어떻게 중도 통합이 있습니까? 사람을 놓고 하나는 살리자, 하나는 죽이자 하는데 어떻게 반만 죽이자는 중도 통합이 있습니까? 민주주의와 독재 사이에는 중도 통합이 없습니다."[133]

민주주의와 독재 사이에는 선과 악의 간극 만큼이나 커다란 심연이 놓여 있다. 독재는 우리가 끝까지 고수해야 할 원칙인 민주주의를 근본적으로 부정하고 파괴하는 악이자 불의에 해당한다. 김대중은 불의에 저항하는 것은 마땅한 일이며, '행동하지 않는 양심은 악의 편'이라고까지 주장한다.[134] 그의 유명한 '행동하는 양심'이 되자는 주장은 곳곳에서 만날 수 있다.

"더불어 여러분께도 간곡히 피맺힌 마음으로 말씀드립니다. '행동하는 양심'이 됩시다. 행동하지 않는 양심은 악의 편입니다. … 자유로운 나라가 되려면 양심을 지키십시오. 진정 평화롭고 정의롭게 사는 나라가 되려면 행동하는 양심이 되어야 합니다. 방관하는 것도 악의 편입니다."[135]

"행동하지 않는 양심은 결국 악의 편이 되는 것입니다. 방관과 비겁은 자유에 대한 최대의 적입니다."[136]

---

133) 김대중, 《김대중 자서전 1》, 375쪽.
134) 최경환, 《김대중 리더십》, 54-55쪽.
135) 《김대중 전집 I》 10권, 761-762쪽; 김대중 《김대중 자서전 2》, 593-594쪽.
136) 《김대중 전집 II》 8권, 91쪽; 장신기, 《성공한 대통령 김대중과 현대사》, 75쪽.

"인간은 누구나 양심을 가지고 있는데 행동하는 양심이 중요하다, 양심 없는 사람은 한 사람도 없지만 문제는 행동을 하느냐 않느냐에 달려 있다, 악한 양심의 사람들보다는 행동하지 않는 선한 양심의 다수 방관자 때문에 이 사회가 이렇게 잘못되고 있다고 나는 생각하였습니다. 그래서 나는 행동하는 양심이 되어야겠다, 또 행동하는 양심이 되려면 악은 악이고 선은 선이라고 비판해야 되고, 또 비판하면 선의 실현과 악의 패배를 위해 싸워야 되고, 그렇게 되면 박해가 따라오고 고통이 따라오는 것은 불가피한 일이었습니다. 그렇지만 나는 인생을 정말 충실하게 사는 것, 저의 신념과 일치시켜서 행동하며 사는 것이 중요하다, 현실적으로 수난을 받고 손해를 보더라도 옳다고 생각하는 원칙을 지키고 사는 것이 마땅하다, 무엇이 되는 것보다 어떻게 사느냐가 중요하다, 바르게 살기 위해서는 자기를 내놔야 한다는 생각을 하며 살아왔습니다."[137]

이 같은 김대중의 '행동하는 양심'론은 삶의 원칙과 방법의 유연성 사이에서 균형을 구하면서도 궁극적으로 우선하는 것은 어디까지나 원칙이라는 그의 일관된 생각에 이어져 있다. 우선, 김대중은 원칙正道과 현실(감각)의 균형이 중요하다고 강조한다. 1980년 5월 재야인사들이 과격한 성명서 초안을 들고 왔을 때, 김대중은 성명서 초안을 대폭 파기했다. 만약 그러지 않았다면, 김대중은 자신과 몇몇 재야인사들은 죽은 목숨이었을 것이라고 회고한다. 이와 관련하여, 김대중은 나무와 숲을 같이 봐야 한다고 강조한다. 세세한 주의를 기울이지 않는 '큰일주의자'들은 세심함이 필요하다. "삶의 자세에 있어서도 대소, 완급, 경중 등을 균형 있게 판단하는 자세가 필요"한

---

137) 김대중, 《나의 길 나의 사상》, 90-91쪽; 《김대중 전집 II》 16권, 332쪽.

104

것이다.[138)]

"역사의 큰 흐름을 읽으며 민주화의 승리를 확신하되, 그 과정의 곳곳
에 매복된 난관과 음모에 주의 깊게 대처해야 합니다. 말하자면 숲도
보고 나무도 봐야 합니다. 동양 사람은 숲만 보고 나무를 소홀히 하는
경향이 있고, 서양 사람은 나무만 보고 숲을 소홀히 하는 경향이 있습
니다. 어느 쪽도 바람직하지 않습니다. … 숲도 보고 나무도 보되, 숲과
나무를 따로따로만 보는 것이 아니라 밀접한 상호연관 속에서 통합해
서 보는 변증법적 사고를 갖추려고 노력했습니다."[139)]

"'서생적 문제의식'과 '상인적 현실감각'을 함께 가져야" 한다는
김대중의 지도자론도 원칙과 현실의 균형을 도모하는 것이다.[140)] 원
칙과 철학은 우리가 살아가는 근본적인 좌표이고, 이것이 없으면 좌
표를 잃고 권력만 추구하는 정치인이 된다. 동시에 실질적인 결과도
중요한 바, 이를 이뤄내기 위한 현실적인 수단과 전략적 사고를 갖춰
야 한다. 한마디로, "정치인은 '뜨거운 가슴'과 '차가운 머리'를 가져
야 한다"

"서생과 같이 양발을 원칙 위에 확고하게 딛고, 상인과 같이 양손은 자유
자재로 방법을 구사하는 두 가지의 조화있는 발전을 기해야 합니다."[141)]

---

138) 김대중 《다시, 새로운 시작을 위하여》, 62-71쪽; 《김대중 전집 II》 20권, 311-316
　　쪽.
139) 김대중 《다시 새로운 시작을 위하여》, 65-66쪽; 《김대중 전집 II》 20권, 312-313
　　쪽.
140) 김대중, 《김대중 육성 회고록》, 709쪽; 김대중, 《김대중 자서전 2》, 547쪽; 김대중,
　　《21세기와 한민족》, 303쪽.
141) 김대중, 《김대중 옥중서신》, 85쪽; 《김대중 전집 II》 9권, 298쪽.

　　원칙과 현실의 균형이 중요하지만, 이 가운데 어느 하나를 선택해야 한다면 김대중은 단연 원칙을 준수하는 쪽을 선택해야 한다고 믿는다. 이와 관련하여 김대중은 '어떻게 사느냐'와 '무엇이 되느냐'의 문제를 자주 언급했다.

> "무엇이 되느냐보다는 어떻게 사느냐 하는 생각을 가지고 바르게 사는 사람만이 자기 당대에는 자기 양심 속에서 성공을 하고 또 후세에는 역사 속에서 올바르게 평가를 받는다고 생각하기 때문에, 악과 타협하지 않고 수난을 무릅쓰고 선을 위해 선의 실현을 위해서 싸우는 것이 근본적인 계산을 하면 자기에게도 이익이 된다는 생각을 가졌던 것입니다."[142]

　　김대중은 '어떻게 사느냐'와 '무엇이 되느냐'의 문제를 에릭 프롬의 《소유냐 존재냐》에 비유하곤 했다. 소유 양식의 사람은 무엇인가를 소유함으로써 인생의 가치를 찾으려 한다. 이와 달리 존재 양식의 사람은 나눠 주고 희생하고 공유하려는 사람이다. 에릭 프롬의 소유와 존재의 대비는 김대중의 '무엇'과 '어떻게'의 대비와 일치한다.

> "중요한 것은 소유하는 것이 아니고 존재하는 것입니다. 나의 인생관 또한 그처럼 분명합니다. 인생에 있어 중요한 것은 '되는' 것이 아니라 '사는' 것이고, '무엇'이 아니라 '어떻게'라는 것입니다."[143]

> "나는 무언가 이뤄낸 것의 부피와 무게로 성공을 재는 일에 찬성하지 않습니다. 나는 바르게 사는 것이 곧 성공하는 삶이라고 생각합니다.

---

142) 김대중, 《나의 길 나의 사상》, 91쪽; 《김대중 전집 II》 16권, 332쪽.
143) 김대중, 《다시, 새로운 시작을 위하여》, 40쪽; 《김대중 전집 II》 20권, 298쪽.

다시 말해 바르게 사는 것이 성공하는 길이라는 것이 아니라 바르게 사는 것 자체가 바로 성공이라는 겁니다."[144]

"나의 기준은 행동하는 양심을 가지고 정도를 가는가, 가지 않는가입니다. 정도를 가는 사람은 져도 이긴 사람이고, 이룬 것이 없어도 이미 성공한 삶을 산 사람입니다. 그러나 정도를 가지 않은 사람은 이기고도 실패한 사람이고, 이루고도 성공한 삶을 살지 못한 사람입니다."[145]

해방 후 친일파 청산 문제와 관련한 김대중의 생각에서도 이 같은 원칙주의적 행동주의자의 모습을 볼 수 있다. 그는 우리 민족이 (1) "개혁을 꺼리고 두려워하는 민족성"을 가지고 있으면서 동시에 (2) "자기의 본질을 지키는 데는 굉장히 강한 민족"이라는 양면성을 가졌다고 본다. 한마디로 보수성이 강하고 개혁성이 약하다는 것이다.[146] 해방 후에 친일파를 청산하지 못한 것도 이 같은 개혁성이 약한 데에 기인한다. 그 결과 친일파가 해방 이후에도 여전히 지배자의 자리에서 군림하고, 반공을 방패 삼아 "친일했다는 과거는 문제가 안 되고 어느새 나라를 지키는 의인이 돼버렸다."라는 것이다.[147] 나아가 신탁통치를 받아들였다면 5년 이내에 통일을 이룰 수 있었을지 모르지만, 내심으로 통일을 반대하는 친일파를 제거하지 않은 상태에서 그것은 불가능했다고 지적한다.[148] 친일파 청산을 하지 못한 것이 통일 정부 수립 실패의 중요한 이유가 되었다는 인식이다.

"아무리 관용을 했다 하더라도 가장 악질적인 자들만은 배제해야 민족

---

144) 김대중, 《다시, 새로운 시작을 위하여》, 50쪽; 《김대중 전집 II》 20권, 304쪽.
145) 김대중, 《다시, 새로운 시작을 위하여》, 52–53쪽; 《김대중 전집 II》 20권, 305쪽.
146) 김대중, 《나의 길 나의 사상》, 29–35쪽; 《김대중 전집 II》 17권, 55–63; 김대중, 《다시, 새로운 시작을 위하여》, 234–239쪽; 《김대중 전집 II》 20권, 335–341쪽.
147) 김대중《나의 길 나의 사상》, 40쪽; 《김대중 전집 II》 17권, 68쪽.
148) 김대중《나의 길 나의 사상》, 41쪽; 《김대중 전집 II》 17권, 68–69쪽.

정기가 서고 민주주의가 자리잡는 것 아니겠습니까. 그들이 발붙일 수 있었던 것은 우리 사회가 개혁에 열의가 없음으로 해서 그들이 계속 특권의 자리를 누리는 것을 용납했기 때문입니다."[149]

3. '책임윤리'와 '역사윤리' 사이에서

지금까지 논의에서 김대중의 양면적인 모습을 볼 수 있다. 한편으로 김대중은 온갖 비난을 받으면서도 전두환을 사면하는 데 동의하였고, 다른 한편으로 그는 행동하는 양심을 강조하면서 악에 대한 투쟁을 주장했다. 그렇다면, 언제 화해하고 언제 싸워야 하는가? 김대중은 이에 대해 체계적이거나 명확한 답을 주지 않는다. 김대중이 강조하는 원칙과 현실(또는 방법의 유연성) 사이의 균형 추구가 화해할 때와 투쟁할 때를 구분하는 기준이 되지도 못하는 것 같다. 5·18단체의 항의에 직면하여 김대중은 "죄는 미워해도 사람은 미워하지 않는다"는 입장을 고수하면서, 사면의 부당성을 주장하는 5·18단체 사람들에게 "사람마다 입장이 다른 만큼 나는 용서할 테니 당신들은 하지 않으면 될 것 아니냐"라고 응대했다고도 한다.[150] 이 같은 김대중의 태도는 그의 신념(원칙)에 입각한 것일지라도, 다소 궁색해 보인다.

나는 이 문제와 관련하여 김대중의 서로주체적 정신과 자세를 전제로 하면서, 그가 화해통합과 투쟁을 구분하는 기준점을 찾고자 한다. 내가 읽은 범위에서, 김대중은 이 문제에 대해 직접적으로 언급한 적이 없다. 잠정적으로, 투쟁과 화해 사이에서 김대중의 선택에 중요한 기준을 다음과 같이 두 가지 지점에서 찾을 수 있다고 생각한다.

---

149) 김대중《나의 길 나의 사상》, 30쪽;《김대중 전집 II》 17권, 59쪽.
150) 김귀옥, 〈김대중의 화해의 정치〉, 297쪽 참조.

첫째, 책임윤리와 역사윤리 사이의 갈등이다. 김대중은 원칙과 현실 사이의 균형을 추구하면서 책임윤리 의식이 강했다. 신념윤리에 따른 보복이나 단죄보다 책임윤리에 입각해서 현실적 결과를 중시하는 자세가 악인을 용서해야 하는 이유의 하나임을 앞에서 살펴보았다. 책임윤리는 신념이나 과정 및 그 의도도 중요하지만, 그에 못지않게, 아니 그보다 더 결과가 중요하다는 생각을 바탕으로 한다. '역사윤리'는 단순히 '역사의식'을 지칭하지 않는다. 역사의식은 역사적 흐름에 대한 나름의 해석을 바탕으로 갖는 일종의 시대적 소명의식이다. 그것은 신념윤리에 가깝다. 나는 김대중이 역사에 대한 결과와 역사의 심판을 중시하는 관점을 단순히 신념윤리가 아니라 '역사윤리'로 부르고자 한다. 역사윤리는 자신의 선택이 현실에 가져올 결과를 중시하는 점에서 신념윤리와 차이가 있다. 신념윤리가 현실적 결과와 상관없이 자기 신념에 충실한 반면, 역사윤리는 자기 행동이 가져올 현실적 결과를 중시하는 책임윤리를 전제로 하고 있는 것이다. 다만, 책임윤리가 자기 행동이 당대 현실에 미치는 영향을 중시하는 것에 비해, 역사윤리는 더 긴 안목에서 역사에 미치는 영향을 중시하는 점에서 차이가 있다. 김대중은 적과의 화해와 투쟁을 선택할 때 당대 현실에 대한 결과를 중시하는 책임윤리와 함께 장대한 역사라는 또 다른 차원의 현실에 대한 영향을 중시하는 역사윤리 사이에서 갈등한 것으로 생각된다.

김대중이 전두환을 사면하지 않을 경우 우리 사회가 부딪힐 거대한 양극화와 분열이라는 현실적인 결과를 예상할 수 있고, 무엇보다도 '빨갱이'라는 색깔론의 희생자인 김대중이 전두환 사면에 합의하지 않을 경우 보수반동 세력의 민주화에 대한 폭력적 저항을 걱정하지 않을 수 없었을 것이다. 김대중은 '평화적 정권 교체'를 통해 민주주의를 뿌리내리고자 했으며, 우리 사회에서 군사독재 시대를 넘어 민주주의가 평화적으로 정착하기 위해서는 정치 보복을 하지 않는 게 반드시 필요하다고 생각했다. '평화적' 정권 교체를 위해서 군사 독재에 부역한 사람들이 정치 보복을 당할 수 있다는 우려를 제거해야 한다고 보았던 것이다.[151] 어쩌면 김대중은 개인으로서는 전두환을 용서하지 못했어도 공인 즉 지도자로서 전두환을 사면하고 화해하는 모습을 보여야 할 필요를 느꼈을 수도 있다. 개인적인 호불호를 떠나서, 우리 사회가 직면할 수 있는 거대 보수세력의 반격과 반동을 미연에 방지하는 게 필요하다는 책임윤리 의식이 작동했을 수 있다. 전두환을 용서하고 화해하는 것이 내키지 않을지라도 그렇지 않을 경우 올 수 있는 최악의 파국을 피하기 위해서 차선을 선택한 것일 수 있다.

이 같은 김대중의 책임윤리 의식은 김구에 대한 그의 평가에서 잘 드러난다. 김대중은 김구의 원칙주의적 행동을 높이 평가하면서도 그의 완고한 태도를 아쉬워한다. 김구의 반탁운동이 해방정국에서 또 다시 외국의 지배를 받을 수 없다는 순수한 뜻에 입각해 있었고, 그의 남북협상 추진이 분단이 눈앞에 닥친 상황에서 남북의 분단만은 막아야 한다는 일념에서 비롯했다고 믿을 수 있다. 하지만 그의 지고지순한 뜻과 상관없이 현실은 남과 북의 분립을 향해 나가고 있었다. 당시 많은 사람이 우려하듯이, 남과 북의 국가 분립은 동족상잔의 극단적인 대결로 치달을 가능성이 농후했다. 그렇다면, 그 같은 전쟁 발발을 막기 위해서라도 김구는 좀 더 유연한 자세로 남한의 단독정부 수립에 참여해서 남한의 국가권력을 장악하고 이를 바탕으로 북한과의 서로주체적 관계 수립을 위한 행보를 계속했어야 했다.[152] 그랬다면, 설사 남북의 분단을 막지 못하더라도, 남북한의

---

151) 박찬수, 《김대중의 국정노트》, 179쪽.
152) 김대중, 《나의 길 나의 사상》, 42쪽; 《김대중 전집 II》 17권, 69쪽.

홀로주체적 무력 충돌만은 막을 수 있었을지 모른다. 그러나 김구는 남한의 단독정부 수립 자체를 받아들일 수 없다는 원칙을 고수하면서 단정 수립을 위한 선거를 보이콧하는 경직된 태도로 일관했다. 김대중은 정치인이 최선을 실현할 수 없으면 차선을 선택해야 하고 최악을 피하기 위해서 필요하면 차악을 선택해야 하는데, 김구는 자신의 진리를 붙들고 매달림으로써 현실 정치 세계의 악화를 막지 못했다고 평가한다.[153)

그렇다면 김대중이 전두환 신군부의 압박과 유혹을 거부하고 끝끝내 타협하지 않은 행동은 어떻게 설명할 수 있을까? 1980년 사형 언도를 받아 죽음을 앞에 두고 있을 때 김대중은 전두환 측으로부터 협력하면 살려주겠다는 유혹을 받지만 결코 이에 응하지 않았다. 도저히 타협할 수 없는, 타협해서는 안 되는 대상이라고 생각했기 때문이다. 자신의 선택의 결과 김대중은 목숨을 잃을 수도 있었다. 하지만 그는 개인의 안위나 복리를 기준으로 현실적 결과를 고려하지 않았다. 그의 책임윤리 의식은 그의 역사윤리와의 균형 속에서 작동한 것이다. 전두환 측과의 타협을 거절하면서 그는 '역사의 승자'가 된다는 생각을 했다고 한다. 그에게 당대의 국민도 중요하지만, 최종적으로 역사가 어떻게 판단할 것인지가 그의 판단과 행동의 기준이었다. 이런 의미에서 김대중은 그 누구보다도 "역사와 승부"한 지도자였다.[154)

> "저도 살고 싶었지만 도저히 국민을 배신할 수는 없었습니다. 그것이 바로 인간의 자유의지라고 할 수 있는데, 살고는 싶으면서도 '나를 죽이시오, 국민을 배신할 수는 없소'라고 말했던 것입니다. 그리고 역사는

---

153) 김대중, 《김대중 자서전 1》, 66-69쪽.
154) 강상중, 《반걸음만 앞서 가라》 (파주: 사계절, 2009), 14, 120쪽.

박정희 씨나 전두환 씨보다는 반드시 저를 더 바르게 평가해 주리라고 확신했었습니다. 저는 스스로에게 타일렀습니다. 나는 최소한 역사에서의 나의 승리를 알고 죽는다, 많은 바르게 산 사람들이 그랬듯이 나도 역사의 승자가 되는 것이다, 인생은 어차피 한번 죽는 것 아닌가, 이렇게 역사 속에서 승자가 된 자기를 믿고 죽을 수 있으니 나는 얼마나 다행인가, 이렇게 생각하니 마음이 아주 편해졌습니다."[155]

결국 결정적인 순간에 김대중은 원칙을 지킨 것이다. 그러나 이는 단순히 신념윤리가 아니다. 김대중은 자기 행동의 결과를 생각하고 그에 대해 책임을 지는 책임윤리가 강했던 지도자였다. 서생적 문제의식과 상인적 현실 감각을 함께 갖추고자 노력했다. 그렇다면, 그가 김구에게 바랐던 것처럼, 김대중은 어쩌면 살아남는 것이, 그래서 후일을 도모하는 것이 책임윤리에 충실한 선택일 수 있다. 그러나 그는 그렇게 하지 않았다. 자신이 살아남아서 후일을 도모하는 것이 당대의 현실을 중시하는 것일 수도 있지만, 김대중은 자신이 살아남는 선택을 하는 것이 장대한 역사에 남기는 의미를 더욱 중시했기 때문이다. 후자의 역사적 결과가 전자의 현실적 결과보다 김대중의 선택에 있어서 더 중요했다고 생각된다. 자신의 원칙(서생적 문제의식)과 현실 사이에 타협이 가능하지 않을 때 그는 원칙을 선택했다. 단지 신념 때문만이 아니다. 역사가 당대의 현실보다 더 중요하다고 여겼기 때문이다. 김대중에게 당대 현실에서의 승리보다 역사에서의 승리가 더 중요했던 것이다.

"나는 가장 현실적인 정치인이면서 가장 비현실적인 원칙을 가지고 있습니다. 그것은 원칙과 현실을 합쳐서 현실적으로 성공하는 것을 최선

---

155) 김대중, 《나의 길 나의 사상》, 50-51쪽; 《김대중 전집 II》 17권, 76쪽.

으로 생각하고, 둘 중 하나를 버릴 때는 현실을 버리고 원칙을 지킨다는 것입니다. 결코 현실에 타협해서 원칙을 포기하지 않는다는 것입니다. 무엇이 되는 것보다는 어떻게 사는 것이 중요한 일이지요. 이렇게 원칙에 충실해서 살려면 때로는 목숨도 내놔야 한다는 것이 역사의 가르침이지만, 나는 고집스럽게도 원칙에 입각해서 떳떳하게 살도록 노력해 왔습니다."[156]

둘째, 상대방과의 헤게모니 관계에 대한 고려가 책임윤리와 역사윤리의 갈등 속에서 김대중의 선택에 영향을 미친 것으로 생각된다. 전두환의 회유에 저항한 사례나 전두환 사면에 동의한 사례 모두 책임윤리와 역사윤리가 충돌할 수 있는 경우다. 가령 목숨을 잃을 수 있는 상황 속에서, 불의와 타협할 수 없지만 어쨌든 살고 봐야 할 것이 아닌가, 그래야 후일을 도모하고 현실을 바로잡을 수 있지 않겠는가 하는 생각에 이르면 전두환의 회유를 받아들이는 것이 현실적인 차악이 될 수도 있다. 그렇다면 이처럼 현실과 원칙이 충돌하는 경우 한편으로 책임윤리 의식에 충실하면서도 다른 한편으로 역사에 승부를 건 김대중이 구체적 상황에서 투쟁과 화해 가운데 어느 것을 선택할 것인지 영향을 미친 기준은 무엇일까? 나는 김대중이 자신(의 세력)과 상대방(의 세력) 사이의 헤게모니 관계에 따라 상대방에 대해 상이한 자세를 가졌던 것이 아닌가 생각한다. 자신이 상대방에 비해 열위에 있을 때는 자신의 주체성을 지키고 수립하기 위한 투쟁이 필요했고, 자신이 상대방에 비해 우위에 있을 때는 상대방을 대등한 주체로서 대하는 자세를 견지하면서 용서와 화해의 입장을 가졌다는 게 필자의 잠정적 판단이다.

---

156) 김대중, 《나의 길 나의 사상》, 89-90쪽; 《김대중 전집 II》 16권, 331쪽.

　　나와 상대가 각각 선과 악의 입장에 있다고 전제하고, 상대가 우위에 있을 때 나는 악에 맞서 저항해야 한다. 그것이 악의 보편화를 막는 길이다. 상대가 우위에 있을 때 타협하고 화해하는 행동은 상대의 가치와 헤게모니를 수용하는 상태에서의 타협과 화해가 된다. 상대가 악의 편이라면 그가 내미는 타협의 손길을 잡아서는 안 된다. 비타협적 저항이 필요하다. 이때 타협은 악에 대한 굴복이자 투항이며 선의 포기이다. 내가 열세에 있을 때의 화해와 타협은 곧 상대방에 대한 굴종이다. 나의 굴복은 곧 악의 보편화에 기여하는 선택이다. 이철승의 중도통합론에 대해 김대중이 신랄한 비판을 가하는 배경이다. 독재와 투쟁할 때 약자의 입장에서 독재와의 타협은 받아들일 수 없다. 오직 민주화 투쟁만이 있을 뿐이다. 일제 강점에 맞서 싸울 때도 우리가 열세에 있는 상황에서 일제와의 화해와 타협은 있을 수 없다. 독립을 튀한 투쟁만이 있을 뿐이다. 전두환의 회유에 대해서도 마찬가지다. 전두환이 실권을 장악한 상태에서 그의 회유를 받아들일 수는 없다. 상대가 우위에 있을 때 나는 악에 맞서 저항해야 하는 것이다.

　　하지만, 상대보다 내가 우위에 있을 때, 내가 더 강할 때, 나는 악에 대해 응징하기보다 이를 끌어안고 포용해야 한다. 내가 우위에 있을 때의 화해와 타협은 나의 헤게모니 아래서의 화해와 타협이다. 내가 우위에 있을 때 악에 대해서 악으로 보복하는 것은 악의 악순환을 가져온다. 홀로주체적 관계의 악순환이다. 이와 달리 내가 우위에 있을 때 악인을 용서하고 화해하고 사랑함으로써 포용하고 통합하는 것은 악의 보편화를 막고 악의 축소를 가져오는 길이 된다. 이 타협은 선이 우위를 지키는, 선의 우위에 입각한 타협이다. 나의 우위를 유지하는 한, 악에의 굴복이나 투항도 아니고 선의 포기도 아니다. 용서는 진실로 강한 자만이 할 수 있다는 김대중의 언명은 이 같은 맥락에서도 적용된다고 생각된다. 김대중이 전두환의 사면에 합의한 시점은 대통령 당선자로써 국가권력을 장악하기 직전이다. 자신이 상대적 우위에 있을 때 악한 상대방에 대한 응징은 더이상 투쟁이 아니라 보복이 될 수 있다. 설령 자기 생각이 그렇지 않더라도, 국민의 눈에 보복으로 보일 수 있다. 이와 달리자신이 우위에 선 시점에 악한 상대방을 용서하고 포용하는 것은 우리 사회에 서로주체적 관계를 정립하는 데 도움이 된다. 서로주체적 통합의 길이다.

상대방과의 헤게모니 관계에 따른 자세의 변화는 김대중의 서로주체적 관계를 지향하는 태도로 이해 가능하다. 자신이 약세에 있을 때는 약자의 주체성을 지키는 것이 서로주체적 관계의 수립을 위해서 필요하다. 반면에, 자신이 우세에 있을 때에는 상대방을 홀로주체적으로 완전히 파괴하는 대신 상대방을 용서하고 포용함으로써 서로주체적 관계를 복원하는 것이 필요하다. (물론, 반복하지만, 이상의 논의는 자신이 선의 입장에 있고 상대가 악의 입장에 있다는 생각을 전제한다.) 김대중이 경계하는 것은 자신이 우위에 있을 때, 설령 그것이 선의 편이라 할지라도 상대를 청산하거나 제거해야 할 대상으로 보는 홀로주체적 자세다. 그의 서로주체적 정신이 악한 상대와 화해할 때와 투쟁할 때를 구분하는 데 일관되게 작동하고 있는 것이다.

V. 맺음말

이 글은 김대중의 화해와 통합 사상을 분석하고 체계적 정립을 시도했다. 기존 연구 위에 두 가지 논의를 더했다. 첫째, 화해와 통합이 김대중 정치와 사상의 핵심이며, 그 바탕에 그의 서로주체적 정신이 있다고 주장했다. 이는 김대중 사상의 핵심을 민주주의에서 찾는 기존 연구들과 맥을 같이 한다. 다만, 제도로서의 민주주의와 구분되는 사상과 가치로서 민주주의의 핵심을 서로주체적 정신과 자세에서 찾았다. 김대중은 모든 구성원이 주체로서 참여하는 서로주체적 사회를 이상사회로 추구했다. 그는 수직적 차원과 수평적 차원 모두에서 서로주체적 자세를 견지하고 있는 바, 이는 각각 '반걸음' 지도자론과 '형제적' 경쟁론에서 특히 잘 나타난다.

둘째, 화해통합에 관한 김대중의 당위론을 살피는 동시에 그의 '행동하는 양심'론과의 충돌을 좁히고자 했다. 김대중의 화해통합론은 적대 세력을 사랑하고 포용하는 기독교적 신앙에 입각해 있으면서 동시에 김대중 스스로 구축한 현실적인 논리에 바탕하고 있다. 김대중은 악에 대한 선의 투쟁이라는 신념윤리에 매몰되지 않고 자기 신념의 현실적 결과를 중시하는 책임윤리 의식이 강했다. 화해통합론을 일관되게 견지하는 한편, 김대중은 '행동하지 않는 양심은 악의 편'이라고 외치면서 늘 악에 대항해서 싸워온 인물이었다. 그렇다면 언제 화해하고 용서할 것이며, 언제 분노하고 싸워야 하는가? 이를 판단하는 김대중의 기준을 나는 잠정적으로 (1) 책임윤리와 역사윤리 사이의 갈등과 (2) 상대방과의 헤게모니 관계에 대한 고려 등 두 지점에서 찾았다. 이를 통해 이 글은 김대중의 화해통합 사상을 더 체계적으로 정립하고자 했다.

김대중의 두 가지 기준은 절대적인 기준이 아니다. 최종 선택은 궁극적으로 특정 시점에서 화해와 투쟁 가운데 어느 것이 서로주체적 관계를 정립하는 데 공헌하는지에 달려 있다. 이는 엄밀하게 일관성을 유지하기가 쉽지 않다. 김대중의 화해통합 사상과 실천이 아직

116

끝나지 않은 현재진행형의 문제로서 역사의 중요 고비에서 다시 소환되는 이유다. 앞서 보았듯이, 2024년 12월의 계엄령 사태는 김대중의 전두환 사면 행위를 오늘날 역사의 현장에 다시 불러왔다. 전두환을 사면하지 않고 제대로 처벌했다면 윤석열과 같은 쿠데타 기도나 그를 비호하는 세력도 생기지 않았을 것이라는 주장이 한편에 있고,[157] "더이상 국론분열은 안 된다"며 "하해와 같은 마음으로 용서하고 아량을 베풀자"는 주장이 다른 한편에 있다.[158] 12·3 사태가 한바탕 휘몰아치고 간 2025년 상반기 현재 무게추는 화해통합보다 응당한 처벌에 기울어 있는 듯하다. 무엇보다도 가해자의 진정한 사과와 반성이 전제되어야 한다는 '조건부' 용서와 화해 논리가 우세해 보인다.

용서와 화해의 첫째 요건은 윤석열과 그 공범들에 대한 단죄다. 둘째 요건은 그들이 진정 반성하는 모습을 보이는 것이다. 셋째 요건은 윤석열과 그 공범들의 쿠데타로 인해 물적, 정신적 고통을 받고 있는 이들의 시급한 일상 회복이다. 어느 것도 전제된 게 없다. 이런 상황에서 화해와 용서를 강요하는 건 선량한 사람들의 양심 속 모종의 죄책감을 자극해보려는 고약한 심보다. '용서 안 하면 나쁜 놈' 프레임을 작동시키려는 시도에 다름 아니다.[159]

---

157) 장정일, 〈다시 만날 세계, 우리가 이길 거야〉.

158) 성낙인, 〈국민들도 하해와 같은 마음으로 용서하자〉, 《한국일보》, 2025년 4월 2일. (https://www.hankookilbo.com/News/Read/A2025040110050000341) (검색일: 2025년 4월 5일).

159) 박세열, 〈명심해라, 윤석열과 화해를 주선하는 자, 그가 바로 배신자다〉, 《프레시안》, 2025년 4월 5일. (https://www.pressian.com/pages/articles/2025040416204369179) (검색일: 2025년 4월 5일).

나는 김대중의 화해와 투쟁 사이에서의 선택에 상대방과 자신의 헤게모니 관계에 대한 고려가 영향을 미친 것으로 추정했다. 자신이 상대방에 대해 우위에 있을 때 악에 대해 악으로 대하는 것은 홀로주체적 관계의 악순환을 가져오고, 거꾸로 악인을 용서하고 화해하고 사랑함으로써 포용하고 통합하는 것이야말로 악의 보편화를 막고 악의 축소를 가져오는 길이 된다. 그러나 헤게모니 관계는 언젠가 바뀔 수 있다. 바로 그렇기 때문에 역사의 주요 국면에서 악에 대한 처벌과 청산이 필요할 수 있다. "청산하지 않은 역사는 좀비처럼 살아 우리의 미래로 돌아"오기 때문이다.[160] 김대중도 해방정국에서 친일파 청산을 하지 못한 것을 통탄해했다.

다른 한편, 역사의 청산은 더 커다란 갈등과 보복을 가져올 수도 있다. 홀로주체적 관계의 악순환이다. 이런 점에서 김대중의 화해통합론에 대한 장신기의 평가를 음미할 만하다.

"화해통합론은 평화적 민주화 이행을 가능하게 한 결정적 원인이었다. 특히 광주학살에 대한 충격과 분노는 너무 커서 극단주의 노선이 발호할 수 있는 상황이었다. 만일 김대중이 단절청산론을 내세웠다면 사회운동 세력에서는 이를 지지하면서 군사독재 정권과 민주화 운동 세력 사이에 상상하기 힘들 정도의 대규모 충돌이 발생했을 것이다. 그런데 중산층과 미국은 극단주의에 대한 거부감이 강하기 때문에 단절청산론에 근거한 민주화 세력은 패배했을 것이고, 민주화 운동 세력과 호남의 고립과 상처는 더욱 심화돼 치유 불능의 상태로까지 악화됐을 것이다."[161]

---

160) 김문주, 〈꽃을 꺾는 마음으로 … 우리가 찾은 혁명을 마지막까지〉, 《평화뉴스》, 2025년 4월 7일. (https://www.pn.or.kr/news/articleView.html?idxno=31899). (검색일: 2025년 4월 7일).
161) 장신기, 《성공한 대통령 김대중과 현대사》, 205쪽.

    과연 역사는 김대중의 화해통합 사상과 실천을 어떻게 평가할 것인가? 장신기가 우려한 "상상하기 힘들 정도의 대규모 충돌"은 우리가 가지 않은 길이다. 어쩌면, 그 같은 역사적 경로는 김대중의 선택에 의해서 우리에게 오지 않은 길이 되었을지 모른다. 그런 의미에서 김대중의 화해통합 사상과 실천은 실제 일어난, 그리고 앞으로 일어날 실제 역사에 의해서만 평가될 수는 없다. 그것은 우리가 가지 않은 길에 의해서도 평가되어야 한다. 실로 김대중은 역사와 승부를 한 것이다.

참고 문헌

가쿠마 다카시. 2009. 《아시아의 리더 김대중 대통령》. 개정판. 추성춘 옮김. 서울: 창작시대.

강상중. 2009. 《반걸음만 앞서 가라》. 파주: 사계절.

김귀옥. 2023. 〈김대중의 화해의 정치〉. 박명림 외. 《김대중의 사상과 정치 2: 평화·민주주의·화해·협력》. 서울: 연세대학교 출판문화원, 238-320.

김귀옥. 2024. 〈김대중 평화사상의 형성과 실천〉. 황태연 외. 《사상가 김대중: 그의 철학과 사상》. 파주: 지식산업사, 307-354.

김근태. 2011. 〈2012 정권 교체, DJ가 있었다면 …〉 강원택 외. 《김대중을 생각한다》. 서울: 삼인, 105-112.

김대중. 1994. 《나의 길 나의 사상》. 파주: 한길사.

김대중. 1998. 《다시, 새로운 시작을 위하여》. 개정판. 파주: 김영사.

김대중. 2000. 《김대중 옥중서신》. 서울: 한울.

김대중. 2000. 〈다시는 정치보복이 없어야 한다: 법정 최후진술〉. 김대중 외. 《김대중 내란음모의 진실》. 서울: 문이당, 15-23.

김대중. 2004. 《21세기와 한민족: 김대중 전 대통령 주요 연설·대담 1998~2004》. 파주: 돌베개.

김대중. 2010. 《김대중 자서전 1》. 서울: 삼인.

김대중. 2010. 《김대중 자서전 2》. 서울: 삼인.

김대중. 2024. 《김대중 육성 회고록: 김대중은 오늘 우리에게 무엇을 말하는가》. 파주: 한길사.

김대중. 2025. 《김대중 망명일기》. 파주: 한길사.

김문주. 2025. 〈꽃을 꺾는 마음으로…우리가 찾은 혁명을 마지막까지〉. 《평화뉴스》. 2025년 4월 7일.(https://www.pn.or.kr/news/articleView.html?idxno=31899 검색일: 2025년 4월 7일.)

김상봉. 2007. 《서로주체성의 이념: 철학의 혁신을 위한 서론》. 서울: 길.

김용철. 2021. 〈현대평화이론의 관점에서 본 김대중의 평화관〉. 《현대정치연구》 제14권 2호, 101-136.

김택근. 2012. 《새벽: 김대중 평전》. 파주: 사계절.

김하중. 2015. 《증언: 외교를 통해 본 김대중 대통령》. 서울: 비전과리더십.

김학노. 2011. 〈서로주체적 헤게모니〉. 《한국정치학회보》 제45집 5호, 53-79.

김학노. 2018. 《남과 북의 서로주체적 통합》. 서울: 사회평론아카데미.

김학노. 2023. 《정치: 아(我)와 비아(非我)의 헤게모니 투쟁》. 서울: 박영사.

김학노. 2025. 〈김대중의 서로주체적 리더십: 대북정책을 중심으로〉. 《한국정치연구》 제34집 2호, 227-255.

김학재. 2024. 〈김대중의 용서론과 화해정치〉. 《한국동양정치사상사연구》 제23권 2호, 165-195.

노명환. 2023. 〈김대중의 용서·화해 사상과 분단 극복·지구평화〉. 박명림 외. 《김대중의 사상과 정치 2: 평화·민주주의·화해·협력》. 서울: 연세대학교 출판문화원, 321-376.

노명환. 2024. 《김대중 생애·사상·정책의 의미: 빌리 브란트와의 관계·비교 속에서》. 서울: 신서원.

노명환. 2024. 〈김대중과 동서융합의 민주주의 사상〉. 황태연 외. 《사상가 김대중: 그의 철학과 사상》. 파주: 지식산업사, 223-306.

노무현재단 엮음·유시민 정리. 2019. 《운명이다: 노무현 자서전》. 파주: 돌베개.

드 샤르뎅, 테야르. 2001. 《인간현상》. 양명수 옮김. 파주: 한길사.

문승익. 1970. 《주체이론: 서문》. 아인각.

박명규. 2018. 〈평화와 화해: 책임정치와 심정윤리의 간극〉. 전우택 외. 《용서와 화해에 대한 성찰》. 서울: 명인출판사, 137-152.

박명림. 2023. 〈김대중의 연합과 통합의 정치〉. 박명림 외. 《김대중의 사상과 정치 2: 평화·민주주의·화해·협력》. 서울: 연세대학교 출판문화원, 377-451.

박명림·백학순·임혁백·최영태·황인구·장훈각·정현백·김귀옥·노명환. 2023. 《김대중의 사상과 정치 1: 평화·민주주의·화해·협력》. 서울: 연세대학교 출판문화원.

박명림·백학순·임혁백·최영태·황인구·장훈각·정현백·김귀옥·노명환. 2023. 《김대중의 사상과 정치 2: 평화·민주주의·화해·협력》. 서울: 연세대학교 출판문화원.

박세열. 2025. 〈명심해라. 윤석열과 화해를 주선하는 자, 그가 바로 배신자다〉. 《프레시안》. 2025년 4월 5일. https://www.pressian.com/pages/articles/2025040416204369179 검색일: 2025년 4월 5일.)

박찬수. 2025. 《김대중의 국정노트》. 서울: 한겨레출판.

베버, 막스. 2013. 《막스 베버, 소명으로서의 정치》 2판. 최장집 엮음 · 박상훈 옮김. 서울: 후마니타스.

볼프, 미로슬라브. 2012. 《배제와 포용》. 박세혁 옮김. 서울: 한국기독학생회출판부.

성낙인. 2025. 〈국민들도 하해와 같은 마음으로 용서하자〉. 《한국일보》 2025년 4월 2일.(https://www.hankookilbo.com/News/Read/A20250401110050000341 검색일: 2025년 4월 5일).

심혜영. 2014. 〈'하나 됨'에 대한 기독 신앙적 성찰: 새로운 '나'와 '우리' 정체성의 확립을 위하여〉. 고재길 외. 《통일에 대한 기독교적 성찰》. 서울: 새물결플러스, 187-213.

연세대학교 김대중도서관 편. 2015. 《김대중 전집 I》. 서울: 연세대학교 대학출판문화원.

연세대학교 김대중도서관 편. 2019. 《김대중 전집 II》. 서울: 연세대학교 대학출판문화원.

이해동. 2011. 〈아마 천사라도 악마로 변해 있을 수밖에 …〉. 강원택 외. 《김대중을 생각한다》. 서울: 삼인, 73-81.

장신기. 2021. 《성공한 대통령 김대중과 현대사》. 서울: 시대의창.

장정일. 2025. 〈다시 만날 세계, 우리가 이길 거야〉. 《시사IN》 915호 (2025년 4월 1일), 64-65.

장훈각. 2023. 〈김대중의 민주주의 철학과 사상: 국민이 주인인 정치, 대화와 협력의 정치〉. 박명림 외. 《김대중의 사상과 정치 2: 평화 · 민주주의 · 화해 · 협력》. 서울: 연세대학교 출판문화원, 80-151.

최경환. 2010. 《김대중 리더십》. 서울: 아침이슬.

최경환. 2015. 《국민을 존경하고 사랑한 대통령 김대중》. 서울: 현북스.

최영태. 2020. 《빌리 브란트와 김대중: 아웃사이더에서 휴머니스트로》. 서울: 성균관대학교출판부.

최영태. 2023. 〈김대중과 국제주의〉. 박명림 외. 《김대중의 사상과 정치 1: 평화 · 민주주의 · 화해 · 협력》. 서울: 연세대학교 출판문화원, 155-233.

한상진. 2024. 〈제2근대 전환의 선구자 김대중: 김대중 사상 연구의 미래지향적 과제〉. 황태연 외. 《사상가 김대중: 그의 철학과 사상》. 파주: 지식산업사, 141-222.

한홍구. 2011. 〈서자 김대중, 민주주의의 적통을 열다〉. 강원택 외. 《김대중을 생각한다》. 서울: 삼인, 113-121.
황인구. 2023. 〈김대중의 인권사상과 인권정치: 초국가적 운동과 코즈모폴리턴 비전〉. 박명림 외. 《김대중의 사상과 정치 2: 평화·민주주의·화해·협력》. 서울: 연세대학교 출판문화원, 2-79.
황태연. 2024. 〈김대중의 중도정치와 창조적 중도개혁주의〉. 황태연 외. 《사상가 김대중: 그의 철학과 사상》. 파주: 지식산업사, 79-140.

/ 2

김대중의 국내정치적 화해와 통합

최영태 (전남대학교 명예교수)

Ⅰ. 들어가기

김대중 전 대통령(이하 김대중)은 정적들의 탄압으로 여러 차례 생명의 위협을 느꼈고, 또 이념 공세와 지역감정으로 많은 정치적 어려움을 겪었다. 이런 정치적 역정을 고려할 때 용서, 화해, 통합은 김대중의 삶에서 쉽게 거론하기 어려운 주제들이다. 그런데도 김대중은 1997년 대통령 선거 승리와 1998년 집권 뒤 자기를 죽이려 한 정적까지 용서하고 화해했다. 또 그는 정치적 성향이 다른 김종필의 자민련과 선거연합을 이루어 수평적 정권교체에 성공했고, 4년 가까이 공동정부를 운영하면서 연합정치를 실험했다. 지역주의 완화를 위해서도 노력했다. 햇볕정책을 통해 남북 간의 화해와 협력 모델을 제시했을 뿐만 아니라 그 목표를 달성하기 위해서는 남한 내의 화해와 협력이 전제되어야 한다는 교훈도 남겼다. '용서', '화해', '통합'이라는 단어가 김대중의 삶과 그 업적을 설명할 때 자주 인용되는 이유이다.

이렇게 자기를 죽이려 한 정적을 용서하고 이념이 다른 정당과 공동정부도 구성하여 일정한 성과를 냈음에도 불구하고 한국 정치는 갈등이 갈수록 심해지고, 급기야 국민까지 극단적 양분 현상을 보이고 있다. 심리적 내전 상태를 겪고 있다고 해도 과언이 아니다. 남북 관계도 김대중 이전의 대결 구도로 돌아가 버렸다. 정치권과 국민 모두 이런 분열상을 안타까워하면서 김대중의 용서, 화해와 통합 정신을 자주 거론하지만 아직은 말뿐이다.

대한민국 앞에는 초저출산, 경제적 어려움, 동북아를 둘러싼 신냉전 기류, 지역소멸 문제 등 난제들이 산적해 있다. 현재의 분열상이 계속될 경우 대한민국의 현재와 미래는 암울할 수밖에 없다. 김대중의 용서, 화해와 통합 정신이 절실하게 요구되는 이유이다. 김대중의 용서·화해·통합의 정신은 그 자체로서도 소중한 자산이지만, 우리 사회가 지향해야 할 방향과 관련지어 소중한 이정표 역할을 해야 하는 이유이다.

이런 문제 의식을 가지고 이 글은 국내 정치에서 김대중의 용서, 화해와 통합 정신이 구체적으로 어떻게 실천되었고, 또 그 실천적 노력이 국내 정치에 어떤 영향을 끼쳤는지를 살필 것이다. 김대중의 화해·통합에 관한 연구 가운데 이론적 부분은 별도로 다루어질 것이기 때문에 본 연구는 김대중의 구체적 정치 활동을 통해 그의 용서·화해·통합의 내용과 의미, 영향을 다룰 것이다.

먼저 '민주화 세력 내의 화해와 통합'에서는 오랜 경쟁자이자 협력자인 김대중·김영삼의 화해와 통합 노력이 유신체제와 전두환 군부독재 아래서 어떻게 진행되었고 또 군사독재체제를 극복하는 데 어떤 영향을 끼쳤는지를 살필 것이다. 또 6월항쟁 이후 1997년 대통령 선거 때까지 민주진영 내의 화해와 통합 운동을 살피고 그 의미를 1997년 수평적 정권교체와 연결지어 설명할 것이다. 둘째, '보수세력과 화해·통합'에서는 1997년 DJP 연대를 통해 대선 승리를 이루는 과정, 그리고 우리나라 역사상 유일한 경험 사례인 DJP 연합정부의 운영 및 성과, 의의를 살필 것이다. 셋째, '지역 간 화해와 통합'에서는 김대중의 정치 행적에서 지역주의가 어떻게 작용했는지, 그리고 집권 뒤 지역주의 극복을 위해 어떤 노력을 했는지를 살필 것이다. 넷째, '대북정책에서 국내의 화해와 통합'에서는 김대중이 노태우 정부의 북방정책을 지지하고 계승한 과정, 보수적 정치인이자 재벌 총수였던 경제인 정주영과 함께 남북협력 사업의 모델을 만들어 간 과정 등을 살필 것이다. 다섯째, '용서·화해의 실천과 원칙 문제'

에서는 1980년 전두환 측의 회유 노력을 뿌리쳤던 것, 1990년 노태우의 합당 제의를 거절했던 것, 1997년 대선 승리 뒤 박정희와 전두환을 용서하고 화해를 시도했던 과정, 2001년 DJP 공동정부를 포기하면서까지 임동원 해임에 동의하지 않았던 것 등 김대중이 실천한 용서·화해·통합 운동의 성격과 범위 그리고 경계선 문제를 다룰 것이다. 여섯째, '화해·통합 정책의 현재와 미래에 대한 함의'에서는 정파 및 진영 간 갈등이 심화하고 남북 대립이 격화되고 있는 상황에서 김대중이 제시하고 실천한 정치개혁 방안, 연합정치의 경험, 햇볕정책, 정적에 대한 용서와 화해 정책 등이 우리 사회의 갈등과 남북 간 대립을 극복하는 데 어떤 시사점을 던져주고 또 역할을 할 것인지를 살필 것이다.

II. 민주화 세력 내의 화해와 통합

1. 민주화를 위해 김영삼과 화해·통합

　　김대중과 김영삼 모두 1954년 제3대 국회의원 선거에 출마하면서 정치에 입문했다. 1960년대 말까지는 김영삼이 정치적으로 앞섰다. 김영삼은 1954년 전국 최연소 국회의원 당선 기록을 세웠고, 제5, 6, 7, 8대 국회의원에 계속 당선되어 젊은 의원의 기수 역할을 했다. 반면 김대중은 1961년 다섯 번째 도전 끝에 강원도 인제 보궐선거에서 당선되었고, 그것마저 3일 만에 발생한 5·16쿠데타로 무위가 되었다. 그의 실질적인 국회 입성은 1963년 제6대 국회 때부터였다.

　김대중은 1967년 3선에 성공한 뒤 신민당 원내총무 경선에 나섰다가 김영삼에게 9 대 22로 패배했다. 1968년에는 유진오 신민당 총재가 김대중을 원내총무로 내정했으나 의원총회에서 인준에 실패했다. 이때 인준을 반대한 중심인물이 김영삼이었다. 김영삼은 1969년 3선 개헌 반대 운동 때 다시 원내총무를 맡아 박정희의 영구집권 음모에 맞서는 선봉장 역할을 했다.

　변방인 김대중은 원내총무 인준에서 실패했지만 그대로 주저앉지 않았다. 그는 타고난 성실성과 정책 능력, 뛰어난 연설 솜씨, 당과 국가가 나아가야 할 비전 제시 등으로 당원들의 큰 주목을 받았다. 그의 저력은 곧바로 1970년 신민당 대통령 후보 경선 때 발휘되었다. 9월 29일 전당대회에서 김대중은 김영삼과 경쟁하여 2차 결선 투표 때 역전드라마의 주인공이 되었다.

　김대중은 1971년 4월 27일 실시된 제7대 대통령 선거에서 대중경제론, 4대국 안전보장론, 예비군 폐지론, 이중곡가제 등 신선하고 파격적인 공약을 내걸어 국민의 많은 관심과 지지를 받았다. 비록 부정선거와 지역감정 조작, 색깔 공세, 개표 부정 등에 밀려 낙선하기는 했지만, 당시 시중에는 '선거에서 승리하고 개표에서 졌다'라는 말이 유행했다.[1]

　박정희가 1972년 10월 17일 유신체제를 선포하고 영구집권을 노렸다. 일본 방문 가운데 유신 쿠데타 소식을 들은 김대중은 귀국을 유보하고 일본과 미국을 오가면서 박정희의 독재정치에 맞섰다. 김대중은 박정희에게 눈엣가시였다. 한국 중앙정보부가 김대중의 반유

---

1) 최영태, 《빌리 브란트와 김대중: 아웃사이더에서 휴머니스트로》 (성균관대학교 출판부, 2020), 272-279쪽.

신 투쟁을 저지하기 위해 1973년 8월 8일 일본의 한 호텔에서 그를 납치하여 바다에 수장시키려 했다. 김대중은 죽음 직전의 위기에 몰렸다가 미국과 일본 정부의 도움으로 간신히 생명을 구했다.

김대중은 일본에서 강제 귀국 뒤 연금상태에 들어갔다. 1974년 유진산 신민당 총재가 사망했다. 1974년 8월 23일 새 총재를 뽑는 신민당 전당대회에서 김영삼과 김의택, 이철승 등이 경쟁했다. 중앙정보부는 김영삼의 총재 선출을 저지하기 위해 상대 경쟁자를 음으로 양으로 지원했다. 정치 활동을 금지당한 김대중은 그의 측근들에게 김영삼 지지를 부탁했다. 김영삼이 당내에서 가장 강력하게 박정권과 맞서고 있었기 때문이다.[2] 김영삼은 총재로 선출된 뒤 선명 야당의 기치를 내걸고 대정부 투쟁에 적극적으로 나섰다.

1976년 신민당 전당대회에서 김영삼과 이철승이 대결했다. 대표최고위원에 당선된 이철승은 중도통합론을 펼쳤는데, 사실상 박정희 정권과의 타협정책이었다. 3년 후인 1979년 신민당 전당대회에서 김영삼과 이철승이 다시 경쟁했다. 정부 여당은 이철승이 당선되기를 바랐고 직간접적으로 이철승을 지원했다. 김대중은 이철승에게는 선명 야당을 기대할 수 없다고 판단했다. 그는 1979년 전당대회 때 다시 김영삼을 지지했다. 그는 자신과 가까운 후보들을 설득하여 경선 참여 대신 김영삼을 지지하게 했다. 그는 전당대회 전날에는 연금 중이었지만 경찰의 감시망을 피하여 김영삼 지지자들 단합대회에 직접 참석하여 김영삼 지지를 역설했다.

> "김 총재와 나를 라이벌 관계로만 보지 마시오. 나라가 잘 되려면 여러 인물이 많이 커야 합니다. 내가 민주 회복될 때까지 살아남아 있다는 보장이 어디에 있고, 김 총재가 살아남는다는 보장이 어디 있습니까.

---

2) 김대중, 《김대중 자서전 1》 (서울: 삼인, 2022), 317-318쪽.

아니 제2, 제3의 김대중이와 김 총재가 필요합니다. 이래서 하나가 쓰러지고, 하나가 병들더라도 올바른 대안이 있어야 합니다. 민주 회복이 되면 이까짓 것 따질 필요가 없습니다. 그때 국민 여론과 여러분의 의사에 따라 결정하면 그만입니다. 애도 낳기 전에 이름 가지고 싸울 필요가 없습니다. 김 총재는 오늘만 필요한 것이 아니라 장래 이 나라를 위해 필요한 것입니다."[3]

이철승은 1970년 신민당 전당대회 때 김대중이 김영삼과의 경쟁에서 신민당 대선 후보가 되는 데 일등 공신이었다. 이철승은 대표 최고위원으로 있을 때는 교도소에서 추위로 고생하는 김대중에게 난로를 보내주는 등 직간접적으로 도움을 많이 주었다. 김대중은 개인적으로 이철승의 그런 도움에 감사했다. 그러나 김대중은 전당대회를 맞이하여 공과 사를 구분했다.

개표 결과 김영삼이 11표 차이로 승리했다. 11표라는 근소한 차이를 고려할 때 김대중의 지지가 없었다면 김영삼은 당선되기 어려웠다.[4] 이렇게 김대중은 김영삼과 경쟁하면서도 필요할 때는 협력했다. 두 사람 모두 국민의 바람이 무엇인지를 의식하며 경쟁하고 협력했다. 그들의 이런 협력 덕분에 민주진영의 반유신 투쟁은 더욱 강력하게 전개될 수 있었다.

김영삼의 반유신 투쟁에 박정희 정권은 김영삼의 국회의원직 박탈로 맞섰다. 박정희 정권의 이런 반의회주의적 조치에 반발하여 1979년 10월 부마항쟁이 발생했다. 넓게 보면 박정희의 지지기반이

---

3) 김대중, 〈국민을 살리는 마지막 선택〉, 연세대 김대중도서관 편, 《김대중전집 Ⅱ 제8권: 반유신투쟁으로 군부독재의 종식을 이끌다(1973–1979.10)》 (서울: 연세대학교 대학출판문화원, 2019), 494쪽.
4) 김수진, 〈권위주의 시대의 야당과 신민당〉, 류상영·김삼웅·심지연 편, 《김대중과 한국 야당사》 (서울: 연세대학교 대학출판문화원, 2013), 85쪽.

기도 했던 부산과 경남에서 발생한 민심 이반 현상은 박정희 진영에 큰 충격과 동요를 불러일으켰다. 1979년 10월 26일 박정희 대통령이 그의 측근 김재규 중앙정보부장에 의해 피살되었다. 유신체제가 종언을 고하는 날이었다. 이 일련의 과정은 김대중과 김영삼이 손을 잡고 민주화 운동에 함께 나서지 않았다면 가능하지 않은 일이었다. 그런 점에서 김대중과 김영삼의 협력은 박정희 유신체제와 18년 장기집권을 종식시킨 원동력이었다고 말할 수 있다.

1979년 10·26 사태 후 국민은 민주주의의 회복이 가능하다고 생각했고 또 그렇게 되기를 간절히 기대했다. 김대중·김영삼·김종필 등 여야 지도자들과 정치권은 새로운 헌법을 제정하고 민주주의를 복원시키자는데 의견 일치를 보았다. 세 사람은 다가올 대통령 선거에 대비하여 경쟁에 돌입했다.

그러나 1980년 5월 17일 전두환과 일부 정치군인들이 비상계엄 확대조치를 취하였다. 그들은 국회를 해산하고 김대중과 김종필을 비롯하여 다수의 민주화 운동 지도자들을 체포하였다. 김영삼은 연금되었다. 민주주의를 짓밟는 제2의 쿠데타였다. 광주 시민은 전두환 등 신군부의 이런 폭압에 맞섰고, 계엄군은 광주 시민들에게 무자비한 살상행위로 대응했다. 5·18 광주항쟁 기간에 계엄군의 잔인한 진압행위로 200여 명이 사망하고 5,000여 명이 구속과 부상을 당했다.

전두환 등 신군부는 김대중에게 광주항쟁을 선동한 혐의 등을 뒤집어씌워 내란음모 조작사건을 일으키고 그를 사형시키려 했다. 미국 등 우방국이 전두환에게 김대중을 사형시키지 말도록 다양한 압력을 가했다. 미국은 김대중을 사형시키지 않으면 전두환을 미국에 초청하겠다는 당근 전략도 구사했다. 덕분에 김대중은 어렵사리 사형에서 무기징역으로 감형되었고, 2년 7개월의 감옥 생활을 거쳐 1982년 12월 말 미국 망명길에 올랐다.

김영삼은 1980년 5·17 조치 이후 연금상태에 있었다. 그는 1980년 8월 13일 현 시국에 대한 책임을 느낀다면서 정계 은퇴를 선언했다. 김영삼은 다시 광주항쟁 3주년이 되는 1983년 5월 18일 전두환의 폭압 정치에 항의하여 단식에 들어갔다. 그의 단식은 무려 23일 동안이나 계속되었다. 전두환의 폭압 정치와 민주주의 유린 행위에 대해 죽음을 건 항의와 투쟁이었다.

미국에 체류하던 김대중은 김영삼이 단식하는 동안 70여 명의 교포와 함께 한국 대사관, 국무부, 백악관 앞에서 김영삼의 단식을 지원하는 시위를 벌였다. 김대중은 또 〈뉴욕타임스〉에 김영삼의 단식투쟁을 지원하는 글을 기고했다.

김영삼의 단식을 계기로 김대중과 김영삼의 협력이 다시 시작되었다. 김대중과 김영삼은 1983년 8월 15일 워싱턴과 서울에서 공동성명을 발표하고 1980년 국민을 실망하게 한 데 대해 사과하면서 향후 두 사람이 함께 시대적 과제의 해결에 앞장서겠다고 약속했다.

"1980년 봄, 온 국민이 한결같이 열망하던 민주화의 길에서 우리는 당시 야당 정치인들로서 하나가 되는 데 실패했습니다. … 이제 국민 앞에 자책과 참회의 뜻에서, 그리고 온 국민의 민주화에 대한 열망 앞에서 우리 두 사람은 백의종군하는 자세로 하나가 되어 손잡고 우리 민족사의 지상과제를 향하여 함께 나아가려 합니다.
국민 여러분! 우리들의 부족함을 너그러이 용서해 주시고, 여러분의 민주 전열에 전우로 받아 주시기 바랍니다. 우리 두 사람은 오로지 국민의 한 사람으로서, 국민과 함께 그 뜻을 받들어 민족과 민주 제단에 우리의 모든 것을 바칠 것을 엄숙히 맹세하는 바입니다. 그 성스러운 싸움과 승리의 현장에서 뜨겁게 만납시다. 우리는 승리할 것입니다."5)

1983년 김대중과 김영삼이 발표한 공동성명은 1980년 봄 김대중과 김영삼이 대통령 선거를 염두에 두고 행한 분열적 경쟁에 대한 반성문이었다. 두 정치 지도자의 약속은 1984년 5월 18일 민주화추진협의회(민추협)의 결성으로 구체화하였다. 민추협은 김대중·김영삼 두 사람이 중심축을 이루었다. 다만 김대중이 미국에 체류하고 있는 점을 고려하여 동교동계의 김상현이 김대중을 대신하여 공동의장 대행을 맡았다.

민추협은 민주진영을 대표하는 민한당이 야당 역할을 제대로 하지 못한 점을 비판하고 1985년 1월 18일 새로운 선명 야당 신한민주당(신민당)을 창당했다. 당시는 김영삼도 정치 활동이 제한되었기 때문에 김대중·김영삼 양측은 이민우를 신민당 총재로 추대했다.

김대중은 미국에 간 지 2년 2개월이 지난 1985년 2월 8일 한국에 돌아왔다. 김대중이 한국으로 돌아온 4일 후인 1985년 2월 12일 실시된 국회의원 선거에서 김대중과 김영삼이 지원하고 이민우가 이끈 신민당이 돌풍을 일으켰다. 지역구 의석 50석, 전국구 17석을 얻어 총 67석을 차지하면서 민한당을 제치고 제1야당이 되었다. 나중에 민한당 의원들도 신민당에 합류하여 단일 야당을 형성했다.

신민당이 제1야당이 되고 김대중·김영삼이 사실상 신민당을 이끌면서 신민당을 포함한 민주진영은 민주주의의 회복과 대통령 직선제 개헌 등 민주진영의 목표를 분명히 했다. 유신헌법과 5공화국 헌법을 대체할 새로운 민주헌법을 만드는 것을 당면 최대 목표로 삼았다. 신민당은 1986년 2월 12일 총선 1주년을 맞이하여 대통령

---

5) 김영삼, 《김영삼 회고록 2》 (서울: 조선일보사, 2001), 283~284쪽; 김대중, 《김대중 자서전 1》 (서울: 삼인, 2011), 432쪽.

직선제 개헌 1,000만 명 서명운동에 돌입했다.

그런데 오랫동안 김대중·김영삼과 한 몸이 되어 직선제 개헌 운동에 나섰던 이민우 총재가 1986년 말부터 대열에서 이탈하려 했다. 그는 직선제 개헌 대신에 내각제 개헌을 내세우며 전두환 체제와 적당히 타협하려는 기미를 보였다. 이민우를 설득하는 데 실패한 김대중과 김영삼은 신당 창당이 불가피하다고 생각했다. 1987년 4월 8일 신민당 의원 90명 가운데 74명이 신민당을 탈당했다. 김영삼과 김대중은 5월 1일 통일민주당을 창당했다. 신민당 내 비주류 일부가 깡패를 동원하여 창당 작업을 방해했지만, 대세를 거스를 수는 없었다. 김영삼이 김대중의 지원 아래 통일민주당 총재로 선출되었다.

1987년 5월 27일 민통련, 민추협, 민교협 등 재야 시민사회 단체가 중심이 되어 '호헌철폐 민주헌법쟁취 국민운동본부(국본)' 발기인 대회를 열었다. 발기인에는 김대중, 김영삼, 함석헌, 문익환, 윤공희, 홍남순 등 민주진영의 주요 인사들이 모두 참가했다. 국본은 민정당이 노태우를 대통령 후보로 선출한 6월 10일 전국적으로 대규모 시위를 개최했다. 전국적으로 수백만 명의 시민이 거리로 나와 직선제 개헌 등을 요구하며 전두환 체제에 맞섰다. 시위는 노태우가 6월 29일 항복선언(6·29선언)을 하고 직선제 개헌, 지방자치 실시 등 민주화 일정을 약속할 때까지 지속하였다. 역사에서는 이를 '6월항쟁'이라고 부른다.

6월항쟁에서의 승리는 김대중·김영삼 연합전선의 승리이기도 했다. 항쟁을 주도한 사람은 각계각층의 민중이었지만, 두 사람의 굳건한 연대와 리더십은 항쟁에 참여한 사람들의 시위 참여 동기를 더욱 확실하게 했다. 국민은 두 사람의 연합전선에서 전두환 정권의 타도 후 뚜렷한 대안을 발견했다.

이렇게 김대중과 김영삼은 박정희 유신체제와 전두환 5공 체제에 맞서 굳건한 단결과 통합을 추구했다. 두 사람은 치열하게 경쟁했고, 그 과정에서 반목과 질시도 없지 않았지만, 국민이 요구하고 역사가 명령할 때는 화해와 통합을 주저하지 않았다. 1987년 6월항쟁의 승리 때까지 한국의 민주주의는 이 두 사람의 화해와 협력이 매우 중요한 밑거름이자 배경이 되었다. 특히 김영삼과의 협력 과정에서 김대중이 평생의 라이벌 김영삼을 유신체제 때 두 번, 전두환 체제 때 한 번 등 총 세 차례나 제일 야당 총재로 옹립하거나 지지한 것은 그의 화해와 통합 노력이 그만큼 진정성이 있었다는 것을 의미한다.

2. 민주진영 내의 화해·통합과 수평적 정권교체

1987년 12월 대통령 선거를 앞두고 김대중과 김영삼은 단일화를 시도했으나 성공하지 못했다. 두 사람은 1983년 공동성명에서 국민에게 1980년 하나가 되지 못한 점을 사과하고 앞으로 백의종군하면서 성스러운 싸움과 승리의 현장에서 다시 만나자고 했지만, 약속을 지키지 않았다. 단일화 실패 뒤 김대중은 평화민주당(평민당)을 창당했다. 대통령 선거는 민정당 노태우, 민주당 김영삼, 평민당 김대중, 공화당 김종필 등 4자 구도로 치러졌다. 1987년 12월 16일 선거에서 네 후보의 득표율은 각각 노태우 36.6%(828만 표), 김영삼 28%(633만 표), 김대중 27.1%(611만 표), 김종필 8.1%(182만 표)로 나타났다. 노태우가 민주진영의 분열을 틈타 대통령에 당선되었다.

노태우의 득표율은 같은 보수 후보인 김종필의 득표율까지 합해도 44.7%로서 김영삼·김대중의 득표율 55%보다 10%나 적었다. 민주진영의 실망이 이만저만이 아니었다. 많은 사람이 6월항쟁의 성과가 물거품이 되어버렸다고 한탄했다. 언론과 국민은 민주진영의 패인을 김대중과 김영삼의 단일화 실패로 돌렸다. 단일화에 실패한 김대중과 김영삼에 대한 비난 여론이 들끓었다. 김영삼과의 득표율은 불과 0.9%의 차이에 불과했지만 3위에 그친 김대중을 향한 비난이 더 거셌다.

김대중은 단일화 논의 때 대통령 후보 자리와 당권을 분리하면 대통령 후보 자리를 양보하겠다고 했다. 이런 점에서 단일화 실패에 대한 비난 여론이 김대중에게 집중된 것은 공평하지 않았다. 그러나 국민 입장에서 누가 더 양보하려 했느냐는 문제는 사소한 것이었다. 6월 항쟁의 승리에도 불구하고 선거에서 민주진영이 패배했고 정권교체의 기회를 상실했다는 점이 중요했다. 국민이 이룩한 성과를 양 김 씨가 반감시켜버렸다는 것이 중론이었다.

김대중과 김영삼의 분열은 민주 세력의 집권 실패만으로 끝나지 않았다. 두 사람의 분열은 한국에서 군부독재에 맞서던 야당·재야운동·지역·문화·종교계에까지 분열과 내상을 안겼다. 특히 민주진영의 큰 산맥이었던 부산·경남과 호남의 민주 세력이 단일화 실패 뒤 균열상을 보이기 시작했다. 현대 한국 정치에서 87년은 반독재 민주화 운동의 극적인 승리와 좌절을 극히 짧은 시간 동안 거의 동시에 체험하게 했다.[6]

김대중은 선거 뒤 여러 차례에 걸쳐 단일화를 이루지 못한 데 대해 사과했지만, 그 정도로 국민의 비난이 가라앉을 상황이 아니었다. 김대중의 정치 인생에 큰 시련이 닥쳤다. 이 시련은 그가 과거에 겪은 시련과는 그 성격이 달랐다. 왜냐하면, 이 시련은 그가 신앙처럼 받들던 국민으로부터 가해졌기 때문이었다. 단일화 실패와 이로 인한 군부정권 연장은 김대중의 인생에서 두고두고 오점으로 남았

---

6) 박명림, 〈김대중의 연합과 통합의 정치〉, 박명림·백학순 외, 《김대중의 사상과 정치 2》 (서울: 연세대학교출판문화원, 2023), 417쪽.

다. 7)

대통령 선거에서 실패한 뒤 야권 통합론이 제기되었다. 야권 통합론은 외형적으로는 민주당과 평민당을 통합하여 민주진영을 강화하고 노태우 정권을 견제하라는 것이었다. 그러나 실제 내용은 평민당을 해체하고 김영삼의 민주당으로 흡수 통합하라는 것이었다. 한마디로 통합론은 김대중의 퇴진 요구였다. 김대중과 그를 지지한 재야 세력 모두 큰 위기감을 느꼈다.

김대중은 위기 상황에서 평민당 강화라는 승부수를 던졌다. 평민당은 1988년 2월에 각계 재야인사 91명을 영입했다. 박영숙, 문동환, 임채정, 이해찬, 이상수, 고영근, 정동년 등 학계, 시민사회, 법조계, 종교계, 여성계, 문화계에서 고루 망라되었다. 전열을 정비한 평민당은 1988년 봄 총선에서 민정당에 이어 제2당으로 부상했다. 여소야대 정국이 형성되었고, 김대중은 제일 야당 대표로서 다시 정국의 중심에 섰다.

1990년 1월 노태우의 민정당, 김영삼의 민주당, 김종필의 공화당이 3당 합당을 하면서 거대 여당을 출범시켰다. 김영삼의 3당 합당 참여는 김영삼으로 대변되는 다수 민주 세력의 보수 진영으로의 편입 외에 지역적으로 오랫동안 민주진영의 우군 역할을 했던 부산·경남을 보수 우세 지역으로 편입시켜버리는 결과를 낳았다. 인적·지역적으로 민주진영에 큰 타격이 아닐 수 없었다.

3당 합당으로 김대중과 평민당, 호남이 정치적 고립 상태에 처했다. 위기의식을 느낀 김대중과 평민당은 1991년 4월 광역의회 선거를 앞두고 재야인사들과 구야권 인사들을 영입하여 신민주연합당(신민당)을 창당했다. 김대중은 1991년 8월에는 3당 합당을 반대하며

---

7) 최영태, 《빌리 브란트와 김대중》, 334쪽.

(꼬마) 민주당에 그대로 남아 있었던 이기택과 노무현 등에게 야권 통합을 제의했다. 신민당과 민주당의 의석수는 67 대 8이었지만 '당 대 당 통합, 공동대표제'를 조건으로 제시했다. 파격적인 양보 조치에 꼬마 민주당이 호응하여 야권 통합이 이루어지고 민주당으로 새롭게 출발했다. 대표와 최고위원을 양쪽이 반반씩 맡고 사무총장 김원기, 원내총무 김정길, 정책위의장 유준상, 대변인 노무현 등 주요 당직도 반반으로 나누어 맡았다.

김대중은 1992년 대통령 선거에 출마하여 김영삼에게 패배했다. 그는 대선 패배 직후 정계 은퇴를 선언하고 영국으로 유학길에 올랐다가 6개월 뒤 귀국했다. 그는 '아태평화재단'을 설립하고 한반도 평화와 통일문제 연구에 전념했다. 김영삼 정부가 임기 후반에 접어들어 실책을 거듭하면서 국민적 지지도가 크게 떨어졌다. 민주 진영에서 김대중의 정계복귀를 요구하는 목소리가 분출했다. 1995년 6월 27일에 4대 지방선거가 치러졌다. 김대중은 민주당의 재건에 발 벗고 나섰다. 그는 지방선거 유세전에 직접 뛰어들어 민주당 후보들을 지원했다. 지방선거에서 김대중의 지원을 받은 민주당이 좋은 성과를 냈다. 민주당은 서울과 호남지역 광역단체장을 차지했으며, 특히 서울 지역 25개 구청장 가운데 23곳을 휩쓸었다.

그런데 광역 지자체장 후보 공천 과정에서 그동안 협력 관계를 잘 유지하던 이기택 총재와 김대중 사이에 금이 갔다. 1995년 9월에 김대중은 이기택과의 불편한 관계를 청산하고 새로운 도전을 위해 새정치국민회의(국민회의)를 창당했다. 민주당에 그대로 남은 사람 가운데 일부는 신한국당에 입당하고 김원기, 노무현, 김정길 등은 국민통합추진회의(통추)를 결성하여 야권 통합의 길을 열어놓았다. 대통령 선거를 한 달 앞둔 1997년 11월 13일, 김원기, 노무현, 김정길 등이 국민회의에 입당했다. 이로써 민주 세력은 다시 김대중을 중심으로 뭉쳤다. 1997년 대선을 앞두고 이루어진 민주진영의 단결은 김대중이 민주 세력들을 향해 계속 추구한 화해와 통합의 성과물이었다. 노무현 등 통추 인사들과 통합은 DJP 연대에 불만스러워하던 민주개혁 진영 사람들의 마음을 진정시키는 데도 도움이 되었다.[8]

김대중은 이렇게 1997년 대통령 선거에서 승리할 때까지 여러 차례에 걸쳐 재야인사 등을 정치권에 수혈했다. 특히 노무현 등 야당 내 개혁 성향의 인사들과 하나가 되기 위해 노력했다. 1997년 12월 대통령 선거에서 김대중의 당선과 역사상 최초의 수평적 정권교체는 김대중이 오랫동안 노력해온 화해와 통합 노력의 소중한 결실이었다. 이런 노력은 그가 이끄는 정당, 그리고 그의 노선을 계승한 정통 민주 정당이 개혁적·진보적 노선을 견지하게 하는 데도 중요한 배경이 되었다.

III. 보수세력과 화해와 통합

1. DJP 선거연합

1997년 12월 대통령 선거를 앞두고 김대중은 국민회의 대통령 후보로 선출되었다. 자민련에서는 김종필 총재가, 신한국당에서는 이회창 총재가 각각 대통령 후보로 선출되었다. 대선 기간 가운데 김대중과 자민련 김종필 간의 단일화 협상이 진행되었다. 대통령제

---

8) 김대중, 《김대중 육성 회고록》 (서울: 한길사, 2024), 544쪽.

인 한국에서 김대중과 김종필의 선거연합이 시도된 것은 집권을 향한 정치 지도자들의 정치적 계산과 전략이 일치한 게 가장 큰 배경이었다. 김대중의 경우 선거를 통해 득표할 수 있는 최대치가 당선과 거리가 있었다. 김종필은 독자적으로는 대통령 당선이 불가능하지만 개헌을 통한 의원내각제하에서는 집권 가능성이 있었다.[9]

민주 세력인 김대중과 5·16 쿠데타의 주역 가운데 한 사람인 김종필 사이의 단일화 협상은 한국 정치사에서 매우 이례적인 실험이었다. 당연히 국민회의 내에서 반대 운동이 일어났다. 그러나 김대중은 현실 정치에서 소신과 명분도 중요하지만, 현실적 선택도 중요하다고 설득하면서 단일화를 계속 추진했다. 황태연, 강준만, 김만흠, 전인권 등 소장 정치학자들이 호남 고립 구도의 부당성을 지적하고 영남 패권적 지역주의에 대항하는 '저항적 지역주의 연합'의 길을 제시하면서 DJP 연대를 적극 옹호했다.[10]

김대중과 김종필 양측은 협상 결과 김대중을 단일 후보로 내세우고 대통령 임기 가운데 내각제 개헌을 한다는 데 합의했다. 최종 합의는 10월 27일 밤 김대중이 김종필의 청구동 자택을 방문한 자리에서 이루어졌다. 두 사람의 만남 뒤 양당은 "대통령 후보는 김대중 총재로 단일화하고, 집권 시 실질적인 각료 임명제청권과 해임건의권을 갖는 실세 총리는 자민련 측에서 맡도록 한다"고 공식 발표했다.

양 김의 단일화와 연대는 언론에서 김대중의 영문 이름 머리글자인 DJ와 김종필의 JP를 합성한 DJP 연대로 불렀다. 나중에 DJP 연대에 박태준 전 포항제철 회장이 가세했다. 선거 때마다 색깔 공세

---

9) 장훈각, 〈김대중의 민주주의 철학과 사상: 국민이 주인인 정치, 대화와 협력의 정치〉, 박명림·백학순 외, 《김대중의 사상과 정치 2》 (서울: 연세대학교출판문화원, 2023), 134쪽.
10) 김대중, 《김대중 자서전 2》, (삼인, 2010), 619쪽.

에 시달렸던 김대중에게 김종필·박태준이라는 거물 보수 정객은 매우 든든한 지원군이었다. 게다가 지역적으로 김종필은 충청 지역을 대변했고 박태준은 영남에서 일정한 지분을 갖고 있었다.

김대중·김종필 정치연합의 성격은 첫째로 민주화 세력과 산업화 세력의 연합이라는 의미를 지닌다. 한국에서 가장 장구하게 억압-탄압의 대면 조합을 지속해온 두 세력 사이의 정치연합이 형성된 것이다. 둘째는 민주 개혁파와 보수 우파의 이념 연합이었다. 정통 보수 김종필은 정치연합을 통해 오랫동안 용공 친북 좌경 반미 성향의 정치인으로 왜곡, 공격받았던 김대중의 이념적 보증 수표가 되었다. 셋째는 지역 연합의 성격이다. 호남과 충청을 대변했던 두 사람의 연합은 1961년 박정희의 쿠데타 이후 사실상 처음으로 높은 영남의 벽을 뚫는 데 성공하게 했다. 1961년 이후 김대중을 제외한 모든 대통령이 영남 출신이었다는 점에서 김대중의 당선은 강고한 지역주의의 벽을 넘는 상징적 의미를 지녔다.[11]

김대중과 김종필이 단일화 협상을 하는 동안 한나라당 후보 이회창의 지지도가 아들 병역 문제로 크게 추락했다. 신한국당 내에서 이회창의 경쟁력에 의문을 제기하는 사람들이 생겼다. 한나라당 대선후보 자리를 놓고 이회창과 경쟁했던 이인제가 신한국당을 탈당하고 국민신당을 창당하여 대통령 선거에 출마했다. 12월 18일 치러진 제15대 대통령 선거는 김대중, 이회창, 이인제 등 3인 경쟁체제로 치러졌다.

---

11) 박명림, 〈김대중의 연합과 통합의 정치〉, 418쪽; 박명림, 〈연합정치, 정권교체, 대통령 리더십〉, 박명림 편, 《1987년 민주헌정체제의 등장과 운영 Ⅱ: 김대중》 (서울: 카오스북, 2017), 45~46쪽; 김대중, 〈준비된 비전, 준비된 경험(1997.11.3.)〉, 연세대 김대중도서관 편, 《김대중전집 Ⅱ 제19권: 최초의 평화적 정권교체로 15대 대통령에 당선되다(1996.7-1997)》 (서울: 연세대학교 대학출판문화원, 2019), 451-453쪽.

선거 막바지인 1997년 12월 3일 외환위기(IMF 사태)가 발생했다. 우리 경제가 미국과 IMF에 경제적 신탁통치를 받게 되는 불행한 사건이었다. 미국과 IMF는 우리에게 시장의 무차별 개방, 구조조정, 노동시장 유연화 등 무리한 요구를 많이 했다. 국가가 부도 위기에 몰리기 직전까지 간 상황에서 우리 정부는 IMF의 굴욕적인 요구를 반강제적으로 수용했다. IMF와 미국의 금융 지원으로 간신히 부도 위기는 넘겼지만, 기업이 도산하고 실업자가 양산되기 시작했다.

대선에서 김대중은 '수평적 정권교체'를, 이회창은 '3김 청산'을, 이인제는 '세대교체'를 주 표어로 내걸었다. 선거 결과는 수평적 정권교체를 주장한 김대중의 승리로 끝났다. 득표율은 김대중 40.27%, 이회창 38.74%, 이인제 19.2%였다. 김대중과 이회창의 표차는 불과 390,557표(득표율 1.53%)에 불과했다. 막상막하의 긴박한 승부였다. 이회창의 아들 병역 기피 의혹, 이인제의 출마에 따른 여권의 분열, DJP 연대, IMF 사태, TV 토론 등 김대중에게 여러 가지 유리한 조건이 형성되었음에도 이렇게 박빙의 승부로 끝난 것은 한국에서 선거를 통한 정권교체가 얼마나 어려운가를 잘 보여준 징표였다. 또 이것은 민주개혁 진영의 선거 환경이 그만큼 열악하다는 것을 의미했다.[12]

변방인 김대중이 최초의 수평적 정권교체를 이룩한 것에는 민주진영 내의 화해와 통합은 물론이요 보수적 성향의 김종필과 단일화를 한 것이 큰 요인이 되었다. 김대중의 화해와 통합 정신은 수평적 정권교체라는 역사적 과업을 이루고 한국의 민주주의를 한 단계 업그레이드시키는 데 크게 이바지했다.

---

12) 박명림, 〈연합정치, 정권교체, 대통령 리더십〉, 47~48쪽.

2. DJP 공동정부와 연합정치 실험

　　김대중은 대통령에 취임하기 전 당선자 자격으로 부도 위기에 처한 경제 위기를 수습하기 위해 2개월 앞서 사실상 대통령 역할을 떠맡았다. 그는 김영삼 대통령과 만나 정부와 인수위가 각각 6명씩 참여하는 비상경제대책위원회를 구성하기로 했다. 비상경제대책위원회는 사실상 비상내각이나 다름없었다. 비상경제대책위원장에는 김용환 자민련 부총재가 임명되었다. 자민련 출신 김용환을 비상경제대책위원장으로 임명한 것은 김용환의 재무부 장관 경력과 부총재로서 정치력을 높게 평가했기 때문이다. 이 사례는 향후 김대중의 인물 발탁 원칙이 철저히 능력 중심이 될 것이며, DJP 연대 정신에 충실할 것임을 시사해주고 있다.

　　김대중은 취임식 참석에 앞서 김종필 국무총리와 한승헌 감사원장 임명동의안에 서명했다. 김대중 정부는 국민회의와 자민련의 연합정부였지만 국회에서 양당 의석을 모두 합해도 과반에 못 미쳤다. 한나라당 의원들은 총리 임명동의안을 상정조차 못 하게 했다. 표면상으로는 김종필이 총리로 적합하지 않다는 이유를 내세웠지만 실제로는 김대중 정부에 대한 일종의 몽니 부리기였다. 총리 인준이 안 된 상태였기 때문에 17개 부처의 조각은 퇴임을 하루 앞둔 고건 총리의 도움을 받았다. 소수파 정권의 대통령으로서 험난한 5년을 암시했다.

　　김대중은 가까운 시일 내에 신한국당이 김종필에 대한 총리 인준안을 통과시켜줄 것 같지 않다는 판단을 하고 3월 3일 김종필을 총리로 임명했다. 국회 동의를 받지 않았기 때문에 당분간은 '총리서리' 체제를 유지할 수밖에 없었다. 김종필은 그가 서리로 임명된 지 5개월이 지난 8월 17 국회 임명동의안이 통과되면서 비로소 '서리'

꼬리표를 떼었다.

김대중 정부는 IMF 고통의 솔선수범 이행이라는 차원에서 23개 정부 부처를 17개로 줄였다. 17개 정부 부처를 맡은 장관 중에 자민련 추천 몫으로 재경부 장관에 이규성 전 재무장관, 과학기술부 장관에 강창희 의원, 정보통신부 장관에 배순훈 대우전자 회장, 환경부 장관에 최재욱 전 의원, 보건복지부 장관에 주양자 전 의원, 건설교통부 장관에 이정무 의원, 해양수산부 장관에 김선길 의원 등이 임명되었다. 언론에서는 경제부처 등 알짜배기 분야는 자민련이 모두 맡았다고 해석했다.

김대중 정부의 최대 과제는 IMF 위기 극복이었다. 이규성 재경부 장관, 이헌재 금융감독위원장, 진념 기획예산위원장, 강봉균 경제수석 등 4인은 외환위기 수습의 일차적 책임자였다. 특히 이규성 재경부 장관과 이헌재 금융감독위원장은 IMF 위기를 최일선에서 수습해야 할 야전사령관들이었는데, 모두 자민련에서 추천한 사람들이었다. 이런 인사 방식은 진영논리를 배격하고 철저히 능력 중심과 통합 정신, 그리고 그 인사 시점의 국민 정서를 먼저 고려했음을 말해준다. 김대중의 이런 인사정책은 소수정권의 한계와 IMF 위기의 극복 등 당면 과제를 해결하는 데 긍정적으로 작용했다. 김대중은 자민련 출신 장관들을 가리켜 "외환위기를 극복하고 경제를 개혁하는 데 뛰어난 능력을 보여줬다.", "그들은 저력이 있었고, 경제 위기를 돌파하는 데 적임이었다."라고 평가했다.[13]

김대중은 오래전부터 자신이 집권하면 거국내각을 구성하겠다고 말했다. 그는 1987년 대통령 선거 때 민주 세력과 전두환 정권 모두 불안을 안고 있다고 했다. 민주 세력은 민주화가 순조롭게 진행

---

13) 김대중, 《김대중 자서전 2》, 68~69쪽; 김대중, 《김대중 육성 회고록》 (파주: 한길사, 613쪽.

되어 내년 2월에 평화적 정권교체가 이루어질지 걱정을 떨쳐버리기 어렵고, 전두환 세력은 민주화가 되고 권력이 현재의 야당에 넘어갔을 때 정치보복이 있을까 봐 불안해 한다는 것이 그의 주장이었다. 김대중은 이 두 가지 불안 요소를 한꺼번에 해결할 수 있는 것이 거국내각의 실현이라고 말했다. 거국내각이 실현될 경우 전 대통령은 국민과의 화해 속에 평화리에 물러날 수 있고, 그의 추종자들도 아무 두려움 없이 새로운 민주공화국에서 활동할 수 있다고 했다.[14] 김대중은 1992년 대통령 선거에서도 거국내각을 주장했다. 보수 세력의 김대중 거부감을 줄이기 위한 목적도 있지만, 또 하나 지역, 계층, 세대를 뛰어넘어 이들 간의 갈등과 불신을 해소할 수 있는 대화합을 위한 정치 구상으로서, 그리고 민주발전과 시장경제, 복지제도의 실현을 위한 정국운영의 방식으로서 김대중은 거국내각론을 주장했다.[15]

1998년 당시 정치 상황에서 한나라당과의 거국내각은 현실적으로 어려웠다. 그래서 김대중은 한나라당과의 대연정이 아니라 자민련과 소연정이라는 현실적 선택을 했다. 그런데 김대중은 거기에 그치지 않고 자민련에 속하지 않는 보수 인사 중에서도 많은 사람을 발탁했다. 대표적인 인물로 임동원이 있다. 그는 노태우 정부에서 통일부 차관을 지낸 군 출신이었다. 그를 삼고초려 하여 햇볕정책 추진의 든든한 동지로 삼았고 대통령에 취임한 뒤 통일부 장관(2회)과 국정원장으로 임명하였다. 노태우 정부에서 청와대 정무수석을 지낸 김중권이 김대중 정부 초대 청와대 비서실장으로 임명되었다.

---

14) 김대중, 〈김대중씨가 답하는 글(1987.8.9.)〉, 연세대 김대중도서관 편. 《김대중전집 II 제12권: 1987년 한국 민주화 이행의 중심축이 되다(1985년 3월−1987)》 (서울: 연세대학교 대학출판문화원, 2019), 472쪽.
15) 김대중, 〈관훈클럽 초청 대선후보 토론(1992.12.2.)〉, 《김대중 전집 II 제12권》, 714쪽; 장훈각, 김대중의 민주주의 철학과 사상", 137쪽.

김영삼 정부에서 총리를 지낸 이수성과 이홍구는 각각 민주평화통일 자문회의 수석부의장과 주민 대사로, 극동문제연구소장을 지낸 반공주의자 강인덕은 통일부 장관에, 5공화국 출신의 이종찬은 국가안전기획부장(국가정보원장)에 임명되었다. 김대중은 이렇게 민주진영 인사의 계속된 수혈 외에 보수적 인사나 과거에 정치적으로 대척점에 있던 인물과 세력도 계속 포용과 연대의 자세로 임하여 정치 사회적 외연 확장을 이뤄냈다.[16]

DJP 공동정부는 1997년 12월 대통령 당선 순간부터 2001년 9월 3일 국회에서 한나라당이 제출한 임동원 통일부 장관 해임건의안이 자민련의 합류로 통과될 때까지 약 3년 10개월 동안 지속되었다. 정체성이 다른 두 정당이 우리 역사상 최초로 4년 가까이 공동정부를 운영한 것은 매우 이례적인 경험이다. 또 이 경험은 향후 정당 간 선거연합이나 공동정부 구성에서 좋은 모델이 될 수 있을 것이다.

물론 아쉬운 점도 있었다. 김종필과 약속한 내각제 개헌의 불이행이다. 당시 한나라당이 개헌을 반대한 상황에서 소수 연합세력인 김대중과 김종필이 설령 내각제 개헌에 나섰더라도 성사되기는 어려웠을 것이다. 또 1997년 선거 때 약속한 임기 중의 내각제 개헌과 시행은 당시 상황이 경제 위기 상황이었다는 점, 그리고 민주진영이 임기 도중 권력의 핵심을 보수 진영의 김종필과 자민련에 넘기기가 어려웠을 것이라는 점 등을 고려할 때 사실 실현되기가 매우 어려운 약속이었다. 그렇지만 김종필이 내각제 포기에 동의한 사정을 고려할 때 두 사람이 김대중의 임기 5년을 보장한다는 전제로 내각제 개헌을 추진할 수는 있었을 것이다. 또 다수당인 한나라당이 개헌에 반대하면 도중에 포기하더라도 김대중은 내각제 추진 약속을 지키려

---

16) 장신기, 《성공한 대통령 : 김대중과 현대사》 (서울: 시대의 창, 2021), 38쪽.

노력하는 모습을 보여줄 수 있었을 것이다. 김대중은 자서전에서 우리 정치 상황으로 볼 때 내각제나 이원집정부제도 이제 검토할 때가 되었다고 밝혔다. 그가 10년쯤 앞당겨 그런 인식을 가졌다면 더욱 좋았을 것이다.

Ⅳ. 지역 간 화해와 통합

1963년 제5대 대통령 선거에서 공화당의 박정희 후보와 민정당의 윤보선 후보가 경쟁했다. 윤보선 후보는 서울과 중부권에서, 박정희는 그의 고향인 영남에서 앞섰다. 박빙으로 전개된 선거에서 승부를 결정한 것은 호남 표였다. 박정희는 윤보선에게 156,026표(1.55%) 차이로 신승했는데, 전남·전북에서 윤보선 후보보다 350,297표나 더 많이 획득했다. 1967년 선거에서는 윤보선 후보가 전남·전북에서 승리했지만, 그가 획득한 표는 박정희보다 89,349표를 더 얻은 것에 불과했다. 이 두 차례의 대통령 선거 결과는 적어도 이때까지 호남인들이 영남 출신에 대해 특별한 거부감 같은 것은 없었다는 것을 의미했다.

1971년 대통령 선거 때는 박정희와 김대중이 경쟁했다. 박정희는 영남 출신이고 김대중은 호남 출신이었기 때문에 영남에서는 박정희에게, 호남에서는 김대중에게 표의 쏠림현상이 일어나는 것은 어느 정도 예상한 일이었다. 그런데 박정희 측은 여기에 만족하지 않고 지역감정 조장을 선거의 주요 전략으로 채택했다. 박정희 측은

"문둥이가 문둥이 안 찍으면 어쩔끼고.", "우리가 똘똘 뭉쳐 몰아주지 않으면 경상도는 망하고 만다." 등의 말을 퍼트리면서 매우 노골적으로 지역 감정을 조장하고 활용했다. 국회의장인 이효상까지 지역감정 조장에 앞장섰다. 선거 결과 김대중은 전남과 전북에서 각각 67.8%와 61.5%를, 박정희는 경북과 경남에서 각각 75.6%와 73.3%를 획득했다. 박정희 집권 기간 지역 소외를 많이 느낀 호남지역에서 김대중이 얻은 득표율보다 영남에서 박정희가 얻은 득표율이 평균 10%가량 높은 것은 박정희 진영의 지역감정 조장과 무관하지 않았다.[17]

영호남 지역감정은 1980년 5·18 광주항쟁을 거치면서 더욱 증폭되었다. 호남에서는 영남 출신이 주축이 된 전두환 군사 정권에 대한 저항의식이 지역주의와 일정 부분 결합하였고, 영남에서는 5·18 당시 신군부가 유포한 유언비어와 호남에 대한 악선전이 영남 지역주의를 증폭시켰다. 호남에서 발생한 방어적 지역주의와 영남에서 발생한 패권 지향적 지역주의의 성격이 다르기는 했지만, 결과적으로 양 지역의 지역감정은 시간이 갈수록 증폭되었다.

김대중은 1987년 6월항쟁 직후 실시한 개헌 때 4년 중임제와 정·부통령제를 주장했다. 그의 주장인즉 정·부통령이 있으면 한쪽은 개혁적 인물을, 다른 한쪽은 보수적 인물을, 한쪽이 동쪽 출신이면 다른 한 사람은 서쪽 출신을 선택할 수 있다. 또 대통령에 집중된

---

17) 1971년 선거에서 김대중은 서울 경기 등 수도권에서 승리했다. 서울에서 김대중 대 박정희의 득표율은 60 대 40이었다. 경기도에서도 김대중이 승리했다. 김대중은 부산에서도 44 %의 득표율을 기록했다. 그러나 경북 등에서 박정희의 몰표가 나왔다. 영남지역에서 박정희는 김대중보다 1,586,006표가 앞선 반면, 전라도에서 김대중은 박정희보다 621,906표 앞섰다. 양 지역에서 두 후보가 얻은 표 차이가 964,100표였다. 당시 박정희가 김대중보다 946,928표 차이로 승리한 점을 고려할 때 김대중은 경상도와 전라도 지역을 제외한 나머지 지역 득표수에서는 오히려 17,171표 앞섰다고 평가할 수 있다.

의전 부담도 줄일 수 있고, 대통령 유고 시에 중단을 막을 수도 있다. 이렇듯 권력 상층부가 서로를 인정하면 망국적 이념 공세나 지역감정을 넘어설 수도 있을 것이라는 게 김대중의 주장이었다. 그러나 보수 진영이 김대중과 김영삼의 연대를 두려워하여 정·부통령제를 강력하게 반대했다.[18]

1987년 12월에 실시된 대통령 선거는 지역주의를 더욱 증폭시켰다. 김대중·김영삼의 단일화 실패가 민주진영 내에서까지 지역주의를 강화한 데 덧붙여 대통령 선거가 대구·경북 노태우, 부산·경남 김영삼, 전남·전북 김대중, 대전·충청 김종필 등 네 사람이 모두 출신 지역을 토대로 선거 전략을 짜면서 지역주의 조장이 선거의 기본 전략이 되고 말았다.

김대중은 1992년 대통령 선거에 세 번째 도전장을 내밀었다. 민자당의 김영삼, 민주당의 김대중, 국민당의 정주영이 경쟁했다. 1992년 12월 11일, 부산시 남구 대연동의 음식점 '초원복국'에 김영삼을 지지하는 부산지역 정부 기관장들이 모여 선거 전략으로 지역감정을 부추기자고 모의한 것이 국민당 관계자의 도청으로 드러났다. '초원복집 사건'은 형식상으로는 민자당의 김영삼 측과 국민당의 정주영 측 사이의 싸움처럼 보였지만 실질적으로는 김영삼 진영이 김대중을 염두에 두고 영남 지역주의를 조장하려는 것이었다.

김대중은 지역주의에 정면으로 맞서는 과정에서 본의 아니게 그 자신이 일정 부분 지역주의의 생산자 역할을 했다. 그러나 그 성격은 박정희나 전두환의 지역감정 생산과는 전혀 달랐다. 김대중의 지역주의 생산은 차별 철폐를 위한 혹은 공격에 대한 정당 방어적 성격의 것이었다.

---

18) 김대중, 《김대중 자서전 2》, 559쪽.

전인권은 1997년 대선이 있기 몇 개월 전에 쓴 그의 저서《김대중을 계산하자》에서 '김대중 문제'를 시급히 풀어야 할 이유로 국민통합의 문제와 한국 민주주의의 문제, 그리고 통일의 문제를 들었다. 그는 한국 사회가 김대중을 그대로 방치할 경우 김대중과 전라도 문제는 '한 세트'가 되어 우리의 과거를 절대로 아름답게 만들지 못할 것이라고 주장했다. 그는 김대중 문제를 풀고 안 풀고의 문제는 통합과 차별의 상징적 지표가 될 것이라고 했다. 전인권은 민주주의의 핵심적 단계는 '반대파 용인의 단계'라고 말했다. 어느 정도의 반대파냐 하면 화해가 불가능할 정도로 적대적인 감정을 느끼는 반대파다. 어느 정도의 용인이냐 하면 그들에게 정권을 내줄 수도 있을 정도의 용인이다. 전인권에 따르면 김대중 문제는 바로 반대파 용인의 시금석이었다. 전인권은 통일은 남북이 합치는 문제이지만 통일이 된 다음에는 '남북문제' 또는 '북한 문제' 식의 지역 문제가 된다고 했다. 그리고 미래의 지역 문제인 '북한 문제'는 지금의 전라도 문제보다 훨씬 어려운 상황을 만들어낼 것으로 전망했다. 그러면서 그는 김대중이 있을 때 지역 문제를 해결하는 것이 효율적이라고 주장했다.[19]

김대중은 1997년 12월 대통령 선거에서 당선되었다. 주지하다시피 김대중 정부 이전 지역 차별의 구조는 영남의 패권주의와 호남에 대한 배제로 특징지을 수 있다. 그런 점에서 1997년 호남 출신 김대중의 대통령 당선은 적어도 정치 권력적 차원에서는 일회적이나마 차별의 구조를 넘어선 것이었다. 실제로 김대중 집권 뒤 호남이 영남에 대해 가졌던 피해의식은 많이 완화되었다. 이런 점을 보더라도 김대

---

19) 전인권,《김대중을 계산하자》(서울: 새날, 1997), 21~25쪽.

중의 집권은 그가 어떤 업적을 이루었느냐를 논하기 이전에 집권 그 자체만으로도 지역 간 통합은 물론 한국 민주주의가 더 포용성을 갖고 안정적으로 나아갈 수 있게 하는 중요한 계기를 만들었다.[20]

김대중은 IMF를 극복하고 국민통합을 이루기 위해서는 보수·진보나 지역을 가리지 않고 능력 있고 경험 많은 사람을 발탁하는 게 무엇보다 중요하다고 생각했다. 김대중은 집권 뒤 초대 대통령 비서실장에 노태우 정부에서 정무수석을 지낸 김중권을 임명했다. 김중권은 보수 정부의 주요 인사였고 또 영남 출신이라는 점에서 김대중의 통합정책의 상징적 징표가 되었다. 2000년 1월에는 영남 출신 박태준을 국무총리로 임명했다. 박태준은 DJP 공동정부의 일원으로서 자민련 몫으로 국무총리를 맡기는 했지만 그가 영남에서 상당한 영향력을 지닌 정치인이라는 점에서 김대중의 영호남 통합 노력에 일정한 역할을 할 수 있는 사람이었다.

김대중은 2001년 2월 13일 청와대에서 열린 2001 광역자치단체장 정부 업무보고에서 한나라당 소속 김혁규 경남지사를 이례적으로 칭찬했다. 김대중은 김혁규에게 지역균형발전에 대해 의견을 물은 뒤 이렇게 말했다. "당 소속은 야당이면서 대통령을 이용하는 것은 여당보다 더 잘한다."[21] 그는 능력이 있고 지역 발전을 위해 열심히 일하는 사람은 비록 당이 다르고 자신에 대한 지지도가 낮은 영남지역 지자체장이라고 하더라도 차별 없이 지원하겠다는 의지를 김혁규에 대한 칭찬을 통해 간접적으로 표명했다.

아쉽게도 2000년 1월에 취임한 박태준의 총리 재임 기간은 불과 4개월의 단기로 끝나버렸다. 박태준의 개인사가 야당의 공세와 사퇴의 빌미를 제공했다. 2000년 4월 13일 총선이 실시되었다. 김

---

20) 강원택, 〈'민주화 이후' 민주주의에 진전 없었다〉, 264~265쪽.
21) 《에너지 데일리》, 2001.02.26.

대중 정부는 지난 2년 동안 IMF 극복과 남북관계 개선 등 여러 면에서 큰 성과를 내고 있었다. 게다가 남북정상회담 개최 일정도 발표되었다. 당연히 총선에 큰 기대를 걸었다. 그러나 선거 결과는 기대에 크게 못 미쳤다. 특히 김대중이 심혈을 기울였던 영남지역 개척에서 성과를 내지 못했다. 영남지역에 출마했던 김중권 전 비서실장, 노무현 민주당 부총재, 김정길 전 청와대 정무수석 등이 모두 고배를 마셨다. 지역주의 극복의 어려움이 다시 한번 드러났다.

김대중은 대통령 재임 때 제도적 측면에서 지역주의 완화를 시도했다. 정당 명부 비례대표제 도입 시도가 대표적인 사례이다. 그러나 이런 제안은 한나라당의 반대로 무산되었다. 물론 성과가 전혀 없었던 것은 아니다. 영남 출신이면서 지역주의 극복에 앞장섰던 노무현이 민주당 대통령 후보 경선에서 호남의 지지를 받아 대통령 후보로 선출되고 다시 대통령 선거에서 호남의 절대적 지지를 받아 대통령에 당선되었다. 영남 출신 노무현이 김대중이 창당한 정당에서 대선 후보가 되고 또 호남인의 절대적 지지를 받아 대통령에 당선된 것은 지역주의 극복을 위한 청신호가 아닐 수 없다. 김대중도 노무현의 대통령 당선이 첫째는 김대중 자신의 정책이 계속 이어질 것이라는 점에서 반겼지만, 노무현이 지역주의 극복에 앞장선 인물이라는 점에서 이중으로 기뻐했다.

대구에 있는 영남대학교는 박정희가 세운 대학이다. 김대중은 대통령 퇴임 4년째인 2006년 3월 21일 박정희가 세운 영남대학교에서 명예박사학위를 받았다. 그는 당시 몸이 불편해 국내외 여러 대학의 강연이나 명예박사학위 수여 요청을 사절하고 있었는데 영남대학교의 요청만큼은 기쁜 마음으로 수락했다. 박정희와 영남대학교 사이의 특별한 인연을 생각해서였다. 그는 자신의 영남대 방문이 지역주의 완화에도 긍정적으로 작용하리라 기대했다.

V. 햇볕정책을 위한 국내의 화해와 통합

1. 노태우 정부의 대북정책 지지

노태우 대통령은 1988년 7월 7일 '민족자존과 통일번영을 위한 특별선언'을 발표했다. '7 · 7 선언'으로 명명되는 이 선언은 자주 · 평화 · 민주 · 복지의 원칙에 따라 민족자존과 통일번영의 새 시대를 열어나갈 것을 천명했다. 6개 항에는 남북 간 교류의 전면적인 추진, 남북한 간의 소모적인 경쟁과 대결 외교 지양과 국제무대에서 상호 협력, 미국 · 일본 등 우리의 우방과 북한 간의 접촉 촉진 및 남한과 소련 · 중국 등 공산권 국가와의 관계개선 정책을 추구한다는 내용이 들어 있다.

김대중은 이 내용을 노태우 대통령으로부터 발표 하루 전날 통보받았다. 김대중은 노태우에게 '7 · 7선언'은 종래와 비교해서 큰 진전을 표시한 것이므로 환영한다고 말했다. 김대중은 덧붙여 '7 · 7 선언'은 북한이 계속 주장해 온 남북 간의 '평화체제 수립'에 대한 언급이 없다면서 북한이 이를 수락할지 의문시된다고 말했다.[22]

노태우 정부가 북방정책을 추진할 때 통일원 장관은 이홍구였다. 김대중은 1989년 2월 24일 국회외무통일위에서 이홍구와 일문일답식 토론을 하면서 노태우 정부의 북방정책을 지지한다고 말했다. 그는 남북교류를 전면적으로 실시해야 하고, 경제협력이 특히 중요하며, 정주영 현대그룹 회장이 남북경제협력 사업을 진행하는 데 꼭 성공하기를 바란다고 말했다.[23] 덧붙여 그는 남북한 인사들의

---

22) 김대중, 〈공화국 연방제 통일의 길〉(1988.9), 김상신 편, 《후광김대중대전집 3: 통일론집, 1966년–1993년》 (서울: 중심서원, 1993), 165쪽.

실질적인 교류와 국가보안법의 철폐 등이 병행되어야 진정한 의미에서 남북관계가 개선될 것이라고 조언했다.

1990년대 초 북방정책의 성과가 점차 나타나기 시작했다. 1990년 9월 30일 한·소 수교조약, 1991년 남북 UN 동시 가입, 1992년 8월 한·중 수교조약 등 굵직굵직한 사건들이 연달아 성사되었다. 공산권의 대표적 강국이자 한국과 오랫동안 적대적 관계였던 소련 및 중국과의 수교는 한국 외교의 큰 승리가 아닐 수 없었다. 아쉬운 것은 이 기회에 미국과 일본도 북한과 수교를 하였더라면 한반도 정세가 더 긍정적 변화로 전개되었을 텐데 거기까지 진전하지 못한 점이었다.

노태우 정부 때 또 하나 큰 성과는 남북기본합의서[24]의 채택이었다. 남북기본합의서는 1991년 12월 13일 서울에서 개최된 〈제5차 남북고위급회담〉에서 채택하였다. 남북한 총리가 서명한 남북기본합의서는 상대 체제 상호 인정, 상대방에 대한 간섭·비방·전복 기도 종식, 쌍방 모두 '현재의 정전상태를 확고한 평화체제로 전환'시키기 위해 노력하고 이를 달성할 때까지 정전협정 준수, 상호 무력 사용 금지 및 신뢰증진 대책의 이해, 대폭적인 군비 삭감, 문화·과학 분야의 교류, 이산가족의 자유 서신 교환, 남북분계선에 의해 끊어진 도로와 철도 재개통 등 많은 중요한 내용을 담고 있다. 이 합의서에서 남북한은 상대 정권의 실체를 처음으로 공식 인정했다.[25]

김대중은 노태우 정부가 추진한 소련, 중국과의 수교, '남북기본합의서' 등 모두에 대해 긍정적 평가를 했다. 그는 특히 유엔 동시

---

23) 김대중, 〈어떻게 통일을 이룰 것인가〉(1989.2.24.), 《후광김대중대전집 3》, 197~198쪽.
24) 정식 명칭은 '남북 사이의 화해와 불가침 및 교류·협력에 관한 합의서'.
25) 노태우, 《노태우 회고록 2》 (서울: 조선뉴스프레스, 2011), 323~324쪽.

가입에 대해 다음과 같이 평가했다.

> "우리가 그토록 바라던 유엔에, 그것도 단독이 아니라 북한과 같이 가입하게 되었다는 사실은 참으로 우리에게는 만감의 감회와 기쁨을 금할 수가 없는 것이라고 생각합니다. 해방 46년 만에 오늘 같은 기쁜 일은 없지 않겠는가, 감히 그렇게도 생각합니다. 단순히 기쁜 것이 아니라 이제부터 우리 남북 간은 국제적 관심이 집중된 가운데 평화와 공존과 협력과 통일의 시대로 가게 되는 큰 문이 열린 것으로 봅니다."[26]

김대중은 1994년 1월 27일 '아시아 · 태평양 평화재단'(아태평화재단)을 설립했다. 그는 아태평화재단을 통해 한반도의 평화와 민족 공영의 길을 모색하고, 아시아의 민주발전과 나아가 세계 평화에 이바지하고자 했다. 김대중은 아태평화재단에 임동원을 영입했다. 육사 출신의 예비역 소장인 임동원은 군에서 제대한 뒤 호주 대사와 외교안보연구원장, 통일부 차관을 지냈다. 그는 노태우 정부에서 7 · 7선언과 남북기본합의서를 끌어내는 데 중요한 역할을 했다. 그는 대북 협상과 전략에 풍부한 경험과 능력을 지니고 있었다. 임동원은 아태평화재단에서 김대중을 도와 햇볕정책을 완성하는 데 크게 이바지했고, 김대중이 대통령이 된 후에는 통일부 장관, 국가정보원 원장 등을 역임하면서 김대중의 햇볕정책을 실천하는 데 핵심적 임무를 수행했다. 서독의 브란트Billy Brandt 총리에게 바르Egon Barr가 있었다면 김대중에게는 임동원이 있었다고 말할 수 있다. 임동원과 김대중의 결합은 햇볕정책이 보수 정부의 대북화해 정책과 별개가

---

26) 김대중, 〈남북한 유엔 동시 가입과 통일〉(1991. 7. 13), 《후광김대중대전집 3》, 274쪽.

아니었다는 또 다른 증거였다.

1998년 2월 25일 제15대 대통령에 취임한 김대중은 3·1절 기념사에서 북한에 남북기본합의서를 이행하기 위한 특사 파견을 제안했다. 그는 평화공존, 평화교류, 평화통일을 위해 남한 정부는 어떠한 수준의 대화에도 응할 용의가 있다고 했다. 그는 당장 통일은 어렵더라도 이산가족의 상봉과 생사 확인만이라도 서둘러야 하며, 이를 위한 대화를 해야 한다고 촉구했다.

김대중이 3·1절 행사에서 자신의 대북 대화 의지를 천명하면서 남북기본합의서를 거론한 데는 세 가지 의미가 함축되어 있다. 첫째, 김대중 자신이 남북기본합의서의 내용에 공감하고 있음을 말해준다. 둘째, 북한에게 과거의 약속을 지키라는 촉구의 성격을 띠고 있다. 셋째, 남한 보수층에게 남북 대화는 전임 보수 정권 때부터 추구한 정책이며 자신의 햇볕정책은 결코 새로운 것이 아니라 과거의 연속이라는 점을 환기하는 것이었다.

김대중 정부 초대 통일부 장관에 강인덕 극동문제연구소장이 임명되었다. 강인덕은 중앙정보부에서 오랫동안 근무한 대북 전문가로서 보수 중의 보수였다. 놀라움과 함께 개혁진영에서 실망의 목소리가 나왔다. 그런데 김대중이 강인덕을 통일부 장관으로 발탁한 것은 대북화해정책을 펼쳐나가기 위해서는 먼저 자신의 진보적 통일관에 대한 보수층의 우려와 두려움을 완화할 필요가 있다고 판단했기 때문이다. 그는 남·남 갈등의 극복이 남북문제를 푸는 데 매우 중요하다고 인식하고 있었다. 김대중의 햇볕정책에는 서생적 문제의식과 상인적 현실감각이 동시에 작동하고 있었다.

2. 정주영과 함께한 남북 경제협력 사업

김대중은 1998년 2월 25일 대통령 취임식에서 남북문제와 관련해서 대북 3원칙을 천명하였다. "첫째, 어떠한 무력도발도 결코 허용하지 않겠습니다. 둘째, 우리는 북한을 해치거나 흡수할 생각이 없습니다. 셋째, 북한과 화해와 협력을 가능한 분야부터 적극적으로 추진해 나갈 것입니다." 또 김대중은 남북 간의 구체적인 협력 방식으로 인도적 지원, 정경분리, 상호주의라는 세 가지 원칙을 발표했다.

1988년 4월 말에 김대중 정부는 '남북 경제협력 활성화 조치'를 발표했다. 정경분리 원칙에 따라 모든 기업인이 방북할 수 있도록 규제를 풀었다. 생산설비의 무상 또는 임대 반출도 허용했다. 이러한 조치를 통해 기업인들이 자체 판단으로 대북 경협사업을 자유롭게 할 수 있도록 했다.

김대중 정부가 기업들의 대북 경협 자유화 조치를 한 지 2개월쯤 후인 1998년 6월 16일 정주영 현대그룹 명예회장이 트럭 50대에 소 떼 500마리를 싣고 휴전선을 넘었다. 정주영은 군사분계선을 넘을 때 직접 걸어서 건넜다. 적십자사 마크를 단 흰색 트럭 수십 대에 소를 실은 83세 정주영의 소 떼 몰이는 한 편의 영화였다. CNN을 비롯한 미국 주요 방송들은 이를 실시간 또는 주요 뉴스로 보도했다. 세계적으로 유명한 프랑스 문명비평가인 기르소망은 "20세기 마지막 전위예술"이라고 평했다. 김대중은 이 장면을 동화 속의 목동 같았다고 표현했다.[27]

정주영은 북한을 개발시키는 것이 한반도 통일을 앞당기는 길이라고 생각했다.[28] 정주영의 소 떼 방북은 남북관계가 풀리고 민간

---

27) 이채윤, 《현대가 사람들》 (파주: 성안당, 2015), 407쪽.
28) 정주영, 《이 땅에 태어나서: 나의 살아온 이야기》 (서울: 솔, 1998), 333~343쪽;

차원의 경제협력과 교류가 증가할 것이라는 희망을 안겨주었다. 1차 방북에서 정주영은 북측과 금강산 관광개발사업 추진에 합의했다. 그는 소 떼를 몰고 다시 방북한 1998년 10월 30일 평양의 백화원 초대소에서 김정일 북한 국방위원장을 만났다. 1차 방북 때 북측과 합의한 대북경제협력 사업을 더 확실하게 보장받았다. 김대중은 방북을 마치고 서울로 돌아온 정주영 · 정몽헌 부자의 방북 성과를 자세히 듣고 그들의 노고를 위로했다.

"정 회장만이 하실 수 있는 일입니다. 정 회장의 뜻이 이루어질 수 있도록 정부가 적극 지원하겠습니다."

"대통령님께서 정경분리 원칙을 천명하고 대북화해 정책을 추진하셨기 때문에 가능한 일입니다."

1992년 대선에 출마한 김대중과 정주영은 한때 정치적 경쟁 관계였다. 또 정주영은 오랫동안 군부 출신 보수 정권의 정치자금줄 역할을 했다. 그런 김대중과 정주영이 남북한 간의 화해 · 협력 사업을 위해 손을 잡았다.

햇볕정책의 추진과 정주영의 방북으로 시작된 첫 번째 구체적 성과는 1998년 11월 18일 시작된 금강산 관광이었다. 정주영은 북한에서 서울로 돌아온 6월 23일 북한 측과 금강산 관광 계약을 체결했음을 발표했다. 그 구체적 결실이 드디어 11월 18일 금강산 관광 사업으로 이어졌다.

금강산 관광 초기에는 관광객들이 금강산 앞바다에 정박한 유람선을 숙소로 사용했다. 낮에는 소형 선박을 이용하여 육지로 가서 관광하고 밤에는 유람선으로 돌아와 숙박하였다. 현대는 이에 대비하여 해상관광의 북측 항구가 될 장전항을 금강산 관광사업 직전 서

이채윤, 《현대가 사람들》, 406쪽.

둘러 정비했다. 장전항 건설 비용은 약 1억 5,000만 달러 정도였다. 과거처럼 대북 투자 상한선을 500만 달러로 묶어 놓았다면 금강산 사업은 할 수 없었다.[29]

김대중 대통령이 2000년 6월 13일부터 15일까지 2박 3일 일정으로 북한을 방문했다. 1차 정상회담 때 김정일 북한국방위원장이 김대중 대통령에게 현대 이야기를 꺼냈다.

> "이번 김 대통령의 평양 방문을 국정원이 주도했다면 동의하지 않았을 것입니다. 국정원의 전신인 안기부와 중앙정보부에 대한 인상이 아주 나쁘기 때문입니다. 그런데 다행히 아태위와 현대가 하는 민간 경제 차원의 사업이 잘 되고 활성화돼 가니까 하기로 한 겁니다."[30]

김정일의 말에서 나타나듯 정주영의 대북협력 사업은 역사적인 남북정상회담을 비롯하여 김대중 정부 시기의 남북화해와 협력 정책의 디딤돌 역할을 하였다.

남북정상회담 직후인 6월 말 정주영 현대그룹 명예회장 일행은 원산에서 김정일을 만나 경협사업 문제를 협의했다. 김정일은 산업공단 건설 후보지로 개성지역을 지정하는 결단을 내렸다. 개성지역은 북측의 최전방 군사요충지로서 군사 전략적 차원에서는 절대로 개방할 수 없는 곳이었다. 개성은 서울에서 가장 가까운 주공격 축 선상에 있고 개성 전방에는 서울을 사정거리 안에 둔 수많은 장거리 포가 포진하고 있기 때문이다. 역지사지로 볼 때 남한 같으면 개성과

---

29) 정세현, 《판문점의 협상가 정세현 회고록: 북한과 마주한 40년》 (파주: 창비, 2020), 333쪽. 숙박시설이 보완되면서 2003년 9월부터는 육로관광도 시작되었다. 2005년 6월 금강산 관광객이 100만 명을 돌파했으며, 2007년에는 내금강 관광, 2008년에는 승용차 관광이 이루어졌다.
30) 김대중, 《김대중 자서전 2》, 264쪽.

같이 중요한 군사요충지는 절대 개방하기 어려웠을 것이다.

현대는 8월에는 '개성지역 산업공단 조성계획'을 김정일에게 설명하여 동의를 얻었다. 대단히 웅장하고 야심 찬 사업 규모였다. 배후도시 39.7㎢를 포함하여 총 66.1㎢(2,000만 평) 규모의 산업공단을 3단계로 추진하여 착수 뒤 8년 안에 완성한다는 계획이었다. 현대 측은 이 건설 사업이 완성될 경우 필요한 노동력 수요가 35만 명에 달할 것으로 보고, 북한이 과연 노동력 공급을 보장할 수 있는지에 대해 의문을 가졌다. 그러나 김정일은 정주영에게 "그때(8년 후)가 되면 남과 북은 평화공존하며 군축이 이루어질 것"이라며 "우리도 군대를 감축하여 노동력을 공급할 수 있을 것"이니 안심하라고 말했다.[31] 김정일이 남북관계 개선에 대해 강한 의지를 갖고 있었고 또 그 미래에 대해 매우 낙관적인 생각을 하고 있었음을 말해준다. 약속대로 북한은 사업 진행을 위해 전략적 요충지인 이 지역에 주둔해 있던 군부대와 장거리포를 다른 곳으로 이동시켰다. 또 북한은 2002년 11월 '개성공업지구법'을 발표했고, 이에 따라 공사도 시작되었다.

노무현 정부 때인 2004년 통일부 장관에 부임한 정동영은 개성공단 건설에 많은 노력을 기울였다. 시범단지를 가동한 지 얼마 후에 공단은 40만 평으로 확대되었고 남한 쪽 기업 120여 개가 입주했다. 800만 평을 모두 개발하면 2,000여 개의 기업이 입주하게 된다.

김대중의 햇볕정책과 정주영의 대북사업은 별개가 아니라 하나의 스토리나 다름없다. 김대중과 정주영은 정치와 경제가 긴밀하게 협력할 때 남북화해와 협력이 시너지 효과를 낼 수 있다는 것을 실증적으로 보여주었다.

---

31) 임동원, 《피스메이커: 남북관계와 북핵 문제 25년》 (파주: 창비, 2015), 356~358쪽.

VI. 용서 · 화해의 실천과 원칙 문제

1. 박정희와 화해

　"간밤 박정희 대통령이 살해당했답니다." 김대중이 박정희의 사망 소식을 전해 들은 것은 1979년 12월 27일 새벽 4시쯤 미국에서 걸려온 전화 목소리를 통해서였다. 김대중에게 박정희는 악연 중의 악연이었다. 김대중은 5 · 16 쿠데타 때문에 다섯 번째 도전 끝에 얻어낸 국회의원 자리를 선서도 하지 못하고 잃어버렸다. 1971년 4월 대통령 선거 때는 부정선거로 대통령 자리를 강탈당했다. 1971년 5월 국회의원 선거 때는 석연치 않은 교통사고로 생명을 잃을 뻔했고 교통사고 후유증으로 평생 불편한 다리를 가져야 했다. 박정희는 1973년에 동경에서 그를 납치하여 또 한 번 생명을 위협했다. 서울로 강제 송환된 김대중은 경찰이 집 밖을 통제한 가운데 연금상태에 처하였다. 1974년 아버지가 사망했지만, 박정희 정권은 부모의 장례식 참석까지 막았다. 김대중은 '3 · 1 구국선언'으로 1976년 3월부터 1978년 12월까지 2년 10개월 동안 감옥과 병원에서 살아야 했다. 그런 박정희였지만 김대중은 1979년 박정희가 김재규에 의해 살해된 현실을 긍정적으로 평가하지 않았다. 민주주의는 쿠데타나 암살로 되는 것이 아니라 국민의 힘으로 이루어지는 것이라는 이유 때문이었다. 그는 김재규를 인간적으로 연민했지만, 그의 행위에 대해서는 평가하고 싶지 않다고 말했다.[32]

　김대중은 박정희를 1968년에 단 한 번 만났다. 그는 새해 청와

---

32) 김대중, 《김대중 자서전 I》, 361쪽.

대로 신년 인사를 갔을 때 서 있는 채로 박정희와 5분 정도 이야기를 나눴다고 기억했다. 그때 박정희는 그에게 매우 친절했고 그의 질문에 성의 있게 답변했다고 한다. 육영수 여사도 매우 친절하게 대해주었다고 한다. 1967년 국회의원 선거에서 김대중을 떨어뜨리기 위해 목포까지 내려와 국무회의를 주재했던 박정희의 모습을 상기할 때 뜻밖의 모습이었다. 김대중은 박정희가 사망하기 3, 4개월 전쯤 차지철 청와대 경호실장을 통해 박정희와 면담을 요청했으나 성사되지 않았다. 그는 박정희 생전에 그와 만나 나라와 민주주의에 대해 한 번도 허심탄회한 대화를 해보지 못한 것을 매우 아쉽게 생각했다.[33]

김대중은 박정희의 공과를 비교적 객관적으로 보려 했다. 그는 박 정권이 경제발전을 이룬 업적을 어느 정도 인정했다. 그는 무엇보다 박정희 대통령이 6 · 25 이후 실의에 빠졌고, 폐허 속에 있던 나라에서 국민에게 '우리도 하면 된다'는 인식을 심어주었다는 점을 높이 평가했다.

> "그때는 서구식 근대화라는 것에 대해서 꿈과 같다는 생각을 가질 때인데 우리도 그렇게 하면 된다, 우리도 큰 공장 지을 수 있고 우리도 세계시장에 나가서 팔 수 있는 물건도 있다고 했습니다. 이렇게 국민의 자신감, 자기 자신에 대한 확신을 심어준 것은, 이런 것은 매우 중요한 것입니다."[34]

김대중은 박정희의 긍정적 측면을 이렇게 평가하면서도 그러나

---

33) 김대중, 〈박정희와의 역사적 화해〉(1999.5.13.), 연세대학교 김대중도서관 편, 《김대중전집 I 3권: 북지국가와 사회통합의 초석을 세우다(1995.5-1999.11)》(서울: 연세대학교 대학출판문화원, 2015), 28-29쪽.
34) 위의 글, 30쪽.

독재를 해야만 경제를 발전시킬 수 있다는 논리에는 동의하지 않았다. 그는 박 정권이 경제개발을 대기업과 도시 중심으로 추진한 것은 잘못이라고 보았다. 또 그는 '경제개발 5개년 계획'은 이미 민주당 장면 정권이 마련해놓은 것이라는 점을 강조했다. 김대중은 장면 정권이 경제개발 정책을 중단 없이 추진했다면 국민의 참여와 지지로 더 좋은 효과를 낼 수 있었을 것이라고 주장했다. 김대중은 박정희의 가장 큰 잘못은 지역감정을 조장한 것이라고 주장했다. 박 정권 이전까지만 하더라도 지역감정이 거의 존재하지 않았는데 박정희가 지역차별정책과 선거에서 지역감정을 조장하면서 우리나라의 최대 적폐인 지역감정이 발생했다는 것이다.

이렇게 김대중은 박정희가 경제발전 과정에서 이바지한 공을 인정하면서 다른 한편으로는 대기업 중심 경제와 빈부 격차 심화, 지역감정 조작, 독재 등 부정적 측면을 지적하며 균형 잡힌 시각을 가지려 했다.

1997년 DJP 연대가 최종 합의를 본 10월 27일 밤 김종필은 김대중과 만난 자리에서 양당의 공조에 동의하면서 단일화 조건으로 내각제 개헌 외에 박정희기념관을 세워달라고 했다. 김대중은 두 가지 요구에 모두 동의했다. 김종필은 자신이 김대중에게 박정희기념관 건립을 요구하고 김대중이 동의한 것을 "인격과 신뢰에 바탕을 둔 역사의 해원解冤 의식"이라고 표현했다. 김종필은 그의 회고록에서 박정희 대통령 기념관은 김종필이 1992년 김영삼을 지원할 때도 반대급부로 약속받은 사안이었으나 김영삼은 대통령이 된 뒤 약속을 지키지 않았지만, 김대중은 대통령 재임 가운데 200억 원을 책정하여 기념관 건축공사에 착수했다고 밝혔다.[35] 실제로 김대중은 대통

---

35) 김종필, 《김종필 증언록—5·16에서 노무현까지 2》 (서울: 와이즈베리, 2016), 228쪽.

령이 된 뒤 박정희기념관 건립에 200억 원을 지원했고 박정희기념사업회 고문도 맡았다. 그는 박정희기념관 건립이 박정희에 대해 공과를 공정하게 평가하는 계기가 되기를 바랐다.

이후락은 1973년 박정희의 지시에 따라 김대중을 일본에서 납치하여 바다에 수장시키려 한 인물이다. 김대중은 1997년 대통령에 당선된 뒤 측근을 이후락에게 보냈다. 김대중 측근은 이후락에게 다음과 같이 말했다. "김대중 대통령 당선인께서 이 부장께 외국에 나갈 생각 말고 국내에서 편하게 지내도 된다고 말씀하셨습니다." 정치보복을 하지 않겠다는 약속이었다. 이후락에 대한 용서 역시 박정희에 대한 용서와 화해의 연장선에서 나온 조처였다.

김대중이 대통령직에서 물러난 후인 2004년 8월에 박근혜 한나라당 대표가 김대중도서관을 찾아왔다. 박근혜는 이때 김대중에게 "아버지 시절 여러 가지로 피해를 입으시고, 고생한 데 대해 딸로서 사과 말씀드린다. 재임 가운데 기념관 문제로 어려운 결정을 한 것에 감사드린다"라고 말했다. 김대중으로서는 뜻밖이었다. 김대중은 매우 기뻤고, 아버지의 잘못을 사과한 박근혜에게 감사하다고 했다. 그는 "내 속에 있는 무슨 응어리가 풀린 것 같은 기분이 들었다"라고 술회했다. 그는 "아버지 시대 맺혔던 원한을 따님이 와서 풀고 한 것이 우리가 인생을 사는 보람을 느끼는 것"이라고 생각했다.[36]

앞에서 소개한 것처럼 김대중은 2006년 3월 21일 박정희가 세운 영남대학교에서 명예박사학위를 받았다. 대구 지역의 한 신문은 김대중이 명예 정치학 박사 학위를 받은 내용을 소개하는 기사에서 김대중과 박정희의 사진을 나란히 싣고 "박통-DJ 서로 끌어안다."라는 제목으로 두 사람의 상징적 화해를 소개했다.[37] 김대중 비서관

---

36) 《조선일보》 창간 85주년 특별인터뷰(2005. 3. 2.).
37) 《매일신문》 (2006. 3. 21.).

을 지낸 최경환 전 국회의원은 이날의 모습을 가리켜 '산 자와 죽은 자의 화해'라고 표현했다.[38]

2. 전두환에 대한 용서

김대중은 1980년 5월 17일 전두환과 신군부세력에 의해 체포되었다. 신군부는 김대중에게 광주항쟁 선동 및 친북 혐의를 씌워 사형시키려 햇다. 1심, 2심 군사 법정은 물론이요 대법원까지 그에게 사형선고를 내렸다. 1980년 당시 주한 미국 대사였던 글라이스틴 William H. Gleysteen은 그의 회고록에서 "영향력 있는 위치에 있던 (신군부) 인사 가운데 놀랄 만큼 많은 사람이 김대중 처형을 강력하게 요구하고 있었다"라고 기술했다. 다행히 미국 등 우방 국가가 전두환에게 김대중을 사형시킬 경우 한국에 강한 제재를 가할 것이라는 경고와 함께 사형을 실행하지 않으면 그를 미국에 초청하겠다는 당근 정책을 펼쳐 김대중의 생명을 구했다.

김대중은 사형 구형을 받고 이틀이 지난 1980년 9월 13일 군사 법정에서 내란협의로 재판을 받고 있던 22명의 동지가 지켜보는 가운데 최후 진술을 했다.

"마지막으로 여기 앉아 계신 피고들께 부탁드립니다. 내가 죽더라도 다시는 이러한 정치보복이 없어야 한다는 것을 유언으로 남기고 싶습니다. 어제 한완상 박사가 예언자적인 사명과 제사장적인 사명이 있다고 말씀하셨는데 나는 이를 사회 구원과 개인 구원으로 부르고 싶습니다. 나는 기독교 신자로서 민주 회복을 통한 사회구원과 민족구원을

---

38) 최경환, 《김대중 리더십》 (아침이슬, 2010), 134~137쪽.

생각했습니다."[39]

　김대중은 사형에서 무기징역으로 감형된 뒤 2년 7개월 동안 감옥살이를 했다. 그는 1982년 12월 말 미국으로 건너가 2년 3개월 동안 망명 생활을 했다. 또 귀국 뒤 1987년 6월 항쟁에서 민주 세력이 승리할 때까지 연금 생활을 계속하다 5년여 만에 자유의 몸이 되었다.

　김대중은 1983년 5월 22일 미국에서 광주 의거 희생자를 기리는 추도사를 하면서 5·18을 '한'의 용어로 설명했다. 그는 우리의 과거사에는 조국 분단의 한, 독재정치의 한, 빈부 양극화의 한 등 많은 한이 존재하며 광주 의거는 이런 한을 풀고자 일어난 것이었지만 도중에 좌절됨으로써 또 하나의 한이 되었다고 말했다. 그는 "한은 민중이 좌절된 소망을 안고 그 성취를 바라는 민중의 기다리는 마음"이라고 정의하고 5·18의 "진정한 한풀이는 눈에는 눈, 이에는 이의 복수에 있지 않고 한을 맺히게 한 좌절된 소망의 성취에 있다"라고 했다. 그러면서 그는 "광주의 한도 광주 영령 여러분의 소원이었던 민주 회복과 그를 바탕으로 한 통일에의 전진으로만 근본적인 한풀이가 가능"하다고 말했다.[40]

　김대중에게 있어서 진정한 화해와 평화의 전제 조건은 용서와 사랑이었다. 그는 1980년 육군교도소에서 사형수로서 언제 죽을지 모르는 하루하루를 보내면서 둘째 아들 홍업과 셋째 아들 홍걸에게

---

39) 김대중, 〈다시는 정치보복이 없어야 한다〉, 김대중 외, 《김대중 내란음모의 진실》 (문이당, 2020), 23쪽; 김대중, 〈김대중 내란음모 조작사건 관련 최후진술 (1980.9.13.)〉, 《김대중 전집 Ⅱ 제9권: 민주항쟁과 사형선고를 넘어》(연세대학교 대학출판문화원, 2019), 218쪽.

40) 김대중, 〈민중의 한과 민중 시민의 사명〉, 《민중신문》 (1983. 2. 25); 김대중, 〈광주 의거 희생자 3주년 추도식 추도사〉(1983.5.22.), 연세대학교 김대중도서관 편, 《김대중 전집 Ⅱ 제10권》, 299~300쪽.

보내는 편지들을 통해 이런 생각을 분명하게 드러냈다. "용서와 사랑을 거부해서는 인간 사회의 진정한 평화와 화해를 성취할 수 없다."41) "용서는 모든 사람과의 평화와 화해의 길이기 때문에 기쁜 마음으로 이를 해야 한다."42)

김대중은 박해를 받고 시련을 겪은 그가 정상적으로 법에 따른 신상필벌을 한다 하더라도 그것은 복수의 감정에 의한 정치보복이 될 수 있음을 걱정했다. 또 이것은 국가 사회적으로 정치보복의 악순환이라는 큰 문제를 야기할 수 있다고 생각했다. 그는 복수의 악순환이 이어지면 민주주의는 불가능하고 구성원들이 증오와 복수의 염원으로 서로 죽이고 피해를 주는 잔인한 일만 반복될 것이라고 주장했다.

김대중은 적에 대한 용서와 관용, 화해, 통합을 실천한 모범적 인물로 미국 제16대 대통령 링컨Abraham Lincoln을 들었다. 링컨은 남북전쟁(1961-1965) 승리 뒤 남부인들에 대해 화해와 관용 정책을 펼쳤다. 전쟁이 끝났을 때 남부인들은 승리자 북부인에 대한 강한 분노와 증오의 감정을 가졌다. 반대로 북부인들은 남부인들에 대한 멸시와 지배의 감정을 갖고 보복에 나섰다. 링컨은 북부인들의 보복을 금지했고 남북인들을 감싸 안았다. 그는 노예제도를 폐지하면 됐지, 사람을 처벌할 필요는 없다고 했다. 북부인들은 링컨의 그런 태도를 맹렬하게 비난했다. 그러나 링컨은 흔들리지 않았다. 그는 남부 사람들을 보복하면 남북은 영원히 갈라져 별개의 국가가 되고 말 것이라고 생각했다. 김대중은 링컨의 태도에서 용서와 화해의 위대한 모델을 발견했다. 김대중은 미국이 전쟁 후 하나의 미국으로 통합할 수 있었던 것은 링컨의 위대한 용서와 화해통합의 정신이라고 해석

---

41) 김대중, 《옥중서신》 (서울: 도서출판 한울, 2000), 27~28쪽.
42) 위의 책, 31쪽.

했다.[43)]

　　김대중은 정치보복의 악순환을 예방하기 위해 용서하는 삶을 선택했다. 그런데 이러한 용서를 실천하는 것은 개인의 의지와 정책적 고려만 가지고는 어려웠다. 용서할 수 있는 그릇이 되어 있어야 했다. 김대중은 종교적 신앙과 역사에 대한 믿음 속에서 수양을 통해 용서 능력을 길렀다. 노명환은 이것을 '용서할 수 있는 성숙성의 특수성'이라고 설명했다.[44)]

　　김대중의 용서와 화해의 방식은 '눈에는 눈, 이에는 이'의 응보적 정의가 아니라 피해자의 명예와 배·보상을 포함한 회복에 초점을 맞추는 정의론에 기초하였다. 예를 들면 제도와 법에 의한 과거사 청산과 명예 회복론 등이다. 그는 1987년 6월항쟁 이후 전개된 현실 정치에서 남아공의 진실화해 모델을 기초하여 진실규명, 가해자에 대한 사법적 판결, 피해자의 명예 회복과 배·보상, 사면과 용서의 방식으로 과거사 문제를 해결하고자 했다.[45)]

　　6월 항쟁 후 10년이 지난 1997년 제15대 대통령 선거를 앞에 두고 김대중은 국민회의 총재와 대통령 후보로 선출되었다. 대통령 후보 수락 연설은 야당 전당대회로는 처음으로 텔레비전에 생중계되었다. 그는 후보 수락 연설에서 다음과 같이 말했다.

"대통령에 당선되면 정치보복을 하지 않고, 전두환·노태우 씨가 사죄하면 용서하고, 김영삼 대통령이 임기를 무사히 마치도록 도와주겠다."

---

43) 김대중, 《새로운 시작을 위하여》, 110쪽.
44) 노명환, 〈김대중의 용서·화해 사상과 분단 극복·지구평화〉, 박명림·백학순 외, 《김대중의 사상과 정치 2》, 331쪽.
45) 김귀옥, 〈김대중의 화해의 정치〉, 박명림·백학순 외, 《김대중의 사상과 정치 2》, 304쪽.

1997년 대통령 선거에서 김대중이 당선되었다. 해방 후 최초의 수평적 정권교체였다. 1997년 김대중이 대통령에 당선된 직후부터 전두환·노태우의 사면·복권문제가 현안으로 대두되었다. 김영삼은 퇴임 전 두 사람 문제를 해결하고 싶었다. 그러나 국민 여론은 찬·반으로 나누어져 있었다. 게다가 대통령 당선인은 전두환이 사형을 시키려 했던 김대중 바로 그 사람이었다. 전두환·노태우의 사면·복권은 김대중의 동의 없이는 상상하기 어려웠다. 국민의 시선은 김대중에게 집중되었다. 전두환과 노태우 등 5공 세력들은 아직 5·18 학살에 대해 어떤 사과도 하지 않았다. 이런 시점에서 김대중이 사면·복권에 동의하면 광주 시민들을 비롯하여 민주진영에서 비난이 쇄도할 게 뻔했다. 반면 사면·복권에 반대할 경우 보수 진영에서는 김대중이 본격적으로 정치보복에 나섰다고 비난할 것이 분명했다. 김대중은 어떤 선택을 하든 어느 한쪽으로부터 비판을 받아야 할 운명에 처해 있었다.

김대중은 전두환·노태우의 사면·복권에 동의하기로 했다. 이 선택은 결코 정치적 이해관계에 따른 것은 아니었다. 정치보복 근절이라는 그의 신념에 따른 것이었다. 그는 1980년 사형 선고를 받고 법정에서 최후 진술을 하면서 언젠가 민주주의가 회복될 것이라고 전제하고 "내가 죽더라도 다시는 이러한 정치보복이 없어야 한다는 것을 유언으로 남기고 싶다"라고 했다. 그는 유언 같은 그 약속을 17년 뒤 실행에 옮겼다.

김대중의 큰아들 홍일은 1980년 김대중이 체포되었을 때 함께 체포되어 모진 고문을 당했다. 그는 15-17대 국회의원을 했지만, 고문 후유증으로 평생 다리를 절었고 파킨슨병을 앓아 마지막 15년 동안은 거의 거동을 하지 못했다. 김대중은 그런 아들을 보면서 뼛속까지 아파했다. 김대중은 그런 안타까움 마음을 측근인 박지원 전

청와대 비서실장에게 다음과 같이 토로했다. "결국, 나는 성공했다고 볼 수 있겠지만 우리 아들들, 특히 우리 큰아들 홍일이를 보면 가슴이 미어져서 살 수가 없어요."[46] 김대중은 이렇게 자신을 죽이려 한 것에 덧붙여 그의 자식들에게까지 모진 고문을 했음에도 전두환을 용서했다.

김대중이 전두환·노태우의 사면·복권에 동의하면서 전두환·노태우는 12월 22일 감옥에서 풀려났다. 두 전직 대통령의 사면·복권은 앞으로 더 이상의 정치보복이나 지역적 대립은 없어야 한다는 김대중의 염원이 담긴 조치였다. 물론 광주 시민을 비롯하여 민주진영에서 많은 반대가 있었다. 당선되자마자 그를 열렬히 지지한 사람들의 뜻과 배치되는 결정을 해야 하는 김대중의 마음도 편할 리 없었다. 그러나 김대중은 사면을 반대하는 사람들에게 "피해자가 가해자를 용서해야 진정한 화해가 가능하다"라는 그의 평소 지론을 내세우며 최대한 이해를 구했다.

김대중은 정치보복 근절이라는 그의 정치적 소신을 2월 25일 대통령 취임식에서 다시 한번 밝혔다.

"국민의 정부는 어떠한 정치보복도 하지 않겠습니다. 어떠한 차별과 특혜도 용납하지 않겠습니다. 다시는 무슨 지역 정권이니 무슨 도 차별이니 하는 말이 없도록 하겠다는 것을 굳게 다짐합니다."[47]

---

46) 《동아일보》 (2019. 4. 22). 김홍일은 파킨슨병을 끝내 이겨내지 못하고 2019년에 71세의 나이로 세상을 떠났다.
47) 김대중, 《김대중 자서전 2》, 18, 36쪽.

3. 용서 · 화해 · 통합의 경계선

1980년 김대중이 체포되고 두 달가량이 지난 7월 어느 날 보안 사령부 합동수사단장인 이학봉 대령이 김대중을 두 차례 찾아와 협력을 요청했다. "당신이 우리와 함께 간다면 대통령직만 빼고 어떤 자리도 드리겠습니다." 그러면서 그는 자신들의 제안을 거부하면 반드시 죽이겠다는 위협도 했다. 그러나 김대중은 신군부의 제안을 단호히 거부했다. "나는 협력할 수 없소. 죽이든 살리든 당신들 마음대로 하시오."48)

김대중은 1980년 9월 17일 1심 재판에서 사형을 선고받았다. 이미 각오한 것이었지만 그는 막상 사형이라는 말을 들으니 하늘이 무너지는 것 같았다. 그로부터 1981년 1월 1월 23일 대법원에서 사형이 확정되고 그날 오후 무기징역으로 감형될 때까지 약 4개월 동안 김대중은 죽음에 대한 두려움, 살고 싶은 마음, 불의와 타협해서는 안 된다는 신념 등 사이에서 심리적 롤러코스터를 겪었다. 그가 1980년 11월 21일 아내 이희호에게 보낸 편지에는 그의 복잡한 감정이 잘 담겨 있다. "희망과 좌절, 기쁨과 공포, 그리고 해결과 갈등과 번민을 매일같이 되풀이해 왔고, 지금도 이를 벗어나지 못하고 있습니다." 그는 그런 불안한 마음을 하나님에 대한 믿음으로 간신히 진정시키고 있었다. "예수님의 부활을 확신하는 것이 현재의 나의 믿음을 지탱하는 최대의 힘이며, 언제나 눈을 그분에게 고정하고 결코 그분의 옷소매를 놓치지 않으려고 안간힘을 쓰고 있습니다."49) 그는 이렇게 살고 싶은 마음이 간절했지만 죽음 앞에서 끝내 불의와

---

48) 김대중, 《김대중 자서전 1》, 384쪽.
49) 김대중, 〈결단과 신앙과 죽음의 임박(1980.11.21.)〉, 김상신 편, 《후광김대중전집 8 (옥중서신)》, 20쪽.

타협하지 않았다.

1988년 출범한 노태우 정부 시대는 여소야대 정국이었다. 여소야대 정국은 1961년 5·16 쿠데타 이후 군사정부가 처음 겪는 경험이었다. 차기 대통령을 꿈꾸는 3김 씨는 국회가 행정부의 발목을 잡으면 국민 여론에 부정적으로 비칠 것을 우려하여 가능한 안건을 신속히 처리하려 노력했다.

그러나 야 3당의 이런 배려에도 불구하고 노태우와 여당은 국정이 행정부가 아닌 국회에 의해 주도되고 있는 것을 힘들어했다. 노태우는 여소야대 정국을 타파할 방안을 찾기 시작했다. 그는 합당을 생각했고 그 명분으로 보수 대연합 혹은 '온건 중도세력의 대통합'과 '보·혁 구도로의 정계개편'을 추구했다. 그는 김종필, 김영삼, 김대중 세 야당 총재를 모두 교섭대상으로 삼았다. 그는 첫 번째 교섭대상으로 평민당 김대중을 선택했다. 노태우는 평민당이 제1야당이라는 점도 고려했지만, 북방정책, 중간평가 유보 등 몇 가지 현안에서 김대중과 호흡을 맞춘 것을 긍정적으로 평가했다. 그는 양 정당이 통합한다면 국회 의석에서 과반을 크게 상회할 뿐만 아니라 영호남 지역감정 극복, 민주세력과 산업세력의 결합 등 여러 면에서 시너지 효과를 얻을 수 있을 것으로 판단했다.

그러나 김대중은 노태우의 합당 제의를 거절했다. 김대중은 민주정통세력인 평민당과 쿠데타 세력인 민정당은 정체성에서 분명 다르며 하나가 될 수 없다고 생각했다. 또 그는 국민이 선택한 여소야대 정국을 변경시키는 것은 민의에 대한 배반이라고 생각했다. 김대중은 야당으로서 수평적 정권교체를 통한 대통령이 되고 싶었다.[50]

---

50) 노태우, 《노태우 회고록》, 483~485쪽; 박철언, 《바른 역사를 위한 증언》 (랜덤하우스 코리아, 2005), 474~475쪽; 연세대학교 김대중도서관 편, 《김대중 전집 Ⅰ 제3권

김대중이 '대통령병 환자'라는 말을 들으면서까지 대통령이 되려고 했던 이유는 세상을 바꾸어 사람이 주인인 세상을 만들기 위해서였다. 그런 간절한 소망과 꿈을 가지고 있었음에도 전두환 측의 회유와 노태우의 합당 제의를 거절한 것은 화해·통합에도 원칙이 있어야 한다는 그의 신념 때문이었다. 역사에 대한 신뢰와 믿음도 원칙과 소신을 고수한 주요 배경이었다.

김대중에게는 그가 믿었던 하나님과 국민 외에 제3의 신앙으로서 역사에 대한 믿음이 있었다. 김대중은 선거에서 여러 번 떨어졌다. 독재정권의 불법 선거나 지역감정 조작도 멈추지 않을 것 같았다. 그는 대통령이 되는 게 어려울 수 있다고 생각했다. 이때 그에게 위안으로 다가선 것이 역사였다. 그는 자신의 노력이 당대에 평가받지 못하더라도 역사가 평가하리라고 믿었다. 그는 그 이유를 "역사의 뒤편에는 정의와 진실을 주관하는 신이 계실 것이기 때문이다"라고 말했다. "나는 악마가 지배하는 지옥에 떨어져도 신이 있다는 것을 믿는다. 그리고 나의 신앙은 역사다. 나는 역사 안에서 정의는 절대로 패배하지 않는다는 것을 믿는다."[51]

김대중에게 가장 두려운 것은 역사의 심판 즉 "역사 속에서 내가 어떻게 평가될 것이냐?"였다.[52] 김대중이 1980년 사형선고를 받고도 전두환 등 신군부와 타협하지 않은 것은 역사에 대한 두려움 및 믿음 때문이었다. 그는 1992년 대선에서 떨어졌지만, 그의 인생이 결코 실패했다고 생각하지 않았는데 그 배경도 역사에 대한 믿음이었다.[53] 그는 대통령에 당선되지 못했지만, 인생의 삶에는 충실했

:북지국가와 사회통합의 초석을 세우다(1995.5–1999.11)》(서울: 연세대학교 대학출판문화원, 2015), 37쪽.

51) 최성 엮음, 《김대중 잠언집 배움》(서울: 다산책방, 2009), 56쪽.
52) 정진백 편, 《김대중 대화록 2 : 1988–1993》(화순: 행동하는 양심, 2018), 188쪽.
53) 김대중, 《새로운 시작을 위하여》(서울: 김영사, 1994), 180; 최영태, 《빌리 브란트와

고, 따라서 그를 기록할 역사의 페이지는 따로 있으리라고 생각했다. 역사의 페이지는 이 세상에서 무엇을 얼마만큼 이룬 사람의 페이지가 아닌, 인생을 어떻게 올바르게 살려고 노력했느냐 하는 사람의 페이지가 될 것이며 자신의 노력도 긍정적으로 평가해줄 것으로 기대했다.[54] 그는 이런 생각을 노벨평화상 수상 소감 때 다시 언급했다.

"모든 나라의 모든 시대에 국민과 세상을 위해 정의롭게 살고 헌신한 사람은 비록 당대에는 성공하지 못하고 비참하게 최후를 맞이하더라도 역사 속에서 반드시 승자가 된다는 것을 저는 수많은 역사 속에서 보았습니다. 그러나 불의한 승자들은 비록 당대에는 성공하더라도 후세 역사의 준엄한 심판 속에서 부끄러운 패자가 되고 말았다는 것도 깨달을 수 있었습니다."[55]

2000년 6·15 정상회담 후 남북관계 기사가 매일같이 일간지의 1면을 장식했다. 보수언론과 야당인 한나라당은 "가치관의 혼란을 초래한다", "북한의 계략에 말려들고 있다", "국가안보가 걱정된다" 등의 표현으로 남북관계의 급격한 진전에 제동을 걸고 나섰다. 한나라당과 보수언론은 김대중 정부에서 대통령 외교안보 수석, 통일부 장관, 국정원장, 통일부 장관 등을 역임하며 김대중 정부 햇볕정책의 일선 지휘자인 임동원을 주공격 대상으로 삼았다.

임동원은 2001년 3월 26일 개각을 통해 국정원장에서 통일부 장관으로 자리를 옮겼다. 김대중은 임동원을 다시 통일부 장관으로

김대중》 451~454쪽;
54) 김대중, 《새로운 시작을 위하여》, 85쪽.
55) 김대중, 《김대중 자서전 I》, 21, 375쪽.

임명한 것은 그가 통일부 장관 자격으로 북측과 공개적으로 교섭하고, 국회와 국민을 설득하고, 미국을 설득하는 데도 앞장서주기를 바라는 마음이었다.56) 임동원이 통일부 장관으로 자리를 옮기고 5개월이 지난 2001년 8월, 만경대 사건이 터졌다. 8·15 평양축전 기간에 강정구 동국대 교수는 김일성 주석의 생가로 알려진 만경대를 방문하면서 방명록에 "만경대 정신 이어받아 통일 위업 이룩하자."라는 문구를 썼다. 이를 언론들이 문제 삼았고 야당은 이를 빌미로 햇볕정책에 대해 거센 공격을 했다. 야당은 방북 허가를 내준 임동원 통일부 장관의 책임을 물어 그의 경질을 요구했고 그에 대한 해임건의안을 제출했다. 문제는 여기서 그치지 않았다. 야당의 임동원 장관 해임 시도에 공동정부를 구성하고 있던 자민련까지 동조하고 나섰다.

김대중은 임동원의 해임 요구를 거부했다. 김대중은 한광옥 비서실장을 김종필에게 보내 협조를 당부했다. 그러나 김종필은 임동원의 자진 사퇴 주장을 꺾지 않았다. 보수주의자인 김종필은 오래전부터 정보 수장까지 지낸 임동원이 북한과 지나치게 가깝게 지내는 데에 대해 부정적 견해를 갖고 있었다. 그는 국회 표결 때 해임건의안에 동조할 뜻을 분명히 밝혔다. 이것은 곧 김종필이 공동정부 파기까지도 염두에 두고 있음을 의미했다. 자민련과의 공조 파기는 여소야대로 어려운 정국을 더욱 어렵게 만들 것이 틀림없었다. 또 자민련이 임동원의 해임동의안에 찬성할 경우 임동원의 해임건의안 통과도 명약관화했다.

그런데도 김대중은 김종필의 임동원 자진 사퇴 요구를 거부했다. 김대중은 야당의 임동원 장관 해임 요구는 단순히 통일부 장관

---

56) 임동원, 《피스메이커》, 376~377, 416~417쪽.

한 사람의 교체 요구가 아니라 햇볕정책 자체에 대한 공격으로 받아들였다. 그는 공동정부의 중요성을 너무 잘 알고 있었음에도 김종필의 요구를 받아들이지 않았다. 김대중은 햇볕정책으로 대표되는 민족문제를 국내 문제 즉 공동정부 와해보다 우선순위로 여기고 있었다.

9월 3일 임 장관 해임건의안이 자민련의 가세로 통과되었다. 이것은 DJP 공동 정권이 무너진 것을 의미했다. 공동정부를 구성한 지 3년 8개월 만이었다. 1997년 DJP 연대를 선언한 날로 소급하면 4년이나 되었다. 그동안 공동정부는 내각제 약속 파기 문제, '옷 로비 사건' 특검 도입 문제 등이 불거지면서 몇 차례 진통을 겪었지만 잘 이겨냈다. 그런데 햇볕정책을 둘러싸고 결국 보수적 성향의 김종필과 결정적 틈이 생겼다. 훗날 김종필은 평소 신중한 자세를 가진 김대중 대통령이 그때 무슨 이유로 공동정부를 무너뜨리면서까지 임동원을 고집스럽게 보호했는지 이해하기 어려웠다고 말했다.[57] 여하튼 공동정부에서 자민련이 이탈하면서 정국은 1여 2야의 구도로 재편되었다. 의석 숫자로 계산하면 집권 여당의 의석수가 절대적으로 열세였다. 남은 임기 동안 소수정권의 험난한 길을 예고했다.

김대중은 내심으로는 승복하지 않았지만, 의회주의를 존중하는 뜻에서 임동원의 해임건의안을 수용했다. 홍순영 주중 대사를 임동원의 후임 통일부 장관으로 임명하고 임동원은 대통령 외교안보특보에 임명했다. 야당에서는 임동원을 다시 외교안보특보로 임명한 것에 강하게 반발했지만, 김대중은 구애받지 않았다. 임동원은 자리만 옮겼을 뿐 여전히 김대중이 퇴임하는 날까지 햇볕정책의 실질적인 사령탑 임무를 수행했다.

---

57) 김종필, 《김종필 증언록 2》, 258쪽.

VII. 화해 · 통합 정책의 현재와 미래에 대한 함의

1987년 6공화국 헌법이 제정된 뒤 40여 년의 시간이 지났다. 1987년 개헌 때는 시간에 쫓겨 권력 구조를 중심으로 논의가 이루어졌고, 기본권 등에 대해서는 충분한 검토가 없었다. 또 제왕적 대통령제에 대한 수정 필요성도 제기되었다.

김대중은 그의 자서전에서 권력 구조의 수정 등 개헌 필요성을 조심스럽게 언급했다.

"대통령제하에서 10명의 대통령이 있었다. 이승만, 박정희, 전두환 같은 독재자들이 비극적 종말을 맞았지만, 그 후로도 독재자나 그 아류들이 출현했다. 이를 막기 위해 이제는 대통령 중심제를 바꾸는 것도 고려해 봄 직하다. 5년 단임제는 책임을 물을 방법이 없다. 이제 민의를 따르지 않는 독재자는 민의로 퇴출해야 할 때가 되었다. 이원집정부제나 내각 책임제를 도입하는 것도 나쁘지 않다고 본다. 10년 동안의 민주 정부가 많은 것을 변화시켰고, 특히 우리 국민의 민주주의에 대한 의식이 매우 성숙했다고 보기 때문이다."[58]

김대중이 이런 언급을 한 뒤 다시 박근혜, 윤석열 등 2명의 대통령이 국회와 헌법재판소의 결의, 그리고 국민의 거리 투쟁으로 탄핵되었다. 또 이명박, 박근혜, 윤석열이 구속된 바 있다. 이로써 기존 대통령제의 수정 필요성은 더욱 증가했다.

---

58) 김대중, 《김대중 자서전 2》, 559쪽.

이재명 대통령은 2026년 지자체 선거 때까지 합의 가능한 내용을 중심으로 1차 개헌을 하고 다시 2028년 국회의원 선거 때까지 완전한 개헌을 하자고 제안했다. 개헌은 여야 합의가 원칙이지만 대통령과 다수당인 민주당이 확고한 의지가 있다면 개헌은 이행될 가능성이 크다.

유럽 국가 대부분은 내각제를 채택하고 있다. 그러나 현재 정치권이나 국민 여론은 대통령제의 고수에 기울어져 있는 만큼 7공화국 헌법은 대통령제의 골격을 유지하면서 책임총리제 등을 통해 대통령에 집중된 권력을 분산하고 4년 중(연)임제 등으로 5년 단임제의 단점을 보완하는 방법이 유력하다. 책임총리제는 김대중이 주장한 정·부통령제와 유사한 기능을 발휘할 수 있다. 4년 중(연)임제는 김대중의 주장과 유사하다. 국회의 신중한 의안 심의 및 국회 내의 견제와 균형의 원리 실천 외에 지역 균형발전이라는 측면에서 양원제의 도입도 필요하다. 또 개헌과는 별개로 정치개혁을 통한 다당제의 활성화 문제도 개헌 논의 때 함께 논의될 필요가 있다.

대한민국 앞에는 수많은 난제가 가로놓여 있다. 특히 저출산 고령화 현상은 한국 사회의 미래를 매우 어둡게 하는 주제이다. 외국의 저명한 인구 전문가들까지 나서서 한국의 저출산 현상이 계속되면 국가가 소멸할지도 모른다고 경고하고 있다.[59] 그 외에도 AI 시대의 도래, 미국(트럼프)의 과도한 자국 우선주의, 남북관계의 악화, 동북아 지역에서 미국과 중국의 패권 경쟁 심화, 수도권 집중의 심화와 지역소멸 위기, 극우 세력의 준동 등 다양한 방향에서 대한민국의

---

[59] 서울대 산학연구단이 저출산고령화위원회의 의뢰로 연구 작성한 보고서는 2050년 건강보험료가 지금의 2배로 오르고 2072년에는 3.5배로 증가할 것이라고 했다. 노인 장기요양보험보험료률은 15배까지 급증할 수 있으며, 봉급자들은 월급의 1/4을 보험료로 지불할 수도 있다고 했다. 《경향신문》· (2025.07.27.); 《아시아경제》 (2025.07.27.).

미래를 위협하는 요소들이 많다. 대부분 국민통합과 여야의 협력 없이는 해결하기 어려운 주제들이다.

독일의 기독민주당과 사회민주당은 2025년 5월에 전후 네 번째 대연정을 꾸렸다. 독일에서 양대 거대 정당이 이렇게 손을 잡는 경우는 크게 두 가지이다. 하나는 국내외 정치 상황이 어려워 양대 세력이 힘을 합쳐야 할 때이다. 이번 대연정은 트럼프의 관세정책과 유럽 경시정책이 직접적 영향을 주었다. 다른 또 하나는 '독일을 위한 대안AfD'이라는 극우 정당에 공동 대처하기 위해서이다. 양대 정당은 서로 경쟁하면서도 극우나 극좌의 위협 앞에서는 우군이 되어 공동 대처하고 있다.

우리나라도 저출산 문제 등 난제들을 해결하기 위해서라도 정치세력이 힘을 합해야 하고 국민적 통합이 필요하다. 다행히 우리에게는 김대중이 실험한 연합정치의 경험이 있다. 우리 역사상 처음 있는 일이었고 또 5·16쿠데타 주역과 그 피해자가 함께하는 정부였지만 DJP 공동정부는 4년 가까이 지속했다. 또 김대중의 평가처럼 DJP 공동정부는 IMF 위기 극복 등 국가경영에 이바지했다.

1997년 DJP 선거연대와 1998년 DJP 공동정부가 가능했던 것은 자민련이라는 제3당이 존재했기 때문이었다. 김대중 정부 때 DJP 공동정부는 대통령제 아래서도 연합정부가 가능하다는 것을 입증해 주었다. 권력 구조의 개편과 정치개혁을 통한 다당제 환경의 조성은 현재처럼 극단적인 정치대립을 완화하고 극우 세력을 합리적 보수와 구분하는 데 긍정적 역할을 할 것이다. 독일이나 프랑스처럼 극우 세력의 준동을 막기 위해서 때로는 합리적 진보와 합리적 보수가 손을 잡고 연합정부를 구성하는 환경이 조성되어야 한다. 최근 윤석열의 6·3 계엄령 사태 때 이준석이 이끄는 보수 정당(개혁신당)과 국민의힘 내 일부 국회의원이 처음부터 민주진보 정당과 언행을 같이 한 것은 우리나라에서도 합리적 진보와 보수가 손을 잡고 국가적 위기에 공동 대처할 수 있다는 것을 입증해 주었다.

다당제를 정착시키려면 대통령 선거 결선투표제와 함께 선거법 개정이 필요하다. 다당제 발달을 위해 김대중이 주장했던 정당명부제 등의 확대, 국회 교섭단체 기준 인원의 하향 등이 뒤따라야 한다. 김대중은 야당 시절 국회의원 소선거구제를 주장했으나 다당제를 위해서는 중대선거구제의 도입이나 소선거구제와 중대선거구제의 병행 시행도 고려해볼 만하다.

김대중은 1971년 대통령 선거 때 서울 장충단 공원과 대전역 광장 유세에서 "집권하면 충남 대전大田을 행정 부수도副首都로 정하겠다"라고 공약했다. 그는 1단계로 행정부 외청을 옮긴 뒤, 2단계로 일부 행정부를 옮기겠다는 구체적 계획도 내놓았다. 그는 "대전을 행정 부수도로 하겠다는 것은 1969년에 대전서 이미 발표한 것이라면서 안보, 균형 있는 국토개발, 인구분산을 위해서 불가피"하다고 발언했다.[60]

김대중이 대전 부수도론을 꺼낼 당시 수도권 인구는 전체 인구의 28.3%였다. 그가 대통령에 재임 중이었던 2000년도 수도권 인구는 46.3%로 증가했다. 20년 사이에 수도권 인구 집중도가 무려 63%나 증가한 것이다. 김대중은 대통령 재임 가운데 수도 이전론을 꺼내지 않았다. 1971년 공약을 상기할 때 다소 의외의 모습이었다. 김대중은 대통령으로 재임 중 영호남 지역주의에 대해서는 개선 노력을 많이 기울였지만, 수도권 대 지방의 격차 문제에는 상대적으로 소홀했다. 대신 그의 후계자인 노무현 대통령이 수도 이전을 추진하

---

60) 《경향신문》 (1971.4 · 3.); 김종성, 〈서울과 대전을 공동수도로 … 박정희는 왜 김대중을 따라 했을까?〉 《오마이뉴스》 (2025.4.16.).

다가 헌법재판소로부터 위헌 판결을 받자 절충안으로 세종행정복합도시를 건설했다.

김대중은 지방자치제의 도입을 위해 단식까지 했다. 그만큼 그가 지방자치의 중요성을 일찍 간파했다는 것을 의미한다. 다음 단계는 지역균형발전과 지방분권을 강화하여 지방자치를 더욱 확대할 필요가 있다. 지역 간 대결 구도의 완화를 위해서는 중앙에 집중된 권력을 과감하게 지방에 분산시켜야 한다는 주장도 강하게 제기되고 있다.[61] 김대중의 지방자치 개념이 정치적 성격을 넘어서 사회경제적 차원으로 확대 발전되어야 할 이유이다. 이 주제는 저출산과 인구 감소로 인한 지방소멸론이 제기되는 상황에서 더욱 깊이 있게 추진해야 할 것이다. 다행히 노무현 정부가 이 문제에 강한 사명의식을 가졌다. 또 이재명 정부가 수도권 1극 체제 극복을 위해 지역균형발전과 지방분권을 국정의 주요 지표로 제시하고 있다.

불행히도 남북관계가 다시 김대중 정부 이전의 대결 시대로 복귀하고 말았다. 더 정확히 말하면 북한의 핵무기 개발로 김대중 이전보다 더 후퇴하고 말았다. 그러나 지난 역사가 말해주듯이, 어떤 경우에도 전쟁은 한반도 문제를 푸는 해법이 못 된다. 어느 시점이 되면 남북 모두 대결 국면에 한계를 느끼고, 다시 화해와 공존공영의 길을 모색할 것이다. 그때 남북한 8천만 동포들은 김대중이 제시한 남북화해와 협력, 통일의 비전을 상기하게 될 것이다. 김대중은 2000년 6·15 정상회담에서 합의한 공동선언 내용 가운데 남북연합제는 남과 북이 6·15 공동선언에 따라 교류하고 협력하면서 평화적 공존 분위기를 만들면 지금 당장도 가능하다고 주장했다.[62] 그런

---

61) 김만흠, 〈해법 못 찾는 지역감정의 골〉, 경향신문·참여연대 엮음, 《김대중 정부 5년 평가와 노무현 정부 개혁과제》 (서울: 한울, 2003), 160쪽.

의미에서 '남북연합 창설'은 우리가 구현해 나아가야 할 미래 비전이자 희망의 노래이다.[63]

김대중이 2000년 남북정상회담을 성사시키고 남북관계에 큰 진전을 이룩한 것은 그의 대북정책의 일관성과 인내 그리고 확고한 민족관 때문이었다. 그는 남북은 화해, 협력해야 하고 통일은 평화적·점진적 방식으로 추진해야 한다는 주장을 수십 년 동안 주장했다. 또 그의 이런 대북관은 정치적 유불리를 떠나 일관성을 유지했다. 그가 대통령이 된 뒤 DJP 공동정부의 와해를 각오하면서까지 임동원 장관 해임을 거부한 것도 햇볕정책에 대한 강한 신념과 대북정책의 일관성에 기초한 것이었다.

노무현 정부 때 통일부 장관을 맡은 정동영은 장관 재임 때 독일을 방문하면서 에곤 바르Egon Karl-Heinz Bahr 박사를 만났다. 에곤 바르는 브란트 전 서독 총리의 최측근 인사로서 동서독 화해 정책인 동방정책의 설계자였다. 그는 브란트 정부에서 내독성 장관(한국으로 치면 통일부 장관)을 지냈다. 정동영이 에곤 바르에게 개성공단을 소개했다. 에곤 바르는 정동영의 설명과 개성공단 사진을 보고 무릎을 쳤다.

"이건 놀라운 상상력이요. 내가 동방정책을 설계할 때 동독 지역에 서독의 공단을 만든다는 생각은 미처 못했습니다. 대단한 상상력입니다."

정동영이 한국형 통일 모델에 대해 조언을 구하자 에곤 바르는 개성공단이 바로 한국형 통일 모델이라고 대답했다.

---

62) 김대중 평화센터 편, 《2008 김대중 전 대통령 연설·회견 자료집》(서울: 김대중평화센터, 2008), 205쪽.
63) 최영태, 《거인의 꿈-하의도 서울 평양》(서울: 역바연, 2024), 6쪽.

"복잡하게 생각할 것 없습니다. 개성공단을 확장해서 계속 따라가면 그 중간에 경제 통일이 올 것이고, 마침내 한반도의 통일이 올 것입니다."[64]

이렇게 남북협력의 상징적 사업이었고 미래 통일을 여는 나침반 역할을 할 개성공단은 이제 현재형이 아니라 과거형이 되고 말았다. 더 나아가 북한은 핵 개발에 성공한 데 이어 남한과 완전히 별개의 민족임을 선언했다. 남북관계가 이렇게 후퇴한 데에는 핵이 없이는 북한 체제를 유지하기 어려운 북한 공산정권의 국가경영 실패에 일차적 원인이 있다. 그렇지만 남한 정부가 김대중 퇴임 뒤 대북정책에서 일관성을 상실한 것과 미국의 대북 강경책도 주요 원인과 배경이 되고 있다.

보수 정부인 이명박 정부의 금강산 관광 중단, 박근혜 정부의 개성공단 폐쇄, 윤석열 정부의 대북 강경책은 북한에 남한 정부의 대북화해 정책에 대한 신뢰를 완전히 상실하게 했다. 심지어 남한의 진보 정부 시절에도 대북화해정책에 의구심을 갖게 만드는 일들이 있었다. 예를 들면 노무현 정부의 대북송금 특검과 남북정상회담에 앞장섰던 인사들에 대한 사법 처리는 남북관계의 진전을 크게 가로막았다. 문재인 대통령은 남북정상회담을 통해 북한에 많은 기대를 하게 만들었지만, 결과적으로 미국의 대북 강경책에 휘둘려 아무런 결실도 보지 못하고 오히려 북한의 실망감만 키웠다.

이런 점에서 남북관계가 복원되려면 다시 김대중의 햇볕정책 복원과 계승이 필요하다. 그의 남북화해와 협력을 통한 공존공영론, 미국 등 주변 강대국과의 관계에서 주도적 위치를 확보할 수 있는

---

64) 정동영 · 지승호, 《10년 후 통일: 한반도의 미래》. (서울: 살림터, 2013), 89쪽.

외교력, 그리고 정치적 유불리를 떠나 대북화해정책의 일관성을 유지하는 노력도 중요하다. 남북관계 발전에서 정주영 회장 등 기업인의 역할도 재음미할 필요가 있다. 남북관계에서 중요한 매개자 역할을 할 수 있는 것이 경제 분야이고 기업인의 역할이라는 점을 간과해서는 안 된다. 남북관계가 어려울 때일수록 정경분리 정책을 통해 경제 및 민간 분야에서 교류 협력 정책을 장려해야 한다.

대한민국은 남북 분단과 6·25전쟁, 독재 대 반독재 투쟁 등을 거치면서 이념 대립이 심화하였다. 역사 논쟁도 그 연장선에 있다. 김대중은 대통령 재임 가운데 김구 선생 기념관과 박정희 대통령 기념관 건립을 지원했다. 김구는 민주진보진영에서, 박정희는 보수진영에서 각각 지도자로 추앙하는 인물들이다. 김대중은 제주4·3사건의 진실규명 작업에 착수했는가 하면 '참전유공자예우에 관한 법률'을 개정하여 '참전군인 등'을 '참전유공자'로 명칭을 변경하고 70세 이상 참전유공자들에게 참전 명예수당을 지급하게 했다. 이런 정책들은 국가를 위한 유공과 국가에 의한 피해를 동시에 보상하고 포용하는 조처였다. 좌우통합이자 국민통합이었다.[65]

김대중이 김영삼 대통령의 사면·복권 요청에 동의한 것은 그의 용서 철학 및 당시 정치적 상황 등을 고려할 때 불가피했을 수 있다. 또 다수의 국민도 그의 선택을 이해했다고 본다. 그러나 김대중이 전두환을 통해 실천하려고 했던 용서 철학에는 아쉬움도 있다. 김대중은 대통령이 되기 전인 1997년 7월 4일 "전두환·노태우 전임 대통령의 사면 문제는 적극적으로 검토할 때도 됐다고 생각합니다."라고 말하면서도 "다만 두 분의 진실한 사과 절차가 뒤따라야

---

65) 박명림, 〈김대중의 연합과 통합의 정치〉, 436~437쪽.

184

할 것으로 봅니다”라고 말했다.[66] 그러나 전두환은 사면·복권 후 2021년 11월 사망 때까지 한 번도 12·12 쿠데타나 광주학살 행위에 대해 진심은커녕 형식적으로도 사과한 적이 없다. 오히려 전두환은 5·18 때 북한군이 내려와 ‘광주사태’를 격화시켰다고 주장했다.[67] 김대중은 이렇게 자신의 잘못을 반성하지 않는 자에게 사면·복권의 차원을 넘어서 그를 청와대로 초청하고 전직 대통령으로 깍듯이 예우했다.[68]

전두환·노태우 등 5·18 학살자들에 대한 김대중의 용서는 우리에게 사과 없는 용서는 가능한가? 라는 질문을 던지게 했다. 김대중은 이에 대해 “죄는 미워해도 사람은 미워하지 않는다”라는 입장으로 응대했다. 그는 5·18 관련 인사들에게는 “사람마다 입장이 다른 만큼 나는 용서할 테니 당신들은 하지 않으면 될 것 아니냐”라는 말도 덧붙였다. 김대중은 전두환·노태우의 사면과 복권은 국가가 국민통합의 차원에서 가해자를 정치적 용서, 즉 사면을 하지만 ‘죄’ 자체가 없어지는 것은 아니라고 했다.[69] 역사적 평가를 중시했던 그는 아마도 전두환·노태우의 잘못은 법적 사면·복권과 관계없이 역사적으로 불명예를 계속 짊어지고 살게 될 것이라는 점도 의식했을 것이다.

김대중이 전두환을 대상으로 행한 용서 철학은 개인적 차원에

---

66) 연세대학교 김대중도서관 편, 《김대중 전집 Ⅱ 19권》, 316.
67) 전두환, 《전두환 회고록: 3 황야에 서다》, (서울: 자작나무 숲, 2017), 529~548쪽.
68) 김대중은 취임 5개월이 지난 1998년 7월 31일 전직 대통령 내외를 초청하여 만찬을 함께 했다. 최규하, 전두환, 노태우, 김영삼 등 전직 대통령 모두가 참석했다. 생존해 있는 전직 대통령 모두가 청와대에서 현직 대통령과 함께 만찬을 한 것은 우리 헌정사에서 처음 있는 일이었다. 김 대통령은 이후에도 외국 출장 등을 갔다 오면 전직 대통령들을 초청하여 정상회담 결과나 주요 국정 현안을 보고했다. 이 경우 김영삼은 불참해도 전두환은 빠짐없이 참석했다.
69) 김귀옥, 〈김대중의 화해의 정치〉, 297쪽.

서 보면 분명 위대한 실천이었다. 그렇지만 대통령 및 전직 대통령이라는 공인으로서 그가 1980년 광주에서 수많은 시민을 학살한 전두환에게 사면·복권의 범위를 넘어서 전직 대통령 예우를 한 것이 과연 합당한 것이었는지는 좀 더 냉정한 토론의 주제라고 본다. 지도자의 '정치적 관용'이 반민족·반민주세력의 뿌리를 온존시킴으로써 이들이 다시 민족정기와 사회정의를 짓밟고, 정의와 진리의 가치를 전도시키게 된다면 그것은 관용의 문제를 넘어서게 된다. 공인의 관용 특히, 최고 지도자의 과도한 관용은 자칫 역사와 현실의 진위眞僞, 정사正邪를 뒤바꿀 수 있다.[70) 이런 점에서 대통령 김대중이 전두환 등에 대해 사면·복권 차원을 넘어서 전직 대통령으로 깍듯이 예우까지한 행위는 재고되어야 할 일이다.

VIII. 맺음말

김대중의 삶은 격동의 한국 현대사 그 자체였다. 그는 시대적 과제인 민주화와 분단 극복을 위해 싸웠으며 그 과정에서 다섯 번의 죽을 고비와 6년여의 감옥 생활, 그리고 비슷한 기간의 연금을 당했다. 그런 수난을 겪은 그가 용서, 화해, 통합을 통해 그가 목표로 한 민주화와 한반도 평화 그리고 주변 국가들과의 선린외교를 추구했다는 것은 매우 이례적이고 감동적인 일이 아닐 수 없다. 용서,

---

70) 김삼웅, 《김대중 평전 1》(서울: 시대의 창, 2010), 56쪽.

화해, 통합 정신은 그가 이룬 화려한 성과와 더불어 경륜 있는 정치인이자 위대한 사상가로서 김대중을 특징 지우는 중요한 요소이다.

김대중은 화해와 통합 정신으로 한국 민주화의 길을 앞당겼다. 먼저 그는 1987년 6월항쟁 때까지 김영삼과 치열하게 경쟁하면서도 민주화를 위해 화해, 협력이 필요하다고 판단한 순간에는 협력을 주저하지 않았다. 두 사람의 화해와 협력은 민주 개혁진영의 화해와 통합을 견인하여 유신체제와 전두환 독재를 종식하는 데 크게 기여했다.[71] 또 김대중은 1987년 6월항쟁 승리 후, 특히 김영삼이 1990년 3당 합당과 함께 보수 진영에 편입된 뒤 양보와 타협을 통해 개혁적 인사들을 계속 수혈하여 민주진영의 화해와 통합을 이끌고, 그가 이끈 당이 상대적으로 개혁적·진보적 성격을 유지하게 했다. 1997년 12월 대통령 선거 승리와 1998년 2월 최초의 수평적 정권교체는 민주진영 내의 화해와 통합 노력의 결실이라고 할 수 있다.

해방 후 실시된 많은 선거에서 민주개혁 진영은 보수 진영과 비교하여 수적 열세가 두드러졌다. 특히 김대중은 지역감정과 색깔 공세로 불리함이 컸다. 이 불리함을 극복하기 위해 김대중은 김종필 등 합리적 보수세력과 연대를 도모했다. 1997년 DJP 연합은 산업화 세력과 민주화 세력의 정치연합, 중도 진보와 보수 우파의 이념 연합, 호남과 충청의 지역 연합의 복합적인 3종 의미가 있다. DJP 연대는 우리나라 최초로 수평적 정권교체를 이루는 데 이바지했다. 또 DJP 공동정부는 외환위기 극복, 국민통합, 사회적 대타협 등에 기여했다.[72] 이런 연대를 가능하게 했던 주요 배경은 김대중의 용서, 화해, 통합의 정신이었다. 여야가, 진보와 보수가 극한적 대립을 보이는 한국 사회에서 김대중의 연합정치는 앞으로도 한국 앞에 놓인 많

---

71) 박명림, 〈김대중의 연합과 통합의 정치〉, 398쪽.
72) 박명림, 〈김대중의 연합과 통합의 정치〉, 378~379쪽.

은 난제를 수습하고 국민통합을 이루는 데 중요한 시사점이 될 것이다.

김대중은 햇볕정책을 통해 우리가 추구할 수 있는 가장 큰 틀의 화해와 통합 즉 남북한의 평화공존과 통일을 추구했다. 그런데 한국에서 민주화는 다수 국민이 합의한 보편적 가치로 발전했지만, 대북화해협력 정책은 대중적 기반이 매우 취약하다.[73] 김대중의 햇볕정책은 이런 점들까지 고려하면서 추진되었다. 노태우의 대북정책 계승 및 김종필과 연대, 보수적 기업인 정주영과 공조한 대북협력 사업은 국민의 반공주의 정서를 고려하면서 취한 행동이었다. 이런 선택은 남북한의 화해와 통합은 남한 내의 화해 · 통합이 전제되지 않고는 성공시킬 수 없다는 현실적 진단에 따른 것이었다. 남북화해 · 협력과 통일론이 김대중의 서생적 문제의식의 발로라면 보수 정부의 대북정책 계승 및 김종필 · 정주영과의 협력은 상인적 현실감각의 발로였다.

북한이 핵 개발을 하고 핵보유국임을 공공연하게 선언한 상태에서 대북화해협력 정책을 추진하는 것은 김대중 정부 시대보다 더 어려운 과제일 수 있다. 그렇지만 전쟁으로 문제를 해결할 수 없다는 인식은 남북한 모두 공유하고 있다. 비록 성과를 만들지는 못했지만 문재인 정부는 큰 틀에서 김대중 정부의 햇볕정책을 계승하려 노력했다. 2025년 출범한 이재명 정부 역시 마찬가지다. 이재명 대통령은 "남북관계가 서로에게 피해를 미치는 관계가 아니라 서로에게 도움이 되는 관계로 발전됐으면 좋겠다"라고 말했다.[74] 김대중의 햇볕정책과 비슷한 맥락의 말이다. 김대중이 추구했던 남북화해와 협력 정책은 상당 기간의 중단과 지체에도 불구하고 이렇게 향후 남북관

---

73) 장신기, 《성공한 대통령: 김대중과 현대사》, 203쪽.
74) 《경향신문》 (2025.08.12.).

계 개선과 한반도 평화의 이정표 역할을 하고 있다. 대신 김대중의 남북화해와 통합정책은 남한 내의 화해와 통합정책을 토대로 성과를 거두었다는 점을 소홀히 해서는 안 될 것이다.

김대중의 용서, 화해와 통합 정신, 그리고 DJP 정치연합은 최초의 수평적 정권교체, IMF 위기 등 국가 현안의 극복에 큰 역할을 했다. 그런데 이렇게 용서, 화해, 통합의 좋은 모델이 있는데도, 우리 사회는 정치권의 극단적 대립과 갈등을 넘어 이제는 일반 국민까지 심리적 내란에 가까운 분열상을 드러내고 있다. 여야 정치권과 국민은 이런 불행한 정치적 상황을 의식하며 김대중의 용서와 화해, 통합 정신을 자주 말하지만 아직은 언어적 수식어에 머물러 있는 모양새다.

국내 정치에서 김대중의 화해와 통합 정신이 제대로 구현되려면 교훈적 언어 이상의 대안이 요구된다. 개헌을 통해 대통령에게 집중된 권한을 분산하고, 지방분권과 지역균형 발전을 이루는 것은 좋은 대안이 될 수 있다. 선거 제도 개선을 통해 다당제 발달의 환경을 조성하여 양대 정당의 적대적 공생관계를 완화하고 연합정치를 활성화하는 것도 중요하다. 지방자치와 지방분권, 지역균형발전을 이루는 것은 영호남 지역감정 완화는 물론이요 수도권 대 비수도권의 격차를 완화하여 국민통합을 이루는 데도 필요하다. 기본권을 손질하여 더 나은 평등사회와 복지국가를 건설하는 것도 계층 간 화해와 통합을 이루는 데 이바지할 것이다.

참고 문헌

김대중 저작물

김대중(연세대학교 김대중도서관 기획).《김대중 망명일기》. 파주: 한길사, 2025.

김대중(연세대학교 김대중도서관 기획).《김대중 육성 회고록》. 파주: 한길사, 2024.

연세대 김대중도서관 편.《김대중전집 Ⅱ 제8권: 반유신투쟁으로 군부독재의 종식을 이끌다(1973-1979.10)》. 서울: 연세대학교 대학출판문화원, 2019.

연세대 김대중도서관 편.《김대중전집 Ⅱ 제9권: 민주항쟁과 사형선고를 넘어 신군부독재에 저항을 이어가다(1979.11-1982)》. 서울: 연세대학교 대학출판문화원, 2019.

연세대 김대중도서관 편.《김대중전집 Ⅱ 제10권: 미국 망명으로 민주화 운동의 국제적 외연을 넓히다(1983.-1984.1)》. 서울: 연세대학교 대학출판문화원, 2019.

연세대 김대중도서관 편.《김대중전집 Ⅱ 제12권: 1987년 한국 민주화 이행의 중심축이 되다(1985년 3월-1987)》. 서울: 연세대학교 대학출판문화원, 2019.

연세대 김대중도서관 편.《김대중전집 Ⅱ 제19권: 최초의 평화적 정권교체로 15대 대통령에 당선되다(1996.7-1997)》. 서울: 연세대학교 대학출판문화원, 2019.

연세대 김대중도서관 편.《김대중전집 Ⅰ 제3권: 북지국가와 사회통합의 초석을 세우다(1995.5-1999.11)》. 서울: 연세대학교 대학출판문화원, 2015.

김대중.《김대중 자서전》2권. 서울: 삼인, 2011.

김대중 외.《김대중 내란음모의 진실》. 서울: 문이당, 2000.

김대중.《새로운 시작을 위하여》. 서울: 김영사, 1994.

김대중.《김대중 옥중서신》. 서울: 한울, 2000(1984).

김상신 편.《후광김대중대전집 3: 통일론집, 1966-1993》. 서울: 중심서원, 1993.

김대중 외 저작물

강원택, 〈'민주화 이후 민주주의에 진전 없었다: 민주화의 상징, 그러나 제왕적 정치인〉. 강원택 외. 《김대중을 생각한다》. 262-269쪽. 서울: 삼인, 2011.

김귀옥. 〈김대중의 화해의 정치〉, 박명림 · 백학순 외. 《김대중의 사상과 정치 2》. 228-320쪽. 서울: 연세대학교 출판문화원, 2023.

김만흠. 〈해법 못 찾는 지역감정의 골〉. 경향신문 · 참여연대 엮음.《김대중 정부 5년 평가와 노무현 정부 개혁과제》. 서울: 한울, 2003.

김삼웅. 《김대중 평전》 2권. 서울: 시대의 창, 2010.

김수진. 〈군부 권위주의 시대의 야당과 신민당〉. 류상영 · 김삼웅 · 심지연 편저. 《김대중과 한국 야당사》. 57-104쪽. 서울: 연세대학교 대학출판문화원, 2013.

김영삼. 《김영삼 대통령 회고록》 2권. 서울: 조선일보사, 2001.

김종필. 《김종필 증언론-5 · 16에서 노무현까지》2권. 서울: 와이즈베리, 2016.

김택근. 《새벽: 김대중 평전》. 파주: 사계절, 2012.

김호진. 《대통령과 리더십》. 서울: 청림출판, 2006.

노명환. 《김대중 생애 사상 정책의 의미: 빌리 브란트와의 관계 · 비교속에서》. 서울: 신서원, 2024.

노명환. 〈김대중의 용서 · 화해 사상과 분단 극복 · 지구평화〉. 박명림 · 백학순 외. 《김대중의 사상과 정치 2》. 321-376쪽. 서울: 연세대학교 출판문화원, 2023.

노태우. 《노태우 회고록》 2권. 서울: 조선뉴스프레스, 2011.

류상영 · 김삼웅 · 심지연 편저.《김대중과 한국 야당사》. 서울: 연세대학교 대학출판문화원, 2013.

박명림. 〈김대중의 연합과 통합의 정치〉. 박명림 · 백학순 외. 《김대중의 사상과 정치 2》. 377-449쪽. 서울: 연세대학교 출판문화원, 2023.

박명림. 〈연합정치, 정권교체, 대통령 리더십〉. 박명림 편. 《1987년 민주헌정체제의 등장과 운영 Ⅱ: 김대중》. 25-71쪽. 파주: 카오스북, 2017.

박찬수. 《김대중의 국정 노트》. 서울: 한겨레출판사, 2025.

박철언. 《바른 역사를 위한 증언》. 서울: 랜덤하우스 코리아, 2005.

이동형. 《김대중 · 김영삼》. 서울: 왕의 서재, 2011.

이채윤. 《현대가 사람들》. 파주: 성안당, 2015.

이희호. 《동행: 고난과 영광의 회전무대》. 서울: 웅진지식하우스, 2008.

임동원. 《다시, 평화》. 서울: 폴리티쿠스, 2022.

임동원. 《피스메이커: 남북관계와 북핵 문제 25년》. 파주: 창비, 2015.

임현백 편. 《1987년 민주헌정체제의 등장과 운영 Ⅰ: 김영삼》. 파주: 카오스북, 2017.

장신기. 《성공한 대통령 : 김대중과 현대사》. 서울: 시대의 창, 2021.

전두환. 《전두환 회고록》 3권. 파주: 자작나무 숲, 2017.

전인권. 《김대중을 계산하자》 . 서울: 새날, 1997.

정동영 · 지승호. 《10년 후 통일: 한반도의 미래》. 서울: 살림터, 2014.

정진백 엮음. 《김대중 대화록》 5권. 화순: 행동하는 양심, 2018.

정주영. 《이 땅에 태어나서: 나의 살아온 이야기》. 서울: 솔, 1998.

최경환. 《김대중 리더십》. 서울: 아침이슬, 2010.

최영태. 《거인의 꿈: 하의도 · 서울 · 평양》. 용인: 역바연, 2024.

최영태. 《빌리 브란트와 김대중: 아웃사이더에서 휴머니스트로》. 서울: 성균관대학교 출판부, 2020.

한국정치연구회 편. 《다시 보는 한국 민주화 운동: 기원, 과정, 그리고 제도》. 서울: 선인, 2010.

함성득 편. 《한국의 대통령과 권력》. 서울: 나남, 2000.

3

김대중의 사회경제적 화해와 통합

양재진 (연세대학교 교수)

I. 들어가기

　김대중 대통령은 1997년 12월 19일에 가졌던 대통령 당선자 기자회견을 열었다. 이 기자회견에서 김대중의 제일성은 '국민 화해와 통합'이었다. 그는 "1997년 12월 18일은 국민 전체가 대동단결할 수 있는 역사적 전환점으로 기억될 것입니다. 다시는 이 나라에 정치보복이나 지역 차별이나 계층차별이 있어서는 안 됩니다. 저는 모든 지역과 계층을 다 같이 존경하고 사랑합니다. 저는 … 국민 화해와 통합을 위한 밑거름이 될 것입니다"라는 다짐을 보였다.[1]

　김대중의 국민 화해와 통합은 좌 · 우 정치적 분열이나 영 · 호남 지역 간 갈등을 치유하는 데 머무르지 않는다. 노사가 극한 갈등을 벌이지 않고, 소득계층 간 격차를 줄여 누구도 이 사회에서 배척되거나 좌절하지 않게 만드는 사회적 화해와 통합도 도모하고 있다. 후임 대통령들도 취임사에서는 대부분 국민통합을 이야기한다. 그러나 김대중 대통령만큼 실제로 국민통합을 위한 정책을 펼치고 몸소 통합적 행보를 한 대통령은 없다. 반평생 부당한 정치적 탄압을 받아왔건만 정치보복은 멀리하고, 억압자들을 용서하고 끌어안았다. 한국 정치사에서 처음이자 마지막으로 대립하던 정치세력과 연립정부를 구성하였다. 대통령 비서실장에서부터 주요 자리에 반대 진영 인물들을 중용했다.

　한편 사회적 차원에서 민주노총을 포함해 노동계를 배제하지 않고 정부 정책 결정 과정에 참여하도록 하였다. 노동권을 보장하고

---

[1] 대통령 당선자 기자회견문, 동아일보 (1997. 12. 20일자).

노사가 대등하게 대화하고 타협할 수 있는 장을 만들어 포용하였다. 남녀차별을 해소하고 여성의 권익 신장을 위해 정부조직을 개편하고 양성평등 정책을 실천하였다. 그리고 IMF 경제위기의 희생자들을 위한 사회적 안전망을 확충해 이들이 사회적으로 배제되지 않도록 했다. 전 국민의 사회적 화해와 통합을 위해 정치적 리더십을 발휘하고 정책을 통해 이를 실현하고자 노력한 것이다.

1997년 IMF 경제위기는 노사정 대타협을 추진하고, 사회보험의 대대적 확장과 국민기초생활보장제도를 도입 하는 등 사회보장제도를 크게 확충하는 계기가 되었다. 하지만 김대중의 사회경제적 화해와 통합은 오랜 기간 그의 염원이자 정치적 포부였다. 김대중은 1950년대부터 "한국 노동운동의 진로" 등 많은 사회경제 관련 저술을 많이 냈다.[2] 그리고 "나는 젊었을 때인 1950년대에 시사평론가로 활동하면서 각종 매체에 기고했는데 그때부터 복지에 관심이 있었습니다. … 1971년 대선에서는 복지국가 건설을 목표로 내걸었습니다"라고 대통령 퇴임 후 회고한 바도 있다.[3] 김대중의 사회경제적 화해와 통합정책은 경제위기 극복을 위한 정책적 수단이기도 했지만, 그보다는 목적 자체로 김 대통령이 오랜 기간 마음에 품어온 국정 철학이었던 것이다. '민주주의와 시장경제의 병행 발전' 그리고 '생산적 복지'가 국정 이념이 된 이유이기도 하다.

본 장은 김대중의 화해와 국민통합 중에 사회경제적 측면에 대한 글이다. 먼저 청년 김대중의 노동 및 복지관을 살펴보고, 훗날 대통령이 되어 국정 이념으로 제시한 민주적 시장경제론과 생산적 복지론에 담긴 사회경제적 화해와 통합 정신에 대해 고찰하고자 한

---

2) 김대중, 1955, 《한국노동운동의 진로》, 사상계 27호.
3) 연세대학교 김대중도서관 기획, 2024, 《김대중 육성 회고록: 김대중은 우리에게 무엇을 말하는가》, 595쪽.

다. 이후 IMF 경제위기를 배경으로 김대중 정부가 실천한 사회적 화해와 통합 정책을, 노동과 복지정책을 중심으로 살펴본다. 마지막으로 노동과 복지개혁의 성과와 남은 과제에 대해 논의하고 끝을 맺는다.

II. 청년 김대중의 사회경제적 화해와 통합 비전

1. 독립·자율적 노동운동, 노사협력 그리고 연대의 필요성

이승만 시대의 노동운동을 주도한 대한노동총연맹(이하 대한노총)은 반공 노선을 걸으며 남로당 계열 좌파 노동조합인 조선노동조합전국평의회(이하 전평)와 대립 속에서 성장하였다. 전평은 1946년 9월과 1947년 3월에 단행했던 2차례의 총파업의 실패 후 지하 조직화하였고, 1948년 8월 대한민국 정부의 수립과 함께 설 자리를 잃었다. 이후 대한노총이 한국 노동운동의 중심이 되었지만, 자유당의 어용 조직이 되었다.

당시 김대중은 1954년 3대 총선에서 목포에 무소속으로 출마하여 낙선한다. 이후 서울에서 동양웅변전문학원 원장, 한국노동문제연구소 주간 등으로 활동하면서 야당 의원들과 교류하고 시사평론가로도 이름을 날렸다. 1955년 〈사상계〉 27호에 실은 "한국노동운동의 진로" 등의 글에서 그는 전평과 대한노총에 대한 평가와 더불어 대한노총의 자기반성을 촉구하고 향후 한국 노동운동이 나아가야 할 방향에 대해 의견을 여러 차례 피력하였다.

먼저 김대중은 대한노총이 반공 노선을 분명히 하고 사회주의 노동운동과 단절하고 투쟁한 것은 옳은 방향이라고 지적한다. 막스가 노동계급이 단결해 프롤레타리아 혁명을 일으킬 것을 주창하고, 공산주의자들이 노동자의 천국을 건설할 것을 선전하지만, 실상은 "노동계급을 갖은 궤변과 감언이설로 꼬여서, 그들의 집권과 독재와 탐욕을 충족시키는 도구로써 제멋대로 부려 먹고 궁극에는 이를 숙청 유형하는 류의 천인이 공노할 만행"이 소련을 위시한 공산국가 곳곳에서 벌어지고 있음을 지적하고 있다.[4]

대신에 김대중은 혁명적 공산주의에 맞서 싸워 온 서유럽의 노동운동을 높이 평가하고, 서독, 스웨덴, 덴마크, 영국 같은 자유민주주의 국가에서 노동계급은 자율적인 노동운동과 자신의 정당(노동당 혹은 사회민주당)을 통해 노동자의 권익과 복리를 증진하고 있다고 보았다.[5] 이 점에서 그는 "가장 중요한 것은 공산주의가 그 존립의 생명으로 삼고 있는 노동자를 그들의 영향으로부터 절단 쟁취하는 것이 승패의 열쇠라. … 동시에 노동자를 자기편으로 전취하는 요건으로서는 누가 더 좋은 생활 조건과 자유롭고 독립적인 노동운동을 보장해 줄 수 있느냐 하는 데 있는 것"이라고 주장하였다.[6]

따라서 김대중은 대한노총이 가장 먼저 자기반성하고 개혁해야 하는 것은 다름 아니고, 자유당의 예속물에서 벗어나 "자주적인 기반 위에서 정당 관계"를 재구축할 것이라고 못 박고 있다. "노총은 당의 조직편성이나 정책 수립에는 하등의 참가도 하지 못하고 … 대신 당으로부터는 항시 대소에 걸쳐서 부적절한 간섭과 이용을 당하고 있

---

4) 김대중, 1955, 《한국노동운동의 진로》, 사상계 27호, 138쪽.
5) 김대중, 1956, 《당의 굴레를 벗어나라(상): 한국 노동운동의 소생을 위하여》, 경향신문 기고문 (1956.6.19.).
6) 김대중, 1957, 《북한해방과 남한의 노동자: 내일이면 늦으리》, 〈신태양(新太陽)〉 기고문 (1957.10.1.).

198

는 형편"임을 지적하며,[7] "우리나라 노동운동계의 혼란을 이룬 최대
원인이 실로 이와 같은 불합리하고 모순에 찬 정당 관계에 있다고
믿는 바이며, 따라서 우리나라 노동운동을 바로잡기 위해서는 이와
같은 부당한 정당 관계를 단연 일소하든가, 스스로 당의 명실상부한
주인이 되든가 하는 양자택일이 있을 뿐"이라고 역설하였다.

한국 노동운동의 다음 과제로 김대중은 제3의 길을 걸어야 함을
지적하며 노사가 대등한 차원에서 서로 협력하고 산업민주주의를 실
현할 것을 주문하고 있다.

> 우리나라 노동운동이 지향할 길은 죄악적인 착취와 지배를 자행하는
> 자본주의를 거부하는 일방…전체주의적인 통제와 생산능률의 후퇴를
> 면치 못하는 사회주의 자체도 이를 받아들일 수가 없는 것이며, 결국
> 사유재산과 개인의 창의는 이를 어데까지나 존중하되 종래와 같은 자
> 본만의 우위 지배를 단연 배격하고 **노동, 자본, 기술의 3자가 평등한
> 입장에서 서로 협동하므로써 생산의 급속한 향상을 기하고, 그 이윤의
> 분배에 있어서도 노동자와 기술자 역시 응분의 참여가 허용**될 것을 주장
> 하여야 할 것이다.…이제 생산수단보다도 기업운영과 이윤 분배에 있
> 어서의 사회화라고 할까, 즉 노동자와 기술자를 자본가와 동등한 입장
> 에서 처우함으로써, 생산능률의 감퇴를 가져옴이 없이 사회주의 본래
> 의 목적인 근로 계급의 복리 증진을 보장할 수 있다는 것이 지금 새로이
> 각성된 세계적 사조의 지향이며, 이러한 경향은 북구 제국을 위시한
> 구주 여러 나라와 심지어 자본주의의 본가인 미국에서까지 현저히 나
> 타나고 있는 현상인 것이[다].[8] (강조는 필자가)

---

7) 김대중, 1955, 《한국노동운동의 진로》, 사상계 27호, 141-142쪽.
8) 김대중, 1955, 《한국노동운동의 진로》, 사상계 27호, 142-143쪽.

김대중은 자율적이고 독립적인 노동운동이 이루어지면 "양심적 기업가와의 협조"도 필요함을 지적하며, 노사협력을 통해 경제성장에도 기여하고 그 과실을 함께 나눌 것을 주문하고 있다.

일방에서는 노동자의 정당한 지위와 복리를 확보하기 위해서 기업가와 절충 투쟁하는 것을 사양하지 않는 반면, 항시 **정당하고 양심적인 기업가와 적극 제휴 협조하여 우리나라의 낙후된 생산력을 향상 발전시키므로써, 노동자를 포함한 전 국민의 복리 증진을 도모하여야** 한다는 일견 이율 배반한 것 같은 한국적인 특수 사명이 있다는 것을 명심하여야 할 것이다.[9] (강조는 필자가)

현대사회의 코포라티즘corporatism적인 노사협력을 주창한 것으로, 1997년 IMF 경제위기 상황에서 이루어낸 노사정 대화와 사회적 협약의 정신은 이미 1950년대 청년 김대중의 마음에 그려져 있던 것이다. 그리고 김대중은 노동운동이 스스로의 해방을 위한 것이 아니라 다른 집단의 지위 향상도 적극 지원해야 하는 임무를 갖고 있다고 보았다. 따라서 당시 "농민이 전인구의 근 8할을 점령하고 농업이 국가 경제의 비중을 좌우하는 데 … 본시 농민 계급이라는 것은 본질적으로 매우 보수적이고 또 소극적이어서 자기 스스로의 권익을 옹호하기 위한 투쟁을 능동적으로 전개해 가지 못할 것이며, 따라서 … 고도로 조직적이고 기동적인 노동계급이 농민과의 동맹 관계에 이니샤팁을 행사해서 그 성과를 올리도록 하지 않으면 안 되는 것"이라고 사회적 연대에 나설 것을 주문하였다. 나아가 상이군인과 전쟁 유가족 등을 위한 사회보장 조치의 실현을 위해서도 노동운동 지도

---

9) 김대중, 1955, 《한국노동운동의 진로》, 사상계 27호, 145쪽.

자들이 앞장서야 한다고 주장하였다.[10]

이렇듯 청년 김대중은 시대를 크게 앞서가 이미 1950년대부터 국가의 통제를 받지 않는 독립된 자유 노동운동의 필요성과 제3의 길에 입각한 노사협력과 사회적 연대의 필요성을 설파하고 있었다. 1971년 제7대 대통령 선거에서는 "생산의 증대와 분배의 공정을 목적으로 한 노사협의기구"를 중앙에 설치하는 헌법개정을 약속하고, 기업 단위에서도 노사협의체를 구성하는 공약을 내걸기도 하였다.[11] 그의 구상은 청년이 칠순이 넘은 1990년대 말이 되어서야 현실에서 하나둘 실현되게 된다. 대통령 김대중은 국가로부터 정책 결정 과정에 참여가 배제되어 온 민주노총을 합법화하여 대화 파트너로 받아들이고, 노동3권을 실질적으로 보장해 주었다. 노사정위원회를 설치하여 노사정이 대등한 위치에서 사회적 대화를 단행하고 사회협약을 체결하였다. IMF 경제위기의 파고를 넘는데 노동계도 함께 하는 계기를 만들어 낸 것이다.

2. 사회보장과 사회통합 비전

청년 김대중의 사회보장과 복지국가에 대한 통찰과 비전은 1950년대 시사평론가 시절에서도 찾아볼 수 있다. 당시 유럽 제국과 미국의 사회보장시스템에 대해 소상히 알고 있던 그는 사회보장 제

---

10) 김대중, 1955, 《한국노동운동의 진로》, 사상계 27호, 147쪽.
11) 제7대 대통령 선거 공약, 출처: 연세대학교 김대중도서관 김대중 전집.
https://www.kdjlibrary.org/president/activity/view/41086?keyword=%EB%8C%8
0%ED%86%B5%EB%A0%B9%20%EC%84%A0%EA%B1%B0%EA%B3%B
5%EC%95%BD&order=act_actDate&pageMax=20&target2=act_actDate&o
rder=act_actDate&sort=asc&&sort2=asc&&sort3=desc&page=1

도가 노동자의 복리 증진에 크게 기여해, "사회불안(이) 감소하고 파괴적인 공산주의의 침투를 방지하는 데 얼마나 큰 공헌을 하고 있는가 하는 데 대해서는 여기 논평의 필요조차 느끼지 않을 정도이다."라고 지적하고, 노동조합의 임무가 노동조건 개선에 있음과 동시에 노동자의 복지 증진을 위해 사회보장제도 확충에도 있음을 강조하고 있다.[12]

그러나 1950년대에 김대중의 사회복지 비전이 체계적으로 소개된 바는 없다. 김대중은 1963년 제6대 국회의원에 민주당 후보로 당선된 이후, 1965년 민중당 정책심의위원회 의장직을 맡고, 1967년 신민당 대변인으로 활동하였다. 이때 그의 '대중경제론'이 점차 형성되었고, 대중경제론이란 큰 틀 안에서 김대중의 복지와 사회통합 비전이 체계화되기 시작했다고 볼 수 있다. 그의 대중경제론은 1969년 11월 1일 〈신동아〉에 "대중경제를 주창한다"를 발표하면서 구체적으로 모습을 드러냈다.

김대중은 먼저 "대중경제가 지향하는 바는 사회의 실질적인 생산력인 노동 대중으로 하여금 경제사회의 발전을 위하여 주도적 역할을 담당케 하는 동시에 그들의 절대적 공헌이 정당하게 평가되고 보상받는 복지사회의 실현을 이념으로 하는 것"임을 천명하였다.[13] 대중경제의 궁극적 목표는 복지사회의 건설이라 할 수 있다. 그러나 몇몇 사회보장제도만 도입된다고 복지국가가 태동하고 복지사회가 되는 것은 아니라고 보았다. 그는 진정한 복지국가는 민주주의와 함께 이루어질 수 있음을 지적하고, 대중민주주의의 실현이 일차적인 과제임을 강조하였다.

그는 "사회가 보유하는 일체의 현재적 잠재적 생산력을 대중복

---

12) 김대중, 1955, 《한국노동운동의 진로》, 사상계 27호, 146쪽.
13) 김대중, 1969, 《대중경제를 주창한다》, 신동아 63호 (1969년 11월호), 181쪽.

지大衆福祉의 실현을 위하여 의욕적으로 투입하려면 먼저 국가가 대중大衆의 의사를 반영하고 이 대중에 대하여 책임을 지는 정치체제가 아니면 안 될 것이다."라고 주장 한다. 따라서 "위정자가 정권 연장에만 급급하고 권력층의 비대와 권력과 결탁된 일부의 특정계층의 이익에만 봉사하는 정치체제 아래서는 대중복지大衆福祉를 위한 어떠한 정밀한 이론이나 정책도 그의 실효성을 상실하고 말 것"이므로, "대중민주주의의 완성이야말로 대중경제의 실현을 위한 제1차적 기본 요건이 아닐 수 없다."고 거듭 강조하고 있다.[14]

김대중은 대중경제론에서 복지정책의 제시보다는 근본적인 관점에서 복지국가의 주체를 명확히 하고 복지사회 건설의 정치적 선행조건으로 민주주의를 제시한 것이다. 서구 복지국가의 발달이 민주주의의 발전과 궤를 같이하였다는 역사적 사실에 비추어 볼 때, 복지 수혜 대상인 일반 국민대중의 민주적 주권과 정치참여를 강조한 것은 매우 통찰력 있는 안목이라고 할 수 있다.

한편, 김대중은 경제와 복지를 이분법적으로 나누고 사후적인 관점에서 복지대책을 논하지 않고, 생산시스템 자체의 복지적 성격을 강화하는 데 주안점을 두었다. 그는 다음과 같이 대중경제를 정의하고 있다.

> 대중경제는 사회의 실질적인 생산력인 노동대중의 지혜와 능력을 최대한으로 발휘케 하는 동시에 그들의 복지福祉를 〈제도制度적으로〉 그리고 〈사전事前적으로〉 보장하는 경제 시스템을 형성하고 그들의 권익을 영속적으로 보장, 확대하는 일련의 경제정책經濟政策을 말한다.

따라서 김대중은 "대중경제의 이념은 단지 형식만의 복지국가

---

14) 김대중, 1969, 《대중경제를 주창한다》, 신동아 63호 (1969년 11월호), 181쪽.

의 이념과는 근본적으로 다르다."라며, "부와 소득의 편재를 표면상 호도하고 대중의 불만과 저항을 무마하기 위한 일시의 사회정책적 제조치나 소득의 '사후事後적' 재분배를 위한 일련의 사회보장제도에 그치는 그러한 경제정책은 아니다"라고 강조하고 있다.[15]

그렇다면, 구체적으로 노동대중의 복지를 경제정책 패러다임 내에서 어떻게 진작시킬 것인가? 대중경제론의 주요 정책들에 해답이 담겨 있다. 대기업보다는 중소기업 위주로 경제구조를 재편하여 소득과 부의 소수 집중 현상을 완화하는 것, 부동산투기 등 불로소득을 차단하여 근로대중의 소득이 삶의 질 향상으로 이어질 수 있게 하는 것, 물가안정 기조 위에서 조세의 소득재분배 기능을 강화하는 것, 그리고 노동자 경영참가 등의 산업민주주의의 확대 등을 통해 생산과정에서 노동대중의 복지를 향상할 수 있게 하는 것 등이다.[16]

김대중은 경제정책으로 복지 문제를 모두 해결할 것이라고 낙관하지는 않았다. 시장경제에서 "상당한 낙오자가 생기는 것은 불가피한 일[로]…일방에 있어서는 각종 사회보장제도의 실시를 강력히 추진하여서, 노년, 질병, 교육, 실업 등 재난에 필요한 대책을 강구해야 할 것"임을 강조하고 있다.[17]

이상과 같이 대중경제론은 복지사회 건설을 지향점으로 삼고, 시민이 주인이며 이들의 참여를 바탕으로 한 대중민주주의를 복지사회 건설을 위해 추구해야 할 기본 과제로 제시하고 있다. 그리고 양적 성장만을 추구하는 경제정책이 아니라, 복지적 함의가 강하게 함축되어 있는 경제정책을 주장하고 있다. 경제시스템 자체에 소득재

---

15) 김대중, 1969, 《대중경제를 주창한다》, 신동아 63호 (1969년 11월호), 181쪽.
16) 양재진, 2013, 〈대중경제론과 생산적 복지〉, 류상영 · 김동노 편, 《김대중과 대중경제론》, 연세대학교 김대중도서관.
17) 김대중, 1955, 《한국노동운동의 진로》, 사상계 27호, 143쪽.

분배 효과가 내재한 대중경제에서는 "경제성장을 통한 고용창출과 소득증대"가 사전적 의미에서 근로대중의 복지와 직접적으로 연결된다. 이후 시장경제하에서 불가피하게 발생하는 취약계층에 대해서는 정부가 "인간다운 최저생활을 보장"한다. 1997년 대통령에 당선되고 IMF 경제위기 극복과정에서 실천한 경제개혁과 복지개혁의 밑그림이 이미 1960년대에 형성되었던 것이다.

III. 대통령 김대중의 사회경제적 화해와 통합 비전

1. 경제·노동 개혁과 노동자 포용

1997년 12월 18일 실시된 제15대 대통령 선거에서 승리한 김대중은 당선자 자격으로 곧바로 IMF 경제위기 극복과 국민통합을 위한 활동에 나섰다. 경제위기 극복을 위해서 경제와 노동시장 개혁을 단행하였고, 이 때의 지도 이념은 '민주주의와 시장경제의 병행발전'이라는 질서자유주의ordo-liberalism에 입각한 민주경제론이었다.

청년 김대중이 늘 강조했던 것처럼 김대중 정부는 민주주의를 바로 세우고, 시장에 질서와 규율을 세우고자 노력했다. 김대중 정부의 경제개혁이 신자유주의적이라고 비판받기도 했으나, 국가가 시장을 규율해 시장실패를 바로 잡기 위해 노력했다는 점에서 자유방임적 신자유주의 노선이었다고 볼 수는 없다. 대신 금융감독의 강화와 더불어 기업지배구조의 개선과 도덕적 해이의 혁파, 그리고 경쟁압력의 제고를 핵심 정책과제로 추진했고, 복지와 사회통합 관련하여서도 정부의 적극적인 역할을 강조했다.[18]

기업 구조조정을 원활히 하기 위해 정리해고제를 조기 도입하였고, 음성적으로 진행되던 파견근로를 법적으로 양성화하는 등 노동시장의 질서를 세우면서 유연화를 도모하는 개혁도 이루어졌다. 노동계로부터 비판을 받았던 정리해고제는 경영상 긴박한 상황에서 인력을 조정하지 못해 기업 자체가 무너지는 상황을 막기 위한 불가피한 조치였다. 또 지나치게 경직적인 노동시장은 고용의 회복탄력성을 저해하기에 중장기적으로도 필요한 개혁이었다. 그리고 노동시장 유연화 개혁은 노동기본권 확대와 함께 단행되어 균형을 이루게끔 하였다. 노동기본권의 신장은 청년 김대중이 강조했던 독립적 노동운동과 자주적인 노동자 정당의 탄생에 기여했다. 김대중은 다음과 같이 회고하고 있다.[19]

> 정리해고제 등 노동유연성 확보의 경우 나로서는 내키지 않은 결정이었지만 불가피한 일이었습니다. 기업이 망하면 노동자의 일터가 없어지기 때문이었어요. … 대신 나는 노동운동의 자유와 노동자의 권리 확대를 위한 각종 개혁 조치에 나섰고 큰 성과를 거뒀습니다. 먼저 전교조를 합법화했습니다. 노조의 정치참여를 합법화해서 노동자 정치가 실현될 수 있도록 했고, 그 기반 위에서 노동운동 세력이 중심이 된 민주노동당이 탄생하고 국회에 진출할 수 있게 되었어요.
>
> 노동시장 개혁은 과거와 달리 노사정위원회라는 사회적 협의체

---

18) 임원혁, 2013, 〈대중경제론과 경제위기 이후의 개혁〉, 류상영 · 김동노 편, 《김대중과 대중경제론》, 연세대학교 김대중도서관
19) 연세대학교 김대중도서관 기획, 2024, 《김대중 육성 회고록: 김대중은 우리에게 무엇을 말하는가》, 574-575쪽.

를 구성하고 노사정 3자의 대화를 통해 이끌어내었다. 노사정위원회는 청년 김대중이 1971년 대선에서 공약으로 제시했던 중앙 노사협의기구였다. 김대중은 늘 노동조합이 기업별 노조의 틀에서 벗어나 전국적인 산업별 노조의 틀로 전환하는 것이 필요하다고 역설했다. 그에 의하면, 전국적 수준의 포괄적 노동조직으로의 전환은 노동자들의 조직 역량을 제고시켜 노동과 자본 간 힘의 균형을 꾀할 수 있을 뿐만 아니라, 노조의 사회적 책임성을 제고시키는 것이었다. 1989년 노동자 대투쟁 이후 결성된 민주노조의 전국적 연합체인 민주노총을 합법화하고 한국노총과 함께 정부의 대화 파트너로 받아들인 것은 포괄적인 노동운동이 가져올 공공이익과 책임감의 제고에 대한 기대 때문이었다고 볼 수 있다.

> 지난 80년에 노동관계법(이) … 개악한 것 중의 한 가지는 전국적 조합이나 산업별 조직을 불허하고 단지 직장 단위 조직만을 허가한다는 것이다. … 이 같은 개악이 초래하는 불행스러운 결과는 노동조합들이 조각나 버린다는 것이다. … **분열된 노동조합은 각기 자신의 이익을 전체 국민의 이익보다 앞세우는** 경향이 있다. … 반면 광범위한 노동자 집단으로 결성된 **포괄적인 노동조합은 전체 국민의 이익과 자신들의 이익을 일치시킬** 수 있고 따라서 조합원들의 욕심이 전체 경제를 손상시킬 가능성은 희박하다. … 포괄적 노동조합을 허용할 뿐만 아니라 장려해야 할 것이다.[20] (강조는 필자가)

이와 함께 대통령 후보 김대중은 노조와 기업이 모두 같은 배를

---

20) 김대중, 《대중경제론》 (서울: 청사, 1986), 127-128쪽, 김대중, 《대중참여경제론》 (서울: 산하, 1997), 239-240쪽, 김용철, 2019, 〈경제민주주의 관점에서 본 김대중의 인식과 철학〉, 아세아연구 제6권3호, 227쪽에서 재인용.

타고 있다는 사실을 인식하는 것이 긴요하다고, 청년 시절에서와 같이 여러 차례 강조하곤 했다.

> 노동과 자본은 기본적으로 상호 의존관계에 있다. … 양자가 공동운명체적 관계에 있다는 인식이 널리 확산할 때, 노조는 비로서 '조합 이기주의'에서 그리고 기업은 '권위주의적 경영'에서 탈피할 수 있으며, 나아가 협력적 노사관계의 정착과 경제민주주의 원활한 작동이 가능하다.[21)

마침내 김대중은 대통령 당선자 신분으로 한국노총과 민주노총 지도부를 만나 IMF 경제위기 극복을 위한 노동시장 유연화의 시급성을 설득하였고 1998년 2월 9일 아무도 가능하다고 보지 않았던 노사정 대타협을 성사시켰다. 그는 "제일 어려운 일은 민주노총과의 합의였습니다. … 나는 타협을 이끌어내기 위해서 최선을 다해 설득했습니다. 나는 과거 권위주의 정권처럼 협박하고 압박하지 않았어요. … 리더십을 발휘해서 우리가 처한 국내외적 여건을 최대한 설명하고 설득하고 노동계의 숙원을 받아들이는 포괄적인 협상을 추진해서 결국 타협에 성공"하였다고 회고하였다.[22)

대통령 김대중은 유연해진 노동시장에서 약자를 위해 노동자의 사회경제적인 권리를 확대하는 데에도 큰 노력을 기울였다. 최저임금법을 개정해서 모든 사업장으로 확대 적용하였고, '근로자복지기본법'을 제정하기도 하였다. 이러한 노력은 후술할 생산적 복지의 국

---

21) 김대중,《대중참여경제론》(서울: 산하, 1997), 254-256쪽, 김용철, 2019, 〈경제민주주의 관점에서 본 김대중의 인식과 철학〉, 아세아연구 제6권3호, 227쪽에서 재인용.
22) 연세대학교 김대중도서관 기획, 《김대중 육성 회고록: 김대중은 우리에게 무엇을 말하는가》(파주 : 한길사, 2024), 563쪽.

정 이념화와 각종 사회보장제도의 도입 및 확대로 나타났다.

2. 생산적 복지론23)

노동시장의 약자를 위한 복지 개혁은 청년 김대중이 구상하고 발전시켜온 대중경제론의 복지 철학에 입각한 것이었다. 대통령 김대중의 복지 철학은 '생산적 복지론productive welfarism'으로 구체화되었고, 1999년 8 · 15광복절 경축사를 통해 김대중 정부의 3대 국정지표의 하나로 공식화되었다.

중산층 육성과 서민 생활 향상을 목표로, 인간개발 중심의 **생산적 복지 정책**을 적극 펴 나가겠습니다. 국민기초생활 보장법이 국회를 통과했습니다. 이제 최저 생계비 이하의 모든 어려운 국민에게 생계, 교육, 의료 등 기본생활을 제도적으로 보장할 수 있게 되었습니다. … 의료보험·고용보험·국민연금·산재보험 등 4대 보험제도를 내실화하여 **국민들이 평생 동안 안심하고 생활해 나갈 수 있도록 하는 사회보장제도를 확립하겠습니다**24) (강조는 필자가).

복지 앞에 "생산적"이라는 다소 복지와 어울리지 않아 보이는 수식어가 달려 있으나, 그 역대 어느 정부도 복지를 국정지표로 내세운 적이 없었던 만큼, 생산적 복지론은 김대중 정부의 트레이드마크

---

23) 양재진, 2013, 〈대중경제론과 생산적 복지〉, 류상영 · 김동노 편, 《김대중과 대중경제론》, 연세대학교 김대중도서관.

24) 김대중, 1999, 〈제 54 주년 광복절 대통령 경축사: 희망과 번영의 새 천년을 열어나갑시다〉, www.korea.kr/archive/governmentView.do?newsId=148750360 (검색일 2025.5.10.).

가 되었다. 앞서 지적했듯이 김대중 정부의 '생산적 복지론'은 대중경제론의 복지철학의 연장선상에 있었다. 대중경제론의 복지 철학은 크게 보아 두 가지 특징을 가지고 있다. 첫째, 정책 결정 과정에서 시민사회와 대중의 광범위한 참여를 바탕으로 하는 대중민주주의에 기반한 복지국가를 지향한다는 점이다. 둘째, 사후적인 사회보장보다는 사전적으로 근로 활동을 통해 개인의 복지를 증진시켜 경제와 복지의 이분법을 내재적으로 극복하고자 한다는 점이다. 다음 인용문에서 보듯이, 청와대 대통령비서실 삶의질향상기획단에서 개념 내린 생산적 복지론은 청년 시절 김대중의 복지 철학을 이어받고 있다.

> 생산적 복지는 과거 경제성장 중심의 패러다임에서 성장과 복지를 대립적인 관계로 인식하는 것에서 벗어나 성장과 복지의 두 체계가 하나의 순환체계 속에서 운영되는 통합적 경제사회정책 패러다임으로의 전환을 의미한다. … 생산적 복지는 인권과 기본권의 실현으로부터 출발하여, '노동을 통한 복지'를 중심으로 완성된다.…고용을 통해 시장 안에서 일차적인 공정분배가 이루어지지 않을 때 국가가 수많은 복지인구를 지속적으로 부양하는 것은 사실상 불가능하다. [따라서] 노동권과 함께 시장의 공정분배 기능을 강화해야 한다. 실업자를 다시 시장 안으로 끌어들이는 것, 일하는 사람들의 참여와 자기 책임 하에 공정하고 생산적인 성과 배분의 기회를 보장받는 것, 그리고 **취약계층의 노동 참여기회를 넓혀서 이를 사회적으로 가치 있는 노동으로 인정하고 보상하**는 것이야말로 공공부조와 사회보험 중심의 사회보장제도와 더불어 지속 가능한 사회를 담보해 주는 버팀목이다. 특히 정부는 국민참여형 복지체제의 구축을 위하여, 복지정책 형성 과정에 국민이 참여하는 민주적 절차를 확보하도록 노력할 것이다.[25] (강조는 필자가)

---

25) 삶의질향상기획단, 《새천년을 향한 생산적 복지의 길》(서울:도서출판 퇴설당, 1999),

사실 위 생산적 복지론에서 주장하고 있는 '노동을 통한 복지'라는 개념은 더 정확히 표현하면, '고용을 통한 복지'로 현재 영·미 자유주의 국가는 물론 유럽의 많은 복지국가에서 실천되고 있는 사회투자형 복지를 의미한다. 21세기 복지가 가야 할 방향이다. 김대중은 일찍이 "내가 1993년 영국 유학 때 사회학자 앤서니 기든스 교수와 토론할 기회가 있었는데 … 기존의 재분배 위주의 복지정책에서 노동과 연계하는 방식의 새로운 접근에 대해서 공감했습니다"라며 생산적 복지 이념의 발전을 회고한 바 있다.[26]

과거 케인즈주의적 복지국가The Keynesian Welfare State는 실업과 은퇴 등 사회적 위험에 대해서 사회보험 중심의 사후적 소득 이전으로 대처하였다. 그러나 현대 복지국가는 더 많은 사람들이 일을 통해 소득을 올리고 스스로의 복지를 향상하며 자아성취를 할 수 있게 돕는 데에도 힘을 쏟고 있다. 더 많은 여성이 육아 걱정 없이 일하고, 50대, 60대 중고령자들도 건강이 허락하는 한 근로를 지속할 수 있게 하며, 직업능력이 부족한 청년, 장애인 그리고 장기실업자들에게는 맞춤형 직업교육과 고용서비스를 제공하고, 사회적 일자리를 제공하여 현장에서 직업능력을 배양하도록 하는 정책 등을 펼치는 것이다. 그 결과 더 많은 사람들이 일을 하게 되어, 복지의 지속가능성도 높이고, 궁극적으로 사회통합에도 기여하고 있다.

사후적인 소득보장도 의미가 크나, 일자리를 갖지 못하고 복지급여에만 의존하게 되면 사회적 배제social exclusion 문제가 파생된다. 일을 통해 사회적 존재로서 사회적 네크워크를 형성해야 분리가 아닌 사회통합의 일원이 될 수 있다. 복지 천국이라고 알려진 스웨덴

22-25쪽.

26) 연세대학교 김대중도서관 기획, 《김대중 육성 회고록: 김대중은 우리에게 무엇을 말하는가》 (파주 : 한길사, 2024), 596쪽.

의 경우, 남성은 물론 여성과 중고령자의 고용률이 세계 최고 수준이다. 발달한 복지국가일수록 '일하면서 함께 나누는 복지'를 통해 성장과 복지의 조화를 이루고 사회통합을 달성하는 것이다. 이는 청년 시절 대중 경제론에서 구상되었던 근로복지론이 꿈꾸던 모습이고, 대통령 시절 생산적 복지론이 21세기에 추구하는 모습이기도 했다.

종합해 볼 때, 대통령 김대중의 생산적 복지론은 청년 시절부터 발전시켜 온 대중경제론의 복지 철학의 기본 정신을 공유하면서 21세기 현대 복지국가의 재구조화 흐름을 반영하고 있다. 대중민주주의에 기반한 복지국가의 건설을 주창했던 청년 김대중이 1997년 평화적 정권교체에 성공했다. 대통령 김대중은 생산적 복지를 경제위기 극복 과정에서 국정 이념으로 삼고, 한국 복지국가의 도약과 사회통합에 기여하는 복지 개혁을 실천한 것이다.

IV. 1997년 IMF 경제위기와 사회통합 비전의 실천

1. 1997년 경제위기의 사회경제적 여파

1997년 외환위기의 원인을 국내외적 여러 요인으로 살펴 볼 수 있지만, 근본적으로는 과거 산업화 시기의 성공 방정식이 한계에 달했기 때문이었다고 할 수 있다. 기업들은 '문어발식 확장'으로 무리한 투자를 했고, 제2금융권의 종합금융사들은 해외 자금을 1년 이하의 단기로 차입해, 기업에 높은 금리를 받고 장기시설투자자금으로 대출을 주었다. 한국경제가 성장할 때는 차환rollover에 큰 문제가 없었다. 하지만 1997년 7월 2일 태국 바트화 폭락을 시작으로 동남아시아에 외환위기가 불어닥쳤다. 이때 1997년 1월 한보철강, 4월 진로그룹 등의 연쇄 부도가 발생하자 외국 금융사들은 자금을 급히 회수하기 시작했다. 1997년 11월 외환보유액이 20억 달러밖에 남지 않게 되자, 김영삼 정부는 국제통화기금IMF에 구제금융을 요청하기에 이르렀다. IMF는 구제금융을 제공하는 대신 자본시장 개방과 변동환율제를 요구했다. 또 고금리·고환율 정책으로 투자자금을 유치하라고 압박했다. 금리는 연 20%대로 뛰어올랐고 원·달러 환율은 1,900원대까지 상승했다. 고금리·고환율 정책은 수출 증대, 투자자금 유치 등을 위해 불가피했으나 고금리 정책은 수많은 기업의 도산을 불러왔다.[27]

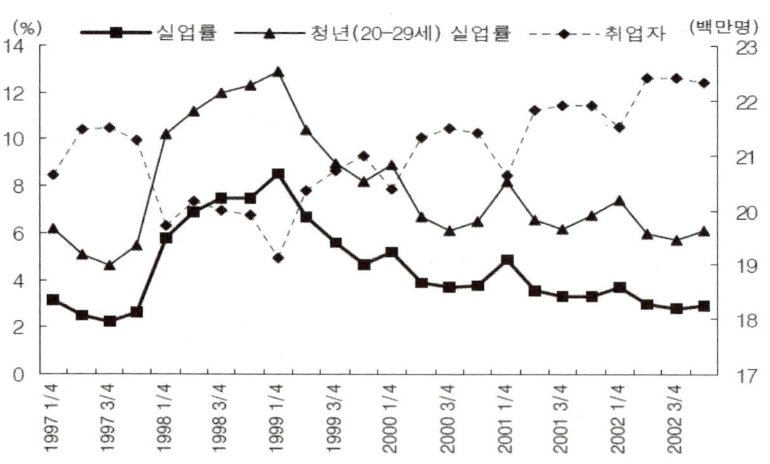

〈IMF 경제위기 기간 동안의 실업 지표〉

자료: 고영선 외, 2007, 〈경제위기 10년: 평가와 과제〉, 102쪽.

---

[27] 정재형, 2010, 〈IMF 외환위기〉, KDI 클릭경제교육 통권 86호 (2010년 11월).

경제위기에 따른 기업 도산과 합병, 그리고 생산 감소는 노동수요를 급격히 위축시켰다. 따라서 고용축소에 따른 실업자가 양산되어 경제위기 전 2%에 불과하던 실업률이 1999년 1/4분기에 8%를 상회하게 되었다. 또 신규 채용이 억제됨에 따라 청년실업이 유래없이 크게 증가했다. 청년실업율은 1999년 1/4분기에 13%에 달할 정도였다.

대량실업은 빈곤의 확대로 나타났다. 아래 〈표 1〉에서 확인되듯이, 빈곤층은 1997년에 비해 1999년 상반기에 2배 이상 늘어났다. 중하층 소득 가구 또한 50% 가까이 늘어 났다.

〈IMF 경제위기 기간 동안의 소득계층 변화〉

(단위: %)

구분		1997		1998		1999上	
상류층		21.8		14·3		14·3	
중산층	중간층	68.5	54.8	68.1	49.2	67.9	48.4
	중하층		13.7		18.9		19.5
빈곤층		9.7		17.6		17.8	

자료: 유경준, 2000, 〈IMF 이후 분배구조 및 빈곤의 변화와 외국의 정책방향〉, KDI 연구자료 2000–01.

2. 노사정위원회를 통한 사회적 합의의 도모와 노동 개혁

(1) 노사정위원회의 제도화

김대중의 대통령 취임 전인 1998년 1월 15일 노사정 및 정당 대표가 참여하는 노사정위원회가 출범하였다. 1971년 제7대 대통령 선거에서 공약으로 제시했던 노사협의기구가 27년의 세월이 지나서 실현되는 순간이었다. 노사정위원회의 출범이 순조롭지만은 않았다. 한국노총은 당선자의 초청에 바로 동의하였지만, 민주노총은 국회에서 추진 중인 정리해고 허용 법안의 입법 유보를 조건으로 노사정위원회에 참여하였다.

〈노사정위원회의 법적 지위 변화〉

구분	제1기 노사정위원회	제2기 노사정위원회	제3기 노사정위원회	제4기 경제사회발전 노사정위원회[1]
활동기간	'98.1.15~'98.2.	'98.6.3.~'99.8.31.	'99.9.1.~'07.4.26.	'07.4.27.~
명칭	노사정위원회			경제사회발전 노사정위원회1)
설치근거	없음	노사정위원회 규정(대통령령)	노사정위원회의 설치 및 운영 등에 관한 법률	경게사회발전노사정 위원회법
성격	당선자 자문기구 정치적 합의기구	대통령 자문기구 사회적 대회기구		

1) 2018년 이후, 경제사회노동위원회.
자료: 김양희 외 (2011), 〈노사정간 합의제고 및 합의사항 이행 강화 방안〉,
경제사회발전노사정위원회 연구용역보고서.

1998년 1월 15일 출범한 노사정위원회는 제1기 노사정위원회라고 지칭된다. 제1기 노사정위원회는 노동 측에서 한국노총과 민주노총 위원장, 사측 대표로는 전경련 회장과 경총회장, 그리고 정부에서는 재경원 부총리와 노동부 장관이 당연직으로 참여했다. 정당 대표는 여·야 정당 4인으로 구성되었다. 그 밑에 노총의 부위원장, 사측에서는 사무총장, 그리고 정부는 차관급이 참여하는 실무위원회를 두었다. 실·국장 실무급 정책담당자로 구성되는 전문위원회도 두어 실무위원회와 노사정위원회를 정책적으로 보좌하게 하였다. 제

1기 노사정위원회는 1998년 1월 20일 '경제위기극복을 위한 사회협약'을 체결하여, 사회적 합의의 역사적인 첫발을 내딛은 바 있다.[28]

　대통령 당선자 시절에 출범한 제1기 노사정위원회는 법적 뒷받침이 없는 임의 기구였다. 노사정위원회가 주요 노동정책에 합의를 모색하는 중심 기구가 되기 위하여서는 규범적 근거가 필요하다는 판단하에 김대중 정부는 1998년 3월 28일 대통령령 제15,746호로 노사정위원회규정을 제정하여 공포하였다. 이 대통령령에 근거한 노사정위원회를 보통 제2기로 지칭한다. 제2기 노사정위원회에서는 제1기에서 합의한 교원노조 결성권 보장, 노동조합의 정치 활동 보장 등 몇 개의 주요 입법과제에 대한 논의를 진척시켰다. 나아가 공공부문, 금융부문 및 기업의 구조조정에 합의, 권고, 건의문 등을 수 차례 채택하였다. 그러나 민주노총이 일부 합의사항의 미이행을 이유로 노사정위원회 탈퇴를 공식화하였고, 이후 한국노총만이 노동계 대표로 참여하여 사회적 합의 기구로서 노사정위원회의 위상에 금이 가는 일도 있었다.

　1999년 5월 24일에는 '노사정위원회 설치 및 운영 등에 관한 법률'이 제정되었다. 노사정위원회의 법적 기반이 강화되었다. 이를 제3기 노사정위원회의라 부른다. 3기 때부터는 노사정위원회에서 정당이 빠지고 공익을 대표하는 위원이 포함되었다. 노무현 정부에서 2007년 1월 26일 '경제사회발전노사정위원회법'을 제정해, 노사정위원회의 명칭을 '경제사회발전노사정위원회'로 바꾸었다. 2018년 문재인 정부에서 또다시 '경제사회노동위원회'로 개칭하여 오늘에 이르고 있다.[29]

---

28) 김영종, 2001, 〈사회적 합의'에 의한 노동정책의 결정과정 분석〉, 《한국행정논집》
　　제13권 제3호.
29) 김양희 외 (2011), 〈노사정간 합의제고 및 합의사항 이행 강화 방안〉, 경제사회발전노

216

(2) 노동시장 개혁30)

IMF 외환위기 와중에 생존의 위기에 몰린 한국 기업의 회생
가능성을 높이기 위해서는 정리해고제의 도입 등 노동시장의 유연성
확보가 불가피했다. 1998년 1월 대통령 당선자 시절인 제1기 노사
정위원회에서 체결한 '경제위기극복을 위한 사회협약'의 핵심은 바로
정리해고와 파견근로의 허용이었다. 노조와 성실하게 협의하고 해고
회피를 위한 노력을 사용자가 해야 하는 단서가 붙었지만, 정리해고
제의 도입으로 인수·합병 등 경영상의 이유로 해고가 가능하게 되
었다. 음성적으로 이루어지던 파견근로도 양성화되어, 제조업의 직
접 생산 공정을 제외한 업무영역에서 최대 24개월 동안 허용이 되었
다.

OECD의 기준에 따르면, 노동시장 개혁 이후 한국 노동시장의
유연성은 전반적으로 증가하였다(표 3). 노동시장 개혁 이전인 1998
년 2월까지는 한국의 고용보호제도 엄격성 지수가 64였지만 이후
제도 변화를 통해 60.75로 떨어졌다. 그런데, 노동시장의 유연성은
정리해고보다 파견근로 허용과 단기계약의 활성화에 힘입었다.
1998년 2월 파견근로제도가 특정 직종에 대해 허가됨으로써 합법화
의 길이 열리게 되었고, 그 결과, 단기계약의 엄격성 지수가 17에서
9.25로 크게 감소했기 때문이다.

정규직의 경우 정리해고제가 도입되었지만, 엄격성 지수는 오
히려 12에서 16.5로 증가하였다(표 3). 법적으로 정리해고가 허용되
는 과정에서 이전에는 없던 규제 조항이 추가되었기 때문이다. 정리

사정위원회 연구용역보고서.
30) 이 절은 다음 글을 바탕으로 작성되었다. 양재진, 2025, 〈금융, 기업, 노동 및 공공
분야 4대 개혁과 성과〉, 박명림 외, 《김대중 대통령의 외환위기 극복》(연세대학교
출판문화원, 2025).

〈OECD기준에 따른 노동시장의 유연성 비교: 1998년 2월 이전과 이후의 비교〉

항목			기본단위	1998년 2월 이전		1998년 2월 이후	
				한 국	평가 지수[1]	한 국	평가 지수
정규고용	절차의 편리함	해고절차	지수 0–3	1	2	1	2
		해고 결정에서 해고까지 기간	요일	31	4	31	4
	비자책 해고에 대한 사전고지와 보상	고지기간 9개월	월	1	3	1	3
		고지기간 4년	월	1	2	1	2
		고지기간 20년	월	1	1	1	1
		퇴직 보상금 9개월	월	0	0	0	0
		퇴직 보상금 4년	월	4	5	4	5
		퇴직 보상금 20년	월	20	6	20	6
	해고의 어려움	불공정해고에 대한 정의	지수 0–3	2	4	2	4
		고용보호 적용예외기간	달	규정 없음	6	규정 없음	6
		보상	달	규정 없음	0	규정 없음	0
		복직	지수 0–3	1	2	1	2
	평가지수 소계			35		35	
단기계약	단기고용 계약	객관적 이유 외 타당한 조건	지수 0–3 6–지수*2	2.5	1	25	1
		연속계약의 최대회수	회수	제한 없음	0	제한 없음	0
		연속계약의 최대기간	달	제한 없음	0	제한 없음	0
	파견근로 제도	합법적 노동의 유형	지수 0–4 6–지수*6/4	0	6	2.5	2.25
		계약 갱신의 회수에 대한 제한	예/아니오	불법	4	예	4
		연속계약의 최대 기간	달	불법	6	24	2
	평가지수 소계			17		9.25	
정리 해고		정리 해고의 규정	지수 0–4	4	6	3	4.5
		추가적인 사전고지사항	지수 0–2	1	3	2	6
		추가적인 해고연기	요일	0	0	30	3
		기타 자본에 대한 비용	지수 0–2	1	3	1	3
	평가지수 소계			12		16.5	
평가지수 합계				64		60.75	

자료: 김영범, 2001, 〈경제위기 이후 사회정책의 변화: 한국과 선진 자본주의국가들과의 비교〉, 《한국사회학》 35(1):31–57쪽.

1) 지수는 낮을수록 유연화되었음을 의미함.

해고 시, 해고 전 60일의 고지 기간과 함께 사용자는 해고 회피 노력을 기울어야 하고, 노조와 성실하게 협의하며, 일정 규모 이상의 해고는 노동부에 신고토록 하는 규제 조항이 도입되었다. 따라서 한국적 상황에서, 노동시장의 유연화는 경직된 내부노동시장의 유연화를 가져오기보다는, 외부노동시장에서 단기계약을 통해 비정규직의 신규고용을 증가시키는 형태로 우회적으로 나타나게 되었다.

1998년 7월에 발생했던 현대자동차 정리해고 사태가 보여주듯,[31] 대기업 정규직 노동시장에서는 정리해고 보다는 명예퇴직 형태로 고용조정이 일어나고, 기업은 이후 비정규직 고용 확대를 통해 노동시장의 경직성에 대응하는 현상이 발생했다. 이후 한국의 노동시장은 대기업 대 중소기업 노동시장 그리고 정규직 대 비정규직 노동시장으로 분절화되는 경향을 보였다. 이는 김대중 대통령이 애초에 의도했던 바는 아니었다. 노사정 협상 과정에서 정리해고는 받아들이되, 해고 요건을 강화하여 실제로 이를 무력화하려 했던 노동계의 요구가 반영된 것이었다.

---

31) 현대자동차 정리해고 사태란, IMF 외환위기 와중인 1998년 6월 30일 현대자동차 사측이 4,830명 정리해고 계획을 공식화하면서 시작되었다. 이에 노조는 곧바로 시한부 파업에 돌입했고 회사는 정리해고 규모를 줄여 7월 16일 사원 2,678명에 대한 정리해고를 통보하였다. 현대차 노동 조합원들은 고공농성 등 투쟁에 돌입하였고, 회사는 휴업을 결정하였다. 노사가 강경 대립하는 가운데 결국 사측은 7월 31일까지 희망퇴직을 신청하지 않은 1,569명에 대한 정리해고를 강행하였다. 민주노총과 현대자 노조는 정리해고 철회를 주장하며 파업 투쟁에 나섰다. 현대차 노조는 법이 허용하는 정리해고 자체를 인정하지 않고 파업에 나섰다. 현대자동차의 무기한 휴업과 정부의 공권력 투입 검토까지 이어지자, 8월 25일 민주노총이 공식적으로 거부하던 정리해고를 수용하면서 현대자동차 사태는 일단락되었다. 민주노총의 입장 변화는 노무현 당시 여당인 국민회의 부총재가 중재에 나서 정리해고 규모를 277명으로 대폭 축소하고, 대신 민노총은 정리해고를 인정하는 타협이 8월 23일에 타결되었기 때문이었다. 277명 해고 대상자 가운데 144명은 회사 식당 여성 근로자로, 실제 생산직 근로자에 대한 대규모 정리해고는 없었다. 노무현사료관, 〈대화와 중재위해 '정리해고태풍'의 눈으로 들어가다〉, https://archives.knowhow.or.kr/president/story/view/990

(3) 노동기본권 신장

권위주의 시대에는 단체결성, 단체협약, 단체행동권 등 노동3권이 인정받지 못했다. 1987년 6월 민주화 이후, 11월 28일 여·야 합의로 노동법 개정이 이루어져 기업 수준에서 이 보장되기 시작했다. 그러나 전두환 시기인 1980년 노동법에 신설되었던 이른바 '3금' 조항, 즉 복수노조 금지, 제3자 개입금지, 그리고 노조의 정치 활동 금지는 그대로 유지되었다. 1987년 노동자 대투쟁 이후 사업장 단위에서 우후죽순 생겨난 이른바 '민주노조'는 복수노조 금지로 인해 합법적으로 인정받을 길이 크게 제한되었다. 민주노총 또한 한국노총의 존재로 인해 합법적인 노동단체로 인정받지 못하였다. 산별노조도 마찬가지다. 개별 기업 수준에서는 노동3권이 보장되었지만, 제3자 개입금지로 인해 민주노총 같은 상급단체나 노동인권 변호사 등의 조력을 받는 즉시 불법 파업으로 간주되었다. 민주화 이후에도 실제 노동현장에서 노동3권이 온전히 보장받지 못했던 것이다.

김영삼 정부는 OECD와 국제노동기구ILO 가입을 위해 집단적 노사관계를 선진화하고, 노동시장은 유연화를 도모하는 노동법 개정을 추진하였다. 법외단체였던 민노총까지 참여하는 '노동관계법개선위원회'를 통해 노동법 개정안 마련을 도모했다. 결국 합의는 이루지 못하고 1996년 12월 '3금' 조항은 폐지하되, 민노총과 산별노조 인정은 2년 유예하면서, 정리해고 등을 허용하여 노동시장을 유연화하는 노동법 개정안이 '날치기'로 국회를 통과하였다. 이에 민주노총이 주도하고 한국노총도 함께 하는 전국 단위 총파업이 1948년 건국 후 처음으로 발생해 26일간 지속되었다. 이 총파업은 이례적으로 대중적 지지를 받았다. 국민적 저항 속에 여·야는 1997년 3월 날치기된 노동법을 재개정하였다. 이에 따라 정리해고 시행을 2년 유예하고, 복수노조 금지 유예 조항은 삭제하며 노조의 정치 활동을 허용하

게 되었다.[32]

　　이 와중에 재벌 기업들이 연쇄 부도하고 IMF 외환위기를 맞이하게 되었다. 앞서 언급한 것처럼, 노사정 대타협의 결과 1998년 2월 14일 노동법을 개정하여 정리해고 시행 2년 유예 규정을 삭제해 정리해고가 조기 시행되게 하였다. 이에 대한 반대급부로 김대중 대통령은 오랜 기간 견지해온 노동권의 온전한 보장을 실현해 주었다. 먼저 1999년 11월 23일 그간 다섯 차례 반려되었던 민주노총의 설립신고서를 받아들여 민주노총을 합법단체로 공식화하였다. 이에 따라 민주노총은 최저임금심의회(현 최저임금위원회), 국민연금 등 사회보험 위원회 및 각종 국가 위원회에 참여하여 공공 정책 결정 과정에서 영향력을 발휘할 수 있게 되었다. 또 1999년 1월에는 '교원의 노동조합설립 및 운영에 관한 법률'을 교육관계법이 아닌 노동관계법의 하나로 제정하여 교원의 노동기본권을 보장하였다. 또 같은 해 '공무원직장협의회 설립·운영에 관한 법률'을 제정하여 노동조합의 형태는 아니지만, 직장협의회 차원에서 공무원도 단체결성과 단체협상에 나설 수 있게 하였다. 공무원직장협의회는 2002년 전국공무원노동조합을 창립하고, 2005년 노무현 정부에서 관련 법이 제정됨으로써 합법화되었다.[33]

　　1998년 4월 24일에는 '공직선거 및 선거부정방지법(통합선거법)'을 개정하여 노조의 정치참여를 실질적으로 보장하였다. 노동조합의 정치 활동이 공식적으로 인정되고 법적 기반을 갖추게 되자, 한국노총과 민주노총은 자신들의 후보를 1998년 6월 4일 지방선거에 출마

---

32) 권영숙, 2020, 〈한국 노동권의 현실과 역사: '노동존중'과 노동인권에서 노동의 시민권으로〉, 산업노동연구, 26권 1호.
33) 노동부, 2008, 《노동행정사》 3편 (노사관계정책).

토록 하였다. 한국노총은 기초단체장 1명, 광역의원 17명, 기초의원 23명을 당선시켰다. 민주노총의 경우는, 추천 후보 40명과 지지 후보 5명 가운데 기초단체장 2명, 광역의원 3명 및 기초의원 13명이 당선되었다. 또한 2000년 2월 16일에는 '정치자금에 관한 법률'이 개정되어 초기업 단위노동조합의 정치자금 기부가 가능하게 되어 정당 후원회에도 가입할 수 있게 되었다. 이런 법적 기반이 마련됨에 따라 1999년 민노총 주도로 민주노동당 창당준비위원회가 발족하였으며, 민주노총은 민주노동당과 '독립적 협력관계'유지 방침을 표명하고 진보정당 운동에 본격 참여하였다.[34] 일찍이 청년 김대중이 역설한 노동계급의 자율적인 노동운동이 자리 잡고, 노동자가 자신의 정당을 갖고 노동자의 권익과 복리를 증진시키는 일이 성사된 것이다.

3. 사회통합을 위한 사회안전망의 확충과 한국 복지국가의 탄생

(1) 고도성장기 복지수요의 충족과 사회안전망의 미비

IMF 경제위기는 과거 산업화 시기 형성된 경제발전 시스템 뿐만 아니라 사회안전망의 붕괴도 가져왔다. 한국 발전국가의 경제발전은 독특한 양식의 사회복지체계를 낳았다. 우선 '경제우선'의 개발정책은 한국의 경제력 수준에 비해 사회복지의 저발전을 가져왔다. 당시 국민소득 1만 불 수준의 중위 소득국가군에서 한국은 사회복지에 대한 정부의 투자가 상당히 뒤처져 있었다. 예를 들어, 1995년 기준으로 한국과 가장 근접한 1인당 국민소득을 가지고 있는 그리스

---

34) 노동부, 2008, 《노동행정사》 3편 (노사관계정책).

222

의 경우, 중앙정부가 20% 이상의 자원을 사회복지에 할애 하는데
반해, 한국은 10%에도 못 미쳤다. 한국에서 가용자원은 경제개발과
인적자원개발에 투자되었고, 공공사회복지를 통한 배분은 상대적으
로 얼마 되지 않았다.[35]

　　하지만, 비교론적인 시각에서 볼 때, 한국에서 사회복지제
도의 저발전이 곧바로 사회복지 수요의 미충족으로 이어진 것은
아니었다. IMF 외환위기 전 고도성장기에는 사실상 완전고용 상
태였다. 일자리는 비교적 매우 안정적이었다. 연평균 10%에 육
박하는 고도성장 속에서 실질 임금도 빠르게 성장했다. 그 결과
절대 빈곤은 빠르게 감소했다. 임금근로자가 늘면서 소득분배는 개
선되었으며, 중산층은 확대되었다.[36] 그러나 앞서 살펴보았듯이, 경
제위기가 닥치고 대량실업이 발생하자, 경제성장에 기댄 발전국가의
복지는 무용지물이 되었다. 사회안전망의 미비점이 크게 드러났다.

　　(2) 김대중 대통령의 확장적 복지개혁

　　김대중 대통령은 청년 시절부터 꿈꾸었던 사회적 안전망 확
충에 진력을 다했다. 이는 제1기 노사정위원회에서 1998년 1월
20일 체결한 '경제위기극복을 위한 사회협약'과 제2기 노사정위
원회에서 합의한 의료보험 통합 일원화와 국민연금법 개정이란

---

35) 양재진, 2024, 〈김대중의 복지 철학과 생산적 복지〉, 양재진 외, 《김대중 대통령의
　　복지.노동 개혁》 (서울: 연세대학교 출판문화원, 2024).
36) 한국의 경우, 1970년대 지니계수가 0.39에서 1990년대 0.33으로 변화해 소득격차가
　　줄어드는 경향을 보였다. 물론 이러한 수치는 사회복지수준이 높은 유럽 복지국가의
　　경우보다 낮은 성과라 할 수 있다. 스웨덴은 1995년에 지니계수가 0.22, 덴마크는
　　0.24, 독일은 0.30였다. 그러나 남미의 중위소득국가에 비해서는 매우 긍정적이었다.
　　일례로 아르헨티나는 동기간 지니계수가 0.39에서 0.46, 브라질은 0.57에서 0.63,
　　멕시코는 0.51에서 0.55로 소득분배가 악화되었다. Kaufman, Robert, 1998,
　　〈Latin America: the Nest Challenges〉, Paper prepared for Princeton
　　Seminar: The Political Economy of Latin America.

사회적 합의 사항이기도 했다. 김대중 정부의 사회보장제도 확충은 한국 복지국가의 태동을 가져왔다. 몇 가지 중요한 변화를 살펴보면 다음과 같다.[37]

첫째, 4대 사회보험의 적용대상이 급속히 확대되었고, 급여 수준이 인상되었다. 1999년 3월 도시지역 자영자 900만 명에게 국민연금이 확대되었다. 1998년 1월 10인 이상 사업장으로 확대된 고용보험이 1998년 10월부터 1인 이상 전 사업장으로 확대되었다. 산재보험도 2000년 7월부터 1인 이상 사업장으로 보험 적용이 보편화되었다. 이미 전체 국민에게 제공되었던 건강보험은 급여 혜택을 받을 수 있는 요양 기간이 연간 270일에서 1998년에는 300일로 늘었다. 그리고 1999년에는 330일로 늘어나고, 2002년에는 요양 기간 제한을 없애서 지금처럼 365일 급여 혜택을 받을 수 있게 하였다.

국민연금은 11년 만에 전 국민에게 확대되었고, 고용보험도 도입된지 4년 만에 전체 임금근로자에게 적용된 것이다. 유럽 복지국가의 경우 임금근로자를 대상으로 시작된 공적연금과 의료보험이 전 자영자와 농민 등 전체 국민에게 적용되는데 최소 40년에서 50년이 걸렸다. 이를 감안하면, 김대중 정부 하 사회보험의 확대 속도는 세계적으로 유례가 드문 "압축성장"이었다.[38]

둘째, 145개 직장과 227개 지역조합으로 나뉘어 있던 의료보험이 하나의 단일 사회보험으로 통합되었다. 보편주의 복지의 시작을 알린 것이다. 직장과 지역의보를 통합하는 의료보험의 일원화는 사실 의료보장의 분권화와 민영화를 시도하던 당시 국제적인 흐름에

---

37) 양재진, 2024, 〈김대중의 복지 철학과 생산적 복지〉, 양재진 외, 《김대중 대통령의 복지.노동 개혁》 (서울: 연세대학교 출판문화원, 2024).
38) 김연명, 2000, 〈변혁기 한국 사회보험의 현황과 과제〉, 《사회복지》 (가을), 7-21, 8쪽.

반하는 개혁이었다. 국민연금의 경우도 자영자와 임금근로자 구분 없이 단일한 공적연금제도로 포괄하였다. 사실 1997년 외환위기에서 구조조정차관을 주며 세계은행World Bank은 국민연금의 축소와 적립식 퇴직연금의 도입 그리고 의료저축계정의 도입 등 개인계정 중심의 사회정책을 권고한 바 있다. 그러나 김대중 정부는 전 국민에게 보편적으로 적용되는 사회보험제도를 중심으로 삼았다. 사회보험은 사각지대 발생이 불가피해 실제로 보편주의가 달성되지는 못했지만, 국민연대성을 원칙으로 하여 공적보험을 중심으로 사회보장을 강화하였다.

셋째, 국민기초생활보장제도의 시행으로 공공부조의 획기적인 개선을 이루었다. 과거 생활보호법은 아무리 빈곤해도 근로 가능대 인구, 즉 18세 이상에서 65세 미만 국민은 장애인이 아닌 이상 국가보호의 대상이 될 수 없었다. 그러나 국민기초생활보장제도의 도입으로 근로 연령대 빈곤층도 자활사업에 참여하는 조건으로 대폭 인상된 자활급여를 받을 수 있게 되었다. 최저 생계비 이하의 모든 가구는 연령과 근로 능력 유무에 관계 없이 의·식·주·의료·교육 등의 기초생활을 보장받게 된 것이다. 이는 뒤늦었지만 한국에 근대적 의미의 공공부조 제도가 확립되었음을 의미했다. 사회권에 기반한 국민기초생활보장제의 시행으로 수급자가 종전의 50여만 명에서 2000년 시행과 더불어 150여만 명으로 대폭 확대되었다.

넷째, 친복지 사회정책망이 형성되었다. 김대중 대통령의 당선과 함께, 이른바 민주화 세력, 즉 집권당과 참여연대, 여러 NGO와 민주노총 사이에서 느슨하나마 친복지 사회정책망이 출현하였다. 친복지 사회정책망이 만들어낸 대표적인 성과로 참여연대 등 시민단체가 입법안 마련은 물론 이후 시행세칙의 마련에까지 참여했던 국민기초생활보장제도를 들 수 있다. 국민연금의 도시지역 확장, 의료보험 통합, 의약분업의 아젠다 설정과 실행에 있어서도 친복지 사회정책망은 크게 기여하였다. 김대중 대통령을 중심으로 한 친복지 사회정책망은 생산적 복지라는 친복지 이념과 복지확장적 개혁을 주도해 한국 복지국가의 태동을 일군 것이다. 김대중 대통령의 퇴임 이후에도 이 친복지 사회정책망은 유지되었고, 계속해서 한국 사회보장제도의 발전을 이끌어 왔다.

V. 맺음말

　김대중은 통합의 상징과도 같다. 대통령이란 권력의 정점에 서서도 정치적 박해자들을 용서하고 품었다. 외교적으로는 우리를 식민 지배한 일본과 함께하는 미래를 위해 손을 맞잡았다. 골육상잔의 전쟁을 일으킨 북한과도 화해하고 평화 정착을 이끌었다. 김대중 대통령은 이에 머물리 않고, IMF 경제위기로 인해 발생한 빈곤과 소득격차 그리고 노사갈등을 대화와 국가정책을 통해 풀어나갔다. 실업자들을 구제하고, 소득보장 제도를 제도화해 빈곤층이 구조화돼 사회적 배제로 이어지는 것을 막았다. 4대 사회보험을 전 국민에게 적용함과 동시에 공공부조도 혁신해 국민 누구에게든 최저생활을 보장하였다. 사회통합의 물질적 기반을 마련한 것이다.

　가장 고뇌가 크고 어려웠던 일은 노동시장 개혁이었다. 한국경제가 완전히 침몰하면 노동자의 삶이 나락에 떨어지는 것은 명약관화한 일이었지만, 정리해고의 도입 등 노동시장의 유연화 조치는 노동자 스스로 거부하는 일이었다. 중장기적 생존을 위해 단기적 희생이 필요한 상황에서 김대중은 노사정의 대화를 통해 개혁에 대한 합의를 구하는 방식을 택했다. 정부가 위기 상황에서 힘으로 밀어붙여도 될 상황이었다. 그러나 김대중은 인내하고 노사정 대화의 제도화를 위해 임기 내내 노력했다.

김대중 대통령의 궁극적인 목표는 노동시장의 유연안정성flexicurity을 높이는 것이었다. 노동시장유연화 개혁과 함께 노동권 신장을 기했다. 공공부문까지 노동권을 보장하고, 노동계급의 정치화와 정당 건설을 제도적으로 뒷받침했다. 김대중은 청년 시절부터 유럽의 자율적인 노동운동과 노동자 정당 활동이 낳은 복지국가를 우리가 가야 할 길로 여겼었다. 그 길을 열어젖힌 것이다. 동시에 국가는 '생산적 복지'의 국정 이념 아래 사회적 안전망을 튼튼히 하는 정책에 매진했다.

확장적 복지개혁도 쉬운 일만은 아니었다. 국민연금의 도시지역으로의 적용 확대나 지역과 직장별로 쪼개져 있던 의료보험을 보편주의형 단일 보험자인 국민건강보험으로 통합하는 일은 한국노총을 위시해 사회 일각의 거센 반대에 부딪히기도 하였다. 그러나 직장과 지역으로 공적연금 대상자를 나눈다거나 의료보험을 조합별로 운영하지 않고, 국민통합을 위해 단일한 사업자 아래에서 통합운영해 사회적 연대성을 높이는데 주저하지 않았다.

그렇다고 청년 김대중이 뜻한 모든 것을 대통령 김대중이 이룬 것은 아니었다. 노동시장 내의 글로벌 대기업과 중소기업의 격차 그리고 정규직과 비정규직의 차이는 뜻한 바와 달리 커져만 갔다. 노동권의 신장을 이루었으나, 김대중이 〈대중경제론〉에서 우려했던 대로 기업별로 쪼개진 노동운동은 노동계급 내 연대성solidarity을 이루는 데 장애가 되었다. 노동시장 내 양극화 문제를 사후적으로 복지정책만 가지고는 해소할 수 없다. 이 문제는 일차적으로 유럽에서처럼 노동시장 내에서 노동운동이 스스로 연대성을 발휘해 노동자 내부의 격차 해소를 위해 노력해야 한다. 그리고 이차적으로 노동시장 밖에서 정부가 사회보장을 통해 마무리해야 한다. IMF 경제위기를 극복하기 위해 사반세기 전 김대중이 열어 놓은 길 위에서 이제 국민통합을 위해 노동시장의 양극화 해소를 위한 여정을 다시 시작해야 할 때가 되었다.

참고 문헌

권영숙, 2020, 〈한국 노동권의 현실과 역사: '노동존중'과 노동인권에서 노동의
　　　시민권으로〉, 산업노동연구, 26권 1호.

김대중, 1955, 〈한국노동운동의 진로〉, 사상계 27호.

김대중, 1956, 〈당의 굴레를 벗어나라(상): 한국 노동운동의 소생을 위하여〉, 경향
　　　신문 기고문(1956.6.19.).

김대중, 1957, 〈북한해방과 남한의 노동자: 내일이면 늦으리〉, 〈신태양(新太陽)〉
　　　기고문(1957.10.1.).

김대중, 1969, 〈대중경제를 주창한다〉, 신동아 63호 (1969년 11월호).

김대중, 《대중경제론》 (서울: 청사, 1986).

김대중, 《대중참여경제론》 (서울: 산하, 1997).

김대중, 1999, 〈제 54 주년 광복절 대통령 경축사: 희망과 번영의 새 천년을 열어
　　　나갑시다〉, www.korea.kr/archive/governmentView.do?newsId=
　　　148750360 (검색일 2025.5.10.)

김양희 외 (2011), 〈노사정간 합의제고 및 합의사항 이행 강화 방안〉, 경제사회발
　　　전노사정위원회 연구용역보고서.

김연명, 2000, 〈변혁기 한국 사회보험의 현황과 과제〉, 《사회복지》(가을), 7-21.

김영종, 2001, 〈'사회적 합의'에 의한 노동정책의 결정과정 분석〉, 《한국행정논집》
　　　제13권 제3호.

김용철, 2019, 〈경제민주주의 관점에서 본 김대중의 인식과 철학〉, 아세아연구
　　　제6권 제3호.

노동부, 2008, 〈노동행정사〉 3편 (노사관계정책).

대통령 당선자 기자회견문, 동아일보(1997. 12. 20일자).

삶의질향상기획단, 〈새천년을 향한 생산적 복지의 길〉 (서울:도서출판 퇴설당,
　　　1999).

양재진, 2013, 〈대중경제론과 생산적 복지〉, 류상영·김동노 편, 《김대중과 대중
　　　경제론》, 연세대학교 김대중도서관.

양재진, 2024, 〈김대중의 복지 철학과 생산적 복지〉, 양재진 외, 《김대중 대통령의
　　　복지.노동 개혁》 (서울: 연세대학교 출판문화원, 2024).

양재진, 2025, 〈금융, 기업, 노동 및 공공 분야 4대 개혁과 성과〉, 박명림 외, 《김대

중 대통령의 외환위기 극복》(연세대학교 출판문화원, 2025).

연세대학교 김대중도서관 기획, 2024,《김대중 육성 회고록: 김대중은 우리에게 무엇을 말하는가》.

임원혁, 2013, 〈대중경제론과 경제위기 이후의 개혁〉, 류상영 · 김동노 편,《김대중과 대중경제론》, 연세대학교 김대중도서관.

Kaufman, Robert, 1998, 〈Latin America: the Nest Challenges〉, Paper prepared for Princeton Seminar, The Political Economy of Latin America.

4

김대중의 성평등적
화해와 통합

박진경 (행정학자)

I. 들어가며

　　한국 사회는 지난 수십 년간 민주화와 경제 성장을 동시에 이루며 급격한 변화를 겪어왔다. 그 과정에서 여성의 지위 향상과 성평등 실현에 대한 요구는 끊임없이 제기되었으며, 비록 더딘 걸음이었지만 일정한 성과를 축적해 왔다. 그러나 2010년대 후반부터 일부 젊은 남성층을 중심으로 안티페미니즘anti-feminism과 성평등 정책에 대한 백래쉬backlash가 가시화되면서 사회 갈등의 새로운 양상으로 부각되고 있다. 최근에는 '여성가족부 폐지'를 공약으로 내세워 집권한 대통령의 등장으로 성평등 정책이 후퇴하고 여성 혐오가 극에 달하고 있다. 이로 인해 청년 세대의 정치적 성향과 성별 간 격차가 한층 심화되었고, 급기야 민주주의의 근간과 성평등이라는 보편적 가치마저 위협받는 상황에 이르렀다.

　　특히 '여성가족부' 존폐를 둘러싼 사회 갈등은 국가 자원의 낭비와 여성의 삶을 위협하고 있어, 성평등 가치와 전담기구의 위상을 새롭게 정립해야 하는 시점이다. 이에 55년 전인 1971년, 처음 '대통령 직속 여성지위향상위원회' 설치를 약속하고 대통령이 된 뒤 '여성부 신설'과 성평등 정책의 기틀을 마련한 김대중의 사상과 정책을 복원하여 시대적 의미를 재조명할 필요가 있다. 김대중 대통령은 고질적 차별 속에 신음하고 있는 한국 여성들에 대한 여성주의적 문제의식에서 출발하여 이를 해결하기 위해 '성평등 전담기구'라는 구체적 방법을 제안한 것이다.

　　김대중은 정치인으로서, 대통령으로서 그가 가진 권력을 차별과 폭력에 고통받는 대한민국 여성들의 삶을 바꾸기 위해 아낌없이 내어주었다. 최초로 성평등 전담기구인 여성부를 만들고 여성 정치 참여의 길을 내면서 인권과 민주주의, 평화와 평등이라는 시대적 가치이자 정치적 소명을 여성을 위해서 실천한 것이다.

이 글은 김대중 대통령이 제시한 '화해와 통합'의 정치철학이 여성주의적 시각과 어떻게 결합했는지를 분석하고, 이를 통해 성평등을 기반으로 한 사회통합 모델의 새로운 가능성을 탐색하고자 한다. 특히 김대중이 성평등을 단순한 여성의 권익 향상을 넘어 민주주의의 완성과 사회적 통합의 핵심 요소로 인식하고, 여성대표성 확대와 젠더-거버넌스를 통해 이를 실천한 점에 주목하고자 한다.

또한 그의 여성주의 철학과 정책, 그리고 실천적 노력이 여성의 정치적·사회적 참여를 제도화하고, 굴곡진 여성의 삶을 변화시키는 데 어떻게 기여했는지를 살펴본다. 이를 통해 현재 성평등 정책에 대한 백래쉬와 젠더 갈등이 심화하는 시대에, 김대중의 성평등적 화해통합이 갖는 시대적 함의를 조명하고자 한다.

먼저 김대중의 정치사상 가운데 핵심 개념인 '화해와 통합'을 성평등의 관점에서 재해석하고, 이를 토대로 김대중 정부 시기의 젠더-거버넌스와 여성대표성 확대 정책을 분석한다. 이를 위해 김대중의 저서와 연설문 등을 통해 '화해와 통합'의 의미를 파악하고, 그것이 성평등 가치와 어떻게 접목되는지를 고찰한다. 다음으로 여성부 설치, 여성할당제 등 주요 성평등 정책의 제도 형성과 추진 과정을 분석하여, 그가 추구한 포용 정치가 젠더-거버넌스에 어떻게 구현되었는지를 살핀다.

이 글의 구성은 다음과 같다. 2절에서는 김대중 정치사상의 핵심 가치인 화해통합론과 여성주의 철학 및 정책을 정리하고, 양자의 사상적 접점을 규명한다. 3절은 김대중 정부 시기의 젠더-거버넌스 실천을 분석하여 여성부 신설, 성주류화 제도화, 입법·제도 개혁, 국제연대 성과 등을 살피고, 화해통합 사상과의 연관성을 논의한다. 4절은 여성할당제 입법과 제도화를 포함한 여성대표성 확대 정책의 추진 과정과 성과를 검토하고, 이를 화해통합 사상과 연결해 해석한다. 5절은 김대중의 성평등적 화해와 통합이 갖는 시대적 함의를 도출하여, 오늘날 젠더갈등 상황에서의 시사점을 제시한다.

김대중은 용서와 화해를 통해 국민 대통합과 국제적 화해 및 민족적 화해와 통합을 추구한 정치가이면서 화해통합론을 정립한 대통령이다. 이 글은 기존의 김대중 연구들이 주로 민주화, 남북관계, 경제정책 등 거시적 정치성과에 초점을 맞춰온 것과는 달리, 김대중의 화해통합 사상과 여성주의 철학의 결합에 주목한다는 점에서 차별성을 가진다. 특히 김대중이 오래전부터 여성 인권과 성평등을 위한 제도 개혁에 일관된 관심을 보여왔음에도 불구하고, 그의 성평등 실천이 '화해와 통합'이라는 정치철학의 핵심축으로 작동했다는 점은 학계는 물론 여성주의 학계에서도 알려진 바 없다.

따라서 김대중이 추진한 여성부 신설, 여성할당제, 성주류화 정책 등의 제도들이 단순한 여성정책이 아닌, 화해와 통합의 전략적 수단이었음을 밝힌다. 또한 김대중의 성평등정치를 주체성의 인정과 민주주의 완성의 과정으로 해석함으로써, 성평등을 사회통합과 민주주의 심화의 조건으로 새롭게 조명한다.

무엇보다 오늘날 성평등 정책에 대한 백래시와 여성가족부 폐지 논의가 격화되는 시점에서, 김대중의 젠더-거버넌스가 지닌 시대적 통찰과 정책적 유산을 통해 민주주의 회복과 성평등 사회의 방향을 모색한다는 점에서 이 글의 시대적 의미가 크다.

II. 김대중의 성평등적 화해와 통합에 관한 이론적 논의

1. 김대중의 화해통합 사상

해방 이후 한국 현대정치사는 분열과 갈등의 연속이었다. 독재와 반민주 정치 체제하에서 생사를 넘나드는 고난을 온몸으로 겪어 낸 김대중은 정치적 대립 구도를 넘어 화해와 통합, 민주주의 발전에 기여한 최초의 정치가이다. 이런 김대중이 스스로 구축하고 형성해 나간 정치철학은 화해통합 사상이다. 그는 전 생애에 걸쳐 마주한 독재정권과 지역주의, 분단 등 국내외 정치적 대립과 갈등을 화해통합 사상에 기반하여 지역주의라는 분열 구조를 넘기 위한 전략으로 정치적 타협과 연합을 택하였고, 햇볕정책을 통해 남북 간 긴장 완화와 남북정상회담의 역사적 결실을 마련하기도 한 것이다,

김대중의 화해통합 사상은 그의 삶 전체를 관통하는 철학이며 스스로 형성하고 구축한 사상이다. 그의 사상은 이론에만 그치지 않고 현실정치의 다양한 영역에서 실천으로 이어졌고 민주주의 발전에도 크게 기여했다는 점에서 그 의미가 더욱 크다. 장신기는 김대중의 화해통합 사상이 분열된 사회를 민주적으로 통합하려는 윤리적·정치적 비전에 해당되며 그는 실천을 통해 자신의 철학을 입증했고, 이는 한국 민주주의가 질적으로 성장하는 데 중요한 초석이 되었음을 주장한다.[1]

노명환은 김대중의 화해 사상을 인류 보편 가치에 기반한 철학

---

1) 장신기, 《성공한 대통령 김대중과 현대사》 (서울: 시대의창, 2021), 192-195쪽.

과 종교적 신념에서 출발해 현실정치에 구현된 실천적 사상으로 규정하고 있다. 사상적 측면에서 김대중의 화해사상을 "이분법 극복"과 "다양성 속의 통일"이라는 변증법적 시각에서 분석하고 있다. 헤겔의 변증법, 주역의 음양론, 드 샤르댕의 창조적 진화론 등에서 영감을 얻어, 대립과 모순이 끊임없는 상호 작용을 통해 조화와 새로운 질서를 만들어내는 변증법적 통일 철학이라고 설명한다.[2] 즉, "서로 다른 것들이 대립 속에서 상호 작용해 새로운 통일을 이룬다."라는 변증법의 원리를 기반으로, "다양성 속의 통일"을 민주주의와 평화의 핵심 가치로 삼고 있음을 강조한다.[3]

이러한 김대중의 화해통합 사상은 단순히 정치 수사로서의 미사여구가 아닌, 사회통합과 평화로운 공존을 위한 원칙이자 방법론으로서 의미가 있다. 알려진 바와 같이 김대중의 화해사상은 국내 정치, 남북관계, 한일관계 등 큰 변곡점을 만든 핵심 가치이다.[4]

그 외에도 국민통합적 차원에서 사회 갈등을 극복하고, 다양한 사회적 약자들인 여성, 소수자, 노동자가 평등하게 공존할 수 있는 통합적 사회를 만드는 데에도 크게 기여했다. 국민통합적 차원에서 보면 그의 화해통합 사상은 정치, 경제, 사회적 갈등을 해소하려는 노력에서 출발한다. 김대중은 정치, 경제적 격차를 넘어선 사회통합이 이루어져야 한다고 주장했다. 이는 그의 여성주의 철학과도 연결

---

2) 노명환, 〈김대중과 동서융합의 민주주의 사상〉, 황태연 외, 《사상가 김대중: 그의 철학과 사상》 (파주: 지식산업사, 2024), 223쪽.
3) 노명환, 〈김대중 화해 사상의 특수성과 보편성: 이분법의 극복과 '다양성 속의 통일'의 변증법〉, 《통일과 평화》, 제12집 2호 (2020), 53–99쪽.
4) 박명림은 김대중이 실천한 화해사상를 다음과 같은 네 가지 영역으로 설명하고 있다. ▲진보와 보수 간의 정치적 화합, ▲김대중—오부치 공동선언을 매개로 한 한일 간 관계 개선, ▲남북정상회담을 통한 남북 간 화해, ▲ 상향식 국민통합이 대표적이다. 박명림, 〈김대중의 연합과 통합의 정치〉, 박명림 외, 《김대중의 사상과 정치 2: 평화·민주주의·화해·협력》 (서울: 연세대학교 출판문화원, 2023), 427–441쪽.

되는 지점이다. 김대중은 여성들의 정치, 경제적 참여를 촉진하고, 여성들이 평등한 위치에서 사회적 갈등 해결에 기여할 수 있다는 점에서 사회적 화해의 구체적 해법으로 여성의 역할을 강조했다.

한편, 김대중은 정치가 추상적 이념이나 권력 유지의 수단이 아니라, 현실 속에서 국민과 함께 구조적 악을 제거하는 행위임을 강조하며, 따라서 정치인은 국민과 동떨어진 존재가 아니라, 국민의 고통과 삶을 개선하는 동반자적 주체임을 분명히 하였다. 또한 "사람을 근본으로"라는 언급은 인간 존엄을 정치의 출발점으로 삼겠다는 철학을 반영하였으며, 민주주의란 단순한 다수결이 아니라, 사람이 주인인 세상을 구현하는 체제라는 점에서 정치적 권리의 보장, 사회적 약자와 소수자에 대한 보호가 필수임을 강조한 것이다.

"정치인은 현실의 장에서 국민과 힘을 합쳐 국민을 괴롭히는 구조적인 악을 제거해야 한다. 사람을 근본으로 여기고, 사람이 주인인 세상을 여는 정치야말로 어쩌면 가장 성스러운 것 아닌가."[5]

김대중의 정치철학과 화해통합 사상은 김학노의 '서로주체성'에 기반한 헤게모니 이론과도 연결된다.[6] 김학노의 '서로주체성' 이론은 현대 사회의 분열과 갈등을 넘어서는 새로운 통합의 패러다임을 제시한다. 기존의 주체 개념이 '홀로주체성'—즉 자기완결적인 개인 또는 국가 중심의 일방적 통합 개념—이었다면, 김학노는 이를 비판하며 '서로주체적 통합' 개념을 제안한다. 김학노는 "서로주체적 통합"이 각 주체가 독립성과 차이를 유지하면서도 상호 인정과 응답을

---

5) 김대중, 《김대중 자서전1》 (서울:삼인, 2010), 21쪽.
6) 김학노, 〈'서로주체적통합'의 개념〉, 《한국과 국제정치》 제27권 3호 (2011), 29–61쪽.

통해 공동체를 형성해가는 방식이지만 일방이 다른 쪽을 흡수하거나 동화시키는 방식이 아니라, 각 주체가 서로의 주체성을 인정하고 배움과 응답의 자세로 함께 새로운 공동체를 형성하는 것이라고 설명한다.[7] 이는 상호성, 대등성, 공동창조성을 핵심 가치로 삼으며, 단순히 다양한 주체를 병렬적으로 나열하는 다원주의와도 다르다. 오히려 서로 간의 긴장, 차이, 이질성을 적극적으로 포용하며 더 큰 공동체를 구성하는 역동적 과정으로 이해된다. "서로의 주체성을 인정하며 통합하는 방식이야말로 진정한 공존의 조건"이라며, 이것이 민주주의의 성숙을 위한 철학적 토대임을 주장한다.[8]

서로주체성 이론은 주로 남북 분단과 같은 극단적 상황에 적용하여 설명하고 있으나, 젠더, 세대, 지역, 계층 간 통합에도 응용할 수 있다. 특히, 여성주의와 젠더-거버넌스가 서로주체성의 실천이자 성평등을 통한 민주주의 완성의 경로로서 접목할 수 있다. 여성들을 사회 변혁의 동등한 주체로 수용하는 정치철학으로 이어진다는 점에서 김대중의 화해통합 사상과 서로주체성 이론은 한국 사회의 민주주의 완성과 사회통합을 위해 매우 중요한 이론적 기반을 제공하며, 성평등과 여성대표성 확대를 위한 담론에서도 중심적 역할을 할 수 있다.

2. 김대중의 여성주의 철학과 정책

"인간으로서의 모든 질곡과 모순을 한 몸에 앓아야 할 여성들을 위해 내가 할 수 있는 일은 과연 무엇일까. 남들보다 조금 더 열린 마음으로

---

7) 김학노, 〈'서로주체적통합'의 개념〉, 45-49쪽.
8) 김학노, 〈'서로주체적통합'의 개념〉, 46쪽.

바라보거나 거드는 시늉만으로 그치진 않으리라 다짐하곤 합니다. 이 땅 모든 여성의 현실을 알고 이들의 힘을 기다리는 세상의 흐름을 느끼기 때문입니다."9)

본 문장은 김대중의 저서《내가 사랑한 여성, 1997년》에 수록된 것으로, 그의 여성주의 관점과 실천 의지를 잘 보여주는 대목이다.

김대중은 여성주의 철학을 바탕으로, 질곡과 모순 속에 놓인 대한민국 여성들의 삶을 변화시키기 위해 일관된 신념과 실천을 이어왔다. 특히 그의 여성주의 철학은 오래전 두 개의 역사적 사건에서 선명하게 보여주고 있다.

먼저, 50여 년 전인 1971년, 첫 대통령 선거에 출마한 김대중은 대중 연설을 통해 유엔 여성지위향상기구를 중심으로 한 국제사회의 노력과 다수 국가에서 여성 인권과 양성평등을 위해 정부 기구를 설립하고 있는 현실을 소개하였다. "대통령 직속 여성지위향상위원회를 설치해 정치 · 경제 · 사회 각 분야에서 여성의 역량이 최대한 발휘될 수 있도록 하겠다."라고 공약하며, 여성 권리 신장을 위한 구체적인 정책 의지를 천명했다.10) 1971년을 떠올려보면 저개발국이자 군사독재하에서 성평등 전담기구는커녕 여성의 삶은 관심조차 없었을 시기임에도 이를 공론의 장에 처음 등장시킨 역사적 사건이다.

또 다른 사건은 한국 민주주의와 여성 노동 운동사에서 중요한 전환점으로 평가되는 1979년 발생한 YH사건이다.11) 당시 YH사건

---

9) 김대중, 《내가 사랑한 여성》(서울: 에디터, 1997), 274쪽.
10) 김대중, 〈제7대 대통령 선거 서울 장충단공원 유세 연설〉(1971.4.18.)《김대중도서관 전집보기》(https://www.kdjlibrary.org/archives/activity)

과 김경숙 열사를 대하는 김대중의 태도는 그의 정치철학 속에 여성 주의적 관점이 내재해 있었음을 보여준다. 김대중은 당시 "고작 어린 여성 노동자들의 절규를 정권은 총칼로 답했다."라며 정권을 강하게 비판하였고, 김경숙에 대해서는 "그녀는 무장도 하지 않았고, 체제를 뒤엎으려 하지도 않았다. 단지 일자리를 달라고 울부짖은 것"이라고 언급하며 국가폭력의 비인간성을 고발하였다.[12] 그는 "야당은 억압받는 자들의 피난처가 되어야 한다."라고 강조했는데, 이는 사회적 약자로서의 여성 노동자를 포용하려는 정치적 실천으로 해석된다. 앞서 정치와 정치인의 역할로 사회적 약자와 소수자에 대한 보호가 필수임을 강조한 바와 같이 여성들의 생존권 요구를 정당한 정치적 목소리로 인정한 것은 이는 여성 노동자의 현실을 단순한 동정이 아닌 정치적 행위로 존중한 것이며, 김대중의 성평등 민주주의 사상을 잘 보여준다.[13] YH사건에 대한 그의 대응은 여성에 대한 구조적 억압을 외면하지 않고, 이를 민주주의 회복의 본질적 과제로 인식한 철학적 관점을 잘 드러낸다. 이 사건은 김대중이 여성 노동자와 맺은 깊은 연대와 공감, 정치적 책임 의식, 그리고 여성의 인간적 존엄과

---

11) YH사건은 1979년 8월, 폐업에 항의한 여성 노동자들이 신민당사에서 농성하다 정권의 폭력 진압으로 사망자가 발생한 사건이다. 봉제회사 YH무역의 일방적 폐업과 체불 임금 문제에 항의한 노동자들은 야당의 지원 아래 당사에서 농성했으나, 박정희 정권은 이를 탄압해 경찰 1,000여 명을 신민당사로 투입, 이 과정에 21세 여성 김경숙이 사망하고 다수의 피해자가 발생했다. 이 사건은 유신체제의 폭력성과 민주주의 억압을 보여준 상징적 사건으로, 이후 정권 붕괴의 도화선이 되었으며, 여성 노동자의 생존권 투쟁과 국가폭력의 충돌이라는 점에서, 한국 민주주의와 여성 노동 운동사에서 중요한 전환점으로 평가된다.

12) 김대중은 당시 신민당 최고위원으로서 강경하게 대응하며, 다음과 같은 발언을 한 것으로 보도되었다. "경찰의 폭력진압은 명백한 살인이다. 고작 어린 여성 노동자들의 절규를 정권은 총칼로 답했다." ― 1979.8.10. 신민당 긴급회의 발언 (《동아일보》, 1979년8월11일자 보도)

13) "야당은 억압받는 민중의 마지막 보루다. 김경숙 열사의 죽음은 정권의 본질을 드러냈다. 우리 야당은 이 죽음을 헛되이 하지 않을 것이다." ― 1979.8.11. 신민당 비공개 최고위원 회의

정치적 권리를 강조하는 확고한 신념을 잘 보여준 대표적 사례이다.

　　한편 김대중의 여성에 대한 관점은 보호 대상이나 취약층으로 한정하지 않고, 여성의 역할을 국가 발전의 필수적 요소로 인식했다. 그는 여성들이 경제 활동에 적극적으로 참여하고, 정치적 결정 과정에 참여하는 것이야말로 한국 사회 발전의 동력이라고 믿었다. 또한, 여성의 권리가 향상되는 것은 단순히 여성 개인의 권리를 보장하는 차원을 넘어, 전체 사회의 민주화와 경제적 평등을 이루는 데 중요한 요소라고 보았다.

　　또한 김대중은 여성주의를 성평등과 사회적 정의라는 더 넓은 맥락에서 이해했다. 그는 성별을 넘어 모든 사람의 권리가 평등하게 보장되는 사회를 지향했으며, 특히 여성의 정치적 참여와 여성의 경제적 자립을 강조했다. 이를 위해 김대중은 정부의 정책과 함께 여성 운동 단체와의 협력을 통해 여성의 권리를 실질적으로 증진하는 방법을 모색했다.

　　오래전 김대중이 쏘아 올린 여성주의 철학과 구체적 실천 전략은 민주주의와 인권, 평화와 평등 가치에 기반하여 대한민국 여성의 삶과 정책을 바꾸는 핵심적 전략이자 시대 가치가 된 것이다.

　　이러한 여성주의적 관점을 견지한 김대중 대통령은 한국 사회에서의 여성의 권리 향상과 성평등을 중요한 정책 목표로 세운 첫 번째 대통령이었다.

　　김대중의 여성주의적 관점에 기반하여 여성 문제에 대한 시각은 매우 포괄적이었다. 그는 여성이 경제, 사회, 정치 모든 분야에서 동등한 권리를 가져야 한다고 주장하며, 이를 실현하기 위한 정책을 제시했다. 여성의 경제 사회적 역할을 적극적으로 인정하고, 그들이 중요한 역할을 할 수 있도록 기회를 제공하는 데 집중했다. 그는 여성에게 가정과 직장의 양립 조건을 마련해야 한다고 믿었으며, 이를 위해 정책적 지원과 사회적 변화를 이끌었다. 이는 여성들이 경제적 자립과 정치적 참여를 확대할 수 있는 환경을 조성하는 것을 목표로 삼았다.

김대중 정부는 여성의 권리 향상을 위한 다양한 정책들을 제시하고 실행에 옮겼다. 이들 정책은 여성의 정치적 참여 확대, 경제적 권리 보장, 그리고 사회적 지위 향상을 목표로 했다.

김대중이 보여준 주목할만한 여성주의 실천은 제1야당의 총재로서 여성계의 오랜 숙원사업인 가족법 개정 과정에 보여준 든든한 지원과, 외환위기에도 불구하고 '여성부'를 설치하여 성주류화와 집행력을 강화할 수 있었던 점을 꼽을 수 있다. 또한, 여성 정치인 발굴과 지원에 직접 나섰고, 비례대표 여성할당제, 정부위원회 여성 비율 확대, 여성고용채용목표제 등 실질적 여성대표성 확대의 변곡점을 만들어냈다. 특히 대통령 임기 5년간 여성의 삶과 지위에 큰 변화를 만들어낸 '최초' 법률만 해도 84종에 이르고 이것은 오늘날까지 성평등 관련 법제와 정책의 기반이 되고 있다.[14]

3. 김대중 화해통합 사상과 여성주의의 만남

김대중의 화해통합 사상과 여성주의는 긴밀히 연결된 상호보완적 정치철학이다. 그의 화해 사상은 성별, 계층, 지역을 초월한 포용적 사회를 지향하며, 성평등을 사회통합의 핵심 요소로 인정하며 이

---

14) 김엘림, 〈김대중의 성평등 추진체계〉, 이상덕 외, 《김대중의 성평등— 대한민국 여성의 삶을 바꾸다》 (파주: 지식산업사, 2024), 211쪽.

를 적극적으로 실천하였다. 김대중은 '남녀평등'을 남녀가 서로 인격의 동등함을 인정하고 상호 존중함을 의미하며, 서로의 이해를 통해 동반자적 관계 형성이 중요함을 강조하였다.

"남녀평등은 남녀가 서로 인격의 동등함을 인정하고 상호 존중하는 가운데서 이루어지는 것입니다. 남녀 간의 진정한 이해를 바탕으로 서로 도우면서 동반자적 관계를 형성하는 것이 중요합니다"[15]

또한 여성에 대한 단순한 배려가 아닌 윤리적 책임과 실천을 요구하며, 상호주체적 연대를 통해 사회적 해방과 민주주의 성숙을 지향하는 화해통합 사상의 구체적 표현이라 할 수 있다.

특히, 남성들이 가져야 할 '신사 정신'과 성평등의 실천이 민주주의와 진정한 인간 해방으로 가는 중요한 방법임을 다음과 같이 강조하기도 하였다.

"이 시대의 남성들이 여성에 대한 근본적인 차별과 경시, 값싼 동정이 아닌 '여성 우선주의'에 대한 절대적인 신념과 신뢰를 바탕으로 한 '신사 정신'의 본령을 마음에 새기고 실천을 도모해야 한다. 스스로의 권리에 대한 여성들의 당당한 주장과 남성들의 헌신적 도움 속에서 진정한 인간 해방의 미래를 예감할 것이다."[16]

---

15) 김대중 제6회 여성주간 기념식 연설(남녀평등은 사회발전의 원동력) 연설일자 2001.07.03.
https://www.pa.go.kr/online_contents/archive/president_speechIndex.jsp?activePresident=%EA%B9%80%EB%8C%80%EC%A4%91. (검색일: 2025년 8월 20일)
16) 김대중, 《내가 사랑한 여성》, 265쪽.

244

　　나아가 성별에 관계 없이 모든 국민이 평등한 권리와 기회를 가져야 한다는 신념을 바탕으로, 여성들이 사회통합의 주체로서 갈등 해소에 기여할 수 있다고 보았다. 여성의 정당한 권리 보장이 사회적 화해와 평화를 이루는 필수 과정임과 함께, 민주주의의 질적 완성을 위한 필수 전략임을 다음과 같이 강조하였다.

> "여성의 인권신장 없이 민주주의의 발전은 있을 수 없습니다. 여성의 인권이 보장되고 여성의 능력이 발휘될 수 있는 사회가 바로 민주주의 사회입니다."[17]

　　김대중이 강조해온 여성의 역할은 남북화해의 과정에서도 중대한 역할로 이어졌다. 진보적 여성운동계가 주도한 1991–1993년 '아세아의 평화와 여성의 역할 토론회'를 김대중 정부에서는 남북 교류협력의 중요한 계기로 평가했으며, "여성의 사회 참여와 리더십이 갈등을 해결하고 평화를 만들어내는 큰 힘이 된다"고 강조하였다.[18] 이러한 관점은 김대중 정부에서 두드러진 대북정책에 대한 여성들의 역할을 늘리고 궁극적으로 남북화해협력 과정에 여성들의 기여를 높이려는 정책적 노력으로 이어진다.[19] 또한 달라진 분위기 속에 분단 이래 처음으로 남북여성통일대회가 성사되었고 여러차례 여성단체들의 교류가 지속되었다.[20] 특히 남북여성통일대회는 2002년 10월

---

17) 김대중대통령 연설문집 제1권 / 대통령비서실. 제3회 여성주간 기념식 연설(위대한 한국 여성의 힘)
　　https://dams.pa.go.kr:8443/DG_viewer/viewer/document/docviewer.do
18) 여성부, 《2002 여성백서》, 369쪽.
19) 김정수, 〈햇볕정책으로 여성평화통일정책의 싹을 틔우다〉, 이상덕 외, 《김대중의 성평등 – 대한민국 여성의 삶을 바꾸다》 (파주: 지식산업사, 2024), 192쪽.
20) 김귀옥, 〈김대중 평화사상의 형성과 실천〉, 황태연 외, 《사상가 김대중– 그의 철학과 사상》 (파주: 지식산업사, 2024). 345쪽.

16일 이틀간 금강산에서 개최, 남북한 여성 600여명이 참석하여
6·15공동선언 실천과 평화를 위한 민족의 화합과 단합에 기여하는
남북 여성들의 역할과 협력을 강조한 의미 있는 활동으로 이어진
다.[21)

　　이렇듯 김대중은 성평등이 민주주의 완성과 사회통합의 본질임
을 여러 차례 강조한다. 이러한 관점은 김학노의 '서로주체적 통합'
개념과도 연결된다. 억압받은 여성들이 민주주의의 주체로 참여해야
한다는 김대중의 신념은, 단순한 권리 요구를 넘어 차별받는 이들의
권리를 보장함으로써 다원성과 사회적 갈등을 통합하려는 민주주의
의 본령과 부합한다. 성평등은 곧 민주주의 완성의 조건이며, 김대중
의 화해통합 사상은 이를 제도적으로, 그리고 실천적으로 뒷받침한
정치철학이었다.

Ⅲ. 김대중의 젠더-거버넌스 철학과 실천

1. 김대중의 거버넌스 국정 철학과 젠더-거버넌스

　　김대중의 여성주의 실천 전략을 이해하기 위해서는 '젠더-거버
넌스gender-governance'에 주목할 필요가 있다.[22)

---

21) 여성부, 《2002 여성백서》, 372쪽.
22) '젠더-거버넌스'라는 개념은 김대중의 철학적 기반을 설명하는 데 활용되고 있지만,
　　이 용어들은 김대중 집권 당시에는 국내에서 활발히 논의되지 않았으며, 실제로는
　　2000년 이후에 이르러서야 본격적으로 등장하기 시작했다. 박진경·이상덕, 〈젠더-
　　거버넌스로 성평등시대를 열다〉, 이상덕 외, 《김대중의 성평등— 대한민국 여성의 삶

　김대중 정부는 과거와는 달리 정부 운영의 방식에서 큰 전환을 이끌었고 이는 민관 간 협치를 기반으로 한 국가 운영방식이었다는 점에서 특히 주목할만하다. '거버넌스governance'란 정부, 기업, 비정부기구 등 다양한 행위자들이 공동의 관심사를 중심으로 네트워크를 구성하고, 과제를 함께 해결해 나가는 국정운영 방식으로 정의되며, 이는 일방적인 정부 주도의 전통적인 방식에서 벗어난 새로운 모델로 간주된다.[23]

　IMF 경제위기의 극복과 수십 년 만의 정권교체라는 중대한 과제를 맞이한 김대중 정부는 정부 운영의 새로운 주도적 패러다임이자 정부 혁신의 전략으로 정부-시장-시민사회 간의 협력적 거버넌스를 도입·추진하였다. 한편, 유엔개발계획UNDP은 거버넌스를 사회정의social justice와 권리rights에 근거해 이해해야 한다는 관점을 제시하고 있다.[24]

　김대중은 여성정책 분야에도 이러한 거버넌스 운영방식을 적극적으로 적용하였고, 대한민국을 '여성시대'로 규정하며 여성 인적자원을 활용한 국가 발전 전략과 국가 여성주의의 필요성을 강조하였다. 그가 집권 이후 이와 같은 국정 철학과 구체적 실천 전략을 추진할 수 있었던 배경에는, 오랜 시간 동안 여성운동과 함께해 온 실천적 삶과 여성의 현실에 대한 깊이 있는 고민과 '가족법 개정 운동'의 경험이 자리 잡고 있었다

을 바꾸다》 (파주: 지식산업사, 2024), 22쪽.

23) '거버넌스'라는 개념은 다차원적이고 복합적인 성격을 지니고 있어 이론적 논의는 이 글에서 생략하며, 대신 젠더-거버넌스의 논의를 위해 주로 활용되는 개념 정의를 중심으로 인용하였다.

24) UNDP, 〈Governance for Sustainable Human Development〉, 《UNDP Policy Document》. New York: UNDP, 1997; 김지성, 〈젠더-거버넌스의 규범적 조건에 대한 소고: 한국 저출산 대응정책을 중심으로〉, 《한국거버넌스학회보》 제25권 3호, 4쪽에서 재인용함

젠더-거버넌스란 '성평등'이라는 목표를 실현하기 위해, 정부 운영에 젠더 관점을 반영하는 새로운 방식인 거버넌스를 결합하여 탄생한 개념이다. 이는 단지 여성정책의 양적 확대에 머무는 것이 아니라, 정책 결정과 집행 전반에서 성평등 가치를 구현하고 여성과 남성이 정치·사회적 권력에 평등하게 접근할 수 있도록 보장하는 제도이자 정책적 구조를 뜻한다. 다시 말해, '성주류화Gender Mainstreaming'를 통해 국가 전체의 정책 시스템에 젠더 관점을 통합하려는 접근이다. 두 용어를 구분하면, '젠더'란 정책의 실질적 '내용'이고, '거버넌스'는 정책 내용을 담아내는 형식적 '틀이나 전략'이다.25)

이런 점에서 주류화가 중요해진 여성정책은 다른 정책과 달리 김대중 대통령의 '거버넌스' 국정 철학과 접목하여 가능성을 모색할 수 있었던 것이다. 이러한 배경에는 국가 개입 이전부터 여성운동 단체들과 관련 전문가들이 지속해서 여성 문제를 제기해 왔다. 여기에 1995년 제4차 베이징 세계여성회의에서 제시된 '성주류화' 전략이 김대중이라는 거버넌스 철학과 맞물려 여성정책의 획기적 발전을 가능하게 한 것이다. 즉, 김대중 정부에서 본격적으로 추진한 성주류화 전략과 여성계와의 협력적 연대야말로 김대중의 거버넌스의 구체적 내용이자 정책적 결과물임을 잘 보여주고 있다.

2. 젠더-거버넌스를 통한 성평등 체계의 구축

김대중은 집권과 동시에 젠더-거버넌스를 핵심 통치 전략으로

---

25) 원숙연·박진경, 〈젠더-거버넌스의 가능성 탐색: 성매매방지법 제정과정을 중심으로〉, 《한국여성학회지》 2006, 제22권 4호, 90쪽.

삼았다. 김대중 정부 이전까지 여성정책은 주로 취약계층 여성보호에 한정되어 오면서 보건복지부 산하 주변화된 업무로 머물러 있었다. 짧은 시간에 국제적 수준의 성주류화를 실현하기 위해서는 정부, 여성단체, 학계, 시민사회 등이 정책 형성에 참여하는 다중 행위자의 협치 구조를 통해 정책의 기반을 마련할 필요가 있었다. 김대중 대통령은 오래전부터 대선 과정에 '여성부 신설', '여성할당제' 등을 주요 공약으로 내세웠고, 이는 1998년 정부 출범 직후부터 젠더-거버넌스 전략을 구체화한 것이다. 이러한 젠더-거버넌스 실천은 여성운동 세력과의 전략적 연대, 그리고 1995북경행동강령의 국내 이행이라는 국제적 흐름과도 긴밀히 연결된다.

김대중 정부의 가장 상징적인 젠더-거버넌스 성과는 정부 출범 직후 대통령 직속 여성특별위원회를 설치하고, 이를 발전시켜 2001년에는 최초의 성평등 전담부처인 여성부를 신설한 것이다.

> "여성부 출범은 특히 축하할 일이었다. … 여성 문제는 독자적인 정부 부서를 설치하여 해결해야 한다. 역설이지만 여성부는 '여성부가 없어지는 그날'을 위해 일하는 부서이다.[26]

여성부 설립은 한국 여성정책사에서 처음으로 여성정책 전담부처를 신설함으로써, 주변화되어있던 성평등 정책의 설계와 집행의 전 과정에 있어 젠더 관점에서 자율성과 지속성을 확보하는 전환점이 되었다. 이는 여성정책을 전담하는 중앙 집행부처로서, 국가 차원의 성평등 추진 구조를 제도화했다는 점에서 큰 의미가 있다. 여성부는 여성의 경제 및 사회 참여 확대, 젠더 폭력 예방정책, 가족 및 보육

---

26) 김대중, 《김대중 자서전 2》 (서울: 도서출판 삼인, 2010), 393쪽.

정책 등을 성인지적 관점에서 새롭게 설계하고 발전시켜나갔다.

여성운동 단체들과의 정책적 연대를 통해 지속가능한 성평등 제도 기반을 마련하였고 여성계 인사를 정부 주요 보직에 임명하고, 6개 부처에 '여성정책담당관'을 배치하여 다부처 성평등 체계를 구축하였다.

또한 1999년 개정된 여성발전기본법은 중앙정부와 지방자치단체가 여성정책을 추진할 책임이 있음을 명시하였고, '여성정책조정위원회'를 설치함으로써 여성정책의 일관성과 전문성을 강화하였다. 이는 지방 분권 시대에 성평등 정책이 지역에서도 실현될 수 있는 제도적 기초를 마련한 것으로 평가된다. 그 외에도 여성단체들과의 공동사업, 여성정책 입안 과정에서의 참여 보장 등은 젠더-거버넌스를 실현한 대표 사례이다. 김대중 정부의 젠더-거버넌스는 단순한 여성 우대정책이 아닌, 정치적 신뢰와 통합의 메커니즘으로 기능하였다.

김대중은 성평등 가족제도를 비롯한 여성대표성 확대 등 여성의 삶을 바꾸는 입법과 제도 개혁에 적극적이었다. 1989년 가족법 개정에 앞장서며, 당내 반대 의원 교체와 여야 협상 등 입법 전략을 주도했다. 할당제 도입과 여성 정치참여 확대를 위해 비례대표 여성 의무공천제 도입 등 제도적 장치를 마련하여 여성 정치인의 수를 실질적으로 증가시켰다. 성폭력·가정폭력 방지법 제정 등 여성폭력 근절과 인권 보호를 위한 법·제도 정비에 힘썼다.

이러한 개혁은 김대중의 통합 철학이 젠더 정의 실현으로 전개된 대표 사례이며, 이후 한국 여성정책의 제도화를 가능케 한 결정적 계기가 되었다.

김대중은 국제 인권 규범을 내재화한 성평등 전략을 추진하였다. 특히 북경여성회의 행동강령(1995)을 반영하여 성주류화 정책을 국가 의제로 채택했고, 유엔 여성차별철폐위원회CEDAW 보고서 작성과 국제무대 활동을 적극 활용하여 국제적 수준으로 확대할 수 있었다.

이를 위해 UN 및 APEC 여성정책 기구에 한국 여성전문가 진출을 지원함으로써 국제수준의 여성정책 전환점의 기반을 마련하였다. 그밖에도 APEC 여성자문회의 초대 의장국 수임과 국제여성회의(서울) 개최, 여성인력의 국제기구 진출 지원이 활발하게 이어졌다.27)

이러한 노력은 한국을 '아시아에서 가장 모범적인 여성정책 국가'로 알려지는 성과를 만들었으며, 성평등이 단지 국내 문제를 넘어서 국제적 책무이자 국가 위상 강화의 수단임을 입증하였다.

한편 IMF의 구조조정에 대한 강도 높은 요구와 함께 출발한 김대중 정부 시절 여성정책의 패러다임은 남성가장 중심의 '남성생계부양자모델'에서 맞벌이 중심의 '양성소득자모델로' 이동하는 중요한 계기를 마련하였다.28) IMF 이후 증가한 여성의 경제 활동 참여와 맞물려, 김대중 정부는 보육과 돌봄 문제를 공공영역의 책임으로 전환하기 시작했다. 공공보육시설 확대, 육아휴직 제도의 정비, 출산휴가 개선 등이 대표적인 정책이다. 이는 가정 및 사회 내 성별 고정관념의 조정과 젠더 평등 문화 확산의 기반이 되었다. 여성의

---

27) 여성학자 장필화 교수의 APEC여성자문회의 의장, 한국여성의전화 신혜수 회장의 유엔 여성차별철폐위원회 위원, 민간전문가인 강경화 교수의 유엔 대표부 공사참사관 및 유엔여성지위위원회 부의장과 의장직 역임 등 (박진경·이상덕, 2024:30)
28) 김미경, 〈여성 경제활동의 컨트럴타워를 세우다〉, 이상덕 외, 《김대중의 성평등 – 대한민국 여성의 삶을 바꾸다》 (파주: 지식산업사, 2024), 95쪽.

경제활동지원 정책의 핵심인 일가·정양립 정책이 여성노동자를 위한 모성보호정책에서 남녀 모두를 위한 일·가정양립정책으로 확장되는 성과가 있었다.

김대중 정부는 직장 내 성희롱 예방과 대응을 위한 법적 장치를 강화하였다. 공공기관 및 민간기업에 성희롱 예방교육을 의무화하고, 피해자 보호를 위한 절차를 마련하였다. 이는 직장내 성희롱 문제를 권력 관계에 의한 구조적 문제로 인식하고 국가가 개입한 대표적인 사례이다. 무엇보다 여성폭력에 대항한 한국의 여성 인권운동에 부응한 김대중 정부는 공·사적 영역에서 일어나는 다양한 여성에 대한 폭력에 대응하여 국가정책을 더 체계화하였고, 남녀평등 사회실현이라는 정책 방향을 명확하게 하였다. 성희롱의 예방과 피해자 보호를 위한 최초의 법제 구축, 가정폭력특별법의 최초 시행과 피해자 보호 강화를 위한 입법, 디지털 성폭력과 청소년 대상 성폭력, 성매매 규제를 위한 최초의 법제 구축, 그리고 일제하 일본군 위안부 피해기념사업을 위한 최초의 법제 구축 등에 관한 구체적 성과를 마련하였다.[29]

김대중 정부의 젠더-거버넌스는 한국의 성평등 정책 발전에 중요한 이정표를 세운 것으로 평가받는다. 한국 사회에 젠더-거버넌스의 개념을 본격적으로 도입하고, 이를 제도화한 첫 정부이다. 이는 단순한 여성정책의 확장에 그치지 않고, 성평등을 민주주의의 심화 과정으로 재정립했다는 점에서 의의가 크다.

1997년 외환위기라는 국가적 위기 속에 출범한 김대중 정부(1998-2003년)는 민주주의 공고화와 복지국가로의 이행이라는 큰 흐

---

29) 안경주, 〈여성 대상 폭력을 국가 의제화하다〉, 이상덕 외, 《김대중의 성평등 - 대한민국 여성의 삶을 바꾸다》 (파주: 지식산업사, 2024), 152쪽.

름 속에서 성평등을 핵심 아젠다로 수용하였다. 특히 김대중 대통령은 여성 문제를 성주류화 전략을 기반으로 한 젠더-거버넌스 구축을 통해 국가정책에 젠더 관점을 제도적으로 내재화하는 데 기여하였다. 여성부의 설립, 여성발전기본법 개정, 젠더폭력 예방 제도 정비 등은 이후 정부 여성정책의 토대를 마련하였으며, 젠더 관점이 정책 전반에 반영되는 계기를 제공하였다. 김대중 정부의 노력은 한국의 젠더-거버넌스 발전을 이끌었고, 이후 노무현, 문재인 정부 등으로 이어지는 여성정책의 기반이 되었고, 성평등을 국가발전 전략으로 안착하는 계기가 되었다. 향후 이러한 제도적 유산을 더욱 심화시키기 위해서는 더 실질적인 실행력 강화와 제도의 질적 전환 및 참여주체의 다양성 확대가 요구된다.

3. 화해통합 사상과 젠더-거버넌스의 접점

김대중의 젠더-거버넌스는 그의 화해통합 사상이 성평등의 구조적 실현으로 확장되는 지점이다. 그는 분열된 사회를 통합하기 위한 전제조건으로 여성을 '정치공동체의 동등한 구성원'으로 포용해야 한다고 강조했다.

그의 화해통합 사상은 '이분법의 극복'과 '다양성 속의 통일'을 지향하며, 젠더 영역에서도 이러한 철학을 일관되게 적용했다. 특히 여성은 분열된 타자의 대표적 존재로, 이들의 정치적 참여는 곧 민주주의의 완성으로 연결되었다.

또한 김대중의 대북 화해협력 정책 과정에서도 젠더-거버넌스는 빠지지 않았다. 남북통일과 평화 실현 과정에 여성의 참여를 적극적으로 장려했고, 여성가족부와 통일부의 협력, 여성 통일 교육 확대, 남북 여성 교류 증진 등은 잘 알려지지 않았지만 대북 정책에 크게 기여했다. 대표적으로는 2000년 6월 15일 남북정상회담에 여성계 대표인 장상 전 이대총장이 참석하였고, 2002년에는 '6·15공동선언 실천을 위한 남북여성통일대회'를 개최하기도 하였다. 이러한 노력에 힘입어 1998년 말 여성의 통일 정책 위원회 참여율은 10.9%였으나, 2001년에는 28.9%로 상승했다.[30] 이는 김대중 정부가 대표적 대북 화해협력 정책에 여성참여와 젠더-거버넌스를 확대하려는 정책적 의지가 반영된 성과이다.

Ⅳ. 김대중의 여성정치 참여 확대 구상과 실천

1. 김대중의 여성 정치참여 확대와 적극적 조치 실천

한 국가의 여성 지위를 측정하는 대표적 바로미터이자, 여성의 삶에 가장 큰 영향을 미치는 분야는 정치 분야의 여성 참여율이다. 20세기 후반까지 세계적으로 여성의 정치참여는 매우 저조했으며, 1995년까지 여성 국회의원 평균 비율은 11.6%에 불과했다. 그러나 1995년 베이징 세계여성회의를 기점으로 전 세계 여성들이 '정책 결정 과정에서 등등한 참여와 책임이 필요하다'고 결의하고, 여성정치 참여 30%를 목표로 각국의 노력을 권고하였다. 이후 정치 분야 여성 할당제, 즉 적극적 조치affirmative action를 채택하는 국가가 늘면서,

---

30) 김정수, 〈햇볕정책으로 여성평화통일정책의 싹을 틔우다〉, 192쪽.

10년 후인 2005년 세계 여성의원비율 평균이 16.3%로 증가하였고, 2023년에는 26.5%까지 증가하였다. 전 세계적으로 여성의 정치참여가 그 이전과 비교하여 괄목할만한 증가세를 보였다.

대한민국도 이 국제적 흐름에 발맞춰 여성 정치참여 확대의 전기를 마련하게 되는데, 그 중심에는 김대중 대통령의 적극적 실천이 뒷받침되었다.

김대중은 1971년 제7대 대통령선거에 신민당 후보로 출마하며, 헌법이 보장하는 남녀평등의 원칙을 만천하에 처음으로 강조한 정치인이다. 그는 연두 기자회견에서 다음과 같이 밝혔다.

> "오늘날 여성은 헌법상으로는 남녀평등이 보장되어 있지만, 실제는 각 분야에서 심한 차별대우를 받고 있다. … 내가 집권하면 대통령직속 아래 여성지위향상위원회를 두겠다고 이미 밝힌 바 있거니와 … 관계 각부의 장관과 여성 문제에 관련된 각계 지도자로 구성하여 여권·교육·취업·근로조건·가정·건강 등 여성의 권익 전반에 대해서 이를 연구·검토하여 입법 기타 국정 각 부문에 반영시키도록 할 것이다." [31]

한국의 경우 제헌의회 이후 오랫동안 여성의원은 한두 명에 불과하였다. 제6대 국회(1963년)에서 처음 신설된 전국구 의원제도를 통해 다소 증가하였지만 이마저도 여성의원 비율은 2-3%에 불과하였다. 그러나 제15대 총선(1996년)까지도 3%에 머물던 여성의원 비율이 제16대 총선(2000년) 이후 확대하기 시작해 최근 제22대 20%

---

31) 김대중, 〈대중반정을 실현하자〉, 김대중 대선 출마의 해 연두 기자회견문 (1971.1.23.) 김대중도서관
  전집보기hhttps://www.kdjlibrary.org/archives/activity

까지 확대되었다. 2~3% 머물던 여성의원 비율이 확대하기 시작한 계기는 김대중 대통령의 노력으로 비례대표 여성할당제를 공직선거법에 명문화하면서부터이다. 김대중의 여성정치참여에 대한 각별한 애정과 실천의 시작은 1987년 제13대 대선에서 민주화 이후 평화민주당 후보로 출마하며 여성 정치참여 부족에 대해 스스로 성찰하면서 시작된다.

"(평화)민주당에 여성 의원이 한 명도 없는 건 부끄러운 일입니다."[32]

김대중의 성찰과 의지는 여성운동가 박영숙(평민당 부총재)과 이우정을 영입하여 여성정치의 선발대를 조직하고, 이들의 국회 진입을 도왔다. 박영숙은 13대 총선에서 국회의원에 당선되었으며, 이우정은 제14대 국회에서 전국구 의원으로 활동하였다

이처럼 김대중은 야당대표 시절부터 여성계의 대표들을 국회의원이나 당직자로 발굴하여 이들의 활동을 적극 지원하였다. 이에 여성계 국회의원은 국회 및 정당에서 여성계와의 연대를 통해 새천년민주당 당헌 · 당규에 이를 명문화하고, 야당의 협력을 이끌고 공직선거법에 여성비례대표 50% 할당을 명문화하였다. 그 외에도 '남녀교호순번제' 등 강제조치를 마련하였고, 지역구 여성공천 30% 권고, 여성정치발전기금 및 여성추천보조금제 등 다양한 장치를 만들어 여성정치참여 확대의 물꼬를 튼 계기가 된 것이다. 이러한 김대중의 여성정치참여에 대한 적극적인 실천은 여성계 인사 발굴을 시작으로 대통령 재임내내 정치개혁 과제로 여성정치참여를 함께 챙겼다. 이러한 역할이 있었기에 제17대 총선 전 개정할 수 있었던 정치개혁법

32) 김대중, 중앙일보 대담, 〈정치보복 앞장서서 막겠다〉 (1987.8.18) 김대중도서관 전집 보기 hhttps://www.kdjlibrary.org/archives/activity

에 의해 결국 제16대 국회에는 16명(5.9%)에 불과했던 여성 비율을 제17대 총선 결과 39명(13%)까지 확대할 수 있었다.

국제적으로 여성 정치참여의 전환점은 여성할당제와 같은 적극적 조치의 도입을 통해 가능해졌다. 우리 역시 여성 의원 비율을 10%대로 끌어올린 유일한 제도가 비례대표 여성할당제였다. 그러나 이 제도는 지금까지도 역차별 논란과 젠더 공격의 표적이 되어 왔다. 사실 '할당제와 같은 적극적 조치는 차별을 시정하기 위한 평등 실현 수단'이라는 정의는 이미 국제적으로 확립된 지 오래지만, 국내에서는 여전히 그에 대한 이해가 부족한 것이 현실이다. 이러한 상황에서 김대중은 할당제를 공론의 장에 올렸고, 집권 뒤 이를 정치개혁법에 반영하는 성과를 거두었다. 이 과정에서 그가 여성주의 정치철학에 기반해 밝힌 적극적 조치 관련 다음의 발언은, 오늘날까지도 할당제를 역차별로 보는 시각에 중요한 반박 근거가 되고 있다.

> "왜 여성에게 특별한 제도가 필요하느냐는 여성들이 5천 년 동안 짓눌러 왔기 때문에 쉽게 자력으로 일어나지 못하는 면이 있습니다. 선거를 해 보면 여성들이 도저히 자력으로 당선이 안 됩니다. 여성들은 자금 동원 능력이 떨어집니다. 따라서 여성들을 받쳐주는 정치가 상당 기간 계속되면서 여성이 자력으로 해나가도록 유도해야 되지 않나 생각합니다."[33]

---

33) 김대중, 〈여성의 지위와 권익향상을 위하여〉, (한국여성유권자연맹 초청 토론회 1992.11.16.),
https://www.kdjlibrary.org/president/activity/view/41565?target=content s&keyword=%ED%8E%98%EC%9D%B4%EB%B2%84&order=update_date&pa geMax=20&target2=act_actDate&order=update_date&sort=desc&&sort2=a sc&&sort3=desc&page=1

2. 김대중의 여성주의 철학과 할당제

김대중은 당선 뒤 공약 실현을 위한 본격적인 행보에 나섰다. 2000년 제16대 총선을 앞두고 비례대표 30% 여성할당을 지속 추진하겠다고 약속하며, 이를 공론의 장으로 끌어올리고 대국민 설득에 나섰다. 나아가 여성에게 할당제 적용이 민주주의의 평등 원칙에 부합하는지에 대한 의문에 대해서는 이미 국제적으로 확립된 정의이자 시대적 흐름임을 분명히 강조했다.

> "유럽 나라에서도 여성에게 특별한 페이버를 주고 할당제를 해서 도와주는 곳이 있습니다."[34]

한편 할당제를 둘러싼 잘못된 이해는 바로 '기계적으로 숫자 맞추기'로만 보는 관점이다. 이에 대해서도 김대중은 명확하고 깊이 있는 이해가 되어있었음을 발견할 수 있다. 예를 들어 기계적 숫자 맞추기 폐해로 등장한 대표적 사례는 바로 1990년대 교원의 여성 비중 쏠림에 따른 남성 교대 입학 할당제 도입 논의였다.[35]

이와 관련한 패널의 질문에 김대중은 다음과 같이 밝히고 있다.

> "저희 입장에서는 어떠한 차별도 여성에 대해서 하는 것은 반대입니다. 저희는 몇 퍼센트, 몇 퍼센트가 아니라 여성이 70%를 웃돌아도 관계가 없다고 생각합니다. 앞으로 우리는 법률적으로 여성이 공무원이나, 직

---

34) 김대중, 〈여성의 지위와 권익향상을 위하여〉. 한국여성유권자연맹 초청 토론회 1992.11.16.)

35) 초등학교의 여초 현상을 이유로, 남학생의 교대 입학 합격선을 낮추는 방식으로 인원을 조정하는 사례가 있었다. 이는 과거 차별에 대한 시정조치가 아님에도 불구하고 시행되었으며, 동시에 다른 수많은 남초 직종에 대해서는 할당 논의조차 이루어지지 않았다. 이러한 상황은 적극적 조치의 취지가 왜곡된 대표적 사례라 할 수 있다.

위에서도 중간 간부 이상으로 등용할 수 있는 법률적 보장도 해 줘야 한다고 생각합니다. 왜냐하면 여성은 오랫동안 차별받아 살아왔기 때문에 여러 가지 조건이 남성에 비해서 불리합니다. 그렇기 때문에 상당 기간 동안 여성에 대해서 어떠한 특별한 보조랄까 보완 내지는 여성에 대해서 특전을 주지 않으면 남녀평등의 헌법정신에 입각한 그런 방법으로 나가기 어렵습니다."[36]

즉, 여성할당제는 구조적 차별로 인해 기회에서 배제되어 온 여성에게 '특혜'나 '특전'이 아니라, 헌법이 지향하는 남녀평등을 실질적으로 실현하기 위한 결과적 평등의 방법론적 조치임을 강조하는 것이다. 이를 통해 김대중은 남학생 교대 입학 할당과 같은 역차별적 사례가 '적극적 조치'와는 본질적으로 구분되어야 함을 명확히 보여준다. 그의 성인지적 관점에 기반한 할당제 철학은 다양한 발언과 정책에서 확인되며, 특히 정치 분야에서 여성에게 왜 이러한 우대조치가 필요한지, 그리고 이것이 역차별이 아닌 잠정적 평등조치임을 구체적으로 설명하고 있다.

김대중은 할당제를 단순한 여성우대정책이 아니라 헌법이 보장한 평등 실현의 수단으로 인식하였다. 이러한 철학은 앞서 1987년 관훈클럽 초청 토론회에서 헌법정신에 따라 '남녀동등'을 실현해야 한다고 분명히 밝혔다. 이를 계기로 남녀평등을 실천하겠다는 의지를 구체화하기 시작했다. 또한 여성의 정치참여 확대를 위한 실질적 장치로서 할당제의 필요성을 여러 차례 강조하였다.

---

36) 김대중, 〈내가 대통령이 되면 무엇이 달라지나〉, '민주당 대통령 후보 초청 정책토론회' 기조연설 및 토론(1992.7.1.) 김대중도서관 전집보기.
https://www.kdjlibrary.org/president/activity/list?keyword=4%EC%9B%94%ED%9A%8C&order=update_date&pageMax=20&target2=act_actDate&order=update_date&sort=desc&&sort2=asc&&sort3=desc&page=1

"저는 앞으로 다음 정부의 젊은 세대나 여성들을 국정에 대폭 참여시켜
야 한다고 생각합니다. 여성 문제는 인권문제이자 헌법상 국가적 의무
로, 여성 지위 향상을 위한 법과 제도를 실현해야 한다고 생각합니다.
남녀동등을 구현할 수 있어야 헌법 정신을 실천한다고 생각합니다. 가
족법을 포함해서 근본적으로 법안에 만민평등, 남녀동등을 구현할 수
있는 헌법 정신을 실현해야 한다고 생각합니다. 또한 여성부 설치는
반드시 필요하며, 이것은 여성의 인권보장, 사회참여 확대, 복지향상
등을 실질적으로 가능하게 할 것입니다. 남녀가 동등한 인격과 권리를
가지고, 또 똑같은 근무와 역할에 동일한 보수를 받으며 사회활동을
하는 것을 실현하는 것이 중요합니다. 저는 여성 문제를 단순한 시혜를
떠나 인권문제로 주장하는 사람입니다. 그렇기 때문에 여성 문제를 여
성만의 문제가 아니라 남녀평등의 문제로 보고, 여성에 대한 차별을
없애기 위해서는 여성들뿐 아니라 남성들의 인식개선이 필요하다고 봅
니다. 이를 위해서는 다음 정부가 출범하면 여성계와 남성계의 대표를
포함해서 충분한 대화를 거쳐 합리적으로, 또 남녀평등의 원칙 하에서
해결해 나가야 한다고 생각합니다."[37)]

이러한 관점은 국제사회에서 정의된 '차별시정을 위한 잠정적
평등조치temporary special measures'와도 맥을 같이한다. 대통령으
로서 여성계 신년인사회에도 참석하여 "21세기를 여성의 시대로 만
들어가야 한다"고 강조하고, "16대 총선을 여성의 정치 참여를 확대

---

37) 김대중, 관훈클럽 초청 토론회(1987.10.30.), 김대중도서관 전집보기
    https://www.kdjlibrary.org/president/activity/view/42683?keyword=%EA
    %B4%80%ED%9B%88%ED%81%B4%EB%9F%BD%20%EC%B4%88%EC%B2%A
    D%20%ED%86%A0%EB%A1%A0%ED%9A%8C&order=update_date&pageMax
    =20&target2=act_actDate&order=update_date&sort=desc&&sort2=asc&&so
    rt3=desc&page=1

하는 획기적인 전기로 삼겠다.”라며 “비례대표의 30%를 반드시 여성에게 할당하고 지역구에서도 여성의 도전 기회가 늘어나도록 적극 노력하겠다”고 약속하기도 하였다.[38]

김대중 대통령은 이렇듯 대통령이 되고 나서 더 적극적으로 정치 및 공직의 여성대표성 제도 개선에서 실질적 역할을 수행하였다. 2000년 한창 정치개혁을 위한 제도 개선 논의가 촉발된 상황에서 여성 30% 할당제를 주요 개선과제로 명시하도록 여당 지도부에게 지시함으로써 이후 여성공천할당제가 만들어지는데 크게 기여한 것이다. 또한 정치개혁 논의가 부진하자, 당시 이만섭 총재권한대행 등 국민회의 지도부를 청와대로 불러 여성 30% 할당제 도입을 포함하여 정치개혁과제를 여당 지도부에 긴급 지시하기도 하였다.[39]

이러한 노력은 정당법에 전국구 비례대표제 30% 이상 여성공천할당제를 명문화할 수 있었다. 그러나 비례대표 30% 할당은 당시 강제이행조치를 마련하지 못하였다[40]. 결국 개정된 정당법하에서 치러진 2000년 제16대 총선에서는 새천년민주당만이 43명 후보 가운데 여성 14명(32.6%)을 공천함으로써 유일하게 30%를 지킨 정당이 되었다.[41][42] 그러나 이후 2002년 지방선거에서 처음 비례대표

---

38) 김대중도서관 연보.(2000년 01월 06일) 한국여성개발원에서 열린 여성계 신년인사회. https://www.kdjlibrary.org/president/yearbook?fullScreen=true
39) 김대중도서관 연보(2000년 01월 17일) 시민단체의 낙선운동을 불허하고 있는 현행 선거법 제87조의 개정을 지시하고, 중앙선거관리위원회도 개정을 국회에 촉구키로 결정하다. https://www.kdjlibrary.org/president/yearbook?fullScreen=true
40) 정당법 제31조 제4항 정당은 비례대표 선거구 국회의원 선거후보자와 비례대표 선거구 시도의회의원 선거후보자 중 100분의 30이상을 여성으로 추천하여야 한다.
41) 한나라당 21.7%, 자민련 19.4%, 민주국민당 10.5%(한국여성의정.《한국의 여성정치를 보다》 1편 238쪽)
42) 당시 새천년민주당은 19명의 비례대표 당선자 중 여성은 5명이었고 임기내 5명의 여성이 승계하면서 총 10명의 여성비례대표를 배출한 것이다.

제의 강제조항이 도입되었는데 구체적으로 여성 50% 할당을 의무화하고 명부작성시 순위 2인마다 1인의 여성이 포함되도록 하는 등의 규정이 마련된 것이다.

이렇듯 최초의 의무 할당조항을 완성하게 된 배경에는 김대중이 당대표 및 대통령 재임 시절 이를 지속해서 공약화 및 공론화하였고, 여성 정치참여 발굴 지원 등의 노력을 아끼지 않았던 데에 기인한 것이다. 즉, 이를 통해 비례대표 의무 할당을 자연스럽게 받아들여지는 데 성공한 것이다. 이러한 제도마련이 속도를 낼 수 있었던 것은 이전 선거에서부터 광역의회와 국회 비례 여성 추천시 여성할당을 자율적으로 지킨 정당이 있었기 때문이다. 바로 김대중 대통령이 당 총재로 있었던 민주당(95년 지방선거)과 새정치국민회의(98년 지방선거), 새천년민주당(2000년 총선)에서 여성할당을 선도적으로 실천했기 때문이다.

〈국회의원 여성 비율 변화〉

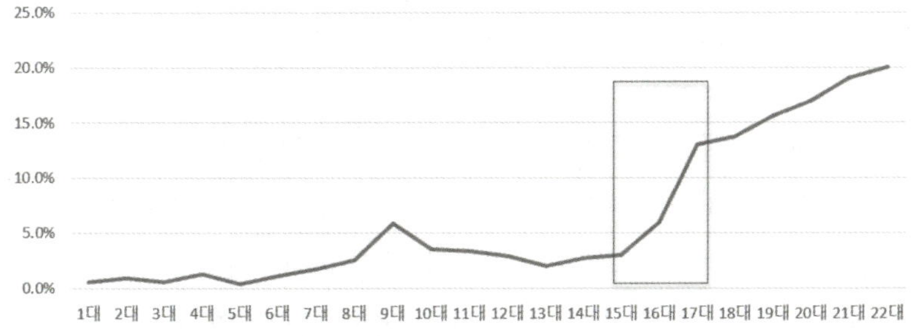

국회	1대	3대	5대	7대	9대	11대	13대	15대	16대	17대	18대	19대	20대	21대	22대
여성	0.5%	0.5%	0.4%	1.7%	5.8%	3.3%	2.0%	3.0%	5.9%	13.0%	13.7%	15.6%	17.0%	19.0%	20.0%

출처: 중앙선거관리위원회(2024.12.31검색) 역대선거결과

이러한 대통령과 새천년민주당이 보여준 노력이 있었기에 다음 17대 총선에서는 비례대표 50%의 교호순번제와 강제조치를 기반으로 대한민국 여성 정치사에 여전히 깨지지 않는 가장 큰 증가세를 보여준 총선 결과를 만들어낸 것이다. 김대중 정부 시기 비례대표 여성할당제의 제도적 완성을 통해 표에서 보듯이 2004년 치른 제17대 국회 여성 비율이 13%까지 증가하는 눈에 보이는 성과를 마련하였다.

김대중은 여성 정치참여 확대를 헌법정신 실현과 민주주의 발전의 핵심으로 인식하였다. 여성정치참여를 정치적 수사에 머물지 않고 여성계 인사를 적극적으로 발굴하여 정당에 영입, 의회에 진출시켰다. 또한 여성 할당제 등 제도개혁을 통해 실질적 대표성을 확보하려 한 그의 노력은 대한민국 여성정치사의 결정적 분기점이자 마중물이 된 것이다. 여성 정치의 구조적 제도화를 실현한 최초의 대통령으로서 김대중은 여성주의적 실천 정치인의 전형이라 할 수 있다.

3. 여성 장관에서 총리까지, 김대중의 성평등 정치

김대중 대통령 시절 여성대표성 확대에 대한 의지는 여러 분야에 의미 있는 '최초' 여성 진출을 만들어낼 수 있었다. 특히 신호탄이 된 것은 최초 여성 '장군'이 탄생하게 된 것이다. 이는 대한민국 역사상 매우 기념비적인 사건이며, 이후 여성 불모지였던 많은 분야에 여성 '최초'라는 기록을 만들어내는데 마중물이 되었다.

김대중 대통령은 국군 역사상 최초로 여성 장군에 오른 양승숙(梁承淑) 육군 준장에게 삼정도를 직접 수여했다. 그는 이 자리에서 "여성 장군의 탄생은 우리 군의 발전뿐 아니라, 대한민국의 모든 여성과 여군들에게 큰 희망을 안겨주는 역사적인 사건"이라고 평가했다. 이어 "앞으로 국가 안보의 책무를 다함과 동시에, 21세기를 진정한 여성시대로 열어가기 위해 정부와 여성계가 함께 노력해야 한다."라는 당부를 전했다.[43]

김대중 대통령은 오랜 기간 여성대표성 확대를 주요 공약으로 제시해 왔으며, 특히 여성 장관 임용을 강조해 왔다. 그의 대선 공약 가운데 하나였던 '각종 직위의 20%를 여성에게 할당' 방침은 초대 내각 인선 단계부터 주목을 받았다.

그 약속을 반영하듯, 당선 직후 첫 내각에서 신낙균 문화관광부 장관과 주양자 보건복지부 장관을 임명했으며, 이어 김모임(보건복지부), 손숙(환경부), 김명자(환경부), 한명숙(여성부) 등 여성 인사를 잇달아 장관으로 임명하였다. 또한 대통령직속 여성특별위원회 위원장에는 윤후정과 이후 백경남을 임명하여 장관급 여성 인사의 비중을 과거보다 크게 높였다.

더 나아가 그는 여성 최초로 장상 이화여대 총장을 총리서리에 지명했다. 김대중의 자서전에 따르면, 그는 여성 총리 임명을 성사시키기 위해 각고의 노력을 기울였으며, 정치인들이 형식적으로 언급하는 여성대표성의 구호를 넘어 실질적 실현을 누구보다 강하게 원했던 인물이었다.[44]

"장상 이화여대 총장을 국무총리서리로 발탁했다. 헌정 사상 첫 여성총리 서리였다. 장상 총리서리는 인격과 능력, 그리고 업적을 익히 알고 있기 때문에 영입에 공을 들였다. 비서실장을 보내 설득했고, 아내에게

---

43) 김대중도서관 연보(2002년 01월 03일)
    https://www.kdjlibrary.org/president/yearbook?fullScreen=true
44) 김대중.《김대중 자서전 2》., 473-474쪽

도 거들어 달라고 부탁했다. 그의 결심이 고마웠다."

또한 김대중 대통령은 장상 총리서리에게 임명장을 수여하는 자리에서, 남은 7개월을 용의 눈동자를 완성하는 '화룡점정'의 시기로 만들자고 강조했다.

"국민의 정부 들어 여성들을 위해 여러 가지 일을 했습니다. 법도 많이 제정하고 여성부도 만들었습니다. 여성 장군과 청와대 수석도 탄생시 켰습니다. 마침내 여성 총리까지 나왔으니 이제 남은 것은 대통령뿐입 니다."[45]

이는 대한민국 여성들에게 처음으로 '여성' 대통령을 상상해볼 수 있게 한 최고 통치자의 역사적이며 의미 있는 어록이다.

4. 화해통합 사상과 여성대표성 확대의 접점

김대중은 화해통합 사상을 바탕으로 성별에 따른 구조적 차별을 정치적으로 해소하고자 했다. 그의 통합 철학은 이념이나 지역 간 화합에 국한되지 않고, 사회적 약자를 제도적으로 포용하는 방향으 로 확장되었다. 특히 여성의 정치참여 확대는 김대중이 추구한 핵심 적이고 필수적인 실천 과제였다.

그는 성평등을 민주주의 완성과 직결된 과제로 인식했다. 대통령 후보 시절부터 여성의 정치 참여를 공약했으며, 당선 후에는 여성부

---

45) 김대중. 《김대중 자서전 2》. 474쪽

신설, 비례대표 여성 할당제, 각종 위원회에서의 여성 비율 확대 등을 추진했다. 이는 단순한 배려 차원을 넘어, 포용의 정치 철학을 제도적으로 구현한 사례였다.

여성대표성 확대는 김대중의 화해통합 사상과 긴밀하게 맞물려 있었다. 그는 여성의 정치 참여를 남북화해, 지역 갈등 해소와 더불어 국가 통합의 핵심 의제로 보았기에, 이러한 관점은 정치적 통합을 단순히 권력 구조 조정이 아닌, 사회 구성원 모두를 동등한 주체로 인정하는 포괄적 민주주의로 확장했다.

이 지점에서 김학노의 '서로주체성' 논의는 김대중의 여성대표성 확대 정책을 이해하는 중요한 분석 틀을 제공한다. 서로주체성은 개인과 집단이 상호 인정과 존중을 바탕으로 관계를 형성하고, 그 속에서 주체성을 실현하는 개념이다. 김대중의 여성 정치 확대 정책은 이러한 상호주체적 관계를 국가 차원에서 제도화한 사례로 볼 수 있다. 즉, 여성을 정치의 동등한 주체로 위치시킨 점에서 그 의의가 크다.

오늘날 여성 국회의원 비율이 20%에 그치는 현실을 고려할 때, 김대중의 화해통합 사상과 여성대표성 제도화가 결합된 지점은 중요한 시사점을 제공한다. 이는 젠더 민주주의를 심화시키기 위해, 성별을 넘어 모든 시민이 대등한 정치적 주체로 참여할 수 있는 제도와 문화를 확립하는 철학적 자산으로 재조명될 필요가 있다.

V. 맺음말

1. 성평등은 민주주의의 완성

김대중이 이끌었던 여성주의 정책들은 이후 정부들에도 영향을 미쳤으며, 여성의 사회 참여와 권리 향상은 점차 가시적인 성과를 거두었다. 그러나 여전히 성별 임금 격차, 경력 단절, 유리천장, 젠더 기반 폭력 등 다양한 문제가 존재한다. 김대중이 제시한 성평등은 오늘날 한국 사회가 다시금 주목해야 할 가치이다.

그의 사상은 단순히 '여성을 위한 정책'을 넘어, 사회 전반의 정의와 평등을 실현하는 가치 체계로 기능한다. 김대중이 강조한 성평등은 민주주의의 완성과도 맞닿아 있으며, 이는 여전히 실현되지 않은 과제로 남아 있다.

김대중의 여성주의 철학은 단지 과거 정치인의 발언에 머무르지 않고, 오늘날 한국 사회가 회복해야 할 정치적·도덕적 기준으로 복원되어야 한다. 민주주의란 다수결만이 아니라 사회적 약자와 소수자의 권리를 보장하는 체제이며, 여성은 그 중심에 있다. 한국 사회의 안티페미니즘은 성평등 진전을 위협하는 심각한 사회적 퇴행이며, 이를 방치할 경우 민주주의의 지속 가능성 또한 위협받는다.

"여성은 단지 보호의 대상이 아니라, 국가 발전을 위한 중요한 동반자이며, 그 잠재력을 충분히 개발해야 한다."[46]

"나는 여성을 위하는 일이 곧 나라를 살리는 일이라고 생각한다. …

---

46) 김대중, 1997년 대선 공약 발표 중

여성 문제는 독자적인 정부 부서를 설치하여 해결해야 한다. 역설이지만 여성부는 '여성부가 없어지는 그날'을 위해 일하는 부서이다.···47)

김대중이 강조했듯, 여성주의는 국가를 존속·발전시키는 핵심 동력이자, 여성을 국가 공동체를 함께 세워 나갈 동등한 주체로 인식하는 관점이다. 오늘날 우리는 그의 화해통합 사상과 여성주의 실천에서 교훈을 찾아, 사회통합과 젠더 민주주의를 구체적으로 실현해야 한다. 성평등은 더이상 미룰 수 없는 시대적 과제이며, 민주주의의 본질적 가치 그 자체이다.

2. 김대중의 화해통합적 관점에서 '안티페미니즘' 비판

오늘날 안티페미니즘은 주로 '역차별'이라는 프레임을 통해 확산되고 있다. 일부 남성들은 취업 시장에서의 불리함, 군 복무에 대한 불공정, 여성 할당제 등에서 불만을 제기한다. 그러나 이러한 주장은 한국 사회에 여전히 존재하는 구조적 성차별 문제를 간과하거나 왜곡한다. 실제로 통계청과 고용노동부 자료에 따르면 여성은 동일 노동에도 낮은 임금을 받고 있으며, 고위직 진출에도 큰 장벽이 존재한다. 여성 국회의원 비율과 대기업 임원의 여성 비중은 OECD 평균에도 못 미친다.

안티페미니즘은 여성 혐오를 기반으로 하는 온라인 커뮤니티의 확산, 페미니즘을 공적 담론에서 배제하려는 움직임, 정치권에서의 포퓰리즘적 이용 등으로 확장되며, 사회 전반의 민주주의 질을 저하

---

47) 김대중, 《김대중 자서전 2》 (서울: 도서출판 삼인, 2010), 393쪽.

시킨다. 김대중의 철학에서 보듯이, 여성의 권익은 특정 성별의 이익이 아닌, 공동체 전체의 민주성과 직결된 문제다. 따라서 여성의 권리 주장을 '과잉된 요구'나 '특혜'로 치부하는 것은 민주주의에 대한 심각한 도전이라 할 수 있다.

이러한 흐름 속에서, 우리는 김대중 전 대통령의 여성주의 철학을 통해 오늘날의 안티페미니즘을 비판적으로 살펴볼 필요가 있다.

특히 안티페미니즘의 시발점이 되는 잠정적 우대조치인 '여성할당제'를 사실상 최초로 실천한 김대중의 관점을 복원해 볼 필요가 있다. 김대중 대통령은 여성할당제를 단순한 여성 우대정책이 아니라, 헌법이 보장하는 평등 실현의 수단으로 보았다. "여성은 오랫동안 구조적 차별로 기회를 차단당해 왔다."라는 그의 문제의식은, 여성할당제를 '시혜'가 아닌 '책무'로 규정했다. 특히 여성에게 우선권을 부여해야 한다는 질문에 "여성은 구조적으로 불리한 조건에 놓여 있으므로, 상당 기간 보완적 조치가 필요하다."라고 답했다. 그는 여성할당제가 '역차별'이 아니라 국제적으로 인정된 '차별시정의 평등조치'라며 이를 적극 옹호했다. 실제로 비례대표 여성 30% 할당제, 교호순번제, 여성정치발전기금 등을 도입하며 제도적 기반을 마련했다.

이러한 김대중의 철학은 오늘날 안티페미니즘이 제기하는 '역차별' 프레임을 정면으로 반박한다. 안티페미니즘은 여성할당제를 "남성 역차별"로 비판하지만, 김대중은 이를 '역사적 차별 해소를 위한 최소한의 조치'로 보았다. 성평등은 민주주의의 완성이라는 그의 신념처럼, 여성의 정치참여 확대는 사회통합과 평화의 동력으로 여전히 유효한 전략이다. 결국 김대중의 여성주의는 안티페미니즘을 넘어서, 성평등 민주주의 실현의 지침으로 오늘날에도 빛나고 있다.

3. 김대중의 성평등적 화해와 통합으로 본 오늘날의 과제

김대중의 유산은 성별의 다양성과 갈등을 인정하되, 이를 창조적으로 통합함으로써 평등과 민주주의를 확장하는 성평등 실현의 자원으로 재해석될 수 있다.

그는 여성 문제를 단기적 시혜나 복지로 해결할 수 없다고 보았다. 교육, 건강, 정치·경제적 권리 보장을 구조적으로 제도화해야 하며, 여성의 사회 참여를 가로막는 제도적 장벽을 제거하고 능력 개발을 적극 지원하는 것이 국가의 책무라 강조했다. 이는 오늘날 안티페미니즘 현상에 대한 분명한 해답이 된다.

첫째, 성평등은 제로섬 게임이 아니다. 김대중의 시각은 여성의 역량을 국가 발전의 자산으로 보는 포괄적 관점이었다. 남성과 여성의 대립이 아니라 협력과 상생의 구조를 창출하는 데 핵심을 두었다.

둘째, 정치권의 책임이다. 김대중은 여성주의적 관점에서 정책을 직접 실천했고, 오늘날 정치 역시 페미니즘을 회피할 것이 아니라 정의와 평등 구현의 수단으로 삼아야 한다.

셋째, 시민 교육이다. 김대중은 여성의 역량 강화를 위해 교육과 문화의 힘을 중시했다. 오늘날의 젠더 갈등은 정보 부족, 왜곡, 혐오 조장과 깊이 연결돼 있다. 올바른 성평등 인식과 인권 감수성을 기르는 교육이 무엇보다 시급하다.

따라서 김대중의 여성주의와 화해사상은 단순히 과거의 정책에 그치지 않고, 오늘날 한국 사회가 성평등과 사회적 화해를 동시에 이루는 데 중요한 시금석이 될 것이다.

참고 문헌

김귀옥. 2024. 〈김대중 평화사상의 형성과 실천〉. 황태연 외. 《사상가 김대중–그의 철학과 사상》. 파주: 지식산업사, 307–354.

김대중. 2010. 《김대중 자서전 1》. 서울: 삼인.

김대중. 2010. 《김대중 자서전 2》. 서울: 삼인.

김대중. 1997. 《내가 사랑한 여성》. 서울: 에디터.

김대중도서관 전집보기 https://www.kdjlibrary.org/archives/activity

김대중도서관 연보보기 https://www.kdjlibrary.org/president/yearbook?fullScreen=true

김대중대통령 선거공약집. 1997. 《국민의 정부 여성정책 공약》.

김미경. 2024. 〈여성 경제활동의 컨트럴타워를 세우다〉. 이상덕 외. 《김대중의 성평등 – 대한민국 여성의 삶을 바꾸다》. 파주: 지식산업사, 94–118.

김엘림. 2024. 〈김대중의 성평등 추진체계〉. 이상덕 외, 《김대중의 성평등– 대한민국 여성의 삶을 바꾸다》. 파주: 지식산업사, 209–338.

김정수. 2024. 〈햇볕정책으로 여성평화통일정책의 싹을 틔우다〉. 이상덕 외. 《김대중의 성평등 – 대한민국 여성의 삶을 바꾸다》. 파주: 지식산업사, 179–208.

김지성. 2018. 〈젠더–거버넌스의 규범적 조건에 대한 소고: 한국 저출산 대응정책을 중심으로〉. 《한국거버넌스학회보》 제25권 3호, 1–24.

김학노. 2011. 〈'서로주체적통합'의 개념〉. 《한국과 국제정치》 제27권 3호, 29–61.

노명환. 2020. 〈김대중 화해 사상의 특수성과 보편성:이분법의 극복과 '다양성 속의 통일'의 변증법〉. 《통일과 평화》 제12권 2호, 53–98.

노명환. 2024. 〈김대중과 동서융합의 민주주의 사상〉, 황태연 외. 《사상가 김대중: 그의 철학과 사상》. 파주: 지식산업사, 223–306.

대통령기록관. 1998. 김대중대통령연설문. 제3회 여성주간 기념식 연설(위대한 한국 여성의 힘) https://www.pa.go.kr/online_contents/archive/president_speechIndex.jsp?activePresident=%EA%B9%80%EB%8C%80%EC%A4%91

박명림. 2023. 〈김대중의 연합과 통합의 정치〉. 박명림 외. 《김대중의 사상과 정치 2: 평화·민주주의·화해·협력》. 서울: 연세대학교 출판문화원, 377-451.

박진경. 2024. 〈대한민국 여성정치사에 한 획을 긋다〉. 이상덕 외. 《김대중의 성평등— 대한민국 여성의 삶을 바꾸다》. 파주: 지식산업사, 66-93.

박진경·이상덕. 2024. 〈젠더-거버넌스로 성평등시대를 열다〉. 이상덕 외. 《김대중의 성평등— 대한민국 여성의 삶을 바꾸다》. 파주: 지식산업사, 20-33.

안경주. 2024. 〈여성 대상 폭력을 국가 의제화하다〉. 이상덕 외. 《김대중의 성평등 – 대한민국 여성의 삶을 바꾸다》. 파주: 지식산업사, 119-152.

여성부. 2002 《2002 여성백서》. 여성부.

여성부. 2002. 《여성정책 5개년 기본계획(2002~2006)》. 여성부 정책자료집.

여성부. 2003. 《국민의 정부 5년 여성정책의 성과》. 여성부.

원숙연·박진경. 2006. 〈젠더-거버넌스의 가능성 탐색: 성매매방지법 제정과정을 중심으로〉. 《한국여성학회지》 제22권 4호, 85-124.

장신기. 2021. 《성공한 대통령 김대중과 현대사》. 서울: 시대의창.

한국여성의정. 2018. 《한국의 여성정치를 보다》. 서울: 여성의정

UNDP. 1997. 〈Governance for Sustainable Human Development〉. 《UNDP Policy Document》. New York: UNDP.

5

김대중의 민족적 화해와 통합

김병로 (서울대학교 통일평화연구원 교수)

Ⅰ. 들어가며

2000년 10월 13일 노르웨이 노벨위원회는 한국의 김대중 대통령을 2000년 노벨평화상 수상자로 선정하면서 그 이유를 "한국과 동아시아의 민주주의와 인권 신장 및 북한과의 화해와 평화에 기여"한 공헌 때문으로 설명했다. 김대중이 햇볕정책을 통해 남북한 사이에 50년 이상 지속된 전쟁과 적대감 극복을 위해 노력했고 특히 그의 북한 방문은 두 나라 사이의 긴장을 완화하는 주된 동력이 됐다고 평가했다. 김대중의 수많은 업적 가운데 남북관계 개선을 통한 민족 화해와 한반도 평화에 기여한 그의 공적은 의심할 여지 없이 역사적으로나 세계적으로 가장 의미 있는 김대중의 브랜드라 할 수 있다.

남북한은 오랫동안 세계적 냉전의 최전선에서 이데올로기 대립의 상징적 존재로 자리했다. 열강에 의한 분단, 동족상잔의 전쟁, 끝없는 체제대결로 높게 쌓였던 원한과 적대, 두려움의 장벽을 넘어 남과 북이 분단 55년 만에 이룬 첫 정상회담은 그야말로 역사적 순간이었다. 그것은 단순한 정상회담이 아니라 두려움과 적대의 높은 벽을 뚫고 위험을 감수하며 결행해야 했던 어려운 길이었다. 김정일 위원장도 "이번에 김 대통령이 찾아오셔서 나를 은둔에서 해방해 주셨다."라며 유머를 담아 감사함을 전하기도 했다.

분단 사상 처음으로 개최한 남북정상회담이라는 사실도 감격이었지만 서울에서 평양까지의 거리가 비행기로 40분밖에 걸리지 않는 가까운 거리라는 사실도 경이롭고 충격적이었다. 이렇게 가까운 길을 가는데 55년이 걸렸다는 사실이 남북의 장벽이 얼마나 높은가를 실감하는 장면이었다. 반세기 동안 쌓였던 두려움과 불신의 높은 벽이 남북의 두 지도자가 악수하는 순간 일시에 사라지는 듯한 감격도 느껴졌다. 막연한 두려움의 굴레에서 자유롭게 하고 북한과 공존·협력을 바탕으로 한반도 미래에 대한 긍정과 희망의 가능성을 열어주었다. 남북정상회담이 남북관계 지형에서 일으킨 일대 변혁은 한국인 최초로 노벨평화상을 수상하기에 충분했다.[1]

남북관계가 극단적 갈등에 놓여 있고 시대적 전환기를 맞고 있는 중차대한 이 시기에 김대중이 기울인 민족 화해와 남북 통합의 업적을 돌아보며 그로부터 지혜를 얻는 일은 더없이 의미가 크다. 지나온 80년의 남북관계를 돌아보면 대립과 갈등이 치열하지 않았던 시기는 없었지만, 작금의 한반도는 그 어느 때보다 위태롭다. 북한은 실질적인 핵보유국으로 남북관계를 극단적 대립으로 몰아가고, 미·중 패권 경쟁이 격화하며 북·러간 군사동맹이 체결되어 한반도 문제 해결은 더 어려워졌다. 이제는 전쟁이 발발하면 민족이 공멸하는 재앙이 된다. 이처럼 위태로운 시기에 남북대화와 교류를 토대로 민족의 공존과 통일 미래를 열었던 김대중의 지혜와 사유, 전략과 실천적 리더십을 돌아보는 작업은 더욱 의미가 깊다.

동족상잔의 전쟁으로 수백만 명의 인명이 희생된 고통과 적대의 담을 넘어 북한과 정상회담을 이끌어낼 수 있었던 김대중의 힘은 어디서 나왔을까. 분단 냉전 관계를 단숨에 바꾸어 놓은 역사적 순간은 어떻게 가능했을까. 한반도 주변 강국의 복잡한 이해관계와 남북 간에 높이 쌓인 적대와 두려움의 벽을 뚫고 화해와 평화의 길을 열었던 지략과 전략은 무엇이었나. 이런 문제의식을 바탕으로 이 글은 남북관계의 전환적 국면을 맞은 시기에 분단과 전쟁을 겪은 남북한을 화해와 통합으로 이끌어간 김대중의 사상과 철학, 정책 구상과

---

1) 류상영, "김대중," 이문영 편, 《평화를 만든 사람들, 노벨평화상 21》 (서울: 진인진, 2017), p. 344.

실천 내용을 살펴보며 지혜를 얻고자 한다.

제2절에서는 남북문제를 바라보는 김대중의 사상과 철학을 엿볼 수 있는 민족과 역사에 대한 생각, 분단을 보는 시각, 전쟁 경험을 추적한다. 제3절은 남북 분단 극복과 한반도 통일을 위해 김대중이 생각한 방책은 무엇이고 그 구상에 담긴 김대중만의 독창적인 전략이 무엇이었는지 살펴본다. 제4절은 집권기 구체적으로 추진한 남북 대화와 교류협력 정책의 내용을 검토하되, 그 정책의 철학이자 정신이며 전략이 담긴 햇볕정책을 다각도로 분석한다. 제5절은 햇볕정책으로 달라진 남북 관계의 변화와 남북한 사회 내부의 변화, 그리고 그 변화와 함께 마주한 갈등과 도전 요소가 무엇인지 살펴본다. 마지막으로 김대중이 추구했던 민족 화해와 통합 노력을 글로벌 시대, 신냉전 다극화 질서의 도전 앞에 어떻게 발전시켜 나가야 할지 논의한다.

II. 민족, 분단, 전쟁: 김대중 민족 화해 정신의 뿌리

김대중의 민족 화해 정신과 철학은 그가 우리 민족과 역사를 바라보며 갖는 생각, 그리고 한반도 분단과 전쟁 경험에 뿌리를 내리고 있다. 민족과 역사에 대한 해석, 남북 분단과 전쟁의 경험은 이후 정치가로서 남북문제를 바라보며 민족 화해와 분단 극복, 통일을 간단없이 추진하는 동력이 되었다.

김대중이 통일과 평화의 중요성을 자각하는 계기는 분단과 전쟁 경험으로 시작된다. 한반도 분단이 외세에 의해 강제되었고 그

안에서 종족끼리 살육하는 전쟁을 치른 어처구니없는 상황이 발생한 데 대한 좌절과 회의가 김대중의 생각 기저에 깔려 있다. 분단이 국제구조 속에서 강제된 것인 만큼 이의 극복도 주변국과 관련된 문제로 인식했다. 남북이 대결과 대립을 지속하는 것은 외세가 좋아하는 것이므로 어떻게든 분단을 극복하고 통일을 이뤄야 한다는 의지를 갖게 됐다.[2] 하지만 한국전쟁을 통해 공산당의 잔인함을 경험한 김대중으로서는 국제구조의 제약 못지않게 전쟁으로 형성된 두려움과 증오의 정서를 넘어서기 쉽지 않음도 체득했다.[3]

1. 민족관

김대중의 민족 화해 정신은 우리 민족과 역사에 대한 사유에서 비롯된다. 우리 민족을 회고할 때 우리 민족은 한 번도 다른 나라를 침략한 적이 없는 민족으로 우리 자신의 평화와 행복을 지키면서 평화롭게 살려는 역사를 갖고 있다는 사실을 자주 언급했다. 중국으로부터 빈번한 침략을 당했고 일본으로부터도 짓밟힘을 당한 역사를 안타까운 눈으로 보았다.

> "중국으로부터는 단순히 소국이라는 이유만으로 항상 침략을 받고 구박을 받아왔다. 또 일본은 토요토미 히데요시 시대에 7년 동안이나 우리 조국을 짓밟았었다. 당시 파병된 군대는 약 5, 60만 명으로 그들이 한 짓은 끔찍하기 이를 데 없었던 것이다. 명치 시대에 들어서자 일본은 한국민이 동학혁명 등 독자적인 힘으로 나라를 민주화하려고 했을

---

2) 김대중, 《나의 길 나의 사상》 (서울: 한길사, 1994), pp. 307-310.
3) 김대중, 《나의 길 나의 사상》, p. 39.

때 이를 밟아버리고는 강제로 일본에 합병시키고 말았다. 천 년 이상이나 이어져 내려온 통일국가의 독립에 종지부를 찍게 한 것이다."4)

해방 이후에는 미국과 소련에 의해 강제로 분할되고 동족상잔의 전쟁을 치렀다. 국민이 모르는 사이에 국토가 38도선으로 분단되고, 남북이 이데올로기로나 체제적으로 완전히 대립하면서 남북대결은 미·소 냉전체제의 상징이 되었다. 급기야 민족끼리 서로 살육하는 전쟁의 나락으로 떨어져 수많은 사람에게 깊은 마음의 상처를 남겼다. 2차 세계대전을 일으킨 일본과 독일은 다시 부흥하고 국민은 행복을 누리는데 왜 선량한 우리 민족은 이런 고통을 당해야 하는가, "이렇게 생각할 때 나는 단장의 눈물을 억누를 길이 없다. 이 세상에 신이 있다면 그리고 또 이 세상에 인류의 정의가 있다면 왜 우리들에게만 이토록 호된 벌을 내려주는 것인가"라며 통탄했다.5)

이러한 김대중의 역사의식은 우리 민족의 태생적 특성으로 연결된다. 왜 우리 민족은 번번이 침략만 당했는가. 주변국의 침략으로 고난과 아픔의 역사를 오랫동안 겪었던 우리 민족은 이러한 경험이 '민족의 한恨'이 되었다고 평가한다.

"한국 사람은 길가의 잡초와 같은 국민으로서 밟으면 밟힙니다. 그러나 밟고 있는 발이 떠나면 곧 일어섭니다. 바람이 불면 눕습니다만 결코 꺾이지 않고 다시 일어섭니다. 이것이 한국 민족의 역사입니다. … 나는 이것이 〈한국인의 한恨〉이라고 봅니다."6)

---

4) 김대중, 《행동하는 양심으로》(서울: 금문당, 1985), pp. 204-206.
5) 김대중, 《행동하는 양심으로》, p. 206.
6) 김대중, 《한국 현대사가 묻는 것》(뉴욕: 갈릴리문고, 1984), p. 22.

한을 가진 우리 민족의 이러한 특성은 온갖 난관 속에서도 끈질기게 다시 일어서는 근성을 가진 민족으로 성장했다.

이러한 역사적 현실은 우리 민족의 양면적 속성과 연결된다. 즉 우리 민족은 농경민족과 기마민족이 결합하여 태동한 결과 농경민족의 보수성과 기마민족의 진보성의 양면을 가진 것으로 바라본다.[7] 그러한 특성 덕분에 중국과 몽골, 일본의 침략에도 나라를 유지하고, 중국과 같은 강대국 옆에 있으면서도 동화되지 않고 신라 통일 이래 1,300년 동안 독립국가를 유지하며 민족의 정체성을 지켜냈음을 높이 평가한다. 하지만 우리 민족은 진보와 개혁에는 소극적이었음을 비판한다.[8] 신라 통일후 대동강 이북 만주 땅을 포기하고 수도를 경주에 머문 것이나, 발해가 신라와 교류를 하지 않았던 것 등 역사의 여러 계기에 진취적인 결정을 하지 못한 사실을 단점으로 지적한다. 또한 역사에서 개혁을 시도했던 수많은 세력이 살해당하고 좌절당했던 경험은 강한 보수성이 개혁과 변화를 받아들이지 못하고 변화에 대해 지나치게 소극적인 태도로 일관한 우리 민족의 문제점을 비판했다. 국정을 개혁하려 했던 장보고나 고구려 수도를 평양으로 옮기려 했던 묘청 등의 개혁가가 귀족들에 의해 살해당했는가 하면, 조선왕조의 개혁을 시도했던 정도전이나 조준이 살해되고, 농민혁명을 일으켰던 전봉준도 형장의 이슬로 사라진 사실을 지적하며 변화와 개혁을 꺼리고 두려워하는 우리 민족의 소극적 태도를 비판했다.

주변국의 침략으로 고난과 아픔의 역사를 오랫동안 겪었던 우리 민족을 무한한 긍휼의 눈으로 바라보는 역사의식과 함께 우리 민족의 뛰어난 보수성과 소극적 진보성이라는 양면을 태생적으로 지닌

---

7) 김대중, 《나의 길 나의 사상》, pp. 25-35.
8) 김대중, 《옥중서신-민족의 한을 안고》 (뉴욕: 갈릴리문고, 1984), pp. 250-256; 김대중, 《나의 길 나의 사상》, p. 30.

것으로 민족을 바라보았다. 외세의 침략에 버티는 힘, 현실을 지키고 유지하는 보수성은 뛰어나지만, 현실을 타파하고 미래를 건설해 나가는 진보성이 부족한 우리 민족의 기질을 깊이 고민했다.

2. 분단을 보는 관점

한반도 분단을 바라보는 김대중의 시각은 그것이 전적으로 외세에 의한 것이라는 점이다. 우리 민족의 의지와는 상관없이 강대국에 의해 분할되었다는 점에서 한반도 분단은 외세에 의해 강압되었으며 우리 민족은 일방적으로 희생당한 것이다. 힘이 없어 당한 자의 억울함과 한이 어려 있는 주제로 분단을 바라보았다. 한반도 분단이 외세에 의한 것이므로 분단 극복도 결자해지의 원칙에서 강대국이 책임을 져야 할 문제라고 인식했다. 물론 국제사회에서 이러한 주장이 실현될 것으로 보는 것은 아니지만 적어도 강대국이 한반도 분단 극복과 통일문제를 방관하지 말고 책임감을 갖고 임하도록 촉구하는 점에서는 의미가 크다.

한편, 김대중은 8·15해방과 일제로부터의 독립이 한국인의 힘으로 이루어진 것이 아니라는 사실을 깊이 자각한다. 많은 사람이 독립운동을 한 것은 사실이지만 우리의 피와 땀으로 자유와 독립을 쟁취한 것이 아니라 미국과 연합국의 승전으로 주어진 것이어서 우리 스스로 뭔가를 이루어나가는 의지가 부족한 것으로 바라본다. 저항력은 뛰어난 민족이나 진취성과 구성력은 약한 민족으로 본 것이다. 따라서 분단의 경험과 역사를 돌아보며 김대중이 갖는 분단 극복의 관점은 한마디로 민족자결이다. 즉 우리 민족의 운명을 미국이나 일본 혹은 어느 국가에 의지하지 않고 자력으로 자신의 운명을 개척하지 않으면 안 된다는 점이다.9) 우리 민족 스스로의 힘으로 분단을 극복하고 통일 미래를 실현해야 한다는 민족자결 정신은 절대적이다.

　이런 면에서 김대중의 민족관과 역사의식, 분단을 보는 관점을 연결하면 분단 극복의 길은 양면적이다. 즉 국제질서의 냉엄한 현실을 직시하되 우리 민족 스스로 그 길을 헤쳐 나가야 한다. 분단이 전적으로 외세에 의해 강제된 것이고 특히 미국과 소련이 일방적으로 결정한 것이므로 부당하며 정의롭지 않으나 엄연한 현실이다. 수천년 동안 우리 민족이 외세의 침략으로 고통을 받은 데다 지난 80년 동안 외세가 강제한 분단으로 여전히 고통을 받고 있는 민족의 현실을 안타깝게 보았다. 외세가 강제한 분단의 틀 안에서 우리 민족은 남북으로 갈라져 대립하고 전쟁을 치르고 원한과 적대감 속에 사로잡혀 있음을 생각할 때, 이 분단 현실은 수 천년 동안 지속됐던 외세 침략 역사의 연장선으로 보았다.

　이러한 분단의 틀을 벗어나지 못하는 것이 혹시 우리 민족의 진보성 부족 때문은 아닐지 생각해 본다. 남북 대립과 분단의 틀을 벗어나지 않으려는 소극적 태도는 김대중의 입장에서는 우리 민족의 진보성 부족 탓일 수 있다. 이 주어진 틀을 벗어나기 위해서는 진보성이 발동되어야 하며 민족자결 정신이 발휘되어야 한다. 8·15독립과 해방이 우리 힘으로 이룩한 것이 아니라는 사실을 철저히 반성하며, 이제라도 분단 극복을 위해 남북 민족이 우리 자신의 힘과 노력을 기울여야 마땅하다. 하지만 분단을 강제한 주변국 존재의 현실은 김대중의 입장에서 볼 때, 한반도 분단 극복을 위해 국제체제의 협력이 불가피하다. 따라서 김대중의 분단 극복 해법은 주변국 외교

---

9) 김대중, 《행동하는 양심으로》, p. 207.

와 국제협력의 틀을 활용하여 접근하되, 주변국에 의존하는 소극적 태도가 아니라 우리의 운명을 자신이 개척해야 한다는 능동적, 진취적 자세를 견지하는 것으로 귀결된다.

3. 전쟁 경험

김대중의 민족 화해 사상 형성에 결정적으로 영향을 준 것은 한국전쟁 경험이다. 한국전쟁 시기 생사를 넘나드는 체험은 이후 정치 활동과 민족문제를 이끌어가는 중요한 방향타가 되었다. 동족이 전쟁을 일으켜 수많은 백성이 무고하게 죽어 나가는 현장을 경험한 김대중은 동족상잔의 전쟁을 절절히 자각하게 되었다. "그때 나는 전쟁을 보았다. 그리고 공산당이 지배하는 세상이 어떤 것인지, 얼마나 우리가 살 수 없는 세상인지도 분명히 알았다. 그래서 평생 민족의 화해와 전쟁이 없는 세상을 꿈꾸며 살았다."라고 회고한 바 있다.[10] 다시는 한반도에 전쟁이 없어야 하며 어떤 이유로든 전쟁을 해서는 안 된다는 것이 김대중의 확고한 신념이었다.

특히 해방공간에서 우익 활동에 연계되어 있던 김대중은 위태로운 이념 갈등을 몸소 겪었다. 김대중은 해방 직후 사업을 하면서 우익 쪽에 가담하여 대한청년단 목포시 해상단부 부단장을 지냈다. 사업가 경험과 우익 활동 배경이 김대중의 반공의식을 형성하는 토양이 되었다. 공산주의나 사회주의는 자유로운 기업 활동을 허용하지 않기 때문에 미국과의 사업을 하던 김대중으로서는 자본주의와 시장경제를 선호했다. 민주주의와 시장경제에 대한 신념은 젊은 시

---

10) 김대중, 《김대중 자서전》 1권 (서울: 삼인, 2010), p. 82; 김학재, "김대중의 화해 사상과 정치" 고려대학교 대학원 박사학위논문(2023.8), p. 11.

절 사업을 경영한 경험을 바탕으로 형성되었다.

또한 우익 활동을 하던 김대중은 한국전쟁을 겪으면서 반공주의자로 변했다. 전쟁 기간 동안 세금수탈과 대량학살은 남북 모두에서 마찬가지였지만 그 정도가 북쪽 공산당이 훨씬 심했다고 보았다.[11] 이 때문에 김대중은 남한에서 반공주의가 자리잡게 된 것이 정부의 노력에 의한 것이라기보다 한국전쟁을 경험한 산 체험에 기인한다고 평가한다.

한국전쟁이 북한의 남침으로 시작되었다는 사실을 김대중은 여러 곳에서 자신의 입장으로 밝힌 바 있다.

"공산주의자는 UN의 결의를 무시하여 북한에 괴뢰 정권을 수립하고 다시 불의의 남침을 감행하여 수다한 인명과 재산을 살상하고 한국과 세계 평화를 교란하였습니다."[12]

이 처절한 전쟁의 경험 때문에 1950년대까지만 해도 김대중은 공산주의자와 협상을 통해 문제를 해결할 수 없음을 깊이 통감했다.

"공산주의자와 협상을 통하여서 정의가 이루어질 수 없다는 것은 역사의 웅변이 이를 증명하고 있는 것이며 한국이 자기의 피어린 체험을 통하여서 얻은 교훈이다. 따라서 우리에게 있어서 통일이란 무력에 의한 북진 이외에는 생각할 수 없는 것으로 이는 우리가 결코 호전의 국민이기 때문이 아니라 이 길 외에는 공산주의자의 수중으로부터 이북 실지를 회복하는 길이 없기 때문인 것이다."[13]

---

11) 김대중, 《나의 길 나의 사상》(1994), p. 39.
12) 김대중, "네루 수상에의 공개장(1953.9.5.)," 《청년 김대중, 세상과 역사에 나서다》, 연세대학교 김대중도서관 편, 《전집 II》 1권(서울: 연세대학교 대학출판문화원, 2019), p. 11.

이러한 혹독한 전쟁의 경험으로 김대중은 국내 정치와 한일관계 등 여러 곳에서는 용서와 화해를 줄곧 언급하면서도 민족 화해에 대해서는 '용서'를 거의 언급하지 않고 있다.[14] 한국전쟁에 대한 남북한 사이에 엇갈린 관점이 존재하고 남과 북이 여전히 상대방이 가해자이고 자신은 피해자라는 인식이 강한 상황에서 전쟁의 책임과 용서를 언급한다는 것이 오히려 화해를 가로막는 장애가 될 우려가 크다고 인식했다. 책임을 묻고 용서를 받기 이전에 관계개선이 선행되어야 한다는 현실적 관점에서 김대중은 한국전쟁의 책임 문제에 대한 거론을 자제했다.

화해가 이루어지려면 서로 '미안하다'라고 말하는 사과가 전제되는 것은 보편적이다. 하지만 진정한 사과가 이루어지려면 사과 이전에 서로를 피해자로 바라보는 시각전환이 필요하며 이에 대한 공감이 있어야 한다. 김대중의 판단에는 남북이 아직까지는 서로를 피해자로 바라보는 인식전환과 공감이 이루어지지 않은 상태이므로 이 문제를 단번에 해결하기보다는 미래를 위해 협력하는 노력을 통해 신뢰 관계를 구축하고 전쟁의 책임소재를 따지는 문제는 뒤로 미루는 것이 좋다는 입장을 견지했다. 북한과의 관계에서 과거 문제를 따지고 올라가면 통일 문제는 풀리지 않는다는 입장에서 미래지향적인 자세가 필요하다고 보았다.[15] 미래상상future imagining을 동원한 화해의 접근법이라 할 수 있다.[16]

---

13) 김대중, "갑오년 2대 과업 – 자조(自助)의 노력으로 통일과 민생 해결"(1954.1.7.), 《전집 II》 1권, p. 38.
14) 김학재, "김대중의 화해 사상과 정치" 고려대학교 대학원 박사학위논문(2023.8), p. 236.
15) 김학재, "김대중의 화해 사상과 정치," p. 240.
16) Michelle Maiese, "Peacebuilding," http://en.wikipedia.org/wiki/Peacebuilding (검색일: 2025.9.9.).

"비참한 한국전쟁을 통해 뼈에 사무치게 느끼는 것은, 당시 무엇 때문에 동포들끼리 그토록이나 심하게 싸움질을 해야만 했던가, 그리고 무엇 때문에 그토록이나 서로 살육전을 되풀이 해야만 했던가 하는 점이다. … 사상이란 도대체 무엇인가? … 과연 인간의 행복을 위해 민족의 행복을 위해 사상이 있는 것인가?라는 강한 의혹을 통렬하게 느꼈다."[17]

그 후 김대중이 정치가의 길을 걸으면서 갖은 난관에도 불구하고 굴하지 않고 싸워온 용기는 "전쟁으로 말미암은 경험에 의해 길러진 것"으로 회고했다.[18]

III. 분단 극복과 한반도 통합구상

1. 한반도 데탕트 기획

냉전기 한반도가 해결해야 하는 중심 주제는 밖으로는 분단과 전쟁이었고, 안으로는 빈곤과 독재였다. 냉전체제가 미소대립과 중국의 개입으로 고착화되었으므로 한반도 문제를 해결하기 위해서는 남북간 교류만 아니라 주변 4국의 협력을 얻어야 가능하다고 보았다. 특히 김대중은 완전통일까지는 상당한 시일이 걸린다는 사실을 직시하고 통일이 성취되는 때까지 유엔과 기타 국제기구에서 공존하는 것이 현실적이며 유익한 조치라고 믿었다. 국제적 공존을 위해서

---

17) 김대중, 《행동하는 양심으로》, p. 56.
18) 김대중, 《행동하는 양심으로》, p. 57.

는 상대의 실체를 인정하고 모든 국제기구에서의 공존을 받아들여야 하는 것은 당연한 수순이었다.

이 시기 미국의 닉슨Richard M. Nixon 대통령은 1969년 7월 괌에서 아시아의 안보는 아시아 국가 스스로 책임져야 함을 강조하는 닉슨독트린을 발표하고 1971년 3월 미군 2만 명을 한국에서 철수했다. 그 사이 닉슨 대통령은 1971년 2월 중국과 대화와 관계 개선 희망을 전하고 있던 터였다. 이즈음 남북은 1960년대 후반 북한의 전면적인 대남혁명 전략으로 여러 차례 무력 충돌을 경험했다. 닉슨 행정부는 한국 정부에 북한 및 공산주의 국가들과 적극적인 외교를 교섭하도록 권고했고 한국정부도 내부적으로 전향적인 통일정책을 준비하고 있었다.[19)]

이러한 국제정세 속에서 김대중은 1970년 10월 대통령 선거운동 과정에 남북교류와 4대국의 한반도 안보보장론을 공약으로 내걸며 한반도 통일·평화의 비전을 제시했다. 이듬해인 1971년 2월 미국 내셔널프레스클럽에서 "무력포기에 따른 남북 긴장완화, 비군사적 기자·서신·체육 등의 교류, 정치 및 경제적 교류" 등으로 구성된 통일안을 제안했고, 4월 대선에서 "남북교류와 공산권 외교 추진, 미·일·소·중 대국에 의한 한반도 평화보장책"을 공약으로 발표했다.[20)] 이러한 생각들을 정리하여 1972년 2월 일본 외신기자클럽에서 "평화적 공존, 평화적 교류 확대, 평화적 통일"로 구성된 '3단계 통일안'을 발표했다. 미·중 데탕트에 버금가는 한반도 데탕트 기획이었다.

---

19) 홍석률, "인물로 보는 역사의 전환점, 1971년의 김대중,"
   https://history.zesmu.com/archive/view/3358#:~:text=%EA%B9%80%EB%
   8C%80%EC%A4%91%EC%9D%80%20%EC%95%BC%EB%8B%B9%EC%9D%B8
   %20%EC%8B%A0 (검색일: 2025.9.9.).
20) 김대중, 《김대중자서전 1》, p. 278.

이 3단계 통일은 1단계로 평화공존을 목표로 했다. 국내적으로 전쟁억제와 긴장 완화를 위해 부전선언과 평화협정, 감시기구의 확대개편을 단행하고, 대외적으로는 상대방의 실체를 인정하며 국제기구에서 공존을 지향한다. 이를 위해 미·소·중·일의 국교 정상화와 아시아 4대국에 의한 불가침조약 및 남북한의 유엔 동시 가입이 필요하다.[21] 이러한 조건이 마련되면 2단계 평화교류를 통해 남북 간 증오와 불신 및 격차를 줄이고 동질성 회복을 위해 노력한다. 이를 바탕으로 3단계 평화통일로 진입한다는 것이다.

김대중이 당시 대선공약으로 내건 남북교류와 통일정책은 참신하고 개혁적인 것으로 국민 사이에 선풍적인 관심을 불러일으켰다. 1971년 대선과 총선에서 드러난 야당의 약진은 박정희 정부에 위기감을 주었고, 박정희는 북한과의 접촉을 통해 위기극복을 시도했다. 1971년 8월 12일 이산가족 상봉을 위한 남북적십자회담 제의로 9월 20일부터 판문점에서 남북적십자 예비회담이 개최됐으며, 이후 정치회담을 통해 1972년 '자주·평화·민족대단결' 원칙에 기초한 7·4남북공동성명으로 발표됐다.

이처럼 선거 과정에서 제시한 김대중의 통일관련 공약은 남북대화의 시작과 한반도 데탕트 형성에 결정적인 영향을 주었다. 지극히 반공주의자였던 김대중이 파격적인 공산주의 북한과 교류를 추진하고 3단계 통일 공약을 제안하기까지 어떤 심정적 변화가 있었는지 판단하기는 쉽지 않지만, 미·중 데탕트라는 국제정세 변화에 큰 영향을 받은 것은 분명하다. 1960년대 중반 김대중은 세계가 데탕트 국면으로 변화되고 있으므로 한국도 반공이나 냉전 일변도의 정책에서 벗어나 실리외교를 추진할 것을 주장했다.[22] 국회정책위의장이

---

21) 김대중, 《나의 길 나의 사상》, p. 303.
22) 김귀옥, "김대중 평화사상의 형성과 정치적 실천," 《통일과평화》 12집 2호(2020),

던 그즈음 당대 표 연설을 통해 한반도 분단문제를 관리하고 통일을 추진하기 위한 전담기구로 부총리를 수반으로 하는 통일기구 창설을 주장했다. 그 제안을 정부가 받아들여 1969년 3월 1일 국토통일원이 신설되었다.[23] 통일기구의 제안과 통일관련 정책 제시를 통해 한반도 데탕트 기획과 실천을 주도했다.

2. 유엔체제와 4대국보장론에 의한 평화

한반도 데탕트 기획의 구체적 방안으로 김대중은 남북한의 유엔 동시 가입과 4대국 보장론에 의한 평화를 구상했다. 남북한이 유엔체제에 편입되어야 한다는 그의 생각은 1972년 7월 13일 서울 외신기자클럽을 통해 발표되었다.[24] 김대중의 남북한 유엔 동시 가입 제안은 당시 북한의 정책과도 상치되었으며 국내적으로도 상당한 비판과 반대를 받았다. 북한은 남북한 동시 유엔가입을 한반도의 영구분단을 초래하는 것으로 간주하며 절대 수용할 수 없다는 입장이었다. 1991년 9월 남북한 동시 유엔 가입이 이루어져[25] 국제사회에서 명실상부한 독립국가로 인정받는 계기가 된 것을 생각할 때 김대중의 제안은 20년 앞선 선견이었다. 국내적으로는 1973년 6.23선언을 통해 박정희 정부가 유엔 동시 가입을 대한민국의 공식 정책으로 확립함으로써 김대중 생각의 현실 타당성이 입증되었다. 김대중은 1991년 9월 남북한의 유엔 가입이 실제 이루어지는 과정에서도 북한과 유엔 및 국제

---

p. 23.

23) 김대중, 《나의 길 나의 사상》, p. 223.
24) 김대중, 《나의 길 나의 사상》, p. 320.
25) https://www.archives.go.kr/next/newsearch/listSubjectDescription.do?id=002878&sitePage=

사회의 협력을 얻는 데 적극적인 노력을 기울였다.[26]

한반도 데탕트 기획의 또 다른 한 축은 주변 4대국에 의한 한반도 평화 구상이다. 한반도에서 남북 분단을 극복하려면 현실적으로 주변국의 지원과 도움을 받아야 한다는 것이 그의 생각이었다. 한반도의 분단이 미국과 일본, 중국과 소련의 4대강국이 세력균형으로 유지되고 있기 때문이다. 뿐만 아니라 역사적으로 한반도는 해양과 아시아 대륙을 잇는 통로였기 때문에 오랜 기간 동안 해양세력과 대륙세력이 교차하는 곳이었다.[27] 한국전쟁을 계기로 미국과 유엔군, 중국, 일본이 영향력을 확대했다. 따라서 한반도 문제를 해결하려면 역사적으로 한반도에 깊이 관여해온 미국과 러시아, 중국과 일본의 이해관계를 조정해야 한다. 미국과 중국은 정전협정 당사자로서 협상해야 할 부분도 있다. 한반도 분단에 얽혀있는 주변 4국의 군사적 · 경제적 이해관계를 풀어내는 해법이 없이는 한반도 문제를 해결하기 어렵다. 이런 점에서 김대중은 한반도 문제 해결을 위해 주변 4국에 의한 평화보장안을 줄곧 주장했다.[28]

김대중은 이러한 국제적 안목을 독일의 경험에서 터득했다. 독일의 사례는 한반도 통일이 민족주체의 차원에서 추진해야 한다는 확신과 당위의 차원을 넘어서 역사적 경험과 현실에 기초하여 해결해야 한다는 안목을 열어주었다.[29] 독일에서와 같이 한반도에서도

---

26) 1990년 연형묵 총리에게 설명했고, 1991년 4월 유엔 안보리에도 서신을 통해 요청했으며, 유엔 사무총장과 메이저 영국총리, 러시아의 고르바초프 대통령으로부터 긍정적인 답신을 받았다. 김대중, 《나의 길 나의 사상》, p. 321.

27) 김대중, 《나의 길 나의 사상》, p. 308.

28) 김대중, "워싱턴 내셔널프레스클럽(National Press Club) 기자회견 요약"(1971.2.3.),
https://www.kdjlibrary.org/president/activity/view/41061?category=1833,2170,2163&order=update_date&pageMax=20&target2=act_actDate&order=update_date&sort=desc&&sort2=asc&&sort3=desc&page=1

29) 노명환, 《김대중: 생애 · 사상 · 정책의 의미》 (서울: 신서원, 2024), pp. 147−406.

통일이 야기할 역내 세력균형 붕괴 우려 때문에 주변 4대국은 한반도의 통일보다는 평화와 안정을 선호한다고 보았다. 그런 면에서 분단의 부정적 결과를 완화하고 무력대결 위험을 제거함으로써 평화공존을 실현하는 '선평화 후통일'을 기본적으로 견지했다.[30] 그러면서 한반도 통일이 이 지역의 평화문제를 궁극적으로 해결하는 길이라는 논리로 주변국을 설득하면 통일을 반대할 이유가 없다고 보았다.[31] 이런 면에서 '4대국에 의한 한반도 안전보장'은 한반도 통일에 긴요한 과정으로 보았고, 그중에서도 미국과의 관계를 특히 중시했다.

3. 공화국연합제와 3단계 통일론

탈사회주의 변혁이 예상보다 급속히 진행되고 김대중의 우려와는 달리 정부 차원에서 대공산권 수교는 물론 북한과 고위급회담 및 남북기본합의서를 전격 타결함으로써 김대중의 통일구상은 속도를 내기 시작했다. 사회주의권의 급격한 붕괴는 한반도에 큰 파장을 일으켰다. 공산주의 국가에 문호를 개방하고 전면 교류를 선언한 7·7선언의 파급효과는 대단했다. 1989년 2월 헝가리와의 수교를 시작으로 소련과 중국 및 동유럽 국가와의 수교를 맺었으며, 남북교류협력법 제정(1989.6)으로 국가보안법을 넘어서는 남북교류협력법 시대가 열렸다. 1991년 9월 한국과 조선의 유엔 동시 가입과 남북 간 '기본합의서' 체결로 남북 협력관계의 제도적 기틀이 마련되었다.

이러한 세계사적 전환기를 바라보는 김대중은 민족자결에 의한

---

30) 황병덕·김학성·박형중·손기웅 지음, 《신동방정책과 대북포용정책: 브란트와 김대중의 민족통일 대구상》(서울: 두리미디어, 2000), p. 528.
31) 김대중, 《나의 길 나의 사상》, p. 315.

통일구상 준비와 실행을 구체화해야 할 필요를 느꼈다. 김대중은 노태우 정부의 7·7선언 자체는 그 방향성이 옳다고 보았으나, 선언에 진실성이 없다고 보았다. 특히 7·7선언의 정신에 따라 공산권과의 교류를 실천에 옮긴 인사들을 극심하게 탄압했다는 점에서 '정치적 쇼'라며 신랄히 비판했다.[32] 하지만 7·7선언이 88서울올림픽을 치르기 위한 대외선언의 성격이 있었고 이를 바탕으로 남북고위급회담이 시작되고 〈남북기본합의서〉가 채택된 데 대해서는 대단히 높게 평가했다. 김대중이 임동원 전 장관을 적극적으로 영입한 이유도 남북의 화해·불가침·교류협력에 관한 역사적 합의인 1991년 '남북기본합의서'를 실질적으로 끌어낸 경험을 높이 샀기 때문일 만큼 남북기본합의서는 유익한 결실로 꼽았다.

　　이 전환적 시기에 정부가 구상한 민족공동체통일방안에서 '연합'이라는 아이디어는 김대중이 1973년 7월 일본에서 처음으로 발표한 통일구상이었다.[33] 화해협력→남북연합→통일국가라는 3단계로 민족공동체 통일방안을 만들었던 이홍구 장관도 정부의 통일방안을 만들 때 김대중의 안을 참고 했으며 공화국연합제에서 아이디어를 가져왔다는 점을 언급했다.[34] 민족공동체통일방안 제정 당시에는 정부가 김대중, 김종필 등 야당과 적극적으로 소통하며 진행했고 3단계 통일론과 공화국연합제 등 김대중의 기존 통일방안을 참고함으로써 정부의 통일방안에 적지 않은 영향을 주었다. 다만 김대중은 정부의 방안에서 연합기구로 각료회의, 평의회, 공동사무처 등을

---

32) 김대중, 《나의 길 나의 사상》, p. 359.
33) 김대중, 《나의 길 나의 사상》, p. 344.
34) 국회 외무통일위원회에서 이홍구 전 통일원 장관은 "평민당이 말하는 공화국연합제는 대단히 훌륭한 안이고, 북한의 고려연방제와는 다르며, 우리가 지금 만들고 있는 한민족공동체 통일방안에도 큰 자리를 차지하고 있다"고 언급했다. 김대중, 《나의 길 나의 사상》, p. 323.

설치하는 데 대해 연합기구가 조금 더 결속력 있는 통일체를 형성해야 한다고 주장했다.

이처럼 탈사회주의 변혁이 급속히 진행 중인 시기에 김대중은 1980년대 중반부터 생각해온 '공화국연합제'(1991.9)의 '느슨한 연방단계'를 남북연합단계로 바꾸어 남북연합→연방제→완전통일을 골자로 하는 '3단계 통일론'을 완성했다.[35] 제1단계로 제시한 '남북연합'은 현존 상태 그대로 상이한 이념과 체제 및 두 정부를 유지하면서 긴밀한 협력기구를 구성하는 국가연합 방식의 통일 모델이다.[36] 남북연합으로 진입하기 위해서는 남북한 간 정치·군사적 신뢰조치 및 주변 4강의 남북한 교차승인이 이루어져야 한다. 특히 이 시기에 북한 체제를 시장경제와 민주주의로 변화시켜야 한다. 2단계 '연방'은 외교와 국방 및 주요 내정을 연방정부가 관장하는 체제로, 이 단계에 진입하기 위해서는 북한이 복수정당제와 자유선거 제도를 도입하고 시장경제체제를 받아들이며 남북한 군대통합이 이루어져야 한다. 연방제 하의 남북한은 유엔에서 단일 회원국으로 대표되며 각국과의 국교도 단일화한다. 마지막 3단계인 '완전통일'은 그 형태가 중앙집권 체제이든, 미국·독일식의 연방이든 그 시기에 국민의사에 따라 결정하도록 한다.

김대중의 전략에는 언제나 안보와 경제가 긴밀히 연결되어 있다. 각 단계의 형태를 결정하는 것은 정치기구와 국제안보의 진전으로 드러나지만, 이를 추동하는 동력은 경제를 통한 협력의 증진이다. 통일을

---

35) 이희호 평전, [길을 찾아서] 제5부 광장의 시련 7회 아태재단.
 https://www.hani.co.kr/arti/politics/politics_general/750314.html#cb; 아태평화재단, 《김대중의 3단계 통일론: 남북연합을 중심으로》(서울: 아태평화출판사, 1995).

36) 아태평화재단, 《김대중의 3단계 통일론: 남북연합을 중심으로》(서울: 한울, 1995), p. 36.

구상할 때 민족자결과 국제관계의 역학을 염두에 두면서도 그것이 실질적인 추동력을 가지려면 경제협력이 필요하다고 생각했다. 젊은 시절부터 미국을 대상으로 사업을 하던 경험이 있어서 통일정책에도 사업가와 장사꾼 마인드를 접목했다. 남북이 서로 같이 머리를 맞대고 돈벌이를 하고 이해관계를 갖게 되면 눈에 보이지 않는 화해와 협력이 생길 수 있다는 것이 그의 소신이었다.[37] 경제적 측면에서 남북통일이 도움이 되어야 국민들의 지지를 얻을 수 있다고 보았다. 유럽연합이 경제공동체로부터 시작되었다는 역사적 경험도 경제의 중요성을 말해준다. 한편으로는 안보적 차원에서 국제관계를 고려하고, 다른 한편으로는 경제적 실익과 동기부여를 확보하는 것, 이 두 요소가 김대중이 초기부터 갖고 있던 한반도 통일을 추동하는 동력이었다.

Ⅳ. 역사적 남북화해와 민족통합의 실천

1. 4자회담과 남북기본합의서 이행

집권기에 김대중의 민족 화해·통합 구상은 정책으로 구체화되고 실행되었다. 김대중 정부는 안보태세를 확고히 유지하는 가운데 화해와 협력을 통해 북한의 변화를 유도하고, 평화를 정착시키며,

---

37) "일반적으로 사람은 장사를 같이 하면 싸우지 않습니다. 남북이 서로 같이 머리를 맞대고 돈벌이를 하고 이해관계를 갖게 되면 눈에 보이지 않는 화해와 협력이 생길 수 있습니다." 연세대학교 김대중도서관 편, "지금은 남북 간 화해·협력의 단계"(1998.5.7.), 《김대중 전집 1》, 제1권 (서울: 연세대학교 대학출판문화원, 2015), p. 226.

남북이 서로 왕래하고 협력하는 '사실상의 통일' 실현을 목표로 대북정책을 추진했다.[38] 당장 통일을 서두르기보다는 평화의 토대를 확고히 다지는 가운데, 교류·협력을 꾸준히 활성화하여 남북주민 간 상호이해를 높이고 민족동질성을 회복하고자 했다. 무력도발 불용과 흡수통일 배제, 화해협력 적극 추진이라는 대북정책의 3원칙을 공표하고, 주변국들이 북한과 적극적으로 대화에 나설 것을 요청했다. 그러한 목표하에 안보와 화해협력을 함께 추진하고, 평화공존과 평화교류를 우선 실현하며, 북한의 변화와 남북 간 상호이익을 도모하고, 남북 당사자 해결을 원칙으로 하되 국제적 지지를 확대하며, 국민적 합의에 의한 대북정책을 추진한다는 기조를 제시했다.

집권기에 펼칠 김대중의 계획은 1998년 2월 대통령 취임사에 함축적으로 담겼다. 취임사에서 김대중은 한반도 평화구축을 위한 4자회담과 남북문제를 해결하기 위한 '남북기본합의서'의 이행을 제시했다. 민족화해와 통합을 위한 구체적인 두 축을 제시한 것이다. 한·미 안보체제를 강화하고 4자회담을 통해 한반도 평화구축을 실현하며, 남북관계는 1991년 12월 13일에 채택된 남북기본합의서를 실천하는데 집중할 것을 천명했다. 남북기본합의서에 남북 간의 화해와 교류협력, 불가침에 관한 합의가 이미 이루어졌으므로 그대로 실천만 하면 통일의 대로를 열어나갈 수 있다고 확신했다.[39]

김대중의 국제안보체제를 통한 한반도 문제 해법은 4자회담으로 진행되었다. 1997년 12월 시작된 4자회담은 김대중 집권 이후

---

38) 통일노력60년 발간위원회 편, 《하늘길 땅길 바닷길 열어 통일로》(서울: 통일부, 2005), p. 264.

39) 김대중, "국난 극복과 재도약의 새 시대를 엽시다," 제15대 대통령 취임사 (1998.2.25.), 〈행정안전부 대통령기록관〉 기록컬렉션〉 연설기록, https://www.pa.go.kr/research/contents/speech/index.jsp?spMode=view&catid=c_pa02062&artid=1308525

본격화되었다. 한반도의 공고한 평화 달성과 평화체제 수립은 한반도 정전협정의 실질적인 당사자인 남한과 북한, 미국과 중국의 4자가 머리를 맞대야 가능하기 때문이다. 긴장완화와 평화체제라는 구체적 주제의 분과위원회를 설치하여 한반도 평화 문제를 협의했다. 4자회담 논의가 1999년 6차 본회담을 끝으로 교착상태에 빠지면서 동력을 잃게 되자, 북한과 직접 대화로 돌파구를 찾았다.

2. 남북정상회담과 6 · 15공동선언

　　북한과 정상회담을 포함한 적극적인 교류와 화해 의지를 표명하기 위해 2000년 3월 9일 베를린 선언을 단행했다. 베를린 선언을 계기로 남북정상회담 논의가 시작되어 2000년 6월 13~15일, 김대중의 방북과 분단 55년 만에 역사적인 첫 남북정상회담이 개최되었다. 정상회담에서 김대중은 민족 화해와 통일문제, 긴장 완화와 평화 정착 문제, 남북 간 교류와 협력의 활성화 문제, 이산가족문제 등 4가지 제안을 했다.[40] 세기적 전환기에 남북이 더 이상 대결해서는 안 되며 민족의 생존과 발전을 위해 화해해야 한다는 의견에 공감하며, 군사적 긴장을 완화하고 민족경제의 균형적 발전과 공동체 형성을 위해 교류협력을 활성화하며, 이산가족 문제를 조속히 해결하기로 합의하기에 이르렀다.

　　정상회담에서 처음으로 남북의 지도자가 통일문제에 관한 의견을 교환한 것은 의미가 컸다. 김정일 위원장은 기존의 연방제를 '낮은 단계 연방제'로 변경하여 김대중의 연합제 통일방안의 현실성을

---

40) "6 · 15남북공동선언," 국가기록원〉 기록으로 보는 남북회담〉 6 · 15남북공동선언, https://theme.archives.go.kr/next/unikorea/six/six04.do

인정했다, 단번에 연방제로 남북이 통합하는 것은 어려우므로 국가의 주권과 자율성, 독립성을 그대로 유지한 채 중앙의 상징적 기구를 구성하는 국가연합 방식의 통일이 현실적임을 확인했다. 2000년 6·15정상회담에서 북한과 통일방안을 함께 논의할 수 있었다는 것은 남북관계의 역사에 획기적인 일이었다. 남북이 함께 통일방안을 논의한 것은 이전에도 없었고 지금까지도 이렇다 할 진전이 없는 상황이다.

쟁점이 되는 주한미군 문제를 명쾌하게 언급한 것도 성과 중의 성과다. 한반도가 통일되더라도 이 지역에서 힘의 균형을 유지하기 위해서는 주한미군이 주둔해야 한다는 데 의견의 일치를 보았다. 소련 붕괴 이후에도 유럽에 나토군이 주둔하고 있는 것처럼 주한미군은 매우 중요한 의미를 지니기 때문에 김정일 위원장도 이 의견에 동의했다.[41] 물론 북한이 사실상 핵무기 보유국이 된 오늘의 현실에서 이 문제 해결은 더 복잡해졌다.

정상회담에서 약속한 6·15공동선언은 남북 간 협력으로 구체화되었다. 이산가족 상봉과 경제교류 두 가지 사안을 구체적으로 적시하며 북한의 협력을 촉구했다. 이 두 분야의 교류는 집권 기간에 집중적으로 추진했다. 김대중 정부가 민족의 화해를 위해 심혈을 기울인 정책이 바로 이산가족 상봉이다. 1천만 가족이 남북으로 나뉘어 생사를 모른채 살아가고 있다는 사실은 분단의 아픔을 상징하는 주제로, 가족 상실의 아픔과 고통을 해결하지 않고 다른 어떤 정책을 논할 수 없었다. 북한은 김대중 정부의 이산가족 정책에 즉각 호응하며 자체 준비에 돌입했다. 1998년 3~12월 10개월 동안 사회안전부에 주소안내소를 설치하여 행방불명된 가족을 찾는 전국적인 캠페인

---

41) 연세대학교 김대중도서관 편, "독일 〈디 벨트(Die Welt)〉와의 확ㄴ"(2000.8.24.), 《김대중 전집 1》 제5권, p. 118.

을 전개하며 분위기를 띄웠다.[42) 북한의 이러한 호응에 힘입어 김대중 집권 기간에 이산가족 상봉 사업은 획기적 성과를 거두었다.

경제협력에서도 큰 성과를 거두었다. 북한의 호응을 이끌어내기 위해 베를린 선언에서부터 경제적 측면을 심도 있게 고려했다. 평화 정착과 이산가족 문제 및 당국대화 등 전반적인 문제와 함께 대규모 남북경협 및 경제지원 방안을 제시했다. 북한은 경제회복을 위해 한국의 지원이 절실한 터여서 베를린 선언에 고무되었고 남한에 특사접촉을 제안함으로써 정상회담 개최로 이어졌다. 경제협력은 남북 철도·도로 연결사업, 개성공단 건설, 금강산관광사업을 세 축으로 하여 3대 경협사업으로 발전되었다.

남북정상회담 이후 남북관계는 획기적으로 발전했다. 6·15남북공동선언에 따라 남북장관급회담을 중심으로 분야별로 다양한 대화와 협력을 통해 구체적인 성과를 이루었다. 군사분계선이 열리고 한반도 동서 양쪽에서 철길이 연결되었다. 하늘길이 열리고, 금강산으로 열린 바닷길과 함께 남북을 오가는 모든 통로가 다시 열렸다.[43) 남쪽의 자본과 기술이 북쪽의 노동력과 결합해 개성공단을 개발하고, 남북경협에 필요한 군사적 보장조치를 취했다. 철도·도로 연결과 개성공단 개발을 위한 군사분야 협력으로 군사적 긴장이 완화되는 실질적인 변화가 이루어졌다. 국회비준을 받은 13개 합의서는 국제조약의 성격으로 남북 간 협력의 제도적 기반도 마련되었다.

---

42) 그 결과 남쪽으로 갔거나 사망했을 것으로 생각했던 460여명의 가족이 북한 내에 살고 있다는 사실이 확인되었다. 김병로 외, 《한반도 분단과 평화 부재의 삶: 성찰과 치유를 위한 이산가족 이야기》(서울: 아카넷, 2013), pp. 16-17.

43) 통일노력60년 발간위원회 편, 《하늘길 땅길 바닷길 열어 통일로》(통일부, 2005), p. 358.

3. 통일·평화 대전략으로서의 햇볕정책

김대중 정부가 추진한 대북정책은 '화해협력정책'으로 공식화되었으나 햇볕정책으로 간략히 호명되었다. 햇볕정책은 북한과의 평화공존과 화해·협력을 통해 북한의 점진적 변화를 도모하는 관여 정책으로 대북 포용정책으로도 불렸다. 햇볕정책은 김대중의 오랜 신념이자 철학이었다. 1991년 6월 3일 월간조선과의 인터뷰에서 김대중은 "공산당에 싸워 이기려면 〈이솝우화〉에 나오는 것처럼 태양빛으로 망토를 벗겨야지 북풍 갖고는 벗길 수가 없다는 거예요. 서독이 바로 태양빛 갖고 이겼던 겁니다. 강세로 나갈 때는 오히려 공산당이 선수예요. 북풍에 의존해선 결코 망토를 벗기지 못한다는 얘깁니다"라며 햇볕정책이라는 단어를 처음 사용했다.[44]

부르스 커밍스Bruce Cumings는 이 햇볕정책을 통일에 앞선 화해정책으로 불렀다.[45] 분단을 극복하고 통일을 실현하려면 그에 앞서 과거의 긴장과 대결, 갈등을 해소하는 일, 즉 화해가 급선무이기 때문이다. 나아가 미래의 평화를 이루려면 상호 긴밀한 협력이 필요하다. 김대중은 1998년 대통령 취임사에서 남북관계를 화해와 협력 그리고 평화 정책에 토대를 두고 발전해 나가겠다고 선언했다. 햇볕정책의 핵심 내용을 화해, 협력, 평화로 압축했다. 과거의 대립과 불신·갈등을 해소하고 한반도에 평화를 정착시키며, 소모적 경쟁

---

44) 김대중, "〈월간조선〉과의 인터뷰," (1991.6.3.)
https://www.kdjlibrary.org/president/activity/view/41456?keyword=%EC%9D%B4%EC%86%9D%EC%9A%B0%ED%99%94&order=update_date&pageMax=20&target2=act_actDate&order=update_date&sort=desc&&sort2=asc&&sort3=desc&page=2

45) 브루스 커밍스, "한국인이 김대중에게 빚진 두 가지," (제1회 후광 김대중 학술상 수상 특별 강연, 전남대 용봉홀, 2007.5.21.),
https://www.gwangjuin.com/news/articleView.html?idxno=44522

대신 상호 공영을 위한 협력을 강화하는 정책이다. 이를 실행하기 위해 포괄적 접근 방식과 상호주의원칙, 정경분리 원칙을 제시했다.[46)

햇볕정책의 출발은 화해다. 화해는 과거에 경험했던 분쟁과 갈등으로 쌓여 있는 감정적 문제를 해결하는 일이다. 남북한과 주변4국은 분단 이후 수많은 갈등과 대결을 겪었으며 그 가운데서도 한국전쟁으로 쌓은 적대적 감정을 해소하는 일은 결코 쉽지 않다. 한국전쟁 이후 반세기 동안의 불신과 대결의 관계를 화해와 협력의 관계로 만들기 위해서는 남북정상과 책임 있는 주변4국 간의 진지한 대화가 필요했다. 또한 실질적인 교류협력을 추진하고 군사적 대립을 종식하며 주변국과의 관계정상화를 도모하는 평화체제를 구축해야 한다. 이러한 구상이 9.11테러 등 국내외적 요인으로 순탄하게만 진행되지는 않았으나 관여와 포용의 정신을 견지했다.

햇볕정책은 일차적으로 대북정책으로 북한의 붕괴나 흡수통일을 지양했다. 김대중은 여러 번 "흡수통일은 안 된다."라고 했다. 김대중은 서독의 예를 들며 동서독 간의 격차가 컸음에도 서독이 동독을 대등한 입장에서 대우했기 때문에 공존과 교류가 가능했음을 지적했다.[47) 더 가진 자, 우월한 자가 어떤 태도로 임해야 하는지 김대중이 햇볕정책으로 북한을 어떻게 대했는지 알 수 있다.

"대한민국은 북한에 대해서 아량과 포용의 정신을 가지고 대처해 나가야 할 것입니다. 우리는 서독의 경험으로부터 많은 것을 배워야 합니

---

46) 김근식, "김대중 정부의 햇볕정책: 회고와 전망," 《한국과 국제정치》 제18권 2호 (2002), pp. 98-101. 임동원은 햇볕정책을 화해 · 협력 · 평화에 '변화'를 더하여 네 키워드로 설명한다.

47) 김대중, "〈월간조선〉과의 인터뷰" (1991.6.3.), 《전집 II》, 14권, p. 830. 김학재, "김대중의 화해 사상과 정치," (고려대학교 대학원 정치외교학과 박사학위논문, 2023.8), p. 217.

다. 서독은 단 한 번도 동독에 대해서 흡수통일이나 그 어떠한 불안도 준 일이 없습니다. 서독이 동독에 대해서 요구한 것은 같은 동족으로서 화해하고 협력하고 교류하자는 것뿐이었습니다. … 서독은 동독에 대해서 그 많은 액수의 경제지원을 하면서도 어디까지나 동독의 체면을 세우면서 이를 조용히 진행시켰습니다. 많은 경우에 서독의 이름을 감추면서 도와주기도 했습니다."[48]

햇볕정책의 관여와 포용 정신은 북한의 요구를 무조건 수용하는 유화정책이 아님을 여러 곳에서 언급했다. 1999년 10월 5일 민주평통 개회사에서 언급한 김대중의 발언은 햇볕정책이 북한의 무력도발에 대해 어떻게 임해야 하는지 명확히 드러낸다.

"첫째, 북방한계선(NLL)을 꼭 지키시오. 둘째 우리가 먼저 발포하지는 마시오. 셋째 북측이 발포했을 때는 이를 단호히 저지하시오. 넷째는 큰 전쟁으로 확대되지 않도록 주의하시오."[49]

그럼에도 화해의 중심적 주제인 한국전쟁에 대한 문제는 정면으로 다루지 않고 우회하는 전략을 취했다. 한국전쟁에 관한한 김대중은 북한의 무력남침과 그로 인한 민족적 비극이 초래된 사실을 이해하고 있었기 때문에 이 주제에 대해 거론을 자제했다. 전쟁의 진상과 책임 소재를 밝히고 사과함으로써 진정한 화해가 이루어진다는 사실을 모르는 바가 아니었지만, 남북관계에서 이 문제는 단번에 해결하기 어렵고 전반적인 교류협력이 진행됨에 따라 점진적으로 해결해야 할 문제로 인식했다. 오히려 남북관계가 개선되면 북한이 전쟁

---

48) 김대중, "남북통일과 일본의 역할"(1995.4.15.), 《전집 II》, 18권, p. 153.
49) 김대중, "국민화합과 국내외 통일운동의 과제"(1999.10.5.), 《전집 I》, 3권, p. 286.

에 대해 스스로 미안하다고 말할 것으로 보았다.[50] 따라서 북한에 대한 사과 요구는 대화의 전제조건으로 제시하지 않는다는 입장을 취했다. 북한과의 관계에서 과거 문제를 따지고 올라가면 현재의 통일문제는 풀리지 않는다는 입장에서 미래지향적인 자세가 필요하다고 보았다.[51] 과거사를 아예 거론하지 말자는 것이 아니라 일단 대화를 시작하고 관계가 개선되면 과거 문제를 논의할 수 있는 단계에 이르게 된다는 것이다. 과거의 문제는 일단 덮어두고 미래를 향해 서로 협력해 나감으로써 어느 시점에 이르면 과거사를 논의할 수 있는 신뢰 관계가 형성될 것이라고 인식했다.

햇볕정책은 한반도 문제를 해결하기 위한 김대중의 거대 구상으로 북한을 넘어 주변국과의 관계변화를 담은 외교전략이었다. 김대중은 1970년대 미국의 대중정책도 햇볕정책으로 부르며 이념대립이 심각했던 냉전기에 관계개선과 변화를 이끌어 낸 성공적인 정책으로 평가했다. "우리는 키신저Henry Kissinger의 깜짝 비밀방문과 뒤이은 미국의 핑퐁외교라는 햇볕정책이 1970년대 얼어붙은 중국을 개방시키는 데 성공했음을 기억한다."[52] 이런 점에서 햇볕정책은 1970년대 서독의 동방정책의 경험을 많은 부분 참고했다.

특히 독일의 사례와 헬싱키프로세스를 참고하여, 한반도에 유럽의 경험을 적용하고자 했다. 안보-경제-인권의 세 바스켓을 교환하며 냉전기 동서대립 문제를 풀어갔던 헬싱키프로세스는 햇볕정책이 따르는 교과서였다. 힘에 의한 문제해결 방식이 아니라 외교적 대화와

---

50) 김대중, "〈월간조선〉과의 인터뷰"(1993.8.24.), 《전집 II》, 16권, p. 126.
51) 김학재, "김대중의 화해 사상과 정치," p. 240.
52) 김대중, " 북핵 교착 상태에서 협상에 의한 일괄타결에 대해서" 1993. https://www.kdjlibrary.org/president/activity/view/44187?keyword=%ED%96%87%EB%B3%95&order=update_date&pageMax=20&target2=act_actDate&order=update_date&sort=desc&&sort2=asc&&sort3=desc&page=1

경제협력을 동시에 강구함으로써 하드파워와 소프트파워를 융합한 스마트 파워로 문제해결을 지향했다. 힘으로 분단을 관리하는 소극적 평화에 머물지 않고, 외교와 경제를 통한 적극적 평화를 도모하고, 나아가 항구적 평화를 실현하기 위해 추진한 평화 전략이었다.

그런 점에서 김대중의 햇볕정책은 정신이자 철학이면서 정책과 전략을 동시에 담은 한반도 통일과 평화의 대구상이었다. 전환기적 시점에서 공고화된 분단의 틀을 해체하고 통합 한반도를 건설하기 위해 김대중이 선택한 21세기 한반도 미래전략이었던 것이다. 따라서 그것은 "단순한 대북정책이 아니라 대북정책을 넘어 외교정책, 군사·안보정책, 경제정책을 아우르는 남한은 물론 우리 민족 전체의 생존과 발전을 위한 대전략이었다."[53] 햇볕정책이 대전환을 맞은 오늘날에도 여전히 생명력을 갖고 있는 것은 그것이 단순히 대북정책을 넘어서 외교와 군사·안보, 경제 등 다방면의 정책과 전략을 담고 있기 때문이다. 특히 외교와 안보 문제를 해결하기 위해 경제를 융합한 복합전략이었다는 점에서 실효성이 높았다.

V. 남북관계의 변화와 시대전환

햇볕정책은 남북교류와 왕래, 소통 차원에서 일대 변화를 일으켰다. 가시적 성과는 2000년 남북정상회담을 계기로 남북교류가 대

---

53) 백학순, "햇볕정책: 한반도 평화·통일·번영의 대전략," 박명림·백학순·임혁백 외, 《김대중의 사상과 정치 1》 (서울: 연세대학교 출판문화원, 2023), p. 9.

폭 확대된 것으로 드러났다. 몇십명 혹은 몇백명에 불과하던 방북자가 1998년부터 3천, 5천, 7천 명으로 늘어났고, 2002년에는 1만2천명, 2006년에는 10만명으로 늘었으며, 2007년에는 17만명에 이르렀다. 양적으로만 본다면 가히 폭발적인 증가라고 할 수 있다. 게다가 1998년 11월부터 시작된 금강산관광을 통해 193만4천명, 2007년 12월부터 시작된 개성관광을 통해 8만5천명이 북측을 왕래한 사정을 감안하면 남북교류는 6 · 15공동선언 이후 엄청난 양적 성장을 가져왔다.[54]

햇볕정책은 또한 북한 내부의 시장화와 의식변화를 촉진했다. 북한은 김대중의 햇볕정책에 대한 기대를 바탕으로 2002년 7.1개혁을 단행했다. 일본과의 수교협상이 난항을 겪으면서 신의주 행정특구 계획이 차질을 빚었으나, 남한으로부터 경제협력과 지원은 북한의 시장체제 형성에 유용한 동력이 되었다. 이후 시장화의 진전과 상업활동 증가로 북한사회는 근본적인 변화를 맞았다. 300개로 출범한 종합시장은 490여개로 늘었고 120만 명의 노동자가 제조업을 떠나 농업과 서비스업으로 각각 60만 명씩 이동했다.[55] 상품만 아니라 금융, 노동, 주택 등 여러 부문에서 시장화가 진행되었으며, 주민들은 식량과 소비재의 60% 이상을 시장에서 구입하고 70% 이상의 주민이 시장에서 소득을 얻고 있다. 시장은 주민생존과 뗄 수 없는 생활공간이 되었다.

남북교류 활성화로 북한과의 문화접촉이 증대하여 북한 내 사

---

54) 통일부, 《통일백서》(서울: 통일부, 2017), pp. 64-67; 《통일백서》(2018), pp. 70-76. 류상영 편, 《6 · 15 남북공동선언 5년과 한반도 평화》(서울: 연세대학교 출판부, 2006).

55) Central Bureau of Statistics of DPR Korea, DPR Korea 2008 Population Census National Report (2009), p. 193-195; Central Bureau of Statistics of DPRK and United Nations Population Fund, DPRK Socio-Economic, Demographic and Health Survey 2014 (December 2015), p. 46; Government of DPRK, DPRK Voluntary National Review on the Implementation of the 2030 Agenda for the Sustainable Development (June 2021), p. 33.

상의식 변화도 촉발했다. 북한주민 가운데 남한의 음악과 영화, 드라마를 자주 접하고 있는 비율이 40%에 이르고, 남한 물건을 사용한 경험이 있는 사람들도 65~70%로 나타났다. 서울대학교 통일평화연구원의 북한주민 통일의식조사 10년을 종합해 볼 때 정치의식에 가장 크게 영향을 미치는 요인은 문화접촉이었다.[56] 남북정상회담과 햇볕정책이 북한사회 변화에 끼친 영향은 대단히 크다.

무엇보다 햇볕정책은 국민들의 의식전환을 가져오는데 크게 영향을 미쳤다. 냉전 시기 남과 북은 서로에 대한 두려움과 원망을 갖고 있어서 적·경계 의식이 강했으나, 김대중 정부 이후 남북이 협력해야 한다는 의식으로 전환되었다. 통일연구원의 국민통일여론조사를 보면, 1994년의 경우, 협력대상 20.4%, 경계대상 30.7%, 적대대상 7.1%였으나, 김대중 정부 이후 2005년에는 협력대상 41.8%, 경계대상 20.9%, 적대대상 10.2%로 달라졌다.[57] 김대중 정부 출범 이후 북한에 대한 경계·적 의식이 줄고 협력의식이 늘었음을 알 수 있다. 이처럼 햇볕정책은 대북 긍정인식 형성의 정치적 효과를 발휘하며 우리 사회 내 보수−진보의 대북인식 격차를 줄이고 한국의 정치시형을 바꾸어 놓는데 상당한 성공을 거두었다.[58] 특히 남북한 주민들이 상대에 대해 갖고 있던 막연한 두려움에서 해방시켰다는 측면에서 기여한 바가 크다.

---

56) 김병로·김학재·송원준·조동준·최은영·이정철, 《김정은 집권 10년 북한주민 통일의식》(서울: 서울대학교 통일평화연구원, 2022.), pp. 146~148.

57) 통일연구원 국민여론조사 결과 보고서 참조. 최수영·김성철·김병로·이우영, 《1994년도 통일문제 국민여론조사 결과》(1994.12), p. 14; 박종철·박영호·손기웅·전성훈·최수영, 《2005년도 통일문제 국민여론조사》(2005.12), p. 13.

58) 김병로, "제3차 남북정상회담과 국내정치 변화," 《북한연구학회보》 제15권 1호(2011); 속초 앞바다의 북한 잠수정 발견과 광명성 1호 장거리 로켓 발사, 금창리 지하시설 의혹 등의 단기적 불안 요소들을 안정시킴으로써 높은 국민적 지지를 유지했다. 김재홍, "김대중 정부의 대북 포용정책에 대한 언론논조와 국민여론 비교분석," 《한국정치학회보》 37집 2호(2003년 여름), p. 206.

햇볕정책은 세계적 명성을 얻는 한국의 브랜드가 되었다. 햇볕이 바람을 이긴다는 지극히 당연한 진리가 한반도의 역사적 현실에서 가능함을 증명해 보임으로써 세계로부터 찬사를 받았다. 남북관계 현실에서 냉소적으로 치부되었던 '이솝우화'를 남북관계의 역사적 맥락에서 실천하고 다룸으로써 포용과 너그러움이 결국 화해를 추동한다는 진리를 우리 역사에서 증명해 냈다는 점은 높이 평가해야 할 부분이다. 이는 한반도에서 세계로 발신하는 강력한 평화의 메시지였다. 노벨평화상은 김대중의 이러한 업적을 높게 평가했다. 희망을 잃어가는 시대에 평화를 갈망하는 세계인에게 김대중은 한국의 역사로 그것을 증명해 냈다.

이러한 변화가 순탄하게만 진행된 것은 아니었다. 반세기 이상 지속된 분단으로 냉전의 잔재가 일순간에 해소될 수는 없는 일이었다. 2001년 미국의 본토가 공격을 당하는 9.11테러 사건으로 국제정세가 긴장되어 많은 제약을 받았다. 특히 북미 간 대립의 결과로 2002년 10월 공개적 핵개발로 돌아선 북한은 2006년 10월 1차 핵실험을 단행함으로써 남북대화에 커다란 장애가 되었다.[59] 미국을 비롯한 주변국은 온통 북한의 비핵화 문제 해결에 관심을 집중했다. 이후 북한은 핵보유국임을 선언하고 명문화함으로써 남북교류와 협력, 통일을 추진하는 데 많은 어려움을 야기했다.

최근 북한의 '적대적 두 국가' 선언 또한 김대중의 민족 화해 및 통합 정책에 중대한 도전이 되고 있다. 남한을 '주적'으로 설정하고 '대적 투쟁'을 공언하더니 급기야 남북관계는 "더이상 동족관계, 동질관계가 아닌 적대적인 두 국가 관계, 전쟁 중에 있는 두 교전국 관계로 완전히 고착되었다"고 규정했다.[60] 헌법에 규정된 '자주, 평

---

59) 김병로, 《북한, 조선으로 다시 읽다》(서울: 서울대학교출판문화원, 2016), pp. 335-346.

화통일, 민족대단결’이라는 표현을 삭제하고, 7.4남북공동성명과 ‘조국통일 3대헌장’도 폐기했다. 80년간 견지했던 ‘하나의 조선’ 정책을 폐기하고 ‘두 국가론’에 기초한 대남전략의 근본적 전환을 표방하고 나섰다.

한국사회 내부도 이전 같지 않다. 통일이 ‘필요하다’는 의견과 ‘필요 없다’는 의견이 36.9% 대 35.0%로 팽팽하며, 20~30대 젊은층은 통일이 ‘통일하다’는 사람이 22-23%인 반면, 45-47%는 ‘필요없다’고 응답하여 분리주의 의식이 강하다.[61] ‘통일이 불가능하다’는 회의론도 39.0%로 증가했고, 북한에서도 55.5%로 높다.[62] 탈냉전 30년 동안 남북한은 한국과 조선으로 성장했고 단일민족주의 의식도 한국민족주의와 조선민족주의로 분화되어 이전과는 국면이 달라졌다.[63] 민주화와 시장경제로 이행하는 북한의 변화가 김대중의 예상보다 훨씬 더디게 진행되고 있는 것도 큰 부담이다.

햇볕정책이 주장하듯 교류협력을 통해 신뢰가 형성되면 과거사에 대한 화해와 미래지향적 협력이 지속 가능할지, 아니면 ‘적대적 두 국가’의 충돌로 좌초하고 말지 예단하기는 쉽지 않다. 햇볕정책이 지나친 이상주의가 아닌가, 안보를 소홀히 여기는 유화정책은 아닌가, 북한을 변화시키는 효과 없이 일방적으로 ‘퍼주기’만 하는 정책이 아닌가 하는 여러 비판도 제기되었다.[64] 하지만 이러한 비판에도

---

60) 조선로동당 제8기 제9차 전원회의(2023.12.26.~30)에 관한 내용은 통일연구원 북한연구실, “북한의 제8기 제9차 당 전원회의 분석과 함의” Online Series CO 23-42(2023.12.31.) 참조.

61) 김범수, “통일에 대한 인식,” 부상하는 분단지지, 흔들리는 통일론: 북한의 ‘적대적 두 국가’ 선언 이후 급변하는 통일의식 (서울대학교 통일평화연구원 2024 통일의식조사, 2024.10.2.), pp. 9~23.

62) 김병로 · 김학재 · 송원준 · 조동준 · 최은영 · 이정철, 《김정은 집권 10년 북한주민 통일의식》(서울: 서울대학교 통일평화연구원, 2022), p. 55.

63) 김병로, 《한국과 조선: 남북한 정통성 경쟁》(서울: 서울대학교출판문화원, 2024), pp. 201-210.

불구하고 햇볕정책이 이룩한 남북관계의 변화와 구성원의 의식변화
는 이전과는 전혀 다른 시대적 전환을 이루어냈다.

VI. 글로벌 시대의 민족 과제

　　한반도에 신냉전의 먹구름이 짙어가고 남북관계가 극단적 대
립으로 치닫는 작금의 현실은 민족 화해와 통합의 미래에 심각한 도
전이 되고 있다. 북한은 실질적인 핵보유국으로, 그리고 투코리아
정책으로 전환한 이질적 국가로서 대남 전략을 구사하고 있어 남북
관계는 과거 어느 때보다 위태롭고 어려운 국면에 놓여있다. 하지만
북한의 도전과 국내외 회의론에도 불구하고 햇볕정책이 열어놓은 화
해·협력의 경험으로 서로를 바라보는 남북 구성원의 시각이 변했다
는 사실은 고무적이다. 남과 북에서 각각 48%와 63%의 주민들이
상대를 "서로 힘을 합쳐 협력해야 할 대상"으로 인식한다.[65] 남북에
서 다수의 시민이 상대의 존재를 인정하며 평화와 협력관계로 나아
가야 한다는 적극적 의식을 형성하고 있다.

　　그런가 하면 작금의 한반도 현실은 분단체제와 교류협력 사이
에 놓여 있다. 국민의식조사를 보면, 국가보안법을 폐지해야 한다는

---

64) 김근식, "김대중 정부의 햇볕정책: 회고와 전망," pp. 104-108
65) 서울대학교 통일평화연구원이 연례적으로 실시하는 한국인 및 북한이탈주민 대상 조
　　사자료 참조. 김범수·김병로·김학재 외, 《2020통일의식조사》(2021); 김학재·김
　　병로·문인철 외, 《북한주민의식조사 2020》(2021).

308

의견과 유지해야 한다는 의견이 50% 대 50%로 팽팽하다.[66] 분단 · 정전체제를 공고히 해야 한다는 의견과 교류 · 협력체제를 확대해야 한다는 의견 사이에 긴장과 갈등이 존재한다.[67] 긴장과 갈등은 스트레스를 주고 관계를 파괴하는 경우도 있으나, 종종 혁신과 창조의 동력을 제공함으로써 조직이나 국가를 역동적으로 발전시킨다. 정전협정에서 약속한 내용을 이행함으로써 평화의 길로 나갈 수도 있고, 반대로 정전체제의 구조를 지속하거나 공고히 하는 방향으로 나갈 수도 있는 긴장과 갈등 속에 놓여있다. 정전체제와 교류 · 협력체제가 생성하는 이 긴장을 어떻게 창조적으로 활용해 나갈 것인가 하는 구상은 대단히 중요하다.

2006년 10월 북한이 핵실험을 단행하여 남북관계가 완전히 얼어붙어 있던 시기 김대중 대통령이 서울대학교 통일평화연구원의 초청 강연을 했다. 분위기가 얼어붙어 강연을 취소해야 할지 고민하다가까스로 행사를 진행했다. 김대중 대통령은 평소에 강조하던 "서생적 문제의식과 상인적 현실감각"에 대해 다시 한번 역설하며 희망을 주었다.[68] 현재 상황은 그때보다 더 어렵다. 그럼에도 서생적 문제의식과 상인적 현실감각을 갖고 해법을 강구해야 한다.

우선, 김대중의 국가연합 통일은 달라진 한반도 환경에서 통일모델로 추구하기 가장 적합하다. 북한이 한반도 두 국가론을 제기해서가 아니라, 유엔 동시 가입 이후 남북한은 한국과 조선의 두 국가 관계로 전환되어 1민족 2국가의 새로운 통합모델이 필요하다. 김대

---

66) 김범수 · 김병로 · 김병연 외, 《2021통일의식조사》(서울: 서울대학교 통일평화연구원, 2022), p. 391.
67) 김병로, "정전체제 70년의 사회학적 유산과 평화문화," 〈정전 70년의 한반도와 우크라이나 전쟁〉(천주교 평화나눔연구소 8주년 기념 세미나, 2023.3.30.)
68) 김대중, "북한 핵과 햇볕정책," 김대중 전대통령 서울대학교 통일연구소 초청 강연 (서울대학교 문화관, 2006.10.19.)

중의 3단계 통일론이 1단계에서 제안한 남북 국가연합은 오늘의 현실에 딱 들어맞는다. 남북한이 두 국가로 유엔에 가입한 이상, 남북관계도 "나라와 나라 사이의 보편적 관계이면서 동시에 통일을 지향하는 특수관계"로 이해되어야 한다.

김대중의 신념처럼 통일은 한반도 평화는 물론 동북아의 안정과 평화에도 기여하는 것이어서 그 희망을 놓아서는 안된다. 그리고 그 비전을 실현하기 위해 국제협력과 경제전략을 놓쳐서는 안된다. 즉 남북 국가연합 통일을 목표로 북한의 변화와 주변 4국과의 협력체제가 구축되어야 하며 이를 추동하는 경제전략을 구사해야 한다. 미국, 중국, 러시아, 일본 등 주변 각국이 주도하는 다자협의체에 참여하여 국제평화를 도모해 나가며, 남북한과 미국, 중국이 참여하는 '4자 평화회담'의 시작으로 그 계기를 마련해야 할 것이다.[69]

무엇보다 극단적으로 폐쇄된 북한이 정상국가로서 국제사회와 교류하고 협력할 수 있도록 한반도 평화 대전략을 준비하고 추진해야 한다. 현재의 극단적 폐쇄구조를 그대로 두고서는 통일은 물론 진지한 협력이 이루어지기 어렵다. 국제사회와 소통·교류를 통해 북한이 보편적 국제규범을 학습하며, 특히 북한의 미래를 책임질 젊은 세대가 발전된 기술과 문화를 접하는 기회를 가져야 한다. 따라서 북한을 국제사회의 정상국가로 편입하고 세계와 연결하여 북한의 개방과 국제교류를 확대해야 한다. 북한의 국제네트워크를 증강하는 '북한국제화'야말로 초연결 지구화 시대에 김대중의 민족 화해와 평화의 신념을 실천하는 길이라 생각한다.[70] 북한도 국가적 위상을 높

---

69) 임동원, "김대중 레거시와 한반도 평화," 〈격량의 한반도, 대한민국의 길을 묻다〉 (김대중 탄생 100주년 포럼, 한국프레스센터, 2024.8.21.).

70) 노명환, "김대중 화해 사상의 특구성과 보편성: 이분법의 극복과 '다양성 속의 통일'의 변증법" 《통일과평화》 12집 2호(2020), p. 79.

이기 위해 국제사회에 진출하여 필요한 지식을 습득하는 북한식 세계화 정책을 적극 펴고 있다는 점에서 가능성은 열려 있다.[71] 김대중의 민족 화해 정신과 통일·평화를 위한 국제협력 구상을 능동적으로 계승·발전시켜 나감이 필요한 때다.

---

71) 김병로, "한반도 신통일구상과 창조적 관여: 북한의 '두 국가' 정책에 대한 한국의 대응 모색," 〈익숙한 미래? 한국국제정치의 새로운 상상력〉 (한국국제정치학회 2024 하계 학술대회, 강릉 라카이 샌드파인 리조트, 2024.6.26.),

참고 문헌

국토통일원. 《남북대화백서》. 서울: 국토통일원, 1988.

김귀옥. "김대중 평화사상의 형성과 정치적 실천," 《통일과평화》 12집 2호(2020).

김근식. "김대중 정부의 햇볕정책: 회고와 전망," 《한국과 국제정치》 제18권 2호 (2002).

김대중. 《옥중서신 민족의 한을 안고》. 뉴욕: 갈릴리문고, 1984.

김대중. 《한국 현대사가 묻는 것》. 뉴욕: 갈릴리문고, 1984.

김대중. 《행동하는 양심으로》. 서울: 금문당, 1985.

김대중. "〈월간조선〉과의 인터뷰," 1991.6.3. https://www.kdjlibrary.org/president/activity/view/41456?keyword=%EC%9D%B4%EC%86%9D%EC%9A%B0%ED%99%94&order=update_date&pageMax=20&target2=act_actDate&order=update_date&sort=desc&&sort2=asc&&sort3=desc&page=2

김대중. " 북핵 교착 상태에서 협상에 의한 일괄타결에 대해서" 1993. https://www.kdjlibrary.org/president/activity/view/44187?keyword=%ED%96%87%EB%B3%95&order=update_date&pageMax=20&target2=act_actDate&order=update_date&sort=desc&&sort2=asc&&sort3=desc&page=1

김대중. 《나의 길 나의 사상》. 서울: 한길사, 1994.

김대중. "국난 극복과 재도약의 새 시대를 엽시다," 제15대 대통령 취임사 (1998.2.25.), 〈행정안전부 대통령기록관〉 기록컬렉션〉 연설기록.

김대중. "북한 핵과 햇볕정책," 김대중 전대통령 서울대학교 통일연구소 초청 강연 (서울대학교 문화관, 2006.10.19.)

김대중. 《김대중자서전 1》. 서울: 삼인, 2010.

김대중. 《청년 김대중, 세상과 역사에 나서다》. 연세대학교 김대중도서관 편, 《전집 II》 1권. 서울: 연세대학교 대학출판문화원, 2019.

김범수. "통일에 대한 인식," 부상하는 분단 지지, 흔들리는 통일론: 북한의 '적대적 두 국가' 선언 이후 급변하는 통일의식 (서울대학교 통일평화연구원 2024 통일의식조사, 2024.10.2.).

김범수 · 김병로 · 김병연 외. 《2021통일의식조사》. 서울: 서울대학교 통일평화연구원, 2022.

김범수·김병로·김학재 외. 《2020통일의식조사》. 서울: 서울대학교 통일평화연구원, 2021.

김병로. "제3차 남북정상회담과 국내정치 변화," 《북한연구학회보》 제15권 1호(2011).

김병로. 《북한, 조선으로 다시 읽다》. 서울: 서울대학교출판문화원, 2016.

김병로. 《한국과 조선: 남북한 정통성 경쟁》. 서울: 서울대학교출판문화원, 2024.

김병로. "정전체제 70년의 사회학적 유산과 평화문화," 〈정전 70년의 한반도와 우크라이나 전쟁〉(천주교 평화나눔연구소 8주년 기념 세미나, 2023.3.30.).

김병로. "한반도 신통일구상과 창조적 관여: 북한의 '두 국가' 정책에 대한 한국의 대응 모색," 〈익숙한 미래? 한국국제정치의 새로운 상상력〉(한국국제정치학회 2024 하계학술대회, 강릉 라카이 샌드파인 리조트, 2024.6.26.).

김병로·서보혁. 《문서로 보는 한반도 평화 프로세스: 40선 해제》. 서울: 선인, 2021.

김병로 외. 《한반도 분단과 평화 부재의 삶: 성찰과 치유를 위한 이산가족 이야기》. 서울: 아카넷, 2013.

김병로·김학재·송원준·조동준·최은영·이정철. 《김정은 집권 10년 북한주민 통일의식》. 서울: 서울대학교 통일평화연구원, 2022.

김재홍. "김대중 정부의 대북 포용정책에 대한 언론논조와 국민여론 비교분석," 《한국정치학회보》 37집 2호(2003년).

김학재. "김대중의 통일·평화사상" 《통일과 평화》 9집 2호(2017).

김학재·김병로·문인철 외. 《북한주민의식조사 2020》. 서울: 서울대학교 통일평화연구원, 2021.

김학재. "김대중의 화해 사상과 정치," 고려대학교 대학원 박사학위논문(2023.8).

노명환. "김대중 화해 사상의 특수성과 보편성: 이분법의 극복과 '다양성 속의 통일'의 변증법" 《통일과평화》 12집 2호(2020).

노명환. 《김대중 생애·사상·정책의 의미: 빌리 브란트와의 관계·비교 속에서》. 서울: 신서원, 2024.

류상영. "김대중," 이문영 편. 《평화를 만든 사람들, 노벨평화상 21》. 서울: 진인진, 2017.

류상영 편. 《6·15 남북공동선언 5년과 한반도 평화》. 서울: 연세대학교 출판부, 2006.

박명림 · 백학순 · 임혁백 · 최영태 · 황인구 · 장훈각 · 정현백 · 김귀옥 · 노명환. 《김대중의 사상과 정치 1》. 서울: 연세대학교 출판문화원, 2023.

박종철 · 박영호 · 손기웅 · 전성훈 · 최수영. 《2005년도 통일문제 국민여론조사》. 서울: 통일연구원, 2005.

백학순. "햇볕정책: 한반도 평화 · 통일 · 번영의 대전략," 박명림 · 백학순 · 임혁백 외, 《김대중의 사상과 정치 1》. 서울: 연세대학교 출판문화원, 2023.

브루스 커밍스. "한국인이 김대중에게 빚진 두 가지" (제1회 후광 김대중 학술상 수상 특별 강연, 전남대 용봉홀, 2007.5.21.).

아태평화재단. 《김대중의 3단계 통일론: 남북연합을 중심으로》. 서울: 아태평화출판사, 1995.

양영식. 《통일정책론: 이승만 정부로부터 김영삼 정부까지》. 서울: 박영사, 1997.

연세대학교 김대중도서관 편. 《김대중 전집 1》 제1권. 서울: 연세대학교 대학출판문화원, 2015.

연세대학교 김대중도서관 편, 《김대중 전집 II》 1권. 서울: 연세대학교 대학출판문화원, 2019.

이희호 평전. [길을 찾아서] 제5부 광장의 시련 7회 아태재단. https://www.hani.co.kr/arti/politics/politics_general/750314.html#cb

임동원. "김대중 레거시와 한반도 평화," 〈격량의 한반도, 대한민국의 길을 묻다〉 (김대중 탄생 100주년 포럼, 한국프레스센터, 2024.8.21.).

최수영 · 김성철 · 김병로 · 이우영. 《1994년도 통일문제 국민여론조사 결과》. 서울: 민족통일연구원, 1994.

통일노력60년 발간위원회 편. 《하늘길 땅길 바닷길 열어 통일로》. 서울: 통일부, 2005.

통일부. 《2017 통일백서》. 서울: 통일부, 2017.

통일부. 《2018 통일백서》. 서울: 통일부, 2018.

통일연구원 북한연구실. "북한의 제8기 제9차 당 전원회의 분석과 함의" Online Series CO 23-42(2023.12.31.).

홍석률. "인물로보는 역사의 전환점, 1971년의 김대중" https://history.zesmu.com/archive/view/3358#:~:text=%EA%B9%80%EB%8C%80%EC%A4%91%EC%9D%80%20%EC%95%BC%EB%8B%B9%EC%9D%B8%20%EC%8B%A0

황병덕 · 김학성 · 박형중 · 손기웅 지음. 《신동방정책과 대북포용정책: 브란트와
    김대중의 민족통일 대구상》. 서울: 두리미디어, 2000.

Central Bureau of Statistics of DPR Korea. DPR Korea 2008 Population
    Census National Report (2009).
Central Bureau of Statistics of DPRK and United Nations Population
    Fund. DPRK Socio-Economic, Demographic and Health Survey
    2014 (December 2015).
Government of DPRK. DPRK Voluntary National Review on the
    Implementation of the 2030 Agenda for the Sustainable
    Development (June 2021).
Maiese, Michelle. "Peacebuilding," http://en.wikipedia.org/wiki/Peacebuilding

6

김대중의 국제적 화해와 통합: 내부 화해자의 평화 건축학

남기정 (서울대학교 일본연구소 교수)

Ⅰ. 통합을 위한 화해의 건축학

1. 화해와 통합의 외교구상

1998년 2월에 출범한 김대중 정부는 동북아시아의 냉전적 대립 구조와 역사 갈등을 완화하고, 화해와 협력에 기초한 새로운 지역 질서를 구상하였다. 김대중 대통령은 국내정치에서 '국민의 정부'라는 이름으로 통합을 강조했듯, 대외정책에서도 '화해와 통합'을 일관된 원리로 제시하였다. 그의 외교적 구상은 남북관계의 화해와 협력에서 출발하여, 한일 간 역사 화해, 한미동맹의 재정립, 북방외교의 실용적 확장, 아세안과 동아시아 공동체 구상으로 확산되었다.

김대중의 화해외교 철학은 단순한 외교 기술이 아니라 "국민적 과제"의 성격을 지녔다. 그는 일찍이 1972년 국회 연설에서 "국민 모두가 외교적 감각을 갖춘 외교 국민이 되어야 한다"고 역설했다.[1] 1987년 《월간 경향》 9월호 인터뷰에서도 "우리는 고도의 외교 민족이 돼야 한다"며, 주변 4대국 사이에서 살아남기 위해서는 감정이 아닌 지혜, 민족주의가 아닌 전략이 필요하다고 강조했다.[2] 이러한 인식은 화해를 개인적 결단이 아니라 사회 전체의 문화적 기반으로 확장하려는 시도였으며, 그런 의미에서 김대중 외교는 '시민적 기반성'에 기초한 화해외교라고 할 수 있다. 김대중에게 화해와 통합은 국민적 학습과 참여가 뒷받침되어야 지속될 수 있는 '구조적 평화'였다.

이러한 외교철학은 냉전적 진영 논리나 극단적 민족주의를 동

---

1) 연세대학교 김대중도서관 편, 《김대중 전집 Ⅱ, 제6권》, 2019년, 722쪽.
2) 〈김대중의 모든 것〉, 《월간 경향》, 1987년 9월호.

시에 배격하면서, 한반도의 지정학적 취약성을 전략적 자산으로 전환하려는 시도와 맞물려 있었다. 김대중은 한국의 지정학을 "부채꼭지",[3] 혹은 "도랑에 든 소가 양쪽 언덕의 풀을 뜯어먹는다."라는 비유로 설명하며,[4] 주변 4강 사이의 곤란한 위치를 "협력적 자주"를 통해 축복으로 바꿀 수 있다고 보았다.[5] 이는 이후 그의 한미 · 한일 · 북방 · 남방 외교 전반을 관통하는 핵심 원리가 되었다.

이 연구의 문제의식은 바로 이러한 김대중 대통령의 구상이 동북아 화해와 평화 공동체를 향한 설계 속에서 어떻게 구체화되었는가에 있다. 특히 그가 남북 화해협력의 제도화를 목표로 하면서, 이를 미 · 중 · 일 · 러의 4대 강국, 몽골 및 아세안과의 정상외교 속에서 어떤 방식으로 구조화했는가가 핵심 쟁점이다. 본 논문은 김대중 대통령이 추진한 4강 외교와 북방 · 남방 네트워크, 아세안+3 및 동아시아비전그룹EAVG을 연속적인 맥락 속에서 검토함으로써, 화해와 통합의 외교적 건축물이 형성되는 과정을 추적하고자 한다.

김대중은 화해의 정치가로 불린다. 그리고 그는 탁월한 외교 전략가이기도 했다. 그래서 '화해'의 사상과 실천을 주제로 한 김대중 연구나, 그의 외교 업적을 분석하고 기리는 연구는 이미 상당수 축적되어 있다.[6] 이 연구는 이들 선행 연구에 기초해, 화해에 관한 김대

---

3) 《월간 조선》 1995년 1월호. 연세대학교 김대중도서관 편, 《김대중 전집 II, 제17권》, 2019년, 629쪽.

4) 연세대학교 김대중도서관 편, 《김대중 전집 I, 제10권》, 2015년, 593쪽.

5) 《월간 조선》 1995년 1월호. 연세대학교 김대중도서관 편, 《김대중 전집 II, 제17권》, 2019년, 632-633쪽.

6) 2021년 제1회 김대중평화회의 출범을 계기로 기획되어 박명림 등 9명의 연구자가 참가한 공동학술연구 결과물, 《김대중의 사상과 정치》 1권 2권(연세대학교 출판문화원, 2023년)은 평화, 민주주의, 협력과 함께 '화해'를 김대중 사상과 정치의 핵심 가치로 간주하고, 이에 관한 연구에 두 꼭지를 배당했다. 김귀옥 교수가 담당한 제7장, 〈김대중의 화해와 정치〉, 노명환 교수가 담당한 제8장, 〈김대중의 용서 · 화해 사상과 분단극복 · 지구평화〉 등이 그것이다. 이 두 연구는 김대중 연구 가운데 '화해' 관련 연구로 가장 최신의 포괄적인 연구다. '화해'를 주제로 한 김대중 연구 현황에 대해서

중의 사상과 정치를 그의 대외정책에서 확인하고, '화해의 건축가' 김대중의 면모를 재확인하는 것을 목적으로 삼는다. 이를 위해 이 연구에서는 김대중 외교에 대한 분절적 이해를 넘어, 그의 4강 외교, 북방 및 남방 네트워크, 동아시아 다자협력 구상이 하나의 통합된 전략이었다는 이해로 나아갈 것을 주장할 것이다. 이때 특히 강조하고자 하는 것은 그의 외교에 관철된 '화해와 통합'이라는 일관된 비전과 '내부 화해자insider reconciler'로서 김대중의 위치다.

2. 화해와 통합의 건축학

화해는 갈등연구와 국제정치학에서 핵심적으로 논의되어 온 개념이다.[7] 일반적으로 화해란 단순히 전쟁이나 폭력의 종결이 아니

는 이 책 2권에 실린 김귀옥의 논문 242-243쪽을 참고하기 바란다. 또한 2025년 7월 서울에서 개최된 국제화해학회에서는 김대중학술원이 화해의 정치가 김대중을 주제로 한 세션을 조직하여 참가했으며 김학재, 박진경, 윤성원 등 세 연구자의 발표가 있었다. 각각의 주제는 〈화해를 위한 '용서'의 정치학〉, 〈김대중의 화해의 정치학과 여성대표성〉, 〈김대중 재평가: 관여를 통한 화해〉 등이었다(International Association for Reconciliation Studies, 6th World Conference on Reconciliation, Seoul, July 24th to 28th, 2025, https://www.iars-world. de/iars-seoul-2025). 최신의 연구들로는 김학재의 일련의 연구들(2023, 2024a, 2024b, 2024c, 2025)이 주목된다. 김대중의 외교와 관련한 포괄적 연구로는 양성철과 이상근이 엮은《김대중 외교: 비전과 유산》(연세대학교 대학출판문화원, 2015)과 장신기의《성공한 대통령 김대중 현대사》(시대의 창, 2021)의 제4부 〈한반도 평화통일과 동아시아공동체를 위한 비전과 실천〉이 있으며, 최신의 연구로는《김대중의 사상과 정치》제1권에 실린 백학순(〈햇볕정책: 한반도 평화통일번영의 대전략〉), 임혁백(〈김대중과 한반도 평화〉), 최영태(〈김대중과 국제주의〉)의 연구들이 있다.

7) 이하 화해에 관한 국내 연구자들의 논의와 정리는 다음을 참조. 김학성, 〈증오와 화해의 국제정치: 한·일간 화해의 이론적 탐색〉,《국제정치논총》51집 1호, 2011년, 17-20쪽; 천자현, 〈화해의 국제정치: 화해 이론의 발전과 중일관계에 대한 비판적 적용〉,《국제정치논총》53집 2호, 2013년, 10-14쪽. ; 차승주, 〈평화 통일교육의 핵심 내용으로서 '화해'에 대한 시론적 고찰〉,《평화학연구》20권 3호, 2019년, 35-40쪽 ; 김학재, 〈포용의 관점에서 본 김대중의 남북화해론에 관한 연구〉,《분쟁

라, 적대와 불신을 넘어 관계 자체를 전환transformation하는 과정을 의미한다. 레더라크John Paul Lederach는 화해를 '과거의 진실을 직시하면서 미래의 공존을 지향하는 창조적 공간'이라 정의하면서, 진실truth, 정의justice, 자비mercy, 평화peace라는 네 가지 요소가 상호작용하는 동학으로 이해하였다.8) 고핀Marc Gopin은 화해를 제도적 합의나 권력의 균형을 넘어서, 서로 다른 집단 간의 인식 변화와 신뢰 구축의 과정으로 규정하였다.9) 코로스텔리나Karina Korostelina 역시 화해를 서사적 전환의 과정으로 이해하며, 집단 기억과 사회 정체성이 교차하는 지점에서 새로운 관계가 형성된다고 강조한다.10) 김귀옥은 박명규의 연구에 의거하여 '화해'를 '현재 작동하고 있는 갈등과 대립 구조를 해체하는 작업'이라고 정의하고 논의를 전개하고 있다.11) 이러한 논의들을 종합하면 화해는 윤리적 미덕을 넘어, 집단적 상처와 역사적 갈등을 전환하여 미래 공동체를 위한 토대를 마련하는 행위라 할 수 있다. 이상 화해와 관련한 논의를 국제정치에 적용할 때, 화해란 '적대국들이 깨진 관계를 재건설하는 것'이며, 화해의 대상은 갈등과 대립으로 '망가진 관계broken relationships에 있는 국가들'이 된다. 허승훈은 화해를 대체하거나

해결연구》 22권 3호, 2024년, 154쪽 ; 김학재, 〈남북화해를 향한 김대중의 대화론과 정치적 실천〉, 《오토피아》, 38권 2호, 2024년, 83-88쪽 ; 허승훈, 〈국제정치학적 관점에서 바라본 '화해'의 의미〉, 《인간과 평화》, 5권 1호(통권 8호), 2024년, 125-133쪽.

8) Lederach, John Paul. *Building Peace: Sustainable Reconciliation in Divided Societies*. Washington, D.C.: USIP Press, 1997, pp.26-29.

9) Gopin, Marc. *Between Eden and Armageddon: The Future of World Religions, Violence, and Peacemaking*. Oxford: Oxford University Press, 2000, pp.5-6.

10) Korostelina, Karina. *History Education in the Formation of Social Identity: Toward a Culture of Peace*. New York: Palgrave Macmillan, 2013, pp.1-17.

11) 박명규, 〈평화와 화해: 책임정치와 심정윤리의 간극〉, 전우택 편, 《용서와 화해에 대한 성찰》, 명인문화사, 2018년, 139쪽 ; 김귀옥, 〈김대중의 화해의 정치〉, 박명림 외, 《김대중의 사상과 정치》 2권, 연세대학교 출판문화원, 2023년, 245쪽.

320

상징하는 용어들인 공존coexistence, 동맹alliance 등의 개념들을 검토한 뒤, 다음과 같이 화해를 정의하고 있다. 즉 국제정치 용어로서 화해는 "역사적 적대국 간의 협력적 행위 가운데 가장 포괄적인 행위로서 양국 간의 정부와 국민 모두가 상호 관계를 전쟁 상태에서 평화 상태로 변화시키고자 하는 일련의 행위"를 말한다.12) 화해에서 중요한 것은 변화, 그것도 '일련의 변화'다. 즉 여러 차례의 변화와 여러 곳의 변화가 화해에 필수적이다. 외부의 변화를 기대하기 어려운 때, 내부로부터의 변화가 또 다른 변화를 격발하는 기점이 되어 일련의 변화를 만들어내게 된다. '내부 화해자'로서 김대중이 차지하고 있던 위치와 그가 수행한 역할이 지니는 의미를 여기에서 확인할 수 있다.

한편, 통합은 국제정치학에서 주로 지역협력과 공동체 형성과 관련해 발전해 온 개념이다. 도이치Karl Deutsch는 '안보공동체 security community' 개념을 통해, 회원국 사이에 무력 충돌 가능성이 사라진 상태를 통합의 이상적 형태로 보았다.13) 그는 상호 신뢰와 제도화된 규범의 축적이 곧 평화로운 공동체를 가능케 한다고 보았다. 하스Ernst B. Haas는 신기능주의neofunctionalism의 입장에서 경제적, 사회적 협력이 정치적 통합으로 확산되는 스필오버 spill-over 과정을 설명하였다.14) 이 관점에서 통합은 단순한 합의의 결과가 아니라, 누적된 협력이 제도적, 구조적 공동체로 확장되는 과정이다.

---

12) 허승훈, 〈국제정치학적 관점에서 바라본 '화해'의 의미〉, 《〈인간과 평화〉》. 5권 1호 (통권 8호), 2024년, 126-131쪽.

13) Deutsch, Karl. *Political Community and the North Atlantic Area*. Princeton: Princeton University Press, 1957, pp.5-17, pp.16-22.

14) Haas, Ernst B. *The Uniting of Europe*. Stanford: Stanford University Press, 1958, pp.2978-311.

따라서 화해가 관계의 윤리적, 정서적 전환이라면, 통합은 이를 제도적, 구조적 질서로 구체화하는 단계라 할 수 있다. 역사적 경험은 화해와 통합이 긴밀히 결합됨을 보여준다. 대표적 사례는 독일과 프랑스의 전후 화해와 유럽통합이다. 제2차 세계대전이라는 가해-피해의 관계를 넘어선 독불 간의 화해가 곧 유럽경제공통제EEC와 유럽공동체EC로 제도화되었고, 유럽공동체는 다시 독불 관계의 심화된 화해를 보장했다.[15]

이를 통해 화해와 통합의 관계를 다음과 같은 변증법적 순환으로 이해할 수 있다. 즉 그것은 화해Reconciliation, 협력Cooperation, 통합Integration, 공동체Community의 선순환 과정이라고 할 있다. 화해Reconciliation는 과거의 상처와 갈등을 직시하고 신뢰를 구축하는 과정이라고 할 수 있다. 협력Cooperation은 실질적 교류와 공동이익을 확대하는 단계이며, 통합Integration의 단계에서 협력의 제도화와 규범화, 공동체적 구조의 형성이 이루어지면서 공동체Community를 이루어, 갈등의 재발 가능성이 낮아지고, 공유된 정체성이 자리 잡는 상태에 이른다. 공동체는 다시 새로운 갈등을 관리하며 화해를 더 깊게 만드는 장치가 된다. 즉 화해가 통합을 낳고, 통합이 화해를 강화하는 변증법적 순환이 성립한다. 김대중이 외교의 실천으로 시도했던 것이 화해-협력-통합-공동체 구축의 순환구조를 창출하려 했던 것이라고 할 수 있다.

---

15) Moravcsik, Andrew. *The Choice for Europe: Social Purpose and State Power from Messina to Maastricht*. Ithaca: Cornell University Press, 1998, pp.91-92.

3. 개인적 서사를 넘어 화해의 정치로 나아가다

김대중 대통령의 외교를 '화해와 통합의 건축학'으로 이해하기 위해서는, 그의 개인적 삶의 서사를 빼놓을 수 없다. 그는 납치, 투옥, 사형선고, 망명 등 현대 정치 지도자 가운데 가장 깊은 고난을 겪은 인물이었다. 그러나 그는 정치적 복수나 보복의 정치를 택하지 않고, 용서와 화해의 정치를 선택하였다. 이는 단순한 정치적 판단이 아니라 그의 가족사와 성장 과정에서 형성된 깊은 윤리적 기반에서 나온 것이었다.

김대중은 자서전 첫머리에서 자신의 출생과 어머니의 삶을 '침묵의 역사'로 남겨두어야 했던 이유를 설명하고 있다. 그는 오랫동안 자신의 집안사를 정치적 공격으로부터 보호하기 위해 침묵했으나, 생애 말년에 이를 기록으로 남기면서 화해의 서사적 기원을 어머니에게서 찾는다.

"나는 오랫동안 정치를 하면서 내 출생과 어머니에 관해서 일체 말하지 않았다. 평생 작은댁으로 사신 어머니의 명예를 지켜 드리고 싶었기 때문이다. 하늘에 계신 어머니는 당신이 이 세상에서 맺었던 모든 인연과 화해하셨을 것이다."[16]

이 인용문은 김대중 외교의 근본이 전략적 필요성만이 아니라, 그의 정체성과 삶의 경험 속에서 형성된 화해의 윤리적 감수성에서 비롯되었음을 보여준다. 그에게 화해란 '원한의 정치'를 거부하고 '품는 정치'로 나아가는 개인적 결단에서 시작되었으며, 이러한 감정

---

16) 김대중, 《김대중 자서전 1》, 삼인, 2010. 27쪽.

적·도덕적 기반이 남북화해, 한일화해, 한미동맹 재정립 등 대외정책 전반의 밑바탕을 구성했다. 따라서 김대중의 외교적 화해는 단순한 국가전략이 아니라, 어머니가 모든 인연과 화해하기를 소망하며, 그럼으로써 본인도 세상과 화해하고자 했던 존재론적·윤리적 화해의 정치학이었다고 평가할 수 있다.

이후 전개되는 그의 정치 생애 또한, 자신의 생명을 위기에 빠뜨린 세상과의 화해를 평생의 과제로 삼게 하는 과정이었다. 1973년 도쿄에서의 납치 사건은 일본 영토에서 발생한 중대한 인권 유린이었고, 1980년 광주민주화운동 이후의 사형 선고는 미국의 방관 속에 이루어졌다. 이로 인해 한국의 독재정권, 미국, 일본 모두 김대중에게는 상처와 분노의 기억으로 남을 수 있었다. 그럼에도 김대중은 정치적 복수 대신 용서와 화해를 선택했다. 그는 박정희 정권의 가해에도 불구하고 박근혜와 정치적 화해를 시도했으며, 광주에 대한 미국의 책임에도 불구하고 한미동맹을 '평화 속 자존의 관계'로 재정립했다. 일본과도 과거의 개인적 상처를 넘어 1998년 오부치 게이조 총리와 함께 역사화해 성명을 발표했다.

김대중의 외교 구상은 필요에 따라 만들어진 '정책 아이디어'가 아니라, 오랜 시간에 걸친 성찰의 산물이었다. 군사독재의 탄압과 망명, 납치와 사형선고를 겪는 동안 그는 "잔혹한 폭력과 살상의 악순환 고리를 끊어야 한다"는 결론에 이르렀고, 이를 위해서는 '화해와 통합'이야말로 유일한 출구라고 보았다.[17] 이러한 내적 전환이 있었기에 대통령 취임과 동시에 남북화해와 한일 화해, 동맹 재정립과 동아시아 지역협력을 하나의 설계도로 엮어낼 수 있었다. 다시 말해, 김대중 외교의 화해 구상은 개인적 고난의 서사가 국가적·지

---

17) 김대중, 《김대중 육성 회고록》, 한길사, 2024년, 387–388쪽.

역적 화해로 승화된 결과였다.

이러한 선택은 내부 화해자insider reconciler, InRec의 전형적 사례로 볼 수 있다. 내부 화해자란 화해학 연구의 국제적 중심인 미 조지메이슨 대학 '메리 호흐 화해센터Mary Hoch Center for Reconciliation, George Mason University'에 자리 잡은 연구자들이 정립하여 사용하고 있는 개념으로, 두 개 이상의 갈등 집단 간의 평화 구축 과정에 적극적으로 참여하고, 이러한 집단 가운데 적어도 하나에 속하거나 깊은 연관성을 가진 개인을 지칭한다.[18] 고통을 직접 겪은 당사자가 화해의 발신자가 될 때 화해는 더 큰 정당성과 지속성을 가진다. 김대중은 바로 그런 내부 화해자의 역할을 국제무대에서 수행했다. 또한 그의 서사는 코로스텔리나가 강조한 '서사적 전환'의 전형이었다. 그는 '피해자의 서사'를 '화해의 정치가'라는 새로운 서사로 바꾸어냈고, 그 과정이 곧 남북·한일·한미 관계의 화해적 외교로 구체화되었다.

정리하면, 김대중 외교의 특징은 화해학과 통합론의 이론적 구조 속에 위치하며, 개인적 고난과 신념이 외교적 화해로 전환되었고, 피해국 지도자의 화해 발신이라는 특수성을 가지며, 화해와 통합의 변증법적 순환을 실천했다는 점에 있다. 이러한 점에서 김대중 대통령의 대외정책은 세계외교사 속에서 만델라, 브란트와 비교 가능한 보편성을 지니면서도, 동북아라는 특수한 맥락 속에서 독창적인 위상을 차지한다.

---

18) 〈Who are Insider Reconcilers?〉, Carter School for Peace and Conflict Resolution, https://www.youtube.com/watch?v=RxmoAYBUkMc&t=27s

II. 한미관계: 자존과 평화

1. 한미관계와 '자존'의 문제

김대중의 대미관계 구상은 감정적 친미와 반미를 동시에 넘어서는 '협력적 자주'에 기반하였다. 그는 1995년 인터뷰에서 "자주는 배타적이 아니라 협력적이어야 한다."라며 "친미도 반미도 아닌, 국익 중심의 자주"를 강조했다.[19] 이는 보은론적 친미나 반미주의 모두가 한반도의 지정학을 안정시키는 데 부적절하다는 인식에서 비롯되었다. 그가 푸에블로호 사건에서 미국의 태도를 보며 "창자 깊숙이 스며드는 비애와 고독감"을 느꼈다고 회고한 것은,[20] 감정적 반미를 조장하기 위한 것이 아니라 상호존중 기반의 동맹 재정의가 필요함을 깨닫게 한 사건이었다.

결국 김대중의 대미전략은 '자존 없는 동맹은 지속될 수 없다.'라는 명제에서 출발해, 한미동맹을 평등한 파트너십으로 전환하고, 이를 남북화해·동북아 평화체제의 구조적 토대로 삼는 시도로 나아갔다. 그는 동맹을 절대시하지도, 반대하지도 않았다. 그에게 중요한 것은 '자존'이었다. 미국의 힘에 무조건 기대는 동맹도, 미국을 배척하는 민족주의도 거부했다.

1953년 체결된 한미상호방위조약 이후 한미동맹은 한국 안보의 핵심축이었다. 그러나 오랫동안 동맹 담론은 '안보 절대주의'에 기울어 있었다. '안보 절대주의'란 안보를 최상의 가치로 두고 그 외

---

19) 《월간 조선》 1995년 1월호. 연세대학교 김대중도서관 편, 《김대중 전집 II, 제17권》, 2019년, 632–633쪽.
20) 연세대학교 김대중도서관 편, 《김대중 전집 II, 제5권》, 2019년, 158쪽.

의 다른 가치, 가령 인권과 같은 가치를 희생시킬 수 있다고 보는 생각이다. 동맹을 위해 한국의 자율성과 자존은 희생될 수 있으며, 미국의 전략적 이해에 편입되는 것은 불가피하다는 시각이다. 1980년 광주민주화운동 당시 전두환 군부의 시민 학살과 이를 묵인한 미국의 입장은 이러한 구조 속에서 이해될 수 있다.

김대중 대통령은 이러한 관행을 전환하려 했다. 그는 '자존 없는 동맹은 허약하다.'라는 신념 아래, 한미관계를 평등한 파트너십으로 재정립하고자 했다. 동맹은 한국의 존엄과 자율성이 존중될 때 비로소 안정적이고 장기적인 기반을 가질 수 있다는 것이었다. 냉전기 한국의 안보론자들이 한미동맹을 '안보의 절대 보증'으로 간주하며 자존을 강조하는 목소리를 '반미적' 혹은 '비현실적'이라 비판했지만, 김대중은 동맹을 유지하기 위해서라도 자존의 원칙이 전제되어야 한다고 강조했다.

그는 1998년 워싱턴 방문 시 백악관 도착 환영식에서 "두 나라가 더 높은 수준의 파트너십을 발전시켜야 한다"고 언급하며 동맹의 상호성·파트너십을 강조했다. 자존은 동맹 해체의 논리가 아니라 동맹 강화의 조건이었다. 김대중이 말한 '자존'은 단순한 민족적 자존심이 아니라 민주주의 국가로서의 존엄, 국민적 합의와 참여를 전제로 한 안보 주권을 의미했다. 그는 국민의 지지를 받지 못하는 동맹은 지속될 수 없다는 신념을 갖고 있었으며, 동맹의 토대를 국민적 자존에서 찾았다.

이는 또한 동맹의 맥락을 변화시키는 작업과 연결되었다. 안보를 '군사적 억지'에 한정하지 않고 '구조적 평화'의 맥락에서 이해한 것이다. 평화는 군사력의 균형만으로 보장되지 않으며, 상호 신뢰와 협력, 국민적 자존이 결합할 때 구조적 평화가 가능하다는 인식이었다. 자존 없는 평화는 일시적 휴전에 불과하며, 자존과 동맹이 결합해야만 지속가능한 평화가 가능하다고 보았다.

　　김대중의 한미관계 구상은 자존과 동맹을 상호보완적 관계로 설정했다. 자존 없는 동맹은 국민적 정당성을 상실하여 반미 정서를 확산시키고, 동맹의 기반을 약화시킬 수 있다. 반대로 동맹 없는 자존은 현실적 안보 공백을 불러와 화해·평화 구상을 제도화하기 어렵게 만든다. 결론은 자존 있는 동맹이었다. 국민적 동의 위에서 동맹을 안정적으로 운영하고 이를 화해와 평화의 구조적 토대로 삼는 전략이었다.

　　2000년 김정일과의 정상회담에서 김대중은 미군 주둔의 필요성을 중국·러시아 견제라는 세력균형론으로 설명했다. 이에 대해 김정일이 "북을 침공하지 않는다는 보장만 있다면 통일 후에도 미군 주둔을 용인할 수 있다"고 응답한 사실은,[21] 장신기(2019)가 지적하듯 기존 군사안보 중심의 동맹 담론이 평화안보 패러다임으로 전환하는 결정적 계기였다. 김대중 외교에서 미군은 더 이상 냉전기의 반공 장치가 아니라, 동북아의 구조적 균형을 유지하는 다자안보 체제의 일부로 재해석되었다.

2. 동맹과 평화, 진실과 책임 사이

　　노근리 사건은 자존과 동맹의 균형을 시험하는 시험대였다. 김대중은 노근리 보도가 나왔을 때 진실규명의 입장에서 노근리 사건에 임했다. 인권 문제를 외면한 채 동맹을 유지할 수는 없으며, 노근리 사건이 한미동맹 전체를 상징하게 하지 않게 하기 위해서라도 진

---

21) 《한겨레신문》, 2004년 1월 1일, 연세대학교 김대중도서관 편, 《김대중 전집 I, 제9권》, 2015년, 64쪽.

실 규명을 통해 동맹의 도덕적 기반을 강화한다는 판단에서였다.

1999년 가을 노근리 사건에 대한 AP 탐사보도가 국제적 파장을 일으키자, 김대중 대통령은 10월 2일의 수석비서관 회의에서 한·미 공조 아래 정확한 진실을 밝히기 위해 우리가 적극적으로 임할 것을 지시했다.[22] 이때의 지시 내용은 '인권의 보편성과 동맹의 전략성'을 동시에 존중하는 그의 국정 철학을 동시에 드러낸다. 즉 피해자에 대한 윤리적 책무로서 진실 규명에 나서면서도, 동맹의 현실을 인정하여 한미 공조를 통해 실시하면서 미국의 협조를 이끌어 낸다는 것이었다.

조사는 곧바로 제도화되었다. 한국 정부는 대책반을 꾸려 문헌·증언·현장감식을 포괄하는 정밀 조사를 진행했고, 미국 측은 국립기록보관소 등 방대한 자료 검색과 참전군인 면담을 병행했다[23]

2001년 1월 11-12일에 나온 결론은 양가적이었다. 한·미 공동발표문은 "1950년 7월 마지막 주 노근리 주변에서 수 미상의 피난민이 사살·부상됐다."라는 사실을 인정하면서도, 사격 명령 여부는 확인하지 못했다고 밝혔다. 같은 날 미 육군이 공개한 〈노근리 리뷰 No Gun Ri Review〉도 사건의 존재를 인정하면서도 고의성 결론을 유보한 채 '전쟁의 비극'이라는 프레이밍으로 정리했다.

이러한 결론에 대해 빌 클린턴 대통령은 "미합중국을 대표하여 깊은 유감을 표명한다"고 밝혔지만, 법적 책임·배상을 수반한 '사과'는 아니었으며, 추모·장학사업을 통한 기념과 기억의 공공화를

---

22) 〈김대통령 '노근리사건' 진실규명 지시〉, 《연합뉴스》, 1999년 10월 2일.
   https://www.yna.co.kr/view/AKR19991002002600001
23) 〈한미 노근리사건 공동발표문〉, 《오마이뉴스》, 2001년 1월 12일.
   https://www.ohmynews.com/NWS_Web/View/at_pg.aspx?CNTN_CD=A00
   00030030&utm_source=chatgpt.com

강조하는 데 그쳤다.[24] 이에 대해 김대중은 이번 조치가 두 나라 국민 간의 신뢰와 우호를 발전시키고 한미관계를 강화하는 데 기여하기 바란다며, 부시 행정부로의 정권이행기에도 클린턴 대통령이 한반도 문제에 관심을 가지고 한미관계 발전을 위해 노력해줄 것을 당부했다.[25]

피해자 관점에서 보면 부족함이 컸다. 미국의 '유감'과 기념 약속은 정치적 의미가 있었지만, 실질적 배상과 법적 책임까지 나아가지는 못했다는 비판을 피할 수 없었다. 그럼에도 한미공조를 통한 조사 결과 발표는 한국 정부가 이후 특별법 제정을 통해 국가 차원의 심사를 거쳐 사건을 기록하고 추모를 정례화하는 제도적 경로를 여는 의미가 있었다. 2004년에 '노근리사건 희생자 심사 및 명예 회복에 관한 특별법'이 제정되었고, 이후 개정으로 제도를 보완해 나갔다.[26] 이 '국내적 책임'의 제도화는 국제적 법적 책임의 한계를 보완하기 위한 현실적 선택이었다고 할 수 있다. 특히 '국내적 책임'은 평화공원 조성 등 기억의 공공영역화로 집중되었다.[27]

이러한 김대중의 대응은 '원칙 있는 점진주의'라고 할 만한 것이었다. 이는 사실을 공적으로 확정하고, 정치적 사과는 법적 책임을

---

24) 〈Statement on the Korean War Incident at No Gun Ri(2001. 1. 11)〉, The American Presidency Project.
https://www.presidency.ucsb.edu/documents/statement-the-korean-war-incident-no-gun-ri

25) 〈'노근리 성명' 한·미정상 전화통화〉, 《국민일보》, 2001년 1월 12일.
https://n.news.naver.com/mnews/article/005/0000039956?sid=100 ;
〈김대통령 클린턴과 전화통화〉, 《연합뉴스》, 2001년 1월 12일.
https://n.news.naver.com/mnews/article/001/0000048101?sid=100

26) 〈노근리사건 희생자 심사 및 명예 회복에 관한 특별법〉,
https://www.law.go.kr/LSW/lsInfoP.do?lsiSeq=58471&viewCls=lsRvsDocInfoR&utm_source=chatgpt.com#0000

27) 《노근리 평화공원 홈페이지》,
https://www.yd21.go.kr/nogunri/html/sub04/04040101.html?utm_source=chatgpt.com

언급하지 않는 방식으로 최소화하는 대신 국내적 책임을 제도화하는 방식이다. 노근리와 관련한 김대중 정부의 대미 외교는 공동조사·공동발표를 통해 '피난민 사살'이라는 핵심 사실을 공적으로 확정하고, 비록 완전한 법적 책임은 아니라고 해도 미국의 '유감 표명'과 기념·장학 사업을 약속하는 것으로 책임 담론을 제도화하고, 특별법, 평화공원, 기록사업 등으로 피해자의 권리 행사를 수용하는 방식이다.

물론 비판도 존재한다. 공동조사가 '의도적 축소'를 낳았다는 등의 비판이다. 그러나 김대중의 '원칙 있는 점진주의' 접근은 미군이 1999년 말 대중 제보까지 요청하며 조사를 확대하는 등, 미국 측의 성의를 이끌어내는 방법으로, 한국 국민에 수용되어 착근했다고 할 수 있다.

노근리는 한 사건의 이름을 넘어, 민주주의가 과거와 화해하는 기술을 묻는다. 김대중 정부가 채택한 노근리 해법은 진실과 책임이 서로 대립하는 가치가 아니라 상호보완적이라는 사실을 깨닫게 한다. 김대중은 그 접점을 '절차의 투명성과 한미 공조의 설득력'에서 찾았다. 오늘의 교훈도 명료하다. 첫째, 진실은 동맹을 약화시키지 않으며, 오히려 성숙하게 한다. 둘째, 책임은 단계적으로도 진전될 수 있다. 유감 표명·기념사업·국내 특별법이 중첩될 때 정의의 지평이 넓어진다. 셋째, 기억의 국가화, 즉 교육·기념·기록을 통해 비극을 공적 학습으로 전환할 때 재발 방지의 힘이 생긴다.

3. '안보 절대주의'와 '평화 절대주의'를 넘어가다

김대중 대통령의 한미관계 구상은 안보 절대주의를 넘어서는 것이었다. 그는 동맹의 지속가능성을 국민적 자존 위에 두었고, 자존과 동맹을 상호보완적 개념으로 재구성했다. 동시에 그는 평화 절대주의에도 분명한 거리를 두었다.

안보 절대주의는 동맹 의존과 군사력 우위를 절대화함으로써 국민적 자존과 민주주의를 희생시키는 논리였다. 반대로 평화 절대주의는 현실적 안보 환경을 무시한 채 이상적 평화만을 추구하여, 오히려 남북관계와 동북아 정세의 불안정성을 심화시킬 위험이 있었다. 김대중은 두 절대주의 모두를 불완전한 것으로 보았다.

노근리 사건·매향리 사격장 문제·미군 여중생 압사 사건 등은 이러한 인식이 구체적으로 드러난 사례들이다. 노근리에서 그는 진실 규명과 동맹 유지를 동시에 추구하며 제3의 길을 선택했다. 매향리 사격장 문제에서 김대중 정부는 주민 시위를 단순 치안 문제가 아니라 피해의 문제로 접근해 보상과 환경개선 조치를 도입했다. 미군 장갑차 여중생 압사 사건(2002) 이후에는 거센 반미 여론과 SOFA 개정 요구를 수용해 협상을 추진하면서도 동맹 파탄이 아닌 제도적 보완을 지향했다.

김대중은 이러한 사건들을 개별 위기관리 차원이 아니라 안보 의사결정 구조 자체를 바꾸는 계기로 삼았다. 취임 직후부터 청와대 국가안전보장회의NSC를 실질적 컨트롤타워로 재편하고, 군부·정보기관이 독점하던 안보 의제를 외교·통일·경제·인권 등 민간 부처와 공유하였다. 대통령 주재 회의에서 종합적으로 판단하는 구조를 통해 안보를 군사력의 문제가 아니라 '국민의 삶과 민주주의의 문제'로 다루고자 했다. 노근리·매향리·여중생 사건에 대한 대응은 이러한 구조 속에서 조정되었고, 자존을 매개로 한 안보와 평화의 통합이 제도적 설계 안에서 시험되었다.

그가 모색한 길은 '제3의 길'이었다. 안보 절대주의가 만들어낸 불평등한 동맹 구조도, 동맹 해체를 주장하는 평화 절대주의도 모두 경계하면서, 자존을 전제로 한 동맹 위에서 구조적 평화를 실현하는 전략이었다. 그는 여러 차례 연설과 대화를 통해 한국의 평화와 안보를 위한 미국의 역할을 강조하고 한미동맹을 최우선하는 입장을 밝히면서도, 동맹이 한국인의 자존과 민주주의의 열망을 억누르는 구실이 되어서는 안 된다는 신념을 밝히곤 했다.

결국 김대중이 제시한 한미관계의 원리는, 자존을 매개로 안보와 평화를 통합하는 '구조적 평화의 동맹'이었다. 한미동맹을 단순한 안보 장치가 아니라, 남북화해와 동북아 평화 공동체로 이어지는 화해와 통합의 토대로 전환하려는 시도였다는 점에서, 그의 대미 외교는 단순한 안보 담론을 넘어선다.

III. 한일관계: 용서와 화해

1. 용서의 정치와 화해의 제도화

한일관계는 한국 현대사에서 가장 첨예한 역사 갈등의 축이었다. 식민지 지배의 기억, 전후 배상, 독도 영유권, 역사 교과서 왜곡 등으로 갈등은 지속되었다. 김대중 개인에게도 일본은 복잡한 의미를 지녔다. 1973년 도쿄에서의 납치살해 미수사건은 일본 영토에서 발생한 중대한 인권 침해였고, 김대중 개인에게는 죽음 직전까지 간 상처였다. 그럼에도 그는 대통령이 된 뒤 일본과의 역사적 화해를 주도했다.

김대중은 피해자로서 일본에 분노했지만, 한국 대통령으로서는 일본과의 외교를 중요하게 생각하고, 일본 정부에 진상규명을 요구하거나 비난하는 일은 없었다.[28] 개인으로서의 감정과 국가 지도자로서의 책무가 충돌하는 지점에서 그는 후자를 선택했다. 피해국 지도자가 가해국에 먼저 손을 내미는 이 결단은 외교적 계산만으로는 설명되기 어렵다. 그의 대일외교는 개인적 상처를 넘어선 '용서의 정치'이자 국가 차원의 '화해의 제도화'였다. 특히 피해국의 지도자가 가해국을 향해 화해를 발신했다는 점에서, 이는 세계 외교사적으로도 드문 사례였다.

김대중은 1995년의 개인적 방문에 이어 1998년에는 국빈으로서 납치 사건 이후 25년 만에 다시 일본 땅을 밟았다. 도쿄 영빈관 만찬에서 그는 과거 자신의 목숨을 구하기 위해 노력했던 인사들, 납치 사건 당시 자신을 위해 기도했던 작가와 정치인들을 다시 만났다. 이러한 만남은 단순한 외교 행사가 아니라, 피해 당사자의 기억과 일본 시민사회의 연대가 교차하는 '개인사와 외교사의 접점'이었다. 김대중은 이 경험을 통해 "기적은 기적적으로 오지 않는다."는 신념, 기적은 사람들의 연대와 노력으로 만들어진다는 신념을 다시 확인했다.[29]

국회 연설과 각종 간담회에서 그는 식민지 지배와 전쟁 피해, 일본군 '위안부' 문제 등 한국인이 겪은 문화적·인권적 상처를 설명하며 이것이 경제적 상처보다 훨씬 깊고 본질적인 문제라고 강조했다.[30] 동시에 그는 여러 자리에서 여러 번 일본 국민에게 "과거의 잘못을 직시하면서도 미래를 함께 열어가자."라고 호소했고, 그런

---

28) 김대중, 《김대중 육성 회고록》, 334쪽.
29) 김대중, 《김대중 자서전 2》, 118–123쪽.
30) 김대중, 《김대중 자서전 2》, 120–121쪽.

334

자리에서 일본 정치 지도자와 시민들이 이에 감동하는 모습도 보였다.

이 과정에서 탄생한 것이 1998년 김대중-오부치 공동선언이었다. 오부치 총리는 "과거의 식민지 지배가 많은 사람에게 다대한 손해와 고통을 안겨주었다."라며 통절한 반성과 사죄를 표명했고, 양국은 "과거를 직시하면서 미래지향적 관계를 구축하는" 데 합의했다. 이는 한일관계에서 피해국 지도자가 가해국의 사죄와 화해를 명시적으로 받아내고, 이를 "정교하게" 문서화한 전례 없는 사건이었다.31)

김대중의 구상은 한일 양국을 넘어섰다. 그는 남북화해, 한일화해, 북일 화해를 상호 연계하며 동북아 평화공동체의 토대로 삼으려 했다. 한일공동선언 직후 중국과 일본 간 역사인식 갈등의 정리, 북일 국교정상화 논의, 아세안+3 및 동아시아비전그룹EAVG 구상은 모두 한일화해의 파장 속에서 전개되었다. 그는 '화해 없는 공동체는 불가능하고, 공동체 없는 화해는 지속되지 않는다'는 변증법적 인식을 지니고 있었다. 따라서 한일화해는 동북아 통합 전략 속에 가장 핵심적인 의미를 지녔다.

사실 김대중의 대일외교는 1960-70년대부터 일관된 궤적을 가진다. 그는 야당 정치인이던 시기부터 '원칙적 협력과 일본의 태도 시정'이라는 이중 원칙을 견지하며, 일본과의 관계를 무조건적 반일·친일의 이분법에서 벗어나게 하려 했다. 그러한 인식의 단초를 1953년 10월 3일 수록지 미상의 기고문에서 확인할 수 있다. 이 글에서 김대중은 우리가 남에게 "교만을 부릴 하등의 필요도 심사心思도 없으나, 한편 남으로부터 받아야 할 당연한 예절을 포기함으로써

---

31) 김대중, 《김대중 자서전 2》, 122쪽.

민족의 위신을 추락시키고 스스로를 욕되게 할 수는 없는 것"이라고 강조하고 있다.[32] 1995년 나리타 공항에서는 "한국 없는 일본, 일본 없는 한국은 없다."라고 발언해 한일관계를 상호의존적 구조로 인식할 것을 촉구했다.[33] 대선 국면에서 참모들이 반일정서를 고려해 일본 문화 개방 공약을 조정하자고 건의했을 때도, 그는 '국익'과 '미래 세대의 문화적 선택권'을 이유로 이를 거부하고 개방을 밀어붙였다.[34] 장신기는 김대중의 대일외교를 구원과 사감을 배제한 실용외교의 큰 업적이며 "일본판 햇볕정책"의 결실이라고 규정한다.[35]

이러한 용서의 정치와 사감 없는 외교는 1998년 김대중-오부치 공동선언을 통해 제도화되었다. 공동선언은 일본 총리의 과거사 반성과 사죄를 명문화하고, 문화 · 경제 · 안보 협력의 장기 방향을 제시함으로써, 한일관계를 화해와 협력의 제도적 틀 안에 위치시켰다. 동시에 이 선언은 일본의 대북정책 변화와 2002년 김정일-고이즈미 평양회담의 배경으로 작용했고, 햇볕정책에 대한 일본의 지지와 동북아 다자협력 구상의 기반이 되었다.

요컨대 김대중의 대일외교는 개인적 고난에서 출발한 용서의 정치가 국가 간 화해의 제도화로 이어진 사례였다. 그는 '화해 없는 공동체는 불가능하고, 공동체 없는 화해는 지속되지 않는다'는 변증법적 인식을 가지고, 한일화해를 동북아 통합 전략의 관문으로 자리매김시켰다. 한일공동선언을 통한 화해 시도는 이후 중일 관계와 북일 관계에도 순차적으로 영향을 미치며, 동북아 평화공동체 구상의 핵심축으로 작동했다.

---

32) 김대중 (정진백 엮음), 《김대중의 말》, 태학사, 17–18쪽.
33) 연세대학교 김대중도서관 편, 《김대중 전집 II》, 123쪽.
34) 《중앙선데이》 인터넷판, 2019년. 7월 26일. 장신기, 《성공한 대통령, 김대중과 현대사》, 시대의창, 2021년, 527쪽에서 재인용.
35) 장신기, 위의 책, 521–529쪽.

2. 일본군'위안부' 문제와 화해 외교의 한계

그러나 일본군'위안부' 문제에서 김대중 외교는 뚜렷한 한계를 드러냈다. 김대중은 이 문제를 '역사적 정의'와 '외교적 현실' 사이의 딜레마로 인식했다. 피해자들의 고통을 존중하며 일본의 책임 있는 사죄를 요구했지만, 한일관계 전반을 미래지향적으로 끌고 가야 한다는 전략적 고려도 동시에 갖고 있었다.

1998년 공동선언에는 '위안부' 문제가 직접 명기되지 않았다. 대신 '과거사에 대한 반성과 사죄'라는 포괄적 표현으로 담겼을 뿐이다. 1998년 도쿄 기자회견에서 김대중은 과거 문제는 피해자들의 고통을 충분히 존중하면서도, 국가 간 합의와 협력을 통해 미래를 함께 열어나가야 한다는 입장을 확인했다. 2001년 역사교과서 파동 때에는 역사 왜곡을 비판하며 일본이 피해자들의 목소리에 귀를 기울여야 한다고 강조했지만, 국가 정상 차원에서 구체적 배상이나 법적 책임을 강하게 압박하지는 않았다.

논란의 핵심은 아시아여성기금 수용 여부였다. 김대중 정부는 김영삼 정부와 달리 이 기금 사업을 묵인함으로써 사실상 수용했다. 1998년 이후 피해자 일부에게 아시아여성기금 재원이 전달되고, 일본 총리의 사죄 편지가 함께 전달되었다. 한국 정부는 이를 보완하기 위해 국비로 별도 지원금을 지급하고, 생활 지원 및 기록사업을 병행했다. 그럼에도 이는 피해자 개인의 법적 배상 요구보다는 국가 간 외교적 합의와 관계 개선에 무게를 둔 선택이었다. '위안부' 피해자 입장에서 볼 때, 이 조치는 '위안부' 문제를 대일 외교 과제에서 분리하려는 것으로 간주되었다.

정대협(한국정신대문제대책협의회) 등 시민사회는 아시아여성기금이 일본 정부의 법적 책임이 명시되지 않은 한 진정한 배상이 될 수 없다고 비판했다. 따라서 김대중 정부가 이를 사실상 승인한 것은 피해자들의 법적 권리를 외교적 명분 아래 희생시킨 것이라고 강도 높게 비판했다. 정대협의 396차 수요시위에서는 "해결에 앞장서야 할 한국정부의 미온적인 태도"에 "분노를 금할 길이 없다."는 표현까지 등장하고 있었다.[36] 실제로 다수 피해자가 기금 수령을 거부했고, 정부가 피해자와 충분히 소통하지 못했다는 불신이 고조되었다. 양기호는 김대중의 대일외교를 총괄해서 매우 긍정적으로 평가하면서도, "과거사 문제를 봉합한 것일 뿐, 근본적인 해결책을 제시하지는 못했다."라고 하여 한계를 지적하고 있다.[37]

　　종합하면, 김대중 정부의 대일외교는 식민지배에 대한 일본 총리의 공식 사죄를 받아내고, 아시아여성기금을 수용함으로써 외교적으로는 한일 화해와 협력의 토대를 강화했다는 점에서 긍정적 평가를 받는다. 그러나 피해자 개인의 법적 권리와 정의 구현이 미흡했고, 정부가 시민사회와 충분히 소통하지 못해 갈등을 심화시켰다는 점에서 부정적 평가도 공존한다. 일본군 '위안부' 문제에 대한 김대중 정부의 접근은 2015 한일 구두합의까지 장기 미해결 과제로 남게 되는 한 배경이 되었다.

3. 한일 화해를 넘어 동북아 화해로 나아가다

　　김대중 대통령의 대일외교는 개인적 상처를 넘어선 용서의 정

---

36) 〈정대협 제396차 수요시위 성명서, 2000년 2월 2일〉, 일본군성노예제문제해결을 위한 수요시위 아카이브, https://www.archivecenter.net/wednesdaydemo
37) 양기호, 〈미래지향적 동반자관계 발전과 한·일협력〉, 양성철·이상근 엮음, 《《김대중 외교: 비전과 유산》〉, 367쪽.

치이자, 국가 차원의 화해의 제도화였다. 그러나 '위안부' 문제에서 드러난 것처럼, 피해자 정의와 국가 간 화해의 긴장은 완전히 해소되지 못했다. 공동선언은 한일관계의 전환점이었고, 2002년 월드컵과 북일 정상회담은 화해의 확산을 보여주었지만, 역사 문제의 불안정성은 여전히 남았다. 김대중은 남북화해·한일화해·북일화해를 연계하며 이를 동북아 공동체의 토대로 삼았지만, 화해와 정의의 동시 충족이라는 과제는 이후 세대의 몫으로 남았다.

한편 김대중-오부치 공동선언은 단순한 양자 화해를 넘어, 중일 관계와 북일 관계, 나아가 동아시아 지역협력 구상에도 연쇄적인 영향을 미쳤다. 중국은 한국이 피해국임에도 화해를 발신한 사례를 주목하며 중일 역사 화해에 활용하려 했고, 일본은 한일 화해를 계기로 북일 국교정상화 협의에 나섰다. 2002년 김정일-고이즈미 평양회담은 이러한 흐름의 연장선에 있었다.

1999년 하노이에서 김대중이 제안한 동아시아비전그룹EAVG은 한일 화해를 기반으로 한·중·일 3국이 경제·문화·안보 협력의 장기 구상을 논의하는 틀을 제공했다. 동아시아비전그룹과 아세안+3 협력은 동북아 통합 논의의 모태가 되었다. 김대중은 한일 화해를 단순한 양자 관계가 아니라 동북아 공동체 구축의 전제이자 과정으로 파악했다. 그는 한일 화해와 남북화해의 연쇄가 동북아 평화의 출발점이 될 수 있으며, 언젠가 동북아에도 유럽연합 같은 공동체가 세워질 수 있으리라는 기대와 신념을 외교라는 방식으로 실천했던 것이다. 한일 화해를 동북아 통합 전략의 관문으로 놓은 그의 구상은 이러한 자기 인식과 미래 비전의 반영이었다.

Ⅳ. 김대중 정부의 북방네트워크 외교: 실용과 중재

1. 화해와 통합의 외교 구상과 북방네트워크

김대중 정부의 북방외교는 즉흥적 정책이 아니라 1960년대부터 축적된 사상적 기반 위에서 구체화된 것이었다. 그는 1966년 국회에서 공산국과의 교류를 주장했고, 1971년 대선공약에서는 비적성 공산국과의 통상·외교를 포함시켰다. 1972년 미·중·일 데탕트 국면에서 박정희 정부가 '시비성 대응'에 머물렀음을 비판하며 "아무 막을 힘도 없고, 아무 우리가 영향도 실질적으로 못 주면서 쓸데없는 소리만 해왔다."라고 일갈한 것도 현실주의적 외교관의 일관된 표현이었다.[38] 일본 망명 시였던 1973년 2월 일본의 주간지 《이코노미스트》 지와의 인터뷰에서 제기한 '교차수교론'(남한-소·중, 북한-미·일)은 한반도 분단을 구조적으로 완화하기 위한 다자 안정 장치 구상이었다.[39] 이러한 장기적 준비는 김대중 정부 시기 대중·대러·대몽 외교가 '실용'과 '중재'를 결합한 일관된 전략으로 나타난 배경이다.

김대중 정부의 외교정책은 이념적 진영 대립의 종식을 목표로 한 '화해와 통합의 외교'로 규정할 수 있다. 그는 남북관계를 한반도 내부의 문제로 한정하지 않고, 이를 동북아 지역 질서의 협력 구조 속에 통합하려 했다. 즉 한반도의 평화를 중국·러시아·몽골 등 북방 3국, 나아가 아세안과의 협력 체제 속에서 제도화하고자 했다.

김대중은 취임 이래, 한반도 평화가 미·러·중·일의 힘의 균형 속

---

38) 연세대학교 김대중도서관 편, 《김대중 전집 Ⅱ, 제6권》, 2019년, 720-721쪽.
39) 연세대학교 김대중도서관 편, 《김대중 전집 Ⅱ, 제7권》, 2019년, 81쪽.

에서만 유지될 수 있다는 냉엄한 현실을 인정하면서도, 북핵 문제를 해결하고 한반도 평화 번영을 실현하기 위해 4강 사이의 균형을 단순한 억지 구조가 아니라 협력 구조로 바꾸어야 한다는 신념을 실천에 옮기기 시작했다. 바로 이 신념이 북방·남방 네트워크 구상의 출발점이었다. 북방 3국과의 협력을 통해 남북화해를 지지하게 하고, 남방의 아세안과의 연계를 통해 지역적 완충과 통합의 공간을 넓혀 가려는 전략이었다.

이러한 대외 구상의 핵심 원리는 세 가지로 요약할 수 있다. 첫째, 실용주의다. 이는 냉전기의 이념 대립 대신 실질적 이해와 상호이익을 중시하는 접근이다. 둘째, 중재와 포용이다. 갈등을 완화하고 대화의 장을 열며, 다자 협력을 통해 지역적 신뢰를 구축하려는 시도다. 셋째, 균형적 지역 구상이다. 한미동맹과 한일관계, 남북관계, 북방 외교를 유기적으로 조정하여 '분단된 지역의 통합적 안정 구조'를 설계하려는 것이다. 김대중 정부의 대중·대러·대몽 외교는 이러한 '화해와 통합의 외교'를 지탱하는 북방의 축이었다.

2. 대중 외교: 실용 협력과 상호존중의 화해

김대중 정부의 대중 외교는 한반도 화해·협력 정책을 지역적 안정 구조 속에 제도화하기 위한 핵심축이었다. 1998년 11월 베이징에서 이루어진 김대중-장쩌민 정상회담은 양국 관계를 '협력 동반자 관계'로 격상시킨 결정적 계기였다. 공동성명에는 한반도 평화체제 구축 지지, 남북대화 지지, 경제·문화·기술 협력 확대 등이 명문화되었다. 이는 한국의 햇볕정책이 단순히 한반도 내 접근이 아니라, 동아시아 역내 질서 속에서 지지 기반을 확보하는 과정이었음을 보여준다. 김대중 외교의 가장 중요한 특징인 '화해−협력−통합'의 구조적 사유가 중국과의 관계에도 그대로 반영된 것이다.

한편 김대중은 중국의 정치체제나 인권 문제에 대한 공개적 비판을 자제하고, 상호존중을 기반으로 한 실용주의적 접근을 취했다. 이는 단순한 회피가 아니라 '전략적 절제'라고 부를 수 있는 외교 기법이었다. 김대중은 중국이 개혁·개방 정책을 통해 장기적인 사회·경제 변화를 추구하고 있다는 점을 높이 평가하였으며, 중국의 내부 문제를 외교적 지렛대로 활용하지 않는 접근이 오히려 신뢰를 구축하는 데 효과적이라고 판단했다. 실제로 이러한 태도는 중국 지도부에게 깊은 인상을 주었고, 중국이 남북대화와 한반도 안정에 대해 적극적·지지적 태도를 보이는 데 중요한 기반이 되었다.[40]

김대중 정부는 중국을 단순한 대국이 아니라 동아시아 안정의 필수 구성요소로 바라보았다. 이는 중국의 대북 영향력의 특수성을 고려한 것이었다. 중국이 북한의 급격한 불안정이나 군사적 모험주의를 우려하는 전략적 이해를 갖고 있다는 점을 활용해, 중국의 '조건부 안정 지지'를 한국의 대북 포용정책과 조화시키려 했다. 그리고 이러한 조율은 남북정상회담(2000) 성공의 보이지 않는 외교적 토대가 되었다.

김대중 정부의 대중 외교는 경제·기술·사회문화 전방위로 확장되었다. 1997년 외환위기 이후 중국은 한국 기업에게 중요한 투자·수출 시장으로 부상했고, 이는 김대중 정부 시기에 아시아 내부의 상호의존이 실질적으로 진전되는 배경이 되었다. 중국의 대규모 시장과 풍부한 노동력, 한국의 기술력·제조 역량이 결합하는 구조

---

40) 장신기, 〈중국에 대한 김대중의 인식과 외교전략〉, 이남주 외, 《김대중과 중국》, 연세대학교 출판문화원, 2023년, 57−64쪽; 장원링·비잉다, 〈김대중의 이상, 정치적 업적 및 유산: 중국 학자의 관찰과 판단〉, 이남주 외, 《김대중과 중국》, 112쪽; 김하중, 《증언: 외교를 통해 본 김대중 대통령》, 비전과리더십, 2015년, 142−158쪽.

는 한국 경제의 회복과 안정의 한 축이 되었다. 이는 단순한 경제 협력이 아니라, 상호의존적 평화의 기반을 형성했다.

문화·사회협력 역시 이 시기에 크게 확대되었다. 김대중 시기부터 시작된 한류의 초기 흐름은 한중 간 문화 교류의 폭발적 확대를 가능하게 했고, 이는 이후 동아시아 문화 상호의존성을 강화하는 토대가 되었다. 김대중 정부는 중국의 과학기술 현대화 정책과 한국의 기술·제조 경쟁력을 연계해 상호 호혜적 협력을 강화하려 했다. 중국의 세계무역기구WTO 가입을 앞둔 시기였던 만큼, 한국은 중국의 산업 전환에 필요한 기술 파트너로서 유리한 위치를 선점하려 했고, 이는 양국 관계의 전략성을 한층 높였다.

김대중 정부 시기 대중 외교의 특징 가운데 하나는 양자 외교를 지역질서 구축의 기반과 연결했다는 점이다. 김대중이 1998년 하노이 아세안+3 정상회의에서 동아시아비전그룹 창설을 제안하며 '동아시아 공동체'라는 장기 구상을 제도화할 수 있었던 것도 한중관계의 '협력 동반자 관계'로의 격상이 있었기 때문에 비로소 가능했었다. 그런 의미에서 김대중 정부 시기 한중관계는 '협력 동반자 관계'의 이름 아래 실질적인 전략적 동반자 관계로 발전하고 있었다.

나아가 동아시아비전그룹은 한중 협력을 동아시아 다자주의의 틀 속에 구조화함으로써, 남북화해와 역내 통합을 상호 연동시키는 구조적 장치 역할을 했다. 중국 역시 지역 협력에서 아세안 중심의 구조를 선호하고 있었기 때문에, 김대중의 동아시아비전그룹 구상은 중국의 전략적 관심과도 자연스럽게 교차했다. 나아가 2000년대 초반 동아시아연구그룹EASG, 동아시아포럼EAF의 출범은 김대중 외교가 동아시아의 다자주의 제도화를 실질적으로 견인했다는 것을 보여준다.

김대중의 대중 외교는 중국의 대북정책 변화에도 일정한 영향을 미쳤다. 1990년대 후반 중국은 북한의 군사적 행동이나 핵 개발과 관련한 모호성을 우려하는 입장을 취하기 시작했다. 중국 지도부는 김대중의 포용정책을 한반도 안정과 동북아 균형에 기여하는 정책으로 평가하며, 남북대화와 경제협력을 지지하는 태도를 분명히 했다.[41) 중국의 이러한 변화는 남북정상회담 지지와 이후 북핵 문제에 대한 다자적 대응의 기반을 형성했다.

김대중 정부는 중국이 북한을 무조건적으로 지원하지 않는다는 점, 그리고 중국이 안정·대화 중심의 접근을 선호한다는 점에 주목했다. 이를 활용해 한국은 남북 대화의 동력을 확보하는 동시에, 중국의 개입을 안정적 방식으로 유도할 수 있었다. 이는 김대중 외교의 정교한 조정술과 실용주의의 산물이었다.

김대중 외교의 또 다른 중요한 특징은 '문명·감수성 외교'였다. 김대중은 중국의 역사와 문명, 그리고 고난을 극복해온 민주주의·근대화의 경험을 깊이 이해하고 있었고, 중국 지도부와의 대화에서 이를 강조했다.[42) 그는 중국이 동아시아 문명권의 핵심 축이며, 문화·예술·지식의 오랜 전통을 가진 나라라는 점을 높이 평가했다. 이는 중국에 대한 비판을 자제하고 존중을 우선시했던 실용주의적 접근이 단지 전략적 판단이 아니라, 문명적 이해에 기초한 외교적 태도였음을 보여준다.

김대중은 동아시아가 궁극적으로 경제적 상호의존을 넘어 문화·교육·환경 등 넓은 영역에서 공동체를 형성할 수 있다고 보았다. 중국과의 문명적 연대는 이러한 공동체 구상의 중요한 기반이었다.

종합적으로 볼 때 김대중 정부의 대중 외교는 실용 협력, 전략

---

41) 장원링·비잉다, 〈김대중의 이상, 정치적 업적 및 유산: 중국 학자의 관찰과 판단〉, 이남주 외, 《김대중과 중국》, 110-122쪽.
42) 연세대학교 김대중도서관 편, 《김대중 전집 II》; 김대중. 《김대중 자서전 2》

적 신뢰 구축, 지역주의 제도화, 문명적 감수성이 결합된 종합적 구조였다. 이는 남북화해정책을 중국의 지지와 함께 지역적 신뢰의 질서 속에 편입시키는 데 큰 역할을 했으며, 후술하는 대러 외교와 함께 김대중식 화해외교의 북방 축을 형성하였다. 김대중 외교의 전체 구조 속에서 대중 외교는 협력과 통합이라는 장기적 비전을 뒷받침하는 핵심적 축이자, 아시아 평화공동체 구상의 중요한 기둥이었다.

3. 대러 외교: 중재자와 실용협력 동반자

1999년 5월 김대중 대통령의 모스크바 방문은 미국, 일본, 중국에 이은 '4강 외교'의 마지막 축을 완성하는 일정이었다. 김대중은 이 방문을 통해 옐친 대통령과 정상회담을 갖고, 한반도 평화 구도와 러시아의 역할에 대해 심도 있는 논의를 진행하였다. 특히 러시아는 공동성명에서 햇볕정책에 대한 공식 지지를 명문화하며, 한반도 긴장 완화와 남북대화를 중재하는 적극적 역할을 수행하겠다는 의지를 밝혔다. 이는 이후 남북정상회담(2000)의 성과를 국제적 지지 구조에 편입시키는 중요한 계기가 되었다.

김대중 정부의 대러 외교는 단순한 안보·정치 협력을 넘어 에너지·극동개발·과학기술 협력으로 확장되었다. 한국의 기술력·자본과 러시아의 자원·지리적 연결성을 결합한 협력 구조는 상호 호혜적 실용주의의 전형이었으며, 평화가 번영을 낳고 번영이 평화를 강화하는 선순환 구조의 실제 구현이었다. 러시아의 극동 개발과 시베리아 인프라 프로젝트는 북방경제권과 한반도 평화체제를 연동시키는 플랫폼으로 기능했다.

한러 관계는 남북·북미 간 긴장이 고조될 때마다 외교적 완충지대로 작동하였다. 러시아는 북한과의 전통적 관계를 유지하면서도 한국과의 협력을 확대하는 균형적 외교를 구사함으로써, 한반도 문제의 지역적 관리 능력을 강화했다. 이러한 구조 속에서 대러 외교는 실용과 중재를 결합한 '협력형 평화외교'의 대표적 모델로 자리 잡았다.

그러나 김대중의 대러 외교가 지닌 의미는 실용외교, 균형외교에만 머무르지 않는다. 그는 러시아를 단순한 전략 파트너가 아니라 문명적 연대의 대상, 그리고 민주주의 경험을 공유하는 정치적 동반자로 이해했다. 모스크바 브누코바 공항 도착 직후 고려인들을 만나 위로한 일화는 그 상징적 사례이다. 김대중은 1860년대 이래의 이주 역사, 일제강점기 독립운동가들의 활동, 1937년 스탈린 시기의 강제 이주로 이어지는 고려인의 고난을 상세히 회고하며, 이들을 "러시아와 한국을 잇는 정신적 다리"로 보았다. 고려인 대표가 "한국이 두 나라로 분단돼 있는 사실이 가슴 아프다"라고 말한 장면은 김대중에게 깊은 울림을 주었다.[43] 이는 대러 외교가 민족사적 연속성을 기반으로 한 정체성 외교였음을 보여준다.

옐친과의 정상회담에서는 개인적 신뢰가 두드러졌다. 세계 언론은 옐친의 건강 이상설을 연일 보도했으나, 김대중은 옐친을 "말은 거칠어도 정이 깊은 사람"으로 묘사했다. 옐친은 김대중의 손을 꽉 잡으며 "한국에서 다시 만나자"고 인사했고, 이는 양국 정상 간의 정치적 신뢰의 깊이를 보여주는 순간이었다. 김대중은 특히 1991년 옐친이 쿠데타에 맞서 탱크 위에 올라 연설하던 장면을 "민주주의의 절대적 가치를 지키려는 수호신의 모습"으로 기억하며, 러시아와 한국이 공유하는 민주주의의 가치를 강조했다.[44]

---

43) 김대중. 《김대중 자서전 2》, 175쪽.
44) 김대중. 《김대중 자서전 2》, 176–177쪽.

러시아를 상대로 전개된 김대중 외교의 독창성은 이처럼 전략적인 실용 외교에 자유와 민주주의를 향한 가치 연대를 결합시킨 데 있다. 그는 장기간의 옥중 수감과 망명 생활 동안 러시아 문학을 편력하며 톨스토이, 도스토예프스키, 푸슈킨, 레르몬토프, 투르게네프, 솔제니친 등의 작품을 탐독했다. 이러한 문학적 경험은 러시아 국민의 정서와 예술성, 저항의 문화에 대한 깊은 이해로 이어졌으며, 김대중은 러시아를 "과거뿐 아니라 현재도 세계에 중요한 영향을 미치는 나라"로 규정했다.[45] 이는 문명적 감수성을 기반으로 한 외교의 한 형태로, 북방 네트워크 외교의 정체성적 기반을 형성했다.

결국 김대중의 대러 외교는 남북화해와 동북아 다자안정 구조를 결합하는 데 필수적인 '북방의 축'이었다. 러시아는 한국의 햇볕 정책을 국제적으로 승인해 준 첫 강대국 가운데 하나였으며, 동시에 중국·몽골과 함께 북방 다자협력의 구조적 기반을 형성했다. 김대중이 회고하듯, 1971년 대선 시 이미 제시했던 4대국을 통한 한반도 평화 보장 구상은 러시아 방문을 계기로 사실상 완성된 셈이었다. 이러한 점에서 대러 외교는 김대중 외교의 장기 구조 속에서 '중재–균형–문명적 연대'가 결합된 전략적 축으로 평가될 수 있다.

4. 대몽 외교: 완충과 연계의 평화외교

김대중 대통령은 몽골 외교를 단순한 양자 외교가 아니라, 한민족과 유라시아 문명의 연결적 맥락 속에서 이해했다. 그는 1999년

---

45) 연세대학교 김대중도서관 편, 《김대중 전집 I, 3권》, 2015년, 80쪽; 김대중. 《김대중 자서전 2》, 179쪽.

5월 말에 실시된 첫 국빈 방문 당시 울란바토르에 도착해 "끝없이 펼쳐진 초원을 보니 흡사 시간 여행을 하는 듯한 느낌이 들었다."라고 회고하면서, "지구상에서 우리와 가장 닮은 외모를 지닌 사람들"을 만나고 싶었다고 소회를 밝혔다.46) 이는 한국과 몽골 사이의 역사적 · 인류학적 유대 속에서 외교의 정서적 기반을 확인하고자 했음을 보여준다. 몽골을 단순한 외교 파트너가 아니라, 동북아와 유라시아를 잇는 역사적 교량으로 자리매김한 것이다.

그에게 몽골은 지정학적으로는 완충과 중재의 공간이었고, 문명사적으로는 고려 · 원대의 왕실 혼인, 원 · 고려 연합군의 일본 원정 등 장기적 접촉 경험을 공유하는 북방 문명권의 이웃이었다. 김대중은 몽골 국회 연설에서 한국과 몽골이 "몽고반점을 공유한 민족"이며, 제기차기 · 공기놀이 등 어린이 놀이문화, 설화와 아리랑까지 공유하는 가까운 역사 · 문화권이라고 강조하였다.47) 이러한 문화적 · 인류학적 연대를 강조하는 접근은 김대중 외교의 특징인 '문명 · 정체성 기반의 신뢰 구축' 전략을 잘 보여준다.

몽골 방문 과정에서 그는 몽골군의 침입이 오히려 팔만대장경이라는 인류문화유산의 탄생을 자극했고, 일본 원정 실패 이후 일본의 보복을 우려해 건설된 고려 · 원대의 제주 목초지가 오늘날 국제적 관광지로 자리 잡았다는 역사적 역설을 언급했다. 이는 부정적 과거를 미래지향적 협력의 자산으로 전환하려는 '창조적 화해'의 논리와 통한다.

정책적으로 보면, 김대중 정부는 몽골과 농업기술 · 광물자원 개발 · 교육 교류를 중심으로 '저비용 · 고신뢰'의 실용협력을 추진했

---

46) 김대중, 《김대중 자서전 2》, 179쪽.
47) 연세대학교 김대중도서관 편, 《김대중 전집 I, 3권》, 2015년, 96쪽; 김대중, 《김대중 자서전 2》, 181쪽.

다. 그는 몽골이 "인터넷보다 700년 앞서 국제 통신망을 만들었던 민족"이라며, 기동성과 정보 감각이 뛰어난 몽골 민족의 특성이 21세기 정보화 시대에도 큰 잠재력을 지닌다고 평가했다.[48] 이는 몽골을 단지 변방 국가가 아니라, 아시아 정보문명권의 잠재적 축으로 보았음을 시사한다.

몽골의 바가반디 대통령과의 정상회담에서 김대중은 북한 문제를 언급하며, "몽골이 북한과 50년 동안 돈독한 관계를 유지해 온 반세기 친구인 만큼, 북한에 긍정적 영향을 미쳐주기를 바란다"고 요청했다.[49] 몽골은 북·중·러 사이에서 상대적으로 갈등이 적고, 북한과의 오랜 우호관계를 유지해 온 국가라는 점에서 '대북 우회 채널'로서 의미를 지녔다. 김대중 정부의 대몽 외교는 바로 이러한 실용적 고려와, 북방 문명권을 동아시아 협력구조에 통합하려는 장기적 비전이 결합된 전략이었다.

요컨대 대몽 외교는 규모 면에서는 작지만, 한반도 화해를 동북아 다자협력의 구조로 확장하는 '외연 외교'의 선구적 사례였다. 몽골의 완충·중재 능력과 김대중이 강조한 문명사적 연속성은, 북방네트워크 외교가 단순한 양자 협력을 넘어 한반도–유라시아–동아시아를 잇는 다층적 화해공동체 구상 속에서 자리 잡았음을 보여준다.

5. 화해와 통합의 외교를 북방에 적용하다

김대중의 북방외교는 단순한 양자 관계의 강화가 아니었다. 실

---

48) 김대중, 《김대중 자서전 2》, 181쪽; 연세대학교 김대중도서관 편, 《김대중 전집 I, 3권》, 2015년, 97쪽.
49) 김대중. 《김대중 자서전 2》, 180쪽.

용적 접근을 통해 남북화해를 지지하는 다자 기반을 마련하고, 한국이 중재자·연결자로 자리매김하는 전략이었다. 대중 외교는 실용과 다자 구상을 결합해 한반도 문제를 국제적 신뢰 구조로 편입시켰고, 대러 외교는 중재와 실용협력으로 남북 대화의 안정성을 보강했으며, 대몽 외교는 완충과 연계를 통해 다자협력의 외연을 확대했다.

이 세 축은 모두 협력과 대화의 제도화라는 공통의 전략 원리를 공유했다. 김대중의 북방외교는 '실용과 중재'라는 두 축 위에서 한반도 화해와 동북아 공동체 구상의 필수적 기반을 형성했다. 결국 그의 북방외교는 한반도 화해를 동북아 통합 질서 속에 삽입하는 평화외교의 전략적 도약이었다. 김대중이 남긴 외교적 유산은 오늘날에도 협력과 포용, 실용과 대화라는 원칙을 통해 새로운 동아시아 질서를 모색하는 데 여전히 유효하다.

V. 김대중 정부의 남방네트워크 외교: 안정과 역동

1. 아세안과의 협력: 균형과 안정의 무게추

김대중 정부의 남방네트워크 외교는 대통령 취임 이후 돌발적으로 형성된 정책이 아니었다. 그는 이미 1966년 '자유아시아연합' 창설, 1970년 '자유아시아위원회' 설립을 제안하며 동아시아 지역주의의 초기 형태를 제시했다.[50] 1993년 서울대학교 강연에서는 동북

---

50) 연세대학교 김대중도서관 편, 《김대중 전집 II, 4권》, 2019년, 400쪽; 연세대학교 김대중도서관 편, 《김대중 전집 II, 6권》, 2019년, 370쪽.

아시아(한·중·일)와 동남아시아의 아세안ASEAN을 결합한 경제·안보 공동체 비전을 제시하면서 21세기 아시아의 부상을 예견했다.[51] 이러한 연속성 때문에 김대중 정부 시기의 동아시아비전그룹EAVG, 동아시아연구그룹EASG은 단순한 정책 프로그램을 넘어, 30~40년에 걸쳐 축적된 지역주의 사상의 제도화라는 성격을 갖는다. 남방네트워크는 한반도 화해를 지역적 신뢰 구조로 확장하는 '연결의 정치'의 핵심 축이었다.

냉전 종식 이후 아세안은 동아시아 다자협력의 허브로 부상했다. 아세안 지역안보포럼ARF, 아세안+3 등은 동아시아 협력의 관성을 만드는 핵심 장치가 되었다. 김대중은 아세안을 동북아와 남방을 연결하는 균형축으로 인식하고, 한반도 평화 프로세스를 지역 다자 틀과 연동하려 했다. 이는 미국과 중국이라는 대국 중심의 변동성이 높은 동북아 질서에 집단적 완충재를 삽입하는 구상이었다. 한반도 평화와 남북화해를 아세안의 다자 플랫폼 위에 올려놓음으로써, 한반도의 안정을 동아시아 공공재로 승격시키려는 시도였다.

김대중은 1998년 3월 방한한 농 득 마인Nong Duc Manh 베트남 국회의장을 만나 베트남은 중국의 서남단, 우리는 동북단에 위치하지만, 모두 중국에 동화되지 않은 자존심 강한 민족이라는 점을 강조하며, 베트남의 역사에 대한 존경심을 표했다.[52] 한편 그는 한국군의 참전과 고엽제 피해 등 불행한 과거를 언급하면서도, 베트남 지도자들이 과거사에 대해 사과나 보상을 요구하기보다 미래의 일에만 집중하고 있었다고 회고했다. 김대중은 이를 "승전국의 자부심"으로 이해하며, 한국 역시 과거의 가해 경험을 성찰하면서 베트남과의 미래지향적 협력 관계를 구축해야 한다고 강조했다.[53] 이러한 행

---

51) 연세대학교 김대중도서관 편, 《김대중 전집 II, 16권》, 2019년, 173-174쪽.
52) 김대중. 《김대중 자서전 2》, 149-150쪽.

동은 김대중의 남방외교가 단순한 경제 협력을 넘어, 한국이 가해자였던 역사까지 포괄하는 '역사적 책임의 외교'였음을 보여준다.

김대중 시기 한–아세안 협력은 대체로 다음과 같은 발전 과정을 거쳤다. 첫째, 1998년 하노이 아세안+3 정상회의에서 김대중 대통령은 동아시아비전그룹 설치를 공식 제안했다. 이는 한·중·일 협력의 장기 비전 논의를 아세안의 구심에 위치시키며, 동아시아 지역주의 아젠다를 공개 의제로 상정했다는 데 의미가 있었다. 둘째, 2000년 싱가포르에서 열린 한–아세안 정상회의 및 아세안+3에서는 6·15 남북정상회담의 성과와 한반도 평화 구상을 설명하고, 아세안의 정치·외교적 지지를 확보했다. 이는 남북화해 담론을 동아시아 협력 담론과 접합시키는 계기가 되었다. 셋째, 2001년 브루나이 아세안+3에서는 '동아시아 공동체' 구상 논의를 본격화하고, 동아시아비전그룹 보고서 작업을 추인했으며, 지역협력의 장기 로드맵에 합의했다. 넷째, 2002년 프놈펜 회의에서는 제2차 북핵 위기에 대한 대화·협력 우선 원칙을 공유했고, 한국은 아세안 플랫폼을 매개로 중국과 일본 사이에서 조율자 역할을 수행했다.

요약하면 김대중 시기 한–아세안 협력은 남북화해의 국제적 지지 기반 확보, 동아시아 다자 틀에서 한국의 의제 발신력 제고, 대국 경쟁을 완충하는 균형 메커니즘 구축이라는 세 가지 효과를 창출했다. 김대중은 아세안을 동아시아 지역 협력체의 중심으로 규정하고, 햇볕정책과 아세안 다자주의를 결합함으로써, 한반도 평화를 동아시아 지역주의의 핵심 축으로 위치시키고자 했다.

---

53) 김대중. 《김대중 자서전 2》, 152쪽.

2. 동아시아비전그룹EAVG : 지역주의 외교의 제도화

앞서도 몇 차례 언급했듯이 김대중은 1998년 하노이 아세안+3 정상회의에서 동아시아비전그룹 설치를 공식 제안했다. 목표는 냉전의 대립을 넘어 동아시아 공동체 형성의 장기 비전을 제시하고, 단계별 실천과제를 도출하는 것이었다. 2000년 싱가포르 한–아세안 정상회의에서 그는 남북화해와 동아시아 공동체 구상을 연계시켜 설명하며, 햇볕정책에 대한 지지를 끌어냈다. 비전그룹은 한국·중국·일본 및 아세안 국가의 학자와 정책전문가들로 구성되었고, 2002년 최종 보고서를 제출했다.

동아시아비전그룹은 유럽식 지역주의의 일부 요소(규범, 절차, 정례화)를 아시아적 맥락에 맞게 '느슨한 협력체'로 이식하려는 시도로 평가된다. 김대중 정부가 강조한 화해·통합의 지역주의, 즉 갈등을 단번에 해결하려 하기보다 상호작용의 제도화를 통해 갈등의 강도를 낮추는 방식이 보고서에 반영되어 있다는 점이 특징적이다.

자서전에서 김대중은 마하티르 말레이시아 총리와의 대화를 소개하며, 정부간 협의체로 추진이 모색되던 동아시아 경제협의체 EABC, East Asian Business Council의 비현실성을 지적하고, 별도의 '비전 그룹'을 만들어 민간 학자와 경제인, 문화인들이 장기적 발전 방향을 제시하도록 하자고 제안했다고 밝혔다.[54] 이후 동아시아연구그룹EASG과 동아시아포럼EAF의 설립은 이러한 비전그룹 논의의 연장선에서 추진되었고, 2003년 서울 창립총회까지 이어졌다.[55]

이 회고는 동아시아비전그룹이 단발성 프로젝트가 아니라, 김

---

54) 김대중. 《김대중 자서전 2》, 152–153쪽.
55) 김대중. 《김대중 자서전 2》, 154–156쪽.

대중이 동아시아 공동체의 '지적 인프라'를 구축하려 했던 장기 구상의 한 매듭이었음을 보여준다. 다시 말해, 남방네트워크 외교와 동아시아비전그룹 및 동아시아연구그룹 구상은 한반도 화해를 동아시아 지역질서 재편의 중심 축으로 끌어올리기 위한 '지정학과 지성사의 결합'이었다.

3. '안정과 역동'의 이중과제에 도전하다

김대중 대통령은 아세안과의 협력을 통해 '안정'과 '역동'이라는 이중 과제에 도전했다. 안정이란 아세안을 중심으로 동북아의 전략 환경을 완충하고 균형을 확보하는 것이며, 역동이란 동아시아 지역주의 실험을 통해 경제·금융·문화 협력을 심화시키는 것이었다.

김대중의 남방네트워크 외교는 네 가지 의의를 지닌다. 첫째, 한국 외교의 균형점을 확보했다. 아세안 협력은 동북아 대국 경쟁의 단선적 구도를 완화해 다자적 균형을 구현했다. 둘째, '연결의 정치'를 확립했다. 남북화해를 아세안 의제와 연동해 한반도─동아시아 연계성을 제도화했다. 셋째, 정책의 학습효과를 확인했다. 치앙마이 이니셔티브 같은 금융안정 장치는 이후 역내 거시금융 거버넌스 논의의 학습 경로를 제공했다. 넷째, 한국의 위상을 제고했다. 한국은 수동적 수혜자가 아니라 지역주의의 발신자로 자리매김했다.

한편, 제도화의 심도와 법적 구속력의 부족, 역내 전략환경의 급변 등은 남방네트워크가 완결형 공동체로 진화하는 데 장애로 작용했다. 이는 향후 보완 과제로 남았다. 그럼에도 아세안을 무게추로 삼아 동북아의 불안정성을 낮추고, 동아시아비전그룹과 아세안+3를 통해 협력의 지평을 넓혔다는 점은 정당하게 평가받을 만하다.

이는 한반도 화해를 지역 질서의 신뢰 메커니즘 속에 삽입하려는 전략적 시도였으며, 한국 외교가 양자 중심틀에서 다자·지역 통합 프레임으로 전환하는 분수령이었다. 오늘의 시점에서도 김대중이 남긴 남방네트워크의 교훈—비전 제시, 연계 설계, 신뢰의 제도화—는 여전히 유효한 정책 나침반이다.

VI. 화해의 공동체로서 아시아연합의 모색

김대중 외교의 궁극적 비전은 화해공동체로서의 아시아연합 Asian Union이었다. 그는 분단된 한반도와 갈등적 동북아를 넘어, 화해를 출발점으로 협력과 통합을 제도화하고, 궁극적으로 공동체 형성으로 나아가는 순환 구조를 아시아 질서의 설계 원리로 제시했다. 김대중 외교의 이론적 구조와 실천적 궤적은 아시아 지역질서 재편의 관점에서 종합적으로 조명될 필요가 있다.

김대중은 《김대중 자서전 2》에서 "21세기는 누구 것인가"라는 물음을 던지며, 다섯 차례의 인류사적 혁명(인간의 탄생, 농업혁명, 도시 문명의 탄생, 사상혁명, 산업혁명)을 개괄한 뒤 21세기를 "지식·정보 혁명의 시대"로 규정하고 있다.[56] 그는 산업혁명 이후 민족국가·제국주의·식민주의가 세계를 지배했으나, 오늘날에는 정보·통신·문화 산업 발전으로 국경을 초월한 상호의존이 심화되고 있다고 진단

---

56) 김대중, 《김대중 자서전 2》, 159-160쪽.

했다. 이 맥락에서 그는 지식·정보·문화가 새로운 국부의 원천이 되며, "지식이 없는 국가는 사라질 것이다."라고 강조했다. 이러한 인식은 한국을 '지식·정보 강국'으로 만들겠다는 국내 비전과 함께, 동아시아를 지식·정보 협력 공동체로 만들겠다는 지역주의 구상으로 연결된다. 아시아연합은 안보·경제 협력체를 넘어, 지식과 정보, 문화를 공유하는 문명 공동체로 상상되고 있다.

김대중은 개인적 고난과 분열의 시대를 통과하며 정치적 복수 대신 화해의 정치를 선택했다. 그는 피해자의 서사를 화해의 서사로 전환한 '내부 화해자'로서 한반도 화해를 출발점으로 동북아 전체의 평화를 설계했다. 1998년 한일공동선언은 이 화해의 정치가 국가 간 제도적 합의로 구체화된 사례였고, 2000년 남북정상회담은 이를 민족적 화해의 실천으로 확장했다. 이후 한중·한러·아세안 정상외교는 이 화해를 지역적 신뢰 구조로 확산시켰다.

김대중이 설계한 화해공동체 비전은 오늘의 동아시아에서도 여전히 유효하다. 다만 과제도 있다. 첫째, 피해자 정의의 심화가 필요하다. 화해의 제도화는 정의의 보완 없이는 지속될 수 없다. 둘째, 제도화의 두께를 더해야 한다. 절차적 구속력과 시민 참여를 강화해 느슨한 협력을 지속가능한 규범으로 발전시켜야 한다. 셋째, 연대의 확장이다. 한반도 평화와 아세안 협력, 기후·보건·디지털 등 신안보 영역을 통합한 아시아 공공성을 구축해야 한다.

김대중은 냉전적 분단과 식민의 기억을 넘어, 아시아가 공유할 수 있는 화해의 문법을 창조했다. 그의 외교는 윤리와 제도, 개인과 공동체, 피해자성과 실용주의를 결합한 문명사적 실험이었다. 그가 남긴 메시지는 단순하다. "화해 없는 공동체는 불가능하고, 공동체 없는 화해는 지속되지 않는다." 이는 아시아연합이 다시 도전과제로 부상할 때 그 존재론적 명제가 된다. 화해의 정치가 협력과 통합으로 제도화될 때, 아시아는 대립의 지역에서 공존의 문명, 곧 화해공동체로서의 아시아연합으로 나아갈 수 있다.

　　김대중 외교의 최종적 지향은 아시아적 화해공동체의 형성이었다. 그는 2009년 1월 7일의 일기에 "인생은 생각할수록 아름답고 역사는 앞으로 발전한다."라고 적었는데, 이는 장신기가 말한 김대중 정치사상의 핵심인 진보적 낙관주의를 가장 잘 보여준다. 화해를 갈등의 종결이 아니라 공동체의 출발점으로 보는 이러한 역사관은 남북화해, 한일화해, 한중·한러 협력, ASEAN+3/EAVG/EASG로 이어지는 지역적 다중 협력 구조의 설계로 구체화되었다.

　　김대중의 아시아연합 구상은 동북아의 불안정성·식민의 기억·냉전의 잔존이라는 구조적 제약을 넘어, 화해를 제도화하고 공동체를 확장하는 '아시아적 평화 메커니즘'을 구축하려는 시도였다. 이 글에서 살펴본 김대중 외교는 바로 그 꿈을 향한 첫 설계도였다. 개인의 고난에서 출발한 화해의 서사가 국가와 지역 질서의 설계 원리로 확장될 때, 아시아연합이라는 이름의 화해공동체는 추상이 아니라 역사적 과제로 다가온다.

참고 문헌

김귀옥, 〈김대중의 화해의 정치〉, 박명림 외, 《김대중의 사상과 정치》 2권, 연세대학교 출판문화원, 2023.

김귀옥, 〈김대중 평화사상의 형성과 정치적 실천〉, 《통일과평화》 12(2), 2020.

김귀옥, 〈김대중의 화해의 사상: 형성과 실천〉, 《통일인문학》 90, 2022.

김대중(정진백 엮음), 《김대중의 말》, 태학사, 2024.

김대중, 《김대중 육성 회고록》, 한길사, 2024.

김대중, 《김대중 자서전 1, 2》, 삼인, 2010.

김대중—오부치 공동선언 20주년 기념행사 위원회, 《김대중—오부치 게이조 공동선언 20주년과 동아시아 미래비전》, 트리펍, 2018.

김병문, 〈한미의 대북정책의 전개와 변화: 김대중 정부 시기 클린턴행정부와 부시행정부의 대북정책을 중심으로〉, 《세계지역연구논총》 23(2), 2005.

김아름, 〈김대중 정권의 대북 포용정책과 북일관계 개선의 상관관계〉, 《통일연구》, 21(2), 2017.

김준형, 〈한국의 대미외교에 나타난 동맹의 자주성—실용성 넥서스: 진보정부 10년의 함의를 중심으로〉, 《동북아연구》, 30(2), 2015.

김하중, 《증언: 외교를 통해 본 김대중 대통령》, 비전과리더십, 2015.

김학성, 〈증오와 화해의 국제정치: 한·일간 화해의 이론적 탐색〉, 《국제정치논총》 51집 1호, 2011.

김학재, 〈김대중의 한일화해론: '상호존중'과 '책임' 담론을 중심으로〉, 《아세아연구》 66(4), 2023.

김학재, 〈김대중의 용서론과 화해정치〉, 《한국동양정치사상사연구》 23(2), 2024a.

김학재, 〈남북화해를 향한 김대중의 대화론과 정치적 실천〉, 《오토피아》, 38권 2호, 2024b.

김학재, 〈포용의 관점에서 본 김대중의 남북화해론에 관한 연구〉, 《분쟁해결연구》 22권 3호, 2024c.

김학재, 〈김대중 정치사상의 토대 탐색: 정치·권력·갈등·정치가론을 중심으로〉, 《철학·사상·문화》 47호, 2025.

노명환, 〈김대중의 용서·화해 사상과 분단극복·지구평화〉, 박명림 외, 《김대중의 사상과 정치》 2권, 연세대학교 출판문화원, 2023.

류상영, 〈김대중의 일본에 대한 인식과 전략: 주요 저작과 어록을 통해 본 인식의 진화와 정치적 선택〉, 《한국정치외교사논총》 33(1), 2011.

류상영 외, 《김대중과 한일관계: 민주주의와 평화의 한일현대사》, 연세대학교 대학출판문화원, 2012.

문정인 편, 《분단 70년 ,다시 6.15의 길을 묻다》, 연세대학교 대학출판문화원, 2015.

박명규, 〈평화와 화해: 책임정치와 심정윤리의 간극〉, 전우택 편, 《용서와 화해에 대한 성찰》, 명인문화사, 2018.

박명림, 〈한국의 동아시아 인식과 구상: 1960년대 김대중 사례 연구〉, 《통일문제 연구》, 45(1), 2006.

박명림 외, 《김대중의 사상과 정치》 1권 2권, 연세대학교 출판문화원, 2023.

박명림·김대중, 〈민주적 시장경제와 평화공존에의 여정: 대한민국 정부 수립 60 주년, 김대중 전 대통령 인터뷰〉, 《역사비평》, 84, 2008.

박명림·지상현, 〈탈냉전기 한국의 동아시아 인식과 구상: 김대중 사례 연구〉, 《한국정치학회보》, 43(4), 2009.

백학순, 〈햇볕정책: 한반도 평화통일번영의 대전략〉, 박명림 외, 《김대중의 사상과 정치》 1권, 연세대학교 출판문화원, 2023.

양기호, 〈미래지향적 동반자관계 발전과 한·일협력〉, 양성철·이상근 엮음, 《김대중 외교: 비전과 유산》, 연세대학교 대학출판문화원, 2015.

양성철과 이상근 엮음, 《김대중 외교: 비전과 유산》, 연세대학교 대학출판문화원, 2015.

연세대학교 김대중도서관 편, 《김대중 전집 I 제5/6/9/10권》, 연세대학교 대학출판문화원, 2015. [제5권. 남북화해와 협력의 새로운 장을 열다 (2000년 6월~2000년 12월) / 제6권. 한반도 평화를 위한 실용주의 외교을 펼치다 (2001년 1월~2001년 7월) / 제9권. 국가원로와 국제평화지도자의 길을 걷다 1 (2003년 3월~2007년 3월) / 제10권. 국가원로와 국제평화지도자의 길을 걷다 2 (2007년 4월~2009년 8월)]

연세대학교 김대중도서관 편, 《김대중 전집 II 제4/5/6/10/16/17/18권》, 연세대학교 대학출판문화원, 2019.[제4권. 정책 노선과 전략을 구체화하다 (1966년 4월~1967년 6월) / 제5권. 신민당과 함께 유력 정치인을 부상하다 (1967년 7월~1968년) / 제6권. 제7대 대통령 선거에서 정책대결의

장을 열다 (1969년~1972년 9월) / 제10권. 미국 망명으로 민주화운동의 국제적 외연을 넓히다 (1983년~1984년 1월) / 제16권. 세계를 보면서 새로운 시작을 준비하다 (1993년) / 제17권. 한반도 전쟁위기 극복을 위한 국제협력을 이끌어내다 (1994년) / 제18권. 정계복귀로 다시 승부수를 던지다 (1995년~1996년 6월)]

이남주 외, 《김대중과 중국》, 연세대학교 대학출판문화원, 2023.

임혁백, 〈김대중과 한반도 평화〉, 박명림 외, 《김대중의 사상과 정치》 1권, 연세대학교 출판문화원, 2023.

장신기, 《성공한 대통령 김대중 현대사》, 시대의창, 2021.

장신기, 〈중국에 대한 김대중의 인식과 외교전략〉, 이남주 외, 《김대중과 중국》, 연세대학교 출판문화원, 2023.

장원링 · 비잉다, 〈김대중의 이상, 정치적 업적 및 유산: 중국 학자의 관찰과 판단〉, 이남주 외, 《김대중과 중국》, 연세대학교 출판문화원, 2023.

차승주, 〈평화 통일교육의 핵심 내용으로서 '화해'에 대한 시론적 고찰〉, 《평화학연구》 20권 3호, 2019.

천자현, 〈화해의 국제정치: 화해 이론의 발전과 중일관계에 대한 비판적 적용〉, 《국제정치논총》 53집 2호, 2013.

최영태, 〈김대중과 국제주의〉, 박명림 외, 《김대중의 사상과 정치》 1권, 연세대학교 출판문화원, 2023.

허승훈, 〈국제정치학적 관점에서 바라본 '화해'의 의미〉, 《인간과 평화》. 5(1), 2024.

Deutsch, Karl. *Political Community and the North Atlantic Area.* Princeton: Princeton University Press, 1957.

Gopin, Marc. *Between Eden and Armageddon: The Future of World Religions, Violence, and Peacemaking.* Oxford: Oxford University Press, 2000.

Haas, Ernst B. *The Uniting of Europe.* Stanford: Stanford University Press, 1958.

Korostelina, Karina. *History Education in the Formation of Social Identity: Toward a Culture of Peace.* New York: Palgrave Macmillan, 2013.

Lederach, John Paul. *Building Peace: Sustainable Reconciliation in Divided Societies.* Washington, D.C.: USIP Press, 1997.

Moravcsik, Andrew. The Choice for Europe: Social Purpose and State Power from Messina to Maastricht. Ithaca: Cornell University Press, 1998.

RAND Corporation. U.S. Forces in Korea: Challenges and Opportunities. Santa Monica, CA: RAND, 2002.

U.S. Congress, Congressional Research Service. South Korea—U.S. Relations, Annual Reports, 1998–2003.

U.S. Department of State. Joint Statement by President Bush and President Kim Dae-jung. Washington D.C., 2001.

〈김대통령 노근리사건' 진실규명 지시〉, 《연합뉴스》, 1999.10.2.
　　　https://n.news.naver.com/mnews/article/001/0004477321?sid=100
　　　(최종 검색일: 2026.1.30.)

〈김대통령 클린턴과 전화통화〉, 《연합뉴스》, 2001.1.12.
　　　https://n.news.naver.com/mnews/article/001/0000048101?sid=100
　　　(최종 검색일: 2026.1.30.)

〈노근리사건 희생자 심사 및 명예회복에 관한 특별법〉,
　　　https://www.law.go.kr/LSW/lsInfoP.do?lsiSeq=58471&vie
　　　wCls=lsRvsDocInfoR&utm_source=chatgpt.com#0000
　　　(최종 검색일: 2026.1.30.)

〈'노근리 성명' 한·미정상 전화통화〉, 《국민일보》, 2001.1.12.
　　　https://n.news.naver.com/mnews/article/005/0000039956?sid=100
　　　(최종 검색일: 2026.1.30.)

〈정대협 제396차 수요시위 성명서, 2000년 2월 2일〉, 일본군성노예제문제해결을 위한 수요시위 아카이브,
　　　https://www.archivecenter.net/wednesdaydemo
　　　(최종 검색일: 2026.1.30.)

〈한미 '노근리' 공동조사 가능한가〉, 《연합뉴스》, 1999. 10. 3.

https://www.yna.co.kr/view/AKR19991002002600001
(최종 검색일: 2026.1.30.)

〈한미 노근리사건 공동발표문〉, 《오마이뉴스》, 2001.1.12.,
https://www.ohmynews.com/NWS_Web/View/at_pg.aspx?CNTN
_CD=A0000030030&utm_source=chatgpt.com
(최종 검색일: 2026.1.30.)

〈Program Book〉, International Association for Reconciliation Studies,
6th World Conference on Reconciliation, Seoul, July 24th to 28th,
2025, https://www.iars-world.de/iars-seoul-2025

〈Statement on the Korean War Incident at No Gun Ri〉, 《The American
Presidency Project》,
https://www.presidency.ucsb.edu/documents/statement-the-ko
rean-war-incident-no-gun-ri (최종 검색일: 2026.1.30.)

〈Who are Insider Reconcilers?〉, Carter School for Peace and Conflict
Resolution,
https://www.youtube.com/watch?v=RxmoAYBUkMc&t=27s
(최종 검색일: 2026.1.30.)

7

김대중·브란트·만델라의 화해와 통합의 정치

박명림 (연세대학교 교수, 김대중도서관장)

I. 문제의 제기[1]

정치는 한 나라를 이끌고 또 바꾼다. 당연히 그 평가 기준은 특정 가치와 목표의 성취 여부다. 그중 화해와 통합은 정치의 존재 이유이자 근본 목표인 동시에, 가장 어려운 실천 지평이자 도달 상태가 아닐 수 없다. 평가 준거에는 그에 도달하기 위한 방법과 태도가

---

1) 김대중, 브란트, 만델라의 본고의 주제에 대한 국제학계의 주요 연구들은 아래와 같다. 그러나 이 셋을 동시에 탐색한 연구는 아직 전무하다. 김귀옥, 〈김대중의 화해의 정치〉, 박명림 외, 《김대중의 사상과 정치: 평화·민주주의·화해·협력 2》 (서울: 연세대학교 출판문화원, 2023), 238-320쪽; 노명환, 《4차 산업혁명 시대를 위한 김대중 생애·사상·정책의 의미: 빌리 브란트와의 관계·비교 속에서》 (서울: 신서원, 2024) ; 노명환, 〈김대중의 용서·화해 사상과 분단 극복·지구평화〉, 《김대중의 사상과 정치: 평화·민주주의·화해·협력 2》 (서울: 연세대학교 출판문화원, 2023), 321-376쪽, 박명림, 〈김대중의 연대와 연합의 정치〉, 《김대중의 사상과 정치: 평화·민주주의·화해·협력 2》 (서울: 연세대학교 출판문화원, 2023), 377-451쪽; ―――, 〈한국에서 연합적 민주주의: 김영삼과 김대중 정치의 연합성과 지속성〉. 김영삼대통령기념재단 편. 《김영삼 대통령과 신한국 창조》. (서울: 새로문화, 2023), 777-818쪽 : 최영태, 《빌리 브란트와 김대중》 (서울: 성균관대학교 출판부, 2020); Bruce A. Ackerman, *Revolutionary Constitutions:: Charismatic Leadership and the Rule of Law* (Cambridge, Massachusettes: The Belknap Press of Harvard University Press, 2019); Timothy G. Ash, *In Europe's Name: Germany and the Divided Continent* (New York: Knopf Doubleday Publishing Group, 1994); David Binder, *The Other German: Willy Brandt's Life & Times* (Washington, D.C.: New Republic Book Co, 1975); 자크 랑, 윤은주 옮김, 《넬슨 만델라 평전》, (서울: 실천문학사, 2007); Barbara Marshall, *Willy Brandt: A Political Biography* (London: Palgrave Macmillan, 1996); Anthony Sampson, *Mandela: The Authorized Biography* (New York: Vintage, 2000); Benedikt Schoenborn, *Reconciliation Road: Willy Brandt, Ostpolitik and the Quest for European Peace* (New York: Berghahn Books, 2020); 그레고어 쇨겐, 김현성 옮김, 《빌리 브란트》, (서울: 빗살무늬, 2003); Hélène Miard-Delacroix, *Willy Brandt: Life of a Statesman,* (London: I.B. Tauris, 2016); Roger Southall, *Smuts and Mandela: The Men Who Made South Africa* (Auckland Park, South Africa: Jacana Media, 2024).

포함된다. 정치는 목표인 동시에 과정이기 때문이다.

　우리는 매우 드물지만 목적과 실천 차원 모두에서 화해와 통합의 정치를 구현한 정치가를 만나게 된다. 한국의 김대중 대통령과 독일의 빌리 브란트Willy Brandt 총리, 그리고 남아프리카공화국의 넬슨 만델라Nelson Mandela 대통령이 그들이다. 세 사람은 각각 분단과 한국전쟁과 군부독재, 세계대전과 홀로코스트와 분단, 인종주의와 아파르트헤이트와 폭력 대결이라는 엄중한 고난의 현실에서, 강력한 저항과 투쟁을 전개한 동시에, 또한 가능한 한 화해와 통합의 정치를 추구하려 한 점에서 동일하였다.

　김대중 정치의 한 중심 요체는 화해와 통합이었다. 사상과 현실에서 이 둘은 그에게 분리 불가능하였다. 특히 후자에서 더 그러하였다. 민주화 이전에는 민주 대 반민주 대결이, 민주화 이후에는 진보 대 보수의 진영 갈등이 격렬한 한국 상황에서 김대중은, 두 시기 모두에 걸쳐, 화해와 통합의 정치를 추구하고 실천한 가장 대표적인 정치인으로 평가받는다.

　본 연구는 김대중의 화해와 통합의 정치를 브란트, 만델라와의 동일 지평에서의 연구를 통해 세계 관점에서 접근하려는 목표를 갖는다. 그러나 그 접근은 이론적이며 해석적인 비교의 차원이 아니라 사실적이며 경험적인 차원에 제한된다. 구체적으로는 김대중과 브란트와 만델라가 각각 한국과 독일과 남아공의 특정한 조건과 맥락에서 요청된 화해와 통합의 정치를 어떤 사상의 토대 위에 어떤 상황과 계기에서 어떻게 추구하고 실천하였는지를 고구한다. 화해와 통합이라는, 내면적으로나 현실적으로나, 개인적으로나 공동체적으로나 가장 힘들고 복합적인 난문難問. aporia을 이 세 지도자는 어떻게 인식하고 대면하였으며, 어떻게 도약하고 돌파하였는가를 분석하고자 한다.

　이를 통해 우리는 김대중의 화해와 통합의 정치가 브란트 및 만델라와 견주어도 결코 부족하거나 뒤지지 않는 세계적 지평과 지점에서 검토될 충분한 근거와 수준을 갖고 있음을 확인하게 될 것이다. 말할 필요도 없이 세 사람은, 비록 화해와 통합의 정치에 한정하더라도, 한국과 독일과 남아공을 넘어 당대 아시아와 유럽과 아프리카를 대표할 뿐만아니라, 더 나아가 20세기 인류사 전체를 통틀어도 당대 세계를 표상하는 지도자라는 점은 의심의 여지가 없다. 세 사람의 정치사상 역시 그러함은 물론이다.

　본고는 세 나라와 세 대륙과 당대 세계를 대표하는 세 지도자의 정치 사상과 실천의 다른 많은 요소와 지점들 — 이를테면 자유, 평등, 인권, 민주주의, 용서, 평화, 저항, 권력 — 을 제외한 채 다만 화해와 통합에만 한정하려 한다. 따라서 일단 해당 영역과 주제의 언명과 행위, 사실과 사건을 정리하는데 주력하고자 한다. 그러나 김대중에 대한 국내 연구는 다수 존재하는 데 비해 다른 두 사람에 대한 그것은 부족한 현실에서 균형을 위해 불가피하게 전자를 할애하는 점에 대한 이해를 구한다. 동시에 김대중의 통합과 화해의 정치에 대해서도, 기존 연구와는 달리 거국내각, 연합정부, 정치보복 금지, 두 개의 국가론에 집중해서 살펴보려고 한다.

　화해와 통합의 정치의 관점에서 김대중, 브란트, 만델라 셋의 철학과 실천, 그리고 그들이 놓인 조건의 공통점과 차이점을 비교하고, 나아가 세계적 보편적 교훈과 의미를 추출하려는 시도는, 이론적 심층 검토와 함께, 다음 과제로 미루고자 한다. 국내 국제적으로 사건이나 기구가 아니라, 인물과 리더십을 중심으로 특정 관념과 실천을 셋 이상 복수로 비교하는 접근과 연구는 아직 찾기 어렵기 때문이다. 이번에는 브란트·만델라와의 견줌에, 또 화해와 통합에 제한하지만, 장기적으로는 다른 리더십 사례들과, 그리고 다른 규범들에 대해서도 종합적으로 탐구될 수 있기를 희망한다.

II. 김대중의 화해와 통합의 정치

1. 김대중 통합정치의 거시적 근간: '거국내각' 관념

현실에서 화해와 통합 정치의 구현은, 많은 국가의 사례가 보여주듯, 정부 구성, 즉 권력 배분으로 나타난다. 김대중은 주목할만한 정치인으로 등장한 초기부터 권력배분을 주장하였다. 거국내각을 구성하자는 김대중의 장구한 주장과 집권 당시의 궁극적 실현은 사상과 현실, 신념윤리와 책임윤리의 결합을 통한 김대중 정치의 특징을 구현한 가장 대표적인 실례이다. 특히 책임윤리의 측면에서 그러하다. 권력의 집행보다 더 잘 한 정치인의 책임윤리의 발현을 보여주는 것은 없기 때문이다.[2]

김대중의 거국내각 주장은 브란트의 대연정 및 만델라의 국민통합 내각 실천과 다르지 않았다. 실제로 거국내각을 말하면서 그는 곧바로 브란트의 대연정을 사례로 든다. 한마디로 그에게 거국내각은 여야 구별 없이 모두 정부에 참여하는 것을 의미했다. 그에 따르면 여야대결로는 효율적인 개혁을 못하기 때문에, 거국내각은 개혁을 위해서도 필요했다.[3]

---

2) 책임윤리에 대해서는 막스 베버, 박상훈 옮김, 《소명으로서의 정치》 (후마니타스, 2001/2021), 210—214쪽.

3) 김대중, 연세대학교 김대중도서관 편, "〈월간조선〉과의 인터뷰(1996.6.11.)," 《김대중 전집 II》 제18권(서울: 연세대학교 대학출판문화원, 2019), 480쪽. 이하 《김대중 전집 II》은 해당 문헌과 전집 권수의 순으로 명기한다.

　김대중은 거국내각을 대화합의 정치, 국민적 합의, 국민통합을 촉진시키는 제도적 장치로 인식하였다.[4] 또한 연합정부를 추진할 당시 그는 "당면한 큰 목적을 위해선 이념이 다른 정당도 얼마든지 정책을 같이 할 수 있고 이것이 민주주의 묘미"라고 언명한다.[5] 김대중은 연립과 연합정치의 본질을 대화합과 국민통합에 두는 동시에 이를 제도와 민주주의 차원으로 확장하여 이해하고 있음을 알 수 있다. 그는 연정 추진에 대한 비판을, 독일과 일본의 사례를 들어, 민주주의에 대한 거부라고 비판한다. 그에게 거국내각은 공동집권이었다.[6]

　사실 김대중은 유력 정치인으로 부상한 초기부터 매우 오랫동안 거국내각을 주창하였다. 주목할만한 초기의 정치적 입지점이었다. 최초의 대선 출마였던 1971년 대통령 선거를 말한다. 최초의 대선 출마부터 그는 직접 민주 거국내각 용어를 사용한다. 이것은 김대중·김종필의 1997년 대통령 선거의 연정 구성이 단순히 집권을 위한 전략만의 산물이 아니었음을 보여준다. 나아가 그는 거국내각 구성을 정치보복의 중단과 지역통합, 민주주의 발전과 민족단결을 위한 한 과정으로 본다.

> "나는 집권하면 이 나라 민주주의의 토착화와 민족의 단결을 위해 정치적 보복은 일절하지 않고 국내외 유능한 우수한 인사들을 총망라해서 민주 거국내각을 구성하겠습니다. 일부에서 지역감정을 조작시키고 있지만 내가 대통령이 되면 요직에 경상도 출신의 우수한 인재를 대거 등용시키는 것을 보면 나의 결심을 알게 될 것입니다."[7]

---

4) "KBS 1TV 연설(1992.12.6.)," 《김대중 전집 II》 제15권, 761쪽.
5) "〈매일경제〉와의 인터뷰(1996.12.23.)," 《김대중 전집 II》 제19권, 74쪽.
6) "〈조선일보〉와의 인터뷰(1996.12.4.)," 《김대중 전집 II》 제19권, 55쪽.
7) "부산에서 열린 대선 유세 연설(1971.4.10.)," 《김대중 전집 II》 제6권, 467쪽.

첫 제기 이후 김대중에게 거국내각 구상은 군사독재 하 민주화 과정에서도 중요하였다. 그는 민주화와 화해의 병행을 위해 전두환 군사독재 정권에게 거국내각 구성을 반복하여 제안하고 촉구한다. 특히 6월항쟁 전후는 매우 자주 촉구하였다. "우리 현실을 해결하기 위해서는 민주화와 화해가 병행돼야 합니다. 이를 위해 중립 인사들로 거국내각을 구성, 전 국민적 화해와 신뢰를 심는 것이 필요하다고 생각합니다. 이것은 내 개인적 의견이고 지금도 변함이 없습니다."[8] "민주화를 담당하는 거국내각이야말로 오늘의 난국을 타개하는 구국의 길이라고 확신하면서 국민 여러분의 이 점에 대한 적극적인 지지를 바라 마지않습니다."[9]

1987년 6·29 선언 직후에도 민주화와 화해를 이루기 위해 전두환 정부에게 거국내각 구성을 제안하였다. 그것은 민주세력과 전두환 정권 모두의 불안을 극복하는, 평화적 이행을 위한 타협이었다. "(거국내각 구성에 대해) 진지한 고려가 있기를 바란다."[10] "(민주화와 정치보복의 불안을 해소하기 위해 나는) 거국내각 구성을 주창하고 있다."[11] 나는 현 정부가 거국내각 구성을 제안하면 나의 계보 사람들도 입각시키겠다. 현 정권을 도와주겠다.[12]

"지금 민주 세력과 전두환 정권은 각기 나름대로의 불안을 안고 있습니다. 민주 세력은 과연 민주화가 순조롭게 진행되어서 내년 2월이면 우리가 진정한 민주 정부를 가질 수 있을 것인가 하는 불안이 있습니다.

---

8) "시국 수습을 위한 '조건부 대통령 불출마' 선언(1986.11.5.)," 《김대중 전집 II》 제12권, 305쪽.
9) "민주 회복을 위해 현 정권은 종식되어야 한다(1986.11.29.)," 《김대중 전집 II》 제12권, 312쪽.
10) "6·29 선언 관련 기자회견(1987.6·29.)," 《김대중 전집 II》 제12권, 376쪽.
11) "〈아사히신문(朝日新聞)〉과의 인터뷰(1987.7.5.)," 《김대중 전집 II》 제12권, 378쪽.
12) "〈신동아〉와의 인터뷰 (1987.7.11.)," 《김대중 전집 II》 제12권, 409쪽.

반면에 현 정부는 민주화가 되고 정권을 현재의 야당에 넘겨주었을 때 과연 정치 보복이 없겠느냐 하는 우려가 있을 것입니다. 이 두 가지 불안의 요소를 한꺼번에 해결할 수 있는 것이 바로 거국내각의 실현입니다.

나의 거국내각 구성에 대한 안은 이렇습니다. '먼저 전 대통령은 민정당의 당적을 이탈한다. 그리고 국정 운영의 실질적 권한을 국무회의에 맡기고, 자신은 초연한 입장에 선다. 국무총리 이하 전 국무위원은 현재의 여야 당과 재야 세력, 또는 무소속으로부터 영입하여 명실상부한 거국적인 내각을 구성한다.'

이 거국내각은 전 국민의 협력 아래 두 가지 사명을 수행하는데, 하나는 순조로운 민주화 추진입니다. 다른 하나는 광주 의거 문제를 위시한, 현 정권의 탄압으로 야기된 사건의 마무리를 짓는 것입니다. 이렇게 하면 내년 2월의 정권 이양 때는 새로운 정부가 과거의 부담으로부터 해방되어 앞날의 발전적 계획에 전념할 수 있을 것입니다.

한편 전 대통령은 국민과의 화해 속에 평화리에 물러날 수 있고 그의 추종자들도 아무 두려움 없이 새로운 민주공화국에서 활동할 수 있을 것입니다. 거국내각만이 민주화와 화해를 다 같이 성공시킬 수 있는 확실한 길이라고 생각됩니다."[13]

민주화와 화해의 동시 추진과 달성, 즉 기존의 권위주의 세력과 민주화 세력이 극단적 충돌 없이 국민과 함께 화해함으로써 평화적으로 민주주의를 지켜내는 방안으로서 거국내각을 주장한 것이다. "거국내각만이 민주화와 화해를 다 같이 성공시킬 수 있는 확실한 길"이라는 그의 언명은 현실의 난관과 신념윤리의 강도를 동시에 보

---

13) "김대중 씨가 답하는 글(1987.8.9.)," 《김대중 전집 II》 제12권, 472쪽.

여준다. 당시 그는 자신이 전두환 정부에 대해 강도 높게 거국내각을 제안해도 야당과 재야세력이 적극적인 호응이 없는 것에 대해 크게 안타까워했다.14) 그는 정치보복을 반대하며, 구원과 상처를 씻고 화해와 화합의 시대를 열기 위해 거국내각 구성을 주장하였다고 강조한다.15)

그러나 김대중은 1987년 선거에 김영삼과 동시에 출마하게 되었을 때는, 야권 단일화를 주장하며 김영삼의 출마를 포기시키면 통일민주당과 거국내각을 수립할 용의가 있다고 밝혀, 거국내각을 단일화와 동일시하였다.16) 통일민주당과 평화민주당 사이의 거국내각 구성에 대한 그의 제안도 같았다. 승리를 위한 거국내각이 아니라 승리 이후의 거국내각이었다.17) 단일화와 거국내각을 동일시한 것은 87년 민주화 과정에서 김대중의 실패가 아닐 수 없었다.

87년의 결정적 실패에 이은, 세 번째 대통령 출마 때도 거국내각 제안은 지속되었다. 1992년 대통령 선거에서는 특히 대화합의 정치, 그리고 실제 집권 후의 3대 국정기조였던 민주발전과 시장경제와 복지제도의 실현을 위한 정국운영의 기제로서 거국내각안을 제안하였다.

거국내각은 대화합정치를 실현하기 위한 정치적 구상이라고 할 수 있습니다. 앞서 지적했듯이 지역, 계층, 세대 간 갈등과 불신이 존재하고 그것이 우리의 앞길을 가로막고 있기 때문에 전 지역, 계층, 전 세대의

---

14) "민주통일민중운동연합 주최 정책 질의에 대한 답변(1987.10.5.)," 《김대중 전집 II》 제12권, 663-664쪽.
15) "〈경향신문〉과의 인터뷰(1987.10.9.)," 《김대중 전집 II》 제12권, 670쪽.
16) "우리 승리 누가 막으랴― 여의도 유세 연설(1987.11.29.)," 《김대중 전집 II》 제12권, 802쪽.
17) "선거운동을 마무리하면서 밝힌 입장(1987.12.15.)," 《김대중 전집 II》 제12권, 837쪽.

이익을 대변 할 수 있는 거국내각이 필요합니다. 거국내각에는 모든 정당, 지역과 계층, 청년과 여성이 고루 참여하도록 해 전 국민적 지지를 받는 내각이 되도록 하겠습니다.[18]

우리가 집권하면 거국내각을 만들겠습니다. 민주발전, 시장경제, 적정한 복지제도 이 삼자의 원칙 위에 구체적인 정책협정을 이루어 모든 정당과 각계의 우수한 지도자들이 거국내각에 참여하도록 하겠습니다. 적어도 거국내각에는 우리 당 외부로부터 10명 내외의 각료를 영입할 계획입니다.[19]

특히 1992년 대선에서 김대중은 '민주 대 반민주'의 시대는 이미 끝났다는 중요한 정치적 선언을 한다. 민주세력과 정당을 대표하는 그가, 게다가 1990년 3당 합당의 부도덕성과 반민주성을 강하게 비판하던 그의 주목할만한 언명이었다. 이것은 민주와 반민주 구도에 매몰된 대결과 투쟁이 아닌 민주주의에 기반한 화해와 통합의 정치가 새로운 시대의 과제라는 의미를 지닌다.

"지금 민주 대 반민주시대는 지났고요. 과거에 반민주적인 행적이 있는 사람들도 행동을 얼마든지 고칠 수 있는 것이고, 우리가 집권하면 그분들을 부분적으로 안는다 해도 우리 근본이 민주주의에 기반을 두기 때문에 큰 지장이 없죠. 그리고 자꾸 화합해 나가야지 국민적 단결이 되지 않겠습니까."[20]

통합의 정치에 기반한 김대중의 시대 인식과 현실감각과 미래

---

18) "여성유권자연맹 초청 토론(1992.11.16.)," 《김대중 전집 II》 제15권, 655쪽.
19) "관훈클럽 초청 대선후보 토론(1992.12.2.)," 《김대중 전집 II》 제15권, 714쪽.
20) "〈세계와 나〉와의 인터뷰(1992.7.13.)," 《김대중 전집 II》 제15권, 546쪽.

지향을 압축적으로 드러내는 말이다. 민주주의로의 이행이 진행되고 있는 시대적 상황에서 과거의 민주와 반민주의 구도에 따른 정치 대결은 의미가 없다는 것이다. 이제 민주주의 쟁취가 아닌 화합이 중요한 의제가 되는 것이라는 점을 김대중은 강조했다.

민주화 이후에도 대중에게 거국내각은 곧 대화합의 정치였다. 전국민적 거국내각을 통한 대화합은 곧 국민통합을 말한다. 그는 모든 정당, 모든 지역, 모든 계층, 여성과 청년이 다 같이 참가해서 전국민적 기반을 갖는 내각을 거국내각이라고 불렀다.

> 제가 대통령이 되면 대화합의 정치를 하겠다는 것을 여러분께 선포합니다. 모두가 참여하고 화해하고 협력해서 이룩되는 대화합의 정치 말입니다. 이를 위해서 거국내각을 구성하겠습니다.[21]

김대중은 거국내각을 구성하는 경우 집권당이 소수당이라 하더라도 국회로부터의 지지를 끌어낼 수 있으므로 바른 정치를 통해 정국의 안정 또한 꾀할 수 있다고 보았다. 비록 소수 정부일지라도 연립정부를 통해 의회와의 협력을 유념하고 추구하였던 것이다.

> "거국내각을 구성, 다른 정당과 연합해 정부를 운영할 것이기 때문에 국회로부터도 지지를 받을 수 있다. 또 … 다소 모자란 의석이라도 바른 정치를 하면 지지를 얻어낼 수 있다."[22]

전술했듯 김대중은 1992년 대통령 선거를 통해 후일 집권 시기

---

21) "1992년 대통령 선거 대통령 후보 수락 연설(1992.5.26.)," 《김대중 전집 II》 제15권, 432–433쪽.
22) "〈경향신문〉과의 인터뷰(1992.10.7.)," 《김대중 전집 II》 제15권, 609–610쪽.

국정운영의 3대 기조였던 민주주의와 시장경제의 동시 발전 그리고 생산적 복지의 원형이 되는 원칙을 제안하고 있다. 당시 언급한 연합적 정책지향은 물론 10명 내외의 각료 영입도 1998년 정부 구성에서 실제로 실현되었다.

> "우리가 집권하면 거국내각을 만들겠습니다. 민주발전, 시장경제, 적정한 복지제도 이 삼자의 원칙 위에 구체적인 정책협정을 이루어 모든 정당과 각계의 우수한 지도자들이 거국내각에 참여하도록 하겠습니다. 적어도 거국내각에는 우리당 외부로부터 10명 내외의 각료를 영입할 계획입니다."[23]

1997년 대통령 선거를 앞두고는 대기업과 기득권층의 저항을 없애기 위해 거국내각을 해야 한다고 주장한다. 특히 남북문제를 해결하기 위해서도 거국내각을 해야 한다. 또 지역 차별을 없애기 위한 구상으로 거국내각의 필요성을 제기하였다. "나는 지역 차별 정치의 최대 피해자입니다. 그러한 차별을 없애기 위해서도 다음 정권은 거국내각을 해야합니다."[24] 집권 이후 영남 및 보수 인사 등용의 뿌리를 알 수 있다. 또한, 사회경제적 개혁과 남북관계 해결과 지역 차별 극복을 추진하기 위한 방법과 전략의 핵심이 무엇인가를 정확히 보여주는 지점이다. 김대중에게 거국내각을 통한 국민통합은 개혁과 화해를 가능케 하는 지름길이었다.

> "지금의 정치는 권위주의적인 정치이며 경제는 대기업 중심입니다. 사회는 특권층 중심이고 남북관계는 대결주의로 잘못 나가고 있습니다.

---

23) "관훈클럽 초청 대선후보 토론(1992.12.2.)." 《김대중 전집 II》 제15권, 714쪽.
24) "21세기와 한국의 선택(1996.5.22.)," 《김대중 전집 II》 제18권, 453쪽; "〈월간조선〉과의 인터뷰(1996.6.11.)," 《김대중 전집 II》 제18권, 479쪽.

이것을 바꾸려면 기득권층의 저항이 있을 것입니다. 이런 저항을 없애기 위해서는 거국내각을 해야 합니다. 특히 남북문제를 해결하기 위해서는 거국내각을 해야 합니다."[25]

2. 김대중 통합정치의 실천: 김대중·김종필(DJP)연합정부 – 한국 최초의 연립정부

김대중의 통합의 정치는 사상과 목표를 넘어 현실이자 구현이었다. 김대중은 자유민주연합(자민련)의 김종필 총재와의 정치연합(DJP연합)을 통해 1997년 12월 18일에 실시된 제15대 대통령 선거에서 승리함으로써 대한민국에서 최초로 지배정당과 반대정당 간의 평화적 정권교체를 이루어냈다. 동시에 대한민국 정부 성립 후 최초로 정당 간 연합을 근거로 성립한 연립정부를 탄생시켰다.

선거 승리 이후에도 김대중이 자민련과의 연립정부를 성립시키고자 하는 의지는 확고했다. 선거 승리 이후 연립정부 구성을 반대하며 김종필 자민련 총재의 총리 지명 철회를 거듭 요구하는 반대당에게 그는 분명하게 답변한다.

"자민련과의 연합은 국민과의 약속이었고, 자민련과의 합의를 깨는 것은 배신행위입니다. 김 총리 지명이 부당하다고 생각하면 투표에 참여해서 반대하는 것이 마땅합니다."[26]

DJP연합에 의한 연립정부로서의 성격은 선거 직후 구성된 대

---

25) "21세기와 한국의 선택(1996.5.22.)," 《김대중 전집 II》 제18권, 453쪽.
26) 김대중, 《김대중 자서전 2》 (서울: 삼인, 2010), 40쪽.

통령직 인수위위원회(인수위) 위원의 선정과정에서부터 명확하게 드러났다. 12월 25일 발표된 인수위 위원 24명은 국민회의와 자민련 측 인사가 각각 12명씩으로 동일했다.[27]

1998년 3월 초 조각된 내각의 구성을 보면 김대중 정부는 연립정부임을 단번에 알 수 있다. 김대중은 자민련과 합의한 바와 같이 주요 경제 분야의 수장들은 자민련이 추천하는 인사들에게 맡겼다. 자민련 추천으로 재경부 장관(이규성), 과학기술부 장관(강창희), 정보통신부 장관(배순훈), 환경부 장관(최재욱), 보건복지부 장관(주양자), 건설교통부 장관(이정무), 해양수산부 장관(김선길) 등이 임명되었다. 국민회의 측에서는 통일부 장관(강인덕), 외교통상부 장관(박정수), 법무부 장관(박상천), 국방부 장관(천용택), 행정자치부 장관(김정길), 교육부 장관(이해찬), 문화관광부 장관(신낙균), 산업자원부 장관(박태영) 등의 인사들이 임명되었다.[28]

이러한 주요 장관 인사는 우선 인수위 위원의 구성에서와 같이 장관의 수에 있어서 국민회의와 자민련 간에 대단히 균형 잡힌 구성임을 알 수 있다. 대통령이 국민회의 출신이고 자민련이 상대적으로 소수의 정당이라는 점을 유념할 때, 이는 정당 간 의석 비율을 고려하지 않은 상호 대등한 관계를 전제로 50 대 50을 원칙으로 인수위 위원은 물론 내각의 구성도 이루어졌음을 알 수 있다.

더 나아가 각료들의 정치 성향에 비추어 볼 때 특기할 만한 점은 내각 구성이 국민회의와 자민련 간의 50 대 50의 배분도 아니었다는 점이다. 비록 국민회의 측으로 임명된 각료지만 통일부 장관과 외교부 장관은 매우 보수적인 성향의 사람들이었다. 주미 대사는 신한국당의 당대표, 김영삼 정부에서 국무총리를 지냈던 이홍구, 국가안전

---

27) 김대중, 《김대중 자서전 2》, 23쪽.
28) 김대중, 《김대중 자서전 2》, 41쪽.

기획부의 수장은 중앙정보부를 거쳐 민주정의당(민정당)의 사무총장 등 보수당의 핵심 인사였던 이종찬을 임명하였다. 대통령 비서실장 역시 민정당에서 국회의원을 지냈던 김중권을 임명하였다.

자민련과 약속한 경제 분야는 물론 정보, 통일, 외교, 그리고 주미 대사와 대통령 비서실장까지 보수적 인사로 구성하는 파격적 인사를 단행한 것이다. 김대중 정부는 한국 정치사상 평화적 정권교체를 통해 탄생한 첫 정부라는 점과 더불어 두 정당 간의 공동집권을 넘어 실제로도 이념적 정책적 균형을 추구한 정부였던 것이다.

주지하듯 대통령제 아래서는 일반적으로 연립정부가 잘 성립되지 않는다. 전국을 단일 선거구로 하는 대통령 직선제의 경우 승패가 분명하기 때문이다. 게다가 결선투표제가 없을 경우 연합정부는 더욱 어렵다. 그러나 김대중은 제도적 차원에서도 대통령제인 우리나라에서 연립정부를 성립시키지 못할 이유는 없다고 보았다. 우리의 헌법이 이미 연립정부가 수립될 수 있는 내각제적 요소를 다분히 가지고 있기 때문에 의원내각제로의 전환 없이도 연립정부를 통한 정권 안정이 이루어질 수 있다는 것이다.[29]

사실 김종필과의 정치연합이 예상 밖의 결정이었던 이유는 제도를 넘어 다른 요인 때문이었다. 우선 김대중과 김종필은 박정희 시기 피해자와 가해자의 관계에 놓여 있던 인물들이다. 게다가 그들이 이끄는 국민회의와 자민련은 이념적 스펙트럼의 양단에 위치한다고 할 정도로 이념적 거리가 멀었다. 지역적 지지기반 역시 호남과 충청으로 확연히 달랐다. 크게 다른 정치적 이념적 지역적 분포를 갖는 두 지도자와 정당이 정당연합·이념연합·지역연합을 통해 대한민국 최초의 연립정부를 성립시킨 것이다.

---

29) "관훈클럽 초청 대선후보 토론(1992.12.2.)," 《김대중 전집 II》 제15권, 747–748쪽; "〈월간조선〉과의 인터뷰(1996.6.11.)," 《김대중 전집 II》 제18권, 475–476쪽.

378

김대중이 DJP연합을 구성한 이유는 무엇보다도 대선 승리를 위한 선거전략 차원의 연합이었음은 강조할 필요도 없다. 김대중은 일본 《아사히신문》과의 인터뷰에서 김종필 자민련 총재와 연대하는 이유는 야당이 선거에서 이기기 어렵다는 현실을 극복하고 선거에서 이기기 위한 것이라는 점을 분명히 밝힌다.

"서로 걸어온 길은 크게 다르지만 (연대의) 필요성에 대해서는 일치하고 있습니다. 과거 50년간 여당만 정권을 잡아서 국민들에게는 야당이 이기는 것이 어렵다는 고정관념이 있습니다. 이기기 위해서는 연대가 필요합니다."[30]

"이기기 위해서는 연대가 필요하다"라는 말은 거국내각을 향한 오랜 신념에 더해 선거승리를 위한 김대중의 정치적 현실주의를 그대로 보여준다. 실제로 선거 득표 결과를 보더라도 DJP연합이 아니었다면 김대중의 15대 대통령 선거에서 승리는 어려웠다.

김대중은 총 유효 투표의 40.3%(10,326,275표)을 얻어 38.7%(9,935,718)를 득표한 이회창 후보에 겨우 1.6%(390,557표)라는 아주 근소한 차이로 승리했다. 3위인 이인제 후보는 19.20%(4,925,591표)를 획득하였다.[31] 당시 (1) 누란의 외환위기 상황, (2) 이회창 후보 자녀를 둘러싼 병역논란, 그리고 (3) 이인제 후보의 출마와 상당 수준의 득표라는 세 가지의 결정적으로 유리한 요소에도 불구하고 김대중이 겨우 39만 득표 차이로 당선되었다는 점에

---

30) "〈아사히신문(朝日新聞)〉과의 인터뷰(1997.5.22.)," 《김대중 전집 II》 제19권, 263쪽.
31) 중앙선거관리위원회, "제15대 대통령 선거, 개표현황," 중앙선거관리위원회, http://info.nec.go.kr/electioninfo/electionInfo_report.xhtml.

비추어, 김종필과의 선거연합이 없었다면 김대중의 승리는 거의 불가능했다.

둘째, 앞의 거국내각 구성에 대한 그의 장구한 신념에서 볼 수 있듯이 정치연합에 대한 김대중의 오랜 지론의 결과였다. 김대중에게 국민을 위하는 지점을 향한 같은 목적을 가진 사람과의 협력은 상대의 과거가 결정적인 장애물은 아니었다. 김대중은 국민을 위하고 민주주의를 회복하기 위한 목적을 함께하는 사람과는 언제든지 손을 잡겠다는 생각을 자주 피력한 바 있다. 목적을 같이한다면 그가 과거에 과오를 범한 사람이라 하더라도 협력함으로써 자유와 정의, 국민의 행복과 조국의 통일을 실현해나갈 생각이 있다는 것이 김대중의 확고한 신념이었다.[32]

보수파 리더 김종필과의 협력도 예외가 아니었다. 김대중은 2차 대전 당시 서로 체제가 다른 미국이 소련과 연합한 것도 독일의 히틀러 나치와 일본의 군국주의에 대항하기 위한 특수한 목적을 위해 손을 잡았던 사례를 예거하며, 놀랍게도 1980년대에 이미 정치보복 배제, 거국내각, 민주화 연합을 위해서는 김종필과의 연대의 필요성과 가능성을 천명한 바 있다. 1980년대 전두환 군사독재 아래에서였다. 대화, 민주화, 정치보복 금지라는 공통의 목표를 위해서였다. 신념이 다르더라도 목적이 같다면 김종필과 협력하겠다는 의지를 1985년 시점에 이미 분명하게 표명한 것이다.[33] 1985년이 일반 원칙과 요건의 천명이었다면, 1996-97년 대선 상황은 절실한 현실 정치적 필요를 의미했다.

김종필과의 연합에는 공통의 목적이 존재했다. 김대중은 김종

---

32) "[제13대 국회 제144회 제5차 본회의] 1. 국정에 관한 교섭단체 대표 연설 (1988.10.25.)," 《김대중 전집 II》 제13권, 257-258쪽.
33) "〈월간조선〉과의 인터뷰(1985.3.11.)," 《김대중 전집 II》 제12권, 20-22쪽.

필과의 협력을 공식화하면서 DJP연합의 목적을 수평적 정권교체, 책임과 공존의 정치, 대화와 토론, 국민통합, 경제위기 극복을 이루기 위함임을 분명히 했다. 뜻을 같이하는 정당이 연합하여 정책을 조정하고 집행하는 것이 민주주의라고 보았던 김대중은 자민련과의 연합을 통해 집권함으로써 그가 평소에 정치적 지향으로 제시한 화합의 정치를 구현하고자 한 것이다. 여기에는 선거승리를 넘어 정치 자체의 변화를 추구하고 국가위기를 극복하려는 더 큰 목표가 들어 있었다.

> "지금까지 한국 정치는 특정 세력의 권력 독점으로 엄청난 폐해를 겪었습니다. 너무나도 오랜 시간 동안 대화와 타협은 실종되었고, 제왕적 대통령 한 사람의 월권행위가 난무했습니다. 자민련과의 약속은 책임감 있는 국가 경영을 위한 것이고, 여러 정치세력의 참여와 공존을 도모하기 위한 것입니다. 이는 제가 여태까지 주창해 온 민주주의의 원칙에 어긋나지 않습니다. 한국 민주주의 발전에 기여한 것으로 평가되는 사람으로서, 저는 이러한 결정이 새정치 문화의 기틀을 닦게 되기를 바랍니다. 여기서 새정치란 신구 권력의 조화 그리고 건설적인 대화와 토론에 기반한 것이어야 합니다. 또한, 양당의 연대는 국민 통합에도 큰 기여를 하게 될 것입니다. 지금 한국이 맞닥뜨린 경제위기 극복을 위해서는 우리 모두가 힘을 합쳐야 할 것입니다."[34]

셋째, DJP연합은 용서와 화해에 기초한 정치협력을 통해 국민 통합을 이루고자 하는 김대중의 신념에 따른 결정이었다. 국민회의와 자민련의 연합의 핵심은 단지 선거에서의 승리에만 있는 것이 아

---

34) "〈아시아워크〉와의 서면 인터뷰 (1997.11.27.)," 《김대중 전집 II》 제19권, 500쪽.

니라 산업화와 민주화의 과정에서 쌓인 구원舊怨을 해소하고 화해와 협력의 가치에 기반한 협력 정치의 구현에 있었던 것이다. 김대중은 이러한 협력이 이루어지면 정치 독점·독선·독주·독단의 시대가 끝나고 다양한 지역과 세력이 공동으로 참여하는 참여와 다양성의 정치가 시작되는 것이라고 말했다. 대화와 타협의 정치가 시작될 것이라는 비전이었다. 목표는 대화합과 국정안정이었다. 김대중은 김종필과 후보 단일화에 합의한 후에 기자회견을 통해 다음과 같이 발표하였다.

> "연립정부가 구성되면 권력 독점의 시대가 끝나고 다양한 지역과 세력이 공동으로 참여하는 참여 정치의 시대가 시작됩니다. 한 사람의 권력자에 의한 독선, 독단, 독주의 정치는 막을 내리고 대화와 타협의 정치가 시작될 것입니다. 이것은 다양성의 시대인 21세기에 적극 부응하는 것입니다. 정치적으로 참여의 민주주의, 국민이 주인으로서 참여하는 민주주의를 하면서 본격적인 지방자치 시대를 열겠습니다. 그리고 대화합 속에 국정의 안정을 기할 것입니다."[35]

김종필 역시 민주화 세력과 산업화 세력의 해원解怨과 화해는 역사적 과제로서 사과와 용서, 화합과 통합의 길로 나아가는 것으로서 그 길을 통해 나라의 지역적 분열을 막고 우리나라의 정치 발전을 도모하기 위한 선택이 김대중과 손을 잡는 것이었음을, 그리고 그 선택에 후회가 없음을 밝히고 있다.[36] 김종필 역시 선거 승리를 넘는 해원과 화해, 화합과 통합을 분명히 말하고 있다.

---

35) "준비된 비전 준비된 경험(1997.11.3.)," 《김대중 전집 II》 제19권, 452쪽.
36) 김종필, 중앙일보 김종필증언록팀 엮음, 《김종필 증언록 2》 (서울: 와이즈베리, 2016), 275쪽.

그러나 DJP연합의 성사 요인이었던 내각제 개헌합의의 파기로 인한 균열에 이어 햇볕정책을 둘러싼 갈등이 본질이었던 임동원 통일부 장관의 해임건의안 문제로 DJP연합은 끝내 해체되었다. 김대중으로서는 정부 출범을 가능케 했던 내각제 합의의 파기에도 불구하고 유지된 연립정부를 자기 정부의 정책적 상징이었던 햇볕정책의 중단까지 감수하면서 지속할 의도는 없었던 것이다. 주목할만하게도 김대중 자신의 친필메모에 따르면 '대통령의 당적 이탈과 야당의 거국내각 참여 용의'라는, 이회창 한나라당 총재의 예견된 제안에 대해서도 정당정치와 책임정치에 벗어난다며 거절할 구상이 있었다.37) 그에게 거국내각과 탈脫 정당정치는 같지 않았던 것이다.

2001년 9월 막을 내리기까지 약 4년 가까이 유지되었던 김대중과 김종필의 연합정치 — 연립정부는 3년 6개월 — 는 국내정치는 물론 남북관계와 국제관계에도 크게 기여하였다.38) 우선 국내정치적으로 김대중 · 김종필의 정치연합은 최초의 정당 간 평화적 정권교체를 이루어내었다. 둘째는 국민통합의 토대를 제공하였다. 산업화−민주화, 진보−보수 세력의 정치연합이 창출하는 단결과 통합의 힘이 아니었다면 외환위기의 극복과 남북정상회담은 결코 쉽지 않았을 것이다. 즉 아래로부터의 국민적 지지를 끌어낼 수 있었던 요인은 정치연합과 보수 인사 기용에 따른 국민통합과 정책균형에서 찾을 수 있다.

---

37) 박찬수, 《김대중의 국정노트》 (서울: 한겨레출판사, 2015), 137, 143쪽.
38) 여러 나라와 한국에서 연립정부가 갖는 의미와 성과에 관해서는 박명림, 「연합정치 · 정권교체 · 대통령 리더십」, 박명림 편, 《1987년 민주헌정체제의 등장과 운영 II: 김대중》 (파주: 카오스북, 2017), 23−71쪽.

3. 화해의 정치: 정치보복의 완전 금지—통합의 전제이자 목표[39]

"오늘 우리의 정치 현실에서 가장 긴급하게 요청되는 정신이 있다면, 그것은 한편으로는 화해와 단결의 정신이며 다른 한편은 반성과 자기 갱신의 정신입니다. 과거에 부당하게 고통당했던 피해자들은 반성하는 어제의 가해자들을 용서하고 포용해야 합니다. 저는 유신체제하에 약간의 고난을 당했으나 더 밝은 미래 사회를 창조하기 위하여 어떠한 보복이나 협량을 절대 배격하겠습니다. … 나도 인간이라 중심에 한이 없는 것은 아닙니다. 그러나 용서와 사랑을 최고의 덕으로 가르쳐 주신 하느님의 뜻에 순종하기 위해서 그리고 새로운 민주 역사를 선도적으로 엮어 나가기 위해서 저는 이 모든 사건을 불문에 붙이기로 결심했습니다. 지난날 많은 민주 인사와 저를 괴롭혔던 정치 보복은 종지부를 찍어야 합니다. 이제부터는 그러한 보복의 악순환이 우리 정치 풍토에서 말끔히 사라져야 할 것입니다."[40]

박정희 서거라는, 10·26사태로 갑작스러운 박정희 대통령의 유고 이후 혼란한 정치적 상황에서 맞이한 3.1절 61주년을 기념한 기자회견에서 김대중은 용서와 화해의 정신을 강조했다. 이날 성명을 통해 김대중은 도쿄에서의 납치 사건에 관련되었던 모든 사람을 용서할 것과 더 이상 문제를 거론치 않을 생각임을 밝혔다. 자동차 사고를 위장한 그에 대한 살해 미수 사건을 포함한 모든 박해에 대해

---

39) 김대중의 화해의 정치는 그의 용서의 정치와 함께 접근할 때 종합적 접근이 가능하다. 그러나 본고에서는 생략한다. 이에 대한 잘 된 연구는 김귀옥. 〈김대중의 화해의 정치〉; 박명림 외. 《김대중의 사상과 정치: 평화·민주주의·화해·협력 2》, 238–320쪽; 노명환. 《4차 산업혁명 시대를 위한 김대중 생애·사상·정책의 의미: 빌리 브란트와의 관계·비교 속에서》; 노명환, 〈김대중의 용서·화해 사상과 분단 극복·지구평화〉, 《김대중의 사상과 정치: 평화·민주주의·화해·협력 2》, 321–376쪽을 참조.
40) "7년만에 국민 여러분을 대하면서(1980.3.1.)," 《김대중 전집 II》 제9권, 48쪽.

서도 불문에 붙일 것을 선언했다. 개인적인 신앙의 발로임과 동시에 정치적 보복의 악순환에서 벗어나 새로운 민주주의의 역사를 써내려가기 위한 결단에서 비롯된 결정임을 분명하게 밝혔다.

이와 같은 용서의 정신은 김대중의 종교적 신앙이자 정치적 신념이었다. 1973년 8월 8일 대낮에 도쿄의 한복판에서 납치되었다가 극적으로 생환한 이후 김대중은 자신을 납치하여 죽이려 했던 청년들을 비난하지 않고 아무것도 모르고 나라를 위한다는 순진한 청년들이며 그들에게서 나라의 밝은 미래를 보았다고 한 바 있다.[41] 그의 용서는 인간 일반, 그리고 자신이 겪는 고난에 대한 가장 깊은 성찰로부터 우러나온 것이었다. 1980년 5월 체포되어 1982년 12월까지 약 2년 7개월여 수감 기간에 작성했던 옥중수고에도 증오 · 보복 · 곡해 · 중상을 넘어 관용 · 공존 · 이해 · 협력을 위한 길로 나아가고자 한 노력의 흔적이 곳곳에 담겨 있다. 1980년 11월 24일 사형수 시절에 작성한 편지에 김대중은 다음과 같이 쓰고 있다.

> "첫째는 나 자신도 죄인이라는 것이다.[42] 만일 내가 일생에 남몰래 저지른 나쁜 일과 마음에 품었던 악한 생각을 하느님 앞에, 혹은 군중 앞에 영사막에 비치듯이 비친다면 과연 나는 얼굴을 들고 남을 볼 수 있으며 그리고도 남을 용서할 수 없다고 할 수 있을까.
>
> 둘째는, 남을 용서하지 않고 미워한다는 것은 자기 자신의 마음을 증오와 사악으로 괴롭히는 자기 가해의 어리석은 행동이라는 점이다.
>
> 셋째는, 용서와 사랑을 거부해 가지고는 인간사회의 진정한 평화와 화해를 성취할 수 없다. 마음 놓고 살 수도 없고 진정한 행복도 없다. 나치즘이나 공산사회를 생각해 보면 알 일이다.

---

41) "태양은 또다시 떠오른다(1973.8.16.)," 《김대중 전집 II》 제7권, 330-331쪽.
42) 이 언명은 김대중 정치사상의 한 요체이나 본고에서는 설명을 생략한다. 후술하듯 이러한 인식은 만델라도 동일하였다.

넷째로, 용서와 사랑은 진실로 너그러운 강자만이 할 수 있다. 꾸준히 노력하며 하느님께 자기가 원수를 용서하고 사랑하는 힘까지 가질 수 있도록 도와주시기를 언제나 기구하자. 그리하여 너나 내가 다 같이 사랑의 승자가 되자."[43]

이 옥중기록은 자신을 고난에 처하게 하고 죽음을 선고한 사람들을 용서하기 위해 깊이 성찰했는지를 여실히 보여준다. 김대중에게 용서는 죄 있고 잘못한 사람이 회개했을 때 그의 회개를 받아들이는 것이며, 이것이 진정한 용서였다. 그리고 그것이 그가 믿는 기독교의 가르침이라고 분명하게 말한다.[44]

용서와 화해의 근간을 이루는 '나 자신도 죄인'이라는 언명은, 아래의 인간의 본성에 놀라운 통찰과 함께 김대중 정치사상의 한 중심 기축이 아닐 수 없다.

"인간은 본성적으로 선과 악의 양면을 가지고 있습니다. 이성과 감성의 양면을 또한 가지고 있습니다. 그러므로 인간은 배타적 이기주의자도 되고 사회적 공동선에의 참여자도 됩니다. 그래서 문제는 어떻게 해야만 부정적 측면을 줄이고 긍정적 측면을 확대하느냐 하는 것입니다. 인간의 부정적 측면을 억제하고 긍정적 측면을 확대하기 위해서는 정치가 잘되어서 사람을 긍정적이고 전진적인 방향으로 유도해 가야 합니다. 그리하여 공동체의 발전 속에서 각자 개인의 이익이 보장되도록 하여 사회 구성원이 자발적으로 공동선을 위해 협력하도록 해야 합니다. 이러한 과정에서 바른 자는 보상받고 그른 자는 중벌을 받아야 합니다. 이것을 해낼 수 있는 것이 정치이며 그 정치의 가장 바람직한

---

43) "육군교도소에서 쓴 편지 2(1980.11.4.)," 《김대중 전집 II》 제9권, 224쪽.
44) "[제13대 국회 제144회 제5차 본회의] 1. 국정에 관한 교섭단체 대표 연설 (1988.10.25.)," 《김대중 전집 II》 제13권, 257-258쪽.

제도가 민주주의입니다."[45]

따라서 김대중에게 용서는 공동체를 위한 용서를 의미한다. 즉 김대중에게 화해와 용서는 갈등을 낮추고 타협을 높인 기저 정신이었다.[46] 그것은 관용과 공존의 정치로 나아가기 위한 근본 정신이자 태도였다. 한 예가 민주화 이후 전두환 전 대통령에 대한 구속 여부에 대한 논쟁에서 김대중은 구속은 피하자는 입장을 피력했던 일이다. 노태우 정부 초기 5공 청산의 목소리가 높은 가운데서도 김대중은 전두환 처벌에 반대하였으며 과거에 대한 반성과 솔직한 증언이 이루어지는 경우 그의 자유로운 활동까지 보장하자고 할 정도로 포용적이었다.

> "제가 정치보복 반대를 주장한 것은 요즈음이 아니라 사형 언도 받을 때부터입니다. 그때 죽을 것으로 알고 유언으로 했던 말이에요. (중략) 재야 동지들이 처벌하자고 주장하지만 우리는 '철저히 사실을 밝히고 사람 집어넣는 것까지는 안 하는 것이 좋다.' 이런 한계선을 지켜서 민주주의 반대하는 사람들에게 감히 반발하지 못하게 하고, 전두환 씨도 구속은 안 된다는 희망을 갖고 물러서게 만들었다는 겁니다. 그 대신 구속자 전원 석방과 사면·복권을 얻어냈고요. 만약 구속하라고 했으면 저쪽 사람들에게 내적 충격을 주어 정국이 파국으로 가고 있었을 겁니다."[47]

---

45) "김광수 교수와의 대담(1993.11.28.)," 《김대중 전집 II》 제16권, 348쪽.
46) 박명림, 「연합 정치, 정권 교체, 대통령 리더십」, 박명림 편, 《1987년 민주헌정체제의 등장과 운영 II: 김대중》 (파주시: 카오스북, 2017), 63쪽.
47) "〈인물계〉와의 인터뷰(1989.1.1.)," 《김대중 전집 II》 제13권, 425-426쪽.

기실 김대중의 정치보복 반대 신념은 거국내각 주장 못지않게 역사가 길고 일관되었다. 그만큼 확고부동한 정치적 신념이자 원칙이었다. 그의 현실 정치 시작이 전쟁과 독재로 점철된 시기였음에 비추어 정치보복 반대에 대한 일관성과 장구성은 이것이야말로 김대중의 가장 깊은 정치적 목표의 하나였음을 알게 해준다. 그리하여 실제로도 결과적으로 그는 조국을 불법 강점한 일본 제국주의와 자신의 납치를 방임한 전후 일본, 대한민국에게 침략전쟁을 감행하고 자신을 죽이려 한 공산당, 그리고 민주주의를 억압하고 자신을 탄압한 독재세력 모두에게 응징과 보복 대신 공존과 화해를 실천한 셈이었다.

이미 1970년 10월의 대전의 대통령 선거 유세 연설문 친필 초안에 따르면 "정치보복은 민주정치사의 오점"이라는 제목하에 "1. 평화적 정권교체는 정치보복의 우려를 완전히 배제한 데서 비롯된다. … 3. 내가 집권하면 위는 전前 정권의 대통령부터 아래는 5급 공무원까지 그리고 경제계나 사회단체 인사의 누구에게도 정치보복을 않겠다."고 언명한다. [48]

정치보복 금지에 대한 같은 각오는 반복되었다. 1971년 3월 대구 유세의 연설문 친필 초안 역시 "나는 집권 하드래도 어느 누구에 대해서나 정치보복을 하지 않을 것이라는 점을 거듭 천명해둔다."고 밝히고 있다. [49] (원문 그대로)

그가 말한 사형 언도 시점의 정치보복 반대 언명을 보자. 그에게 그것은 사실상 국민화해와 동의어였다.

"나는 일관해서 정치보복 없는 국민 화해를 주장했으며 이런 의미에서

---

48) "대전에서 열린 7대 대통령선거 유세 연설문 초안(1970.10.24.)," 《김대중 전집 II》 제6권, 363쪽.
49) "대구에서 열린 대선 유세 연설문 초안(1971.3.27.)," 《김대중 전집 II》 제6권, 459쪽.

최 정부에 대화도 요청하고, 나의 납치 사건에 관련된 사람들을 용서하겠다고 말했습니다."[50]

"나는 나의 크리스천으로서의 신앙과 우리 역사의 최대 오점인 정치보복의 악폐를 내가 당한 것으로 끝마쳐야겠다는 신념을 특히 76년의 3·1민주구국선언 사건으로 투옥된 뒤 굳게 하며 그 이후 이에 일관했다. 10·26 사태 이후는 계속해서 국민적 화해와 단결을 제창해 왔다. 그러나 나의 그러한 호소는 아무런 반응도 얻지 못하고 오늘의 운명에 이르렀다.[51]

사형수의 신분으로서 정치보복 반대에 대한 간절한 심경이 그대로 드러난다. 김대중의 정치보복 반대와 화해가 지향하는 정치는 흑백논리와 진영대결을 피하고 상호 관용과 이해를 바탕으로 하는 정치이다. 실제로도 김대중은 대통령 취임 이후 정치 보복을 감행하지 않았다. 이러한 화해와 포용의 정치는 정치 갈등이 극단으로 치닫는 것을 방지하였으며, 권위주의에서 민주주의로 전환된 지 얼마 되지 않은 한국의 민주화 과정을 안정적으로 진전시킨, 일종의 갈등완화 기제로 작용했음에 틀림없었다.

김대중이 관용과 화해에 기반한 상생의 정치로 나아가고자 한 이유는 극단적 대치와 복수가 초래하는 분열과 투쟁으로 점철된 정쟁을 되풀이하지 않으려 했기 때문이었다. 김대중은 명예혁명 이후 왕권회복을 주장한 찰스 2세를 살려둠으로써 정쟁은 있었으나 민주주의의 토대를 세운 영국,[52] 남북전쟁 이후 남부를 처벌하지 않음으

---

50) "김대중 내란음모 조작사건 관련 최후진술(1980.9.13.)," 《김대중 전집 II》 제9권, 213쪽.
51) "육군교도소에서의 옥중 단상 7 – 하느님은 아시리라(1980.12.3.)," 《김대중 전집 II》, 제9권, 244쪽.
52) "청주교도소에서 쓴 편지 14(1982.3.25)," 《김대중 전집 II》 제9권, 365-366쪽.

로써 국가의 분열을 방지하고 세계 최강국에 오른 미국,[53] 그리고 이와는 달리 끝까지 시민계급을 인정하지 않았던 프랑스의 왕가와 귀족들의 역사로부터 상대를 인정하고 대화를 통해 극단을 피하는 관용과 화해의 지혜가 나라를 평화와 번영에 이르게 한다는 교훈을 얻었다.

따라서 김대중은 대화해를 말한다. 그에게 대화해는 국내 남북 두 차원 모두에 걸쳐 필수였다. 그는 대화해를 민족통일에 대한 대비로 까지 연결시킨다. 그에게 화해는 자유와 정의의 원칙 아래 내부 갈등의 극복과 민족통일을 위한 지름길이었다. 동시에 자유와 정의의 실현이라는 세계보편정신의 추구를 위해서도 그러했다.

> 이제 우리 한국민이 할 일은 자유와 정의의 실현이라는 오늘의 세계정신을 받들고 대 화해를 이룩하는 것이라고 확신하면서, 저는 여러분에게 이러한 대화해의 시대를 여는 데 적극 동참하기를 제안하는 바입니다. 대화해만이, 국내적으로는 지금 갈등 속에 대립 하고 있는 정파 간·계층 간·지역 간·세대 간의 대립을 극복하는 길이며, 남북 간에 있어 서는 평화공존과 평화교류 속에 공동의 복리를 추구하고 장래의 민족통일에 대비하는 길입니다.
> 그러나 화해는 무원칙한 것이 되어서는 안 됩니다. 자유와 정의가 실현될 때만 진정한 화해가 있습니다 [54]

김대중의 화해는 모든 영역과 차원에서의 실천의 원칙으로 기능하고 있다. 개인 내면의 차원, 국가 정치차원, 그리고 남북관계

---

53) "아시아 민주주의와 인권(1997.9.26)," 《김대중 전집 II》 제19권, 372쪽.
54) "[제13대 국회 제142회 제11차 본회의] 1. 국정에 관한 교섭단체 대표 연설(계속)(1988.06·29.)," 전《김대중 전집 II》 제13권, 125쪽.

및 국가와 국가 사이의 외교 차원에서의 용서와 화해가 그것이다.
갈등과 반목 그리고 대립이 있는 모든 곳에 적용되는 화합의 기술로
서의 의미를 지니고 있다고 평가할 수 있다. 우선 개인적 차원에서
그는 자신에게 위해를 가했던 사람들을 용서했다. 한국전쟁 중에,
박정희 정권과 전두환 정권 아래서 그는 모두 5차례나 죽을 고비를
넘겼다. 그 과정에 그를 죽을 고비에 몰아넣었던 사람들을 용서했다.

김대중의 두 번째 용서와 화해의 차원은 국민화합과 민주주의
의 발전을 위한 국면이다. 김대중은 대통령 당선인 시기였던 1997년
12월 20일 김영삼 대통령과의 오찬 자리에서 전두환, 노태우 전 대
통령의 사면을 김영삼 대통령에게 건의했고, 김영삼 대통령은 이를
실행에 옮겼다. 사실 전두환, 노태우 전 대통령에 대한 사면·복권
문제는 대통령 선거전에서 논쟁이 되었던 문제이다. 김대중은 처음
엔 진실된 사과를 전제로 한 사면·복권이 필요하다는 입장을 취하
고 있었다.

> "전두환·노태우 전임 대통령의 사면 문제는 적극적으로 검토할 때도
> 되었다고 생각합니다. 다만 두 분의 진실된 사과 절차가 뒤따라야 될
> 것으로 봅니다. 저는 전 대통령에 의해 사형선고를 받은 법정에서 죄는
> 미워도 사람은 미워해서는 안 된다는 최후진술을 했었습니다. 이 마음
> 은 지금도 변함이 없으며, 이러한 마음에 입각해 전·노 사면 문제에
> 접근할 것입니다."55)

김대중은 곧 국민적 화합, 특히 동서화합을 위해 사과가 없더라
도 전두환, 노태우 두 전 대통령에 대한 사면·복권이 이루어지는

---

55) "21세기와 한국의 진로(1997.7.4.)," 《김대중 전집 II》 제19권, 315–316쪽.

것이 바람직하다는 것으로 선회했다.

> "제가 대통령이 되고 또 그때까지 사면이 안 돼 있다면 물론 취임하자마자 사면하겠어요. 그동안 저는 두 전직 대통령의 사면을 차기로 넘기느냐 아니면 현 정권에서 하도록 하느냐에 대해 고심해 왔습니다. 그런데 이제는 되도록이면 현 정권에서 사면을 하도록 해 하루빨리 동서화합의 길을 열도록 해야 한다는 생각입니다. (중략) 그분들이 반성하는 모습을 보이지 않는다고 우리도 계속 똑같은 태도를 취할 수는 없지 않느냐는 생각이 들더군요. 사실 화해라는 것은 말이에요, 잘못한 사람이 잘못했다고 해야 되는 것입니다. 본인이 안 하면 본인의 잘못이지요. 그래서 저는 그분들의 사과와 관계없이 저와 국민이 먼저 용서를 해야겠다는 겁니다."[56]

김대중은 이 인터뷰 후 며칠 뒤에 국민회의의 간부 회의를 열고 김영삼 대통령 임기 내에 전두환, 노태우 전 대통령에 대한 사면을 단행토록 하는 것을 당론으로 확정했다.

박정희와의 화해는 국민화합의 차원에서 이루어진 다른 예이다. 1999년 5월 13일 박정희 대통령 기념사업 관계자 32명을 초청해서 만찬을 함께하는 자리에서 김대중은 박정희 전 대통령의 기념사업을 전폭적으로 돕겠다고 약속했다. 이것은 1997년 12월 구미 생가 방문시 김대중이 약속했던 기념사업 지원 공약을 현실화한 것이다.

> "지난번 대선 때 구미를 방문하고 생가를 찾아봤습니다. 그때 내가 당선되면 박정희 대통령 기념사업을 지원하겠다는 것을 공개적으로 약속

---

56) "〈뉴스메이커〉와의 인터뷰(1997.8.30.)," 《김대중 전집 II》 제19권, 330-332쪽.

한 바 있습니다. 그러나 그때는 선거 때니까 표가 급하니까 그런다, 이렇게 될 수가 있었을 것입니다. 또 그보다 더 앞서서 92년 대선 때 박정희 대통령 묘소를 참배하면서, 대통령과 화해한다고 선언한 일이 있습니다. 그때도 아마 사람들은 표 얻기 위해서 그런다고 했을 것인데, 저도 그것을 부인하지는 않습니다. 그러나 이제는 내가 대통령이 됐고, 표 얻을 일도 없습니다. 또다시 선거에 나올 일도 없는 사람입니다. 그렇기 때문에 지금 제가 박정희 대통령과 화해하고, 박정희 대통령을 위해서 기념사업을 지원한다고 하는 것은 진심이라고 누구든지 받아들일 수 있을 것이고, 여러분도 그렇게 생각할 것입니다. 나는 진심으로 그렇게 하고자 생각하고 있습니다. 우리가 과거에 정치적으로는 정적관계에 있었고, 제가 박정희 대통령한테 여러 가지 박해를 받은 것은 여러분도 잘 알 것입니다. 감옥도 가고 그랬지만, 이런 것을 다 청산하고 박정희 대통령과 오늘로 화해하고, 다시 한번 그분에 대해서 재평가하면서, 그분에 대한 기념사업을 하게 된 것을 저도 참 뜻깊게 생각하고, 여러분도 감회가 클 것으로 생각합니다. (중략) 나는 믿건대, 박정희 대통령께서 지하에서 오늘 이 자리를 보시면 참으로 마음 흡족히 생각하고, 이것이 계기가 돼서 국민들 간의 화해와 협조가 이뤄지는 계기가 되기를 진심으로 바랄 것으로 생각됩니다."57)

김대중은 당시의 국민 정서를 감안하면 쉽지 않은 사안이었으나 박해를 받았던 당사자로서 박정희의 공功과 과過를 역사가 판단하도록 하는 것 역시 역사의 진일보이고 그러한 일을 할 수 있는 적임자라고 판단했었다고 술회했다.58)

---

57) 연세대학교 김대중도서관 편, "김대중 대통령 육성 술회 – 박정희와의 역사적 화해 (1999.5.13.)," 《김대중 전집 I》 제3권, 1–32쪽.
58) 《김대중 전집 I》 제3권, 386쪽.

김대중의 화해의 철학은 남북관계에 있어서도 동일하게 적용된다. 김대중은 이상과 이론에 의지하여 남북한의 평화체제를 구상하지 않는다. 남북한은 해방과 동시에 분단되어 서로 체제와 이념이 다른 정부가 각각 수립되었다. 그리고 상대의 존재를 부정하는 극한 대립 끝에 결국 3년간 대전쟁을 겪었다. 이후 남북한은 서로에 대한 극도의 불신과 대결, 그리고 단절과 이질화의 과정을 겪었다. 김대중은 서로 대결하는 남북한의 사람들을 다시 화해시켜 공존하게 만드는 것이 남북한의 평화의 첫걸음이라는 점을 강조한다.[59] 그에게 화해와 공존이 바탕을 이루지 않는 남북한의 평화란 있을 수 없었다.

안과 밖을 넘어 공히 정치보복을 지양했던 김대중의 철학에는 한국 전래의 가장 깊은 심성이라고 할 수 있는 '한'에 대한 그의 독특한 인식이 숨어있었다. 여기에는 그가 왜 보복이 아니라 용서를 통해 자신을 박해했던 사람들과 화해할 수 있었는지를 설명하는 근거가 들어있다. 김대중은 복수는 한을 해소하지 못한다고 역설한다. 부정에서 긍정, 고난에서 연단, 수동에서 능동으로의 대전환과 대승화의 실천 철학이 아닐 수 없었다.

"한은 민중의 좌절된 소망입니다. 한은 민중의 좌절된 소망을 안고 그 성취를 바라는 민중의 기다리는 마음입니다. 한은 민중의 기다림 속에서도 쉬지 않고 그 성취를 위해 조용히 전진하는 민중의 몸부림입니다. 그러므로 한풀이는 그 소망을 성취함으로써 이루어지고 복수를 통해서 이루어지는 것이 아닙니다. 춘향이의 한은 이 도령과의 새 결합을 통해서 풀렸고 변 사또에 대한 보복을 생각하지 않습니다. 흥부의 한은 부자가 됨으로써 풀렸으므로 악한 형 놀부에 대한 보복을 고려하지 않습

---

59) 〈주간 이코노미스트(エコノミスト)〉와의 회견(1973.2.6.), 《김대중 전집 II》 제7권, 80쪽.

니다. 용궁에 끌려갔던 토끼의 한은 살아 돌아옴으로써 풀렸으므로 자
기를 속인 자라에게 보복하려 하지 않습니다."[60]

4. 통합과 화해 정치의 확장과 연장: 남북 '두 국가'의 공존, 그리고 국제적 화해 · 협력 · 공존

앞서 거국내각을 남북문제와 연결한데서 볼 수 있듯이 김대중
의 통합정치는 국내 정치에 국한되지 않는다. 그는 남북관계 구상에
서도 어느 일방의 관점과 정책에 배타적으로 집중하는 것이 아니라
상호 간에 공존과 협력을 달성할 수 있는 구조를 추구한다. 김대중이
제안한 다양한 이름과 형태의 평화공존, 유엔동시 가입, 두 국가의
공존, 연방 또는 연합의 구조가 그것이다. 따라서 국가와 주권의 관
점에서 볼 때 김대중의 3단계 통일방안에 대한 기존의 일반적 해석
들은 거의 전면적으로 재해석되지 않으면 안 되는 것이다.

우선 그는 1972년 7 · 4공동성명이 발표된 직후 남북 평화공존
을 위해 남북한 유엔 동시 가입을 제창한다. 또 남북 부전선언과 평
화협정을 제안한다.[61] 유엔 동시 가입과 평화협정은 남한과 북한 상
호 대등성의 인정과 수용이었다. 국내 차원의 거국내각 구성을 처음
제안하던 시점 직후였다. 당시 김대중은 남북 "정부"(원문 그대로)의
상호 인정, 유엔 동시 가입, 남북 평화협정을 제안하였다.[62] 즉각적
통일 대신에 "'1민족, 2정부'와 같은 연방제 방식을 추구하는 것이

---

60) "〈광주 의거 희생자 3주년 추도식〉 추도사(1983.5.22.)," 《김대중 전집 II》 제10권,
301쪽.
61) "남북성명과 나의 주장(1972.7.13.)," 《김대중 전집 II》 제6권, 674-675쪽.
62) "주간 이코노미스트와의 인터뷰(1973.2.6.)," 《김대중 전집 II》 제7권, 80-81쪽.

현실적일 것"이었다.(강조는 원문그대로)63)

　공화국 연방제와 공화국연합제에서도 주목할만한 점은 남북에 대해 현재 "각기 두 독립정부"64), "오늘의 남북 양쪽에 두 독립국가"65)(이상 원문 그대로)가 존재하고 있다고 명확히 기술하고 있다. 1990년의 원문을 보자.

　　첫째는 1연방 2독립 국가의 단계이다. 이 첫째 단계를 나는 공화국연방제라고 지칭하고 있다. 남북 양쪽의 공화국이 각기 동수의 대표를 선출해서 연방 기구를 형성한다. 연방기구는 제한된 임무를 가지는데 남북 간의 통일 추진 방안에 대한 연구와 협의, 각종 남북교류, 그리고 양쪽 정부가 인정한 사항을 취급한다. 그러나 남북 양 공화국의 실제 모든 국정은 남북 양쪽의 독립 정부가 이것을 정상적인 독립국가로서의 자격으로 관장한다.66)

　즉 대한민국과 조선민주의인민공화국이라는 두 정부, 두 국가, 두 공화국의 존재를 반복해서 분명하게 인정하고 있는 것이다. 공화국 연방제, 공화국 연합제에서의 언명이다. 다만 공화국 연방제에서 평화협정의 주체는 남·북·미·중 4국으로 변하였다. 앞의 1970년대 '남북' 주체에서 큰 차이였다. 유엔 동시 가입은 계속 동일하였다.67)

---

63) "한반도 상황과 나의 신념(Korean Situation and My Belief)(1972.11.)," 《김대중 전집 II》 제7권, 29쪽.
64) "3단계 통일 방안의 제창—공화국연방의 내용과 방향을 밝힌다(1988.9.1.)," 《김대중 전집 II》 제13권 189-193쪽; 김대중, 《공화국연합제》 (서울: 학민사, 1991), 190-196쪽.
65) 김대중, 《공화국연합제》, 197-204쪽.
66) "광복45주년 기자간담회 발언 요지(1990.08.14.)," 《김대중 전집 II》 제14권, 529쪽.
67) 김대중, 《공화국연합제》, 205-217쪽. 이 문제에 대한 김대중의 입장에 대해서는 다른

1990년대의, 남북연합을 통한 3단계 통일론에서도 남북 "두 국가" 인식은 기본적으로 유지되었다. "3단계 통일론의 제1단계는 1민족, 2국가, 2체제, 2독립정부, 1연합의 남북연합(남북공화국연합)이다."(전부 원문그대로). 김대중에게 남북은 두 국가인 것이다. 즉 "남북연합은 통일 상태가 아닌 엄연한 국가 간의 협력기구"이다. 김대중은 오래도록 일관되게 한반도의 현재 상황에 대해 두 정부론, 두 국가론, 두 공화국론을 견지해왔음을 알 수 있다.

즉 정밀하게 보면, 비록 그의 정교한 단계적 통일론 아래에 내장해 있어서 쉬이 간취되지 않았지만, 김대중의 공화국 연합제, 공화국 연방제, 남북연합 통일론은 분명한 두 국가론에 입각해 있음을 알 수 있다. 이것은 한국정부의 공식 통일방안인 (한)민족공동체통일방안 역시 마찬가지였다. 그것은 당시 입안한 정부 당국자가 후일 밝혔듯이 "냉전의 끝자락인 1989년 9월 민주화의 흥분 속에서 여야 합의로 확정한 민족공동체통일방안은 한반도에서 두 국가체제가 상당 기간 공존·협력하는 제도화를 처방한 것이었다."[68]

김대중은 연합과 연방을 통한 정교한 통일방안에 대해, 이를테면 "연방제라고 하면 미국 같은 연방제도 있고 영국 연방제처럼 매우 느슨한 것도 있고, 여러 종류가 있을 것입니다. 그러므로 어쨌든 연방제를 만들어 거기에서 하나하나 합의해서 다가가야 합니다."라고 제안한다.[69] 일관된 연합과 연방 구상이다. 그러나 이는 순서가 바뀐 것이다. 즉 어떤 체제인가 합의해야 연방이 결성 가능한데, 거꾸로 연방을 결성해서 하나하나 합의를 해나가자는 것이다.

기회에 상론하려고 한다.

68) 이홍구, "평화통일을 위한 분단체제의 제도화," 《중앙일보》 2015년 9월 14일.

69) "〈주간 이코노미스트(エコノミスト)〉와의 인터뷰(1973.2.6)," 《김대중 전집 II》 제7권, 82쪽.

고전 고대 이래 근대의 영국, 스위스, 네덜란드, 독일은 물론 현대의 미국과 소련과 유럽연합에 이르기까지 "연합 · 연방과 같은 형태는, 기본적으로 동질국가로 구성되어야 한다. 두 종류의 국가는 강압에 의하지 않고는 계속 한 연방 안에 함께 머물 수는 없다."[70] 요컨대 민족 · 혈통 · 문화 · 언어의 동일성이 아니라, 국가 · 체제 · 이념 · 헌법의 동질성을 말한다. 즉 두 이질적인 체제로는 그것은 불가능하다.[71]

대한민국과 조선민주주의인민공화국처럼, 서로 거의 정반대의 민주주의와 독재, 그리고 자본주의 시장경제와 사회주의 체제를 갖는 두 체제가 연합과 연방을 형성한다는 것은 불가능한 것이다. 그런 점에 비추어 김대중의 초기 연합제 · 연방제 통일방안은, 비록 두 국가, 두 정부, 두 공화국에 대한 주목할만한 때 이른 인정에서 출발했음에도 불구하고, 인류보편적 전통 및 이론과는 크게 다르다고 할 수 있다. 한국과 조선에서의 체제 이질성의 극복, 즉 자유, 민주주의, 인권, 평등이 보장되는 체제를 함께 구축할 수 있는 노력이 선행되어야 연합 · 연방제의 최소 조건이 갖춰진다는 점이다.

우리는 조선의 현란했던 각종 연방제 통일방안이 전혀 작동할 수 없었던 연유 역시 한국과 조선 두 체제의 이질성에 있다는 점을 깨닫지 않으면 안 된다. 관련하여 독일의 경우도 주목할만하다. 즉 독일민주공화국의 독일연방공화국으로의 편입을 통한 연방 통일의 달성 역시 전자에서의 민주혁명으로 인한 두 체제의 동질성의 회복 이후였다는 점을 유념하지 않으면 안 된다.

---

70) Montesquieu, *The Spirit of the Laws*, Anne M. Cohler, Basia Miller, and Harold Stone, eds. (Cambridge University Press, 1989), p. 132. 이 장 전체 (Book 9. pp. 131–137)는 연방(과 평화)의 본질에 대한 핵심적인 내용을 담고 있다.
71) 이홍구, 《민족공동체 형성을 통한 통일로의 전진》 (세종: 국토통일원, 1989), 356쪽.

김대중의 3단계 통일론의 2단계는 이점을 예리하게 지적하고 있다. "남북연합에서 연방제 단계로 진입하기 위해서는 다음과 같은 요건이 충족되어야 한다. 첫째 북한이 복수 정당제와 자유선거제도 등을 도입함으로써 민주화되어야 한다. 남북 공히 민주주의 정치체제를 수용해야만 양자 간의 정치적 통합이 가능해질 것이다. 둘째 북한이 시장경제체제를 받아들여 남북 경제공동체가 형성되고, 더 나아가 화폐·금융·재정 등에 있어서의 통합이 가능해져야 한다."[72]

김대중은 비록 2단계까지는 나아가지 못했지만, 내부 통합과 화해의 정치를 통해 한반도 평화와 공존, 화해와 협력의 단계까지는 나아가려 시도하였고, 또 최초의 남북정상회담과 6·15 공동선언을 포함해 상당 부분을 성공하였다. 그리고 내부-한반도 차원의 화해·협력·공존을 기반으로 미국, 일본, 중국, 러시아와의 관계 역시 확고하게 그러한 방향으로 정초하였다. 즉 내부가 외부였다.

먼저, 중도·진보적인 한반도 정책의 추진과 성공은 보수와의 내부 차원의 화해·연립·통합 정치가 결정적이었다. 김대중 정부가 햇볕정책을 통해 남북화해 공존으로 한반도 정책의 기조를 변화시킬 수 있었던 데에는 김종필과의 연립정부로 인해, 과거와 같은 보수세력의 이념적 매도와 반대가 용이하지 않았던 데 힘입은 바 컸다. 독일의 빌리 브란트Willy Brandt가 동서공존-동방정책 이전에 서독 내 국내 연립정부, 즉 서서西西연합을 먼저 추구하였던 것과 김대중이 군부 쿠데타의 주역과 남남 연합을 선취한 뒤 북한과의 정상회담 및 남북화해를 추구한 경로와 매우 유사했다.

국제관계에 있어서도 진보-보수 연립정부는 특출한 성과를 낳았다. 남북관계를 포함해 한일관계, 한중관계, 한러관계, 한미관계

---

72) 아태평화재단, 《김대중의 3단계 통일론》 (파주: 한울, 1995), 46-47쪽.

등 한국외교의 핵심 5국과의 관계를 전부 화해·협력과 평화·공존으로 전환하거나 유지하는 내적 원동력으로 작용했다. 특히 남북의 적대에 기반한 한미동맹에도 불구하고 남북관계와 한미동맹의 동시 발전, 그리고 한미관계와 한중관계까지 함께 조화롭게 유지할 수 있었다는 점은 결코 쉬운 일이 아니었다. 물론 이점은 세계적인 탈냉전 세계화의 흐름, 그리고 김대중 개인이 이미 세계 최고 수준의 국제 공공재였다는 점도 중요하였다. 김대중은 연합정치에 기반해 결국 내부 민주주의는 물론 나아가 한반도 문제와 국제관계까지 파상적波狀的으로 공존의 정치로 발전시켰던 것이다.

III. 빌리 브란트의 화해와 통합의 정치

1. 브란트의 통합정치 I :
　　전후 최초의 대연정, 그리고 집권과 '브란트혁명'

　　독일에서는 1949년 정부 수립 이후 콘라드 아데나워Konrad Adenauer 정부에서 현재의 프리드리히 메르츠Friedrich Merz 정부에 이르기까지 24번에 걸친 모든 연방정부가 일관되게 연립정부였다.73) 전후 독일에서는 심지어 단독정부가 가능할 때에도 연정을 결성하였다. 한국에서는 김대중 정부가 최초의, 동시에 그의 정부만이

---

73) *Tatsachen über Deutschland*, "Federal state," https://www.tatsachen-ueber-deutschland.de/en/politics-germany/federal-state (accessed April 16, 2024). 브란트 부분의 집필과 관련하여 독일어 자료의 수집과 번역에 대해 조정은 연구 조교의 큰 도움을 받았기에 깊은 사의를 표한다.

연립정부였음에 비해 독일은 100% 전부가 그러하였다. 그중에서도 빌리 브란트Willy Brandt는 제1당과 제2당의 전후 최초의 대연정 Große Koalition을 성사시킨 결정적인 주역이었다. 이후 대연정에 이어 총리에 등극한 브란트는 바이마르 공화국 이후(1928-30년 집권) 최초이자 동시에 전후 최초의 사회민주당 출신 총리였다.

1966년 가을 경제위기와 정부위기가 심화되면서 기독민주당 (CDU) · 기독사회당(CSU) 연합과 자유민주당(FDP)의 연립정권이 붕괴되었다. 기독민주당 소속 루드비히 에르하르트Ludwig Erhard 연방 총리가 사임 의사를 표명하고 기독민주당 · 기독사회당 연방의회 분파가 쿠르트 게오르그 키징거Kurt Georg Kiesinger를 총리 후보로 선출한 후, 새 정부 구성을 위한 협상이 시작되었다.

1966년 11월 27일 마침내 대연정이 결성되었다. 이날 기독민주당 · 기독사회당과 사민당 대표단은 대연정에 합의했다. 이전까지 각 정당은 기민당과의 협상에 실패했었다. 10시간에 걸친 긴 토론 끝에 사민당 최고위원회는 1966년 11월 29일 아침 일찍 새 연정에 합의하였다. 기독민주당의 쿠르트 게오르그 키징거가 총리를 맡았고 사회민주당의 빌리 브란트는 부총리 겸 외무장관에 임명되었다. 각료 가운데 브란트를 포함해 11명이 사민당이었고, 키징거를 비롯한 14명은 기민/기사연합이었다. 완벽한 대연정이었다.

그러나 대연정의 총리 키징거는 1933년에 나치에 입당하고, 나치 정권에서 외무부의 방송 부문에서 고위직으로 일한 전력이 있어 대연정은 독일 사회에서 격렬한 논란과 비판에 직면하였다. 나치 범죄를 전문으로 취재하던 기자 베아떼 클라스펠트Beate Klarsfeld는 1968년 4월 2일에는 본 국회의사당에서 키징거 총리를 향해 "나치 키징거, 사임하라!"고 외쳤다.[74] 독일의 대표적인 철학자 칼 야스퍼스Karl Jaspers는 키징거의 총리 취임에 대한 반대 표시로 독일 국적을 버리고 스위스로 이민을 갔다. 그는 전후 서방 점령지에서는 가장 인정받고 가장 중요한 지식인이었다.[75]

대학생, 청년, 지식인 등이 주도하는 좌파 그룹은 대연정으로 진보 세력의 공간이 적어졌다며 이른바 "의회 밖 야당 Außerparlamentarische Opposition, APO"을 조직하고 기성세대 전체를 비판하였다. 노벨 문학상을 수상한 저명한 작가 귄터 그라스 Günter Grass는 빌리 브란트에게 보낸 공개 서신을 통해 대연정을 강력하게 비판하였다.[76] 물론 나중에 알려진 대로 퀸터 그라스 자신도 나치 연루자였다.

알려진 것과는 달리 당시 독일은 실제로 나치 청산을 거의 이루지 못한 상태였다. 밀턴 마이어Milton S. Mayer는 유명한 《그들은 자신들이 자유롭다고 생각했다: 독일, 1933–1945》(1955)를 통해 전후 독일인들의 정신상태와 나치에 대한 인식을 보여주어 세계에 큰 충격을 준 바 있다. 그 책에서 마이어는 "나는 결코 평범한 독일인을 찾아내지 못했다. 왜냐하면 그 나라에는 평범한 독일인이 전혀 없었기 때문이다."라고 말한다.[77]

하나의 실제 통계를 보자. 키징거는 결코 예외가 아니었다. 나치시대 악명높은 특별재판소 재판관 검사들의 상당수는 서독 사법부에 다시 근무하였으며 인종주의자들 역시 대거 생존하였다. 군대는

---

74) Wikipedia, "Beate Klarsfeld,"
    https://en.wikipedia.org/wiki/Beate_Klarsfeld (accessed April 18, 2024).
75) Mark W. Clark, "A Prophet without Honour: Karl Jaspers in Germany, 1945
    —48," *Journal of Contemporary History* 37, no. 2 (April 2002): 197–222.
76) Die Zeit, "Große Koalition – eine 'miese Ehe'? – Der Briefwechsel zwischen
    Willy Brandt und Günter Grass," December 2, 1966,
    https://www.zeit.de/1966/49/grosse–koalition–eine–miese–ehe/komplett
    ansicht (accessed April 15, 2024).
77) 밀턴 마이어, 박중서 옮김, 《그들은 자신들이 자유롭다고 생각했다》 (서울: 갈라파고
    스, 2014), 11쪽.

고위급에 대한 면죄부 부여가 허다하였다. 재판조차 없는 경우가 대부분이었다. 관료 부문의 경우 심지어 유태인 학살 직접 연루자들도 처벌을 면제받았다. 내무부 법무부 재무부 교통부의 고위관료들은 물론 나치와 유착되었던 대기업들 역시 처벌받지 않거나 가볍게 처벌받았다. 2015년에 발표된, 1949년에서 70년 시기를 조사한 한 연구소의 조사보고서에 따르면 내무부 관료의 경우 54%가 나치 출신이었으며, 56년에서 61년 사이는 무려 66%에 달했다.[78] 한국의 친일관료보다 압도적으로 높은 비율이었다. 이미 1949년에 〈뉴욕타임스〉는 '재나치화Renazification'라는, 당시로는 충격적인 제목의 기사를 통해 "논쟁의 핵심은 한 공무원, 한 출판인, 한 교사가 나치였다는 것이 아니라, 여전히 재직 중이거나 일하고 있는 사람들 일부가 나치 확신범들, 즉 인종주의자들, 국수주의자들, 전체주의 신봉자들이었다는 점"이라고 고발하고 있다.[79]

그러나 브란트는 당 내외의 비판과 반발을 딛고 대연정을 확고히 고수하였다. 그는 귄터 그라스의 공개서한에 대한 대답으로, "의회에서의 숫자와 대내외에 산적한 과제로 인해 다른 선택의 여지가 없었다."라면서 대연정이라는 이유로 "사민당의 목표에 반하는 정책은 없을 것"이라고 약속하였다. 그는 대연정으로 사민당이 정부에

---

78) Sputnik News, "Over Half of West Germany's Interior Ministry Workers Were Ex-Nazis," November 8, 2015, https://sputniknews.com/europe/201511081029781755-west-germany-interior-ministry-nazi(accessed April 15, 2024); The Local (Germany), "Half of post-WWII interior ministry were ex-Nazis," November 7, 2015, https://www.thelocal.de/20151107/between-1949-70-half-of-interior-ministry-were-ex-nazis (accessed April 15, 2024); 박명림, 〈인간비극과 인간화해〉, 전우택·박명림 편, 《트라우마와 사회치유》 (서울: 역사비평사, 2019), 330-332쪽에서 재인용.

79) *The New York Times*, "Renazification," December 2, 1949, https://www.nytimes.com/1949/12/02/archives/renazification.html (accessed April 15, 2024).

참여할 기회를 얻었다며 "전후 독일에 새로운 면모를 가져올 것"이며 "독일을 실망시키지 않겠다."라고 공개 답변을 끝맺었다.[80] 브란트는 훗날 회고록에서 다음과 같이 당시 심경을 밝힌 바 있다. "나는 그 당시에 주어진 상황에서 본 ― 연방정부를 말함. 인용자 주 ―의 관직을 열망하지 않았고, 대연정은 내 마음에 결코 들지 않았다. 그렇지만 더 좋은 해결책은 어디에 있겠는가?"[81]

　　회고록의 위의 진술은 매우 중요한데, 브란트가 대연정을 결코 마음에 들어 하지 않았으나, 더 좋은 해결책이 없었다고 보았다는 점이다. 즉 브란트는 대연정을 가장 좋은 해결책으로 보고 있었다. 최측근 에곤 바Egon Bahr 따르더라도 브란트는 대연정을 내켜하지 않았다. 그에 대한 공격으로 인한 상처도 컸다. 그러나 브란트는 '화해의 연방정부'라는 구호를 내걸며 비로소 화해할 수 있었다.[82] 브란트는 에곤 바가 작성한 "대연정의 심리적 정당성"에 대한 메모에서 "신성불가침한 자들과의 싸움"이라는 구절에 밑줄을 치고는 "아니오, 공통 분모의 방향설정"이라고 적었다.[83]

　　당시 브란트는 사민당 기관지를 통해 대연정의 의미와 목표를 설명하는 장문의 서신을 발표했다. 이 서신에서 빌리 브란트는 격렬한 비판에 맞서 자신의 당이 대연정에 참여하는 이유를 자세히 적었다. 길게 인용할 가치가 충분한 편지다.

---

80) *Die Zeit*, "Große Koalition ― eine 'miese Ehe'? ― Der Briefwechsel zwischen Willy Brandt und Günter Grass," December 2, 1966, https://www.zeit.de/1966/49/grosse-koalition-eine-miese-ehe/komplettansicht (accessed April 15, 2024).
81) 빌리 브란트, 정경섭 옮김, 《빌리 브란트: 동방정책과 독일의 재통합》 (서울: 하늘땅, 1990), 170쪽.
82) 에곤 바, 박경서·오영옥 옮김, 《독일 통일의 주역, 빌리 브란트를 기억하다》 (서울: 북로그컴퍼니, 2014), 62쪽.
83) 에곤 바, 《독일 통일의 주역, 빌리 브란트를 기억하다》, 64쪽.

"키징거-브란트 정부의 구성을 통해 우리 당은 중요한 발걸음을 내디 뎠습니다. 1966년 12월 1일은 전후 독일 발전의 전환점을 의미하기도 합니다. 36년 만에 처음으로 독일 정부는 다시 한번 우리 당의 지지를 받게 됩니다. 1949년 이후 처음으로 기민당은 사회민주당과 정부 책임 을 분담하는 데 동의했습니다.

우리는 이 결정을 가볍게 내리지 않았습니다. …

1. 사민당 없이는 더 이상 기능적인 연방정부를 구성할 수 없습니다.

2. 만약 사민당과 기민당이 총리 선거에서 과반수를 차지했더라도 이 런 식으로 구성된 정부는 국내외 주요 과제를 처리하기에 충분히 안정 적이지 못했을 것입니다.

3. 당 집행부, 당원회, 연방하원의 대다수 의원은 야당으로 남을 것인 지, 아니면 대승적으로 정부를 구성해 책임을 분담할 것인지 선택해야 했습니다. 이러한 결정은 우리의 정책 프로그램이 연정 협상의 중심에 있었고 모든 필수적인 부분에서 인정을 받았다는 사실에 의해 촉진되 었습니다. …

키징거-브란트 정부는 우리 국민과 국가가 심각한 피해를 입지 않으려 면 특이한 과제를 완수해야 할 것입니다. 우리 당의 당원들과 친구들에 게 이것은 낯선 상황입니다. 따라서 많은 우려의 질문과 비판적인 조언 이 있었던 것은 매우 당연한 일입니다. … 우리는 유권자들의 위임에 따른 정치적 무게를 현재 가능하고 객관적으로 필요한 해결책을 위해 사용해야 했습니다.

우리는 기민당 정부에 들어간 것이 아니라 새로운 정부를 구성했습니 다. 우리는 CDU 정책에 적응한 것이 아니라 새로운 정책을 위한 전제 조건을 공식화했습니다. CDU/CSU와 사민당을 기반으로 한 새 정부 구성은 형제애를 의미하지도 않으며, 근본적인 신념을 섞는 것도 아닙 니다.

독일 연방공화국의 주요 과제를 함께 해결하기 위한 파트너십을 의미할 뿐입니다."

　그러면서 브란트는 이 장문의 편지를 "독일의 민주주의는 지금
보다 약화되는 것이 아니라 더 강해질 것입니다. 새로운 독일 정책을
위한 기회를 놓쳐서는 안 됩니다."라고 마무리 짓는다.[84] 이 서신을
통해서도 알 수 있듯이 브란트가 추구한 대연정 정부는 전후 독일의
정치적, 사회적 화해와 더 많은 민주주의를 향한 적극적인 발걸음을
상징한다. 이 연립정부는 통합과 안정, 협력의식을 고취하여 이후
수십 년 동안 독일의 국내적인 사회경제적 발전과 두 독일 사이의
접근과 화해의 토대를 마련하는 데 결정적인 출발점이 되었다. 특히
브란트는 이 대연정이 새로운 정부를 구성하는 것이라는 점을 강조
했다. 사민당의 신념을 변함없이 지키며 단지 독일 연방공화국의 주
요 과제를 해결하기 위한 연합하는 것임을 분명히 했다. 나아가 이
대연정을 통해 독일의 민주주의가 더욱 강화할 것이라고 보았다.
　1966년의 대연정은 독일 정치의 전형적인 연정 구성 방식과는
전혀 다르다는 점에서 더욱 중요하다. 이전까지는 기독민주당
(CDU/CSU)이 자유민주당(FDP)과 연정을 구성하거나, 사민당이 소규
모 좌파 정당과 연정을 추구하는 방식이었다. 이념이 중심 계선이었
다. 물론 후자는 당시까지는 전후에 아직 단 한 번도 성공한 적이
없었다. 게다가 기존의 연정은 안정적인 정부를 구성하지 못하여,
정치적 경제적 사회적 도전 상황에서 매우 획기적인 연정방식이 필
요했다. 이에 기독민주당·기독사회당과 사민당이 연합하는 최초의
대연정이 가능했던 것이다.

---

84) Willy Brandt, "Vorwärts," in Daniela Münkel (ed.), *Berliner Ausgabe, Bd.*
　4, Auf dem Weg nach vorn: Willy Brandt und die SPD 1947–1972 (Berlin:
　Verlag J.H.W. Dietz Nachf, 2000), 392–395.

대연정은 연방의회 의석의 절대다수를 차지함으로써 연합과 통합의 실질적 가치를 구현했다. 구체적으로 기독민주당·기독사회당이 251석, 자유민주당이 217석으로 두 정당이 518석 가운데 468석을 차지하여 전체 의석의 압도적 다수인 90%를 차지했다.[85] 독일과 같은 의회책임제에서는 강조할 필요도 없이 선거에서 단일 정당이 과반수를 차지하지 못할 때 과반 정부 구성을 위해 연정이 필요한 경우가 많다. 각 정당은 안정적인 정부를 구성하기 위해 맹렬하게 협상하고 연정 구성을 위해 노력한다.

대연정 구성은 주요 정당들이 이념적 차이를 미뤄두고 더 나은 독일로 나아가는 통합의 정치를 위해 협력할 의지가 있음을 확실히 보여준 사례였다. 대연정은 국가가 직면한 중대한 문제를 해결하기 위해 주요 정당이 합력하는 통합정치의 범형을 제시한 것이었다. 이는 위기의 시대에 국가 안정을 위한 공통의 가치를 중심으로 연합하는 정치적 결단 의지를 보여준다.

세계대전의 절대 폐허와 나치 정권이 저지른 잔혹 행위 이후 독일인 사이에는 국가를 재건하며 통합과 화해 의식을 함양하고자 하는 강렬한 열망이 있었다. 전후 독일에 대한 서로 다른 비전을 가진 정치적 라이벌이었던 사민당과 기민당의 대연정은 그런 점에서 중요한 의미를 지녔다. 대연정은 과거의 적대감을 버리고 국가의 공동 이익을 위해 함께 협력하겠다는 양보와 통합 의지의 표명이었던 것이다. 대연정은 독일 사회의 다양한 부문을 대표하는 두 주요 정당을 하나로 모았다. 이들은 함께 정부를 구성함으로써 당파를 초월하여 독일의 발전을 도모하고 정치의 안정과 협력을 증진하겠다는 의

---

85) *Die Bundeswahlleiterin*, "Bundestagswahl 1965,"
   https://www.bundeswahlleiterin.de/en/bundestagswahlen/1965.html
   (accessed April 15, 2024).

지를 보여주었다. 브란트의 관점에서는, 자신을 탄압한 적을 용서하고 연정을 구성한 주요한 목적은 정부에 참여함으로써 동방정책 Ostpolitik을 포함해 자신의 정책 구상을 현실화하기 위해서였다.

대연정 정부는 주요 개혁을 빠르게 시행했다. 1967년 5월 연방의회는 지속적인 경제 성장, 물가 안정, 완전 고용, 균형 잡힌 대외 무역을 목표로 하는 "안정과 성장을 위한 법률"을 통과시켰다.[86] 또한 칼 쉴러Karl Schiller 경제부 장관(사민당)이 정부, 노동조합, 고용주 대표들과 함께 천명한 공동 행동은 경제 규제와 관련된 것이었다. 이에 브란트는 당 지도부와 당원들에게 이 결의안을 지지해 달라고 호소하여 사민당의 주요 요구가 현실화될 수 있었다.

대연정을 통해 강조한 대화와 타협, 화해와 통합의 정치는 탁월한 정치가로서 브란트가 남긴 거대한 유산이었다. 그러한 브란트의 화해와 통합의 정치는 실용주의와 현실주의에 기반한 것이었다. 자신이 나치에 대한 강력한 투쟁의 경력을 갖고 있었음에도 그는 반인륜 범죄를 저지르지 않은 이상 상대의 과거에 대해 매우 포용적인 동시에, 항상 조정을 통해 정치적 타협과 공존을 추구했다. 그것은 자유, 민주주의, 평등, 복지를 포함한 독일의 사회민주적 발전에 결정적으로 기여하였다.

대연정의 가장 큰 기여는 브란트, 그리고 사민당의 전후 최초의 집권이었다. 대연정 기간 중 치러진 1969년 총선에서 기독민주당·기독사회당이 250석, 자유민주당이 237석으로 어느 쪽도 518석 가운데 과반을 차지하지 못했다.[87] "투표결과를 입수하자마자" 브란

---

86) *Willy Brandt online biografie*, "Foreign Minister and Federal Chancellor in Bonn,"
https://www.willy-brandt-biography.com/foreign-minister-and-federal-chancellor-in-bonn/ (accessed April 15, 2024).
87) *Die Bundeswahlleiterin*, "Bundestagswahl 1969,"

트는 31석을 차지한 자유민주당 연정을 제안하여, "유권자들의 심판이 아닌 그의 결단을 통해" "그의 정치 활동 기간 중 가장 멋진 순간"을 창조하였다.[88] 1961년, 65년 연속으로 총리직 도전에 실패했던 자신과 사민당의 최초 집권이었다. 일종의 '브란트 혁명'이었다.[89]

브란트는 자신의 집권을 2차대전의 종식으로 간주했고, 그의 지지자들은 도덕적으로 쇄신되고 해방된 국가라는 새로운 형태의 정통성을 독일에 부여할 수 있는 기회라고 보았다. 한 정치학자의 기록에 따르면 1969년 브란트의 집권에 대해 그의 지지자들은, 후술하는 1945년의 '영시零時(Stunde Null)에 비교하여 제대로 된 독일의 재건 기회라는 의미에서 '제2의 영시'라고 불렀다.[90] '더 많은 민주주의'를 위한 브란트의 첫 총리 연설은 그와 같은 생각을 강하게 드러내었다.

2. 브란트의 통합정치 II : 유럽주의와 유럽통합

독일(당시는 서독)과 함께 브란트의 또 하나의 통합의 주체와 차원은 유럽이었다. 독일 문제, 폴란드 문제, 프랑스 문제도 같았다. 브란트는 말한다.

"더 이상 고립된 답변은 존재하지 않는다. 다만 유럽적인 답변만이 있다. 또 그것이 나를 이곳까지 이끌고 왔다."[91]

---

https://www.bundeswahlleiterin.de/en/bundestagswahlen/1969.html (accessed April 15, 2024).

88) 데니스 L. 바크 · 데이비드 R. 그레스, 서지원 옮김, 《도이치 현대사 3: 아! 동방정책》 (서울: 비봉출판사, 2004), 19쪽.

89) 바크 · 그레스, 《도이치 현대사 3: 아! 동방정책》, 23쪽.

90) 빌헬름 헤니스(Wilhelm Hennis)의 기록이다. 바크 · 그레스, 《도이치 현대사 3: 아! 동방정책》, 25쪽.

91) 빌리 브란트, 《빌리 브란트: 동방정책과 독일의 재통합》, 215쪽.

그러나 흥미롭게도 그는 서유럽과 동유럽에 대해 각기 다른 국제전략을 채택했다. 서유럽과는 통합의 중요성을 강조했으며, 동유럽과는 화해를 추진하였다. 즉 유럽 전체가 각각 절반씩 화해와 통합의 대상이었다.

브란트는 유럽 공동체의 중요성을 강조하면서 통합을 필수적인 생존의 문제로 바라보았다. 이는 분열된 세계에서 살아남는 방법으로, 오직 자신만의 개성을 찾은 유럽에서만 국가적 정체성이 확보될 수 있다고 믿었다.[92] 특히 젊은 시절 전쟁의 참상을 경험한 브란트는 통합유럽이 지속적인 평화와 화해를 보장한다고 여겼다. 즉 국가 간 경제, 정치, 문화적 유대를 강화할 때 유럽 내 국가 간 분쟁이 감소할 것이라고 여겼다. 따라서 유럽 국가들의 운명을 서로 묶어 밀접한 협력과 통합을 이룩할 때 유럽 대륙은 전쟁의 상처를 넘어 평화, 안정, 번영을 향한 새로운 길을 개척할 수 있으리라고 판단하였다. 그는 국경을 뛰어넘는 가치의 공유, 상호 존중, 연대를 기반으로 한 통합 유럽을 목표로 한 유럽주의적 관점에서 유럽통합을 강력하게 지지했다.

브란트의 유럽주의는 기본적으로 가치의 공유, 평화와 화해, 협력과 연대에 기초한 것이었다. 먼저 브란트는 민주주의, 인권, 사회 정의의 기초 위에 통합된 유럽이 세워지길 바랐다. 유럽 국가 간의 공유된 가치와 원칙의 중요성을 강조한 것이었다. 그럴 때 유럽이 역사적인 분열을 극복하고 회원국 간의 공통된 정체성과 목표를 형성할 수 있을 것이라고 믿었다. 고래로 역사적으로 증명되었듯, 또 앞서 살펴본 대로 근대 초기의 몽테스키외Montesquieu가 힘주어 말

---

92) Willy Brandt, "Rede des Bundeskanzlers Willy Brandt vor dem Europäischen Parlament in Straßburg," speech delivered at the Europäisches Parlament, Strasbourg, November 13, 1973.

410

하듯 ―당연히 연방을 포함하여― 통합은 동질 국가로 구성되지 않으면 안 된다.[93]

브란트에게 제2차 세계대전 경험은 개별 국가를 넘어 유럽 차원의 평화와 화해에 대한 확고한 신념을 심어주었다. 그는 유럽통합이 미래의 갈등을 예방하는 데에 그치는 것이 아니라 과거의 상처를 치유하는 데에도 기여할 수 있다고 믿었다. 즉, 브란트는 유럽통합을 과거 치유와 미래 평화의 연결 고리로 여겼다.

브란트는 또한 서유럽과 동유럽과의 협력과 연대를 강조했다. 1964년 8월 미국과 유럽, 그리고 국내를 향해, 브란트는 경제와 문화 분야의 협력 프로젝트를 통해서 서유럽을 넘어, 동유럽의 소련으로부터의 자율성을 위해 서유럽과 동유럽 사이에 가능한 한 많은 유대가 형성되기를 희망하였다.[94] 기독민주당 · 기독사회당은 서베를린 시장으로서 브란트가 연방정부와는 다른 독자적인 외교정책을 추진하고 있다고 비판하였다.

같은 해 5월 뉴욕에서 행한 연설에서도 그는 유럽통합 구상을 적극적으로 언명하였다.

"유럽통합European unity에 대한 갈망은 새로운 것이 아닙니다. 그러나 특별히 지난 전쟁 이후 많은 사람은 국경을 뛰어넘어야 한다는 것과, 우리 세기에는 더 큰 개념이 필요하다는 것을 깨달았습니다. … 극복할 수 없을 것 같은 장애물이 가로막고 있다고 해서 유럽통합 European integration의 목표를 포기해서는 안 됩니다. 우리는 가능한

---

93) Montesquieu, *The Spirit of the Laws* (Cambridge: Cambridge University Press, 1989), p. 132.

94) *Willy Brandt online biografie*, "For relationships with Eastern Europe," https://www.willy-brandt-biography.com/t/1957-1966/#1964 (accessed April 15, 2024).

모든 길을 찾아야 합니다. 유럽통합The Unification of Europe에 유리한 존재하는 모든 요소를 발굴하고 강화하고 증진해야 합니다."[95]

유럽통합을 위해 가능한 모든 길을 찾아야 한다는 말은 그의 의지의 단호함을 보여준다.

당시 브란트는 유럽통합을 위한 6가지 핵심 요소를 언급한다. 첫째, 공동 시장, 유럽원자력기구EURATOM, 유럽석탄철강공동체ECSC를 한 지붕 아래로 가져올 것, 둘째, 유럽의 민주화, 셋째, 문화·외교 정책 분야에서의 폭넓은 협의(이를 통해 유럽의, 미국과의 단절이 아닌 동등한 파트너십으로 연결), 넷째, 여전히 분열된 자유 유럽을 하나로 모으기 위한 새로운 노력(영국, 덴마크, 노르웨이에게도 문호재개방), 다섯째, 유럽공동체는 스웨덴, 오스트리아, 스위스와 같은 국가들의 요구를 충족하여 수용해야 하며, 스페인도 단일 유럽 내로, 여섯째, 동유럽 국민에게도 협력의 의지를 보여주어야 한다.[96]

이처럼 일찍부터 브란트는 유럽 공동체의 발전을 적극적으로 지지하고 추구하였다. 1966년 말부터는 대연정의 외무장관으로서 유럽정치에 직접 관여하였다. 이를테면 1967년 4월은 브란트에게 '유럽의 달European month(원문 그대로)'로써 그의 일정표에는 로마에서 열리는 서유럽연합WEU 회의, 브뤼셀에서 열리는 유럽경제공동체EEC 각료이사회, 런던 방문, 본에서의 쿠브 드 뮈르빌Couve de Murville 프랑스 외무장관과의 회담 등이 기록되어 있었다.[97]

---

95) Willy Brandt, "Germany and the European Community," address delivered at the Foreign Policy Association, New York, May 15, 1964, https://www.willy-brandt-biography.com/wp-content/uploads/2017/12/2697_Foreign_Policy_Association_EN_1964.pdf (accessed April 15, 2024).
96) Brandt, "Germany and the European Community,"
97) *Willy Brandt online biografie*, "April 1967 European Consultations," https://www.willy-brandt-biography.com/t/1967-1974/#1967 (accessed

브란트는 유럽경제공동체의 6개 창립회원국(프랑스, 서독, 벨기에, 네덜란드, 룩셈부르크, 이탈리아) 간의 협력을 강화하는 데에 중점을 두었다. 브란트는 또한 영국과 다른 국가들을 향하여 닫혀 있던 문을 열어 새로운 회원국을 유럽 공동체에 편입시키고자 하였다. 하지만, 샤를 드골Charles de Gaulle 프랑스 대통령의 거부로 인하여 그의 뜻 이루어지진 못하였다. 브란트가 유럽경제공동체를 적극적으로 지지하였던 이유는 유럽 국가들의 경제 성장을 촉진하고 시민들의 삶의 질을 향상시킬 수 있음을 인식하였기 때문이다. 이에 따라 공동 시장을 구축하고 무역 장벽을 제거하고 규제를 조화시키며, 유럽경제공동체 내에서 상품, 서비스, 자본 및 노동의 자유로운 이동을 이루어 내고자 하였다. 브란트는 통합된 유럽 시장이 회원국에 경제적 이익을 가져다주는 동시에 대륙 내 안정에도 기여할 것이라 믿었다.

1969년 브란트가 총리로 취임한 이후 새로운 시작을 위한 길이 열렸다. 1969년 12월 1~2일 헤이그에서 열린 유럽경제공동체 정상회의는 '완성, 확대, 심화'의 3면으로 진행되었다.[98] 먼저 완성completion은 공동시장Common Market의 완성으로서 공동 농업정책에 대한 차이점을 해결하는 것을 의미하였다. 다음으로 덴마크, 영국, 아일랜드, 노르웨이 등 4개 후보 국가의 가입을 통하여 공동체를 확대enlargement하고자 하였다. 셋째로 공동체 심화Community deepening 측면에서는 경제적, 정치적 협력이 중심이 되었다. 전자를 위하여 경제 및 화폐동맹 설립이 제안되었으며, 후자를 위하여 정치적 통일

May 31, 2024).

98) CVCE, "The Hague Summit (1–2 December 1969): completion, enlargement, deepening,"
https://www.cvce.eu/en/education/unit-content/-/unit/d1cfaf4d-8b5c-4334-ac1d-0438f4a0d617/01b8a864-db8b-422c-915e-a47d5e86593e (accessed May 31, 2024).

측면에서 이루어질 수 있는 진전을 정의하고자 하였다.

유럽통합에 박차를 가하기 위하여 빌리 브란트와 조르주 퐁피두Georges Pompidou 프랑스 대통령은 EC 가입을 희망하는 국가들과 협상을 시작하였다.[99] 1969년 11월 27일 브란트가 퐁피두 대통령에게 보낸 서한을 보면 알 수 있듯 그는 프랑스와의 세심한 협력을 그의 외교정책에서 필수적인 요소로 생각하였다.[100] 브란트는 "이번 회의의 결과는 유럽의 향후 발전에 매우 중요할 것이며, 우리 두 나라의 긴밀한 이해도 이 회의의 성과를 위해 매우 중요할 것입니다."[101]라며 프랑스와 독일 사이의 긴밀한 협력의 중요성을 강조하였다. 이에 더하여 우선적으로 고려해야 할 목표, 농업정책 자금 조달에 대한 최종 결정, 공동시장 확대를 위한 협상 개시, '유럽기금European Reserve Fund' 설립을 언급한다. 나아가 주목할만하게도 그는 동유럽정책과 관련하여 독·불 두 나라가 매우 유사한 정책을 추구하고 있다는 점과 그 부분에서 두 나라의 긴밀한 협력이 갖는 특별한 중요성을 강조한다.[102]

---

99) *Willy Brandt online biografie*, "For European unity – Concepts and policies for Europe 1939–1992,"
https://www.willy-brandt-biography.com/politics/european-unity/ (accessed May 31, 2024).

100) CVCE, "The Hague Summit (1–2 December 1969): completion, enlargement, deepening,"
https://www.cvce.eu/en/education/unit-content/-/unit/d1cfaf4d-8b5c-4334-ac1d-0438f4a0d617/01b8a864-db8b-422c-915e-a47d5e86593e (accessed May 31, 2024).

101) Willy Brandt, "Letter from Willy Brandt to Georges Pompidou" (Bonn, November 27, 1969), CVCE,
https://www.cvce.eu/en/obj/letter_from_willy_brandt_to_georges_pompidou_bonn_27_november_1969-en-345ccd04-c0f2-4d7d-a766-9f6bd5fafe3a.html (accessed May 31, 2024).

102) Willy Brandt, "Letter from Willy Brandt to Georges Pompidou" (accessed May 31, 2024).

414

브란트는 1970년 4월 노르웨이 정부와 유럽경제공동체 가입에 관한 문제를 논의하고자 오슬로를 방문하였다. 브란트는 노르웨이 의회 연설에서 자신이 노르웨이에 얼마나 큰 빚을 지고 있는지 강조하며 강한 연대감을 느끼고 있음을 강조하였다.103) 브란트는 또한 EC 가입을 망설이는 국가들을 설득하기 위한 한 논거로 범유럽 평화 체제a pan-European Framework for Peace의 창설을 제안하였는데, 이는 유럽통합이 단순한 경제적 번영이 아닌 그 이상이라는 점을 강조하기 위함이었다.104) 당시 브란트는 유럽의 통합을 옹호하며 범유럽적 평화 체제의 구축을 자신의 외교정책의 목표로 삼고 있었다. 비록 노르웨이는 1972년 실시된 국민투표를 통하여 가입안을 부결시켰으나, 1973년 영국, 덴마크, 아일랜드가 새롭게 가입하여 유럽 공동체 회원국은 확대되었다.

1973년 11월, 브란트는 스트라스부르에 위치한 유럽의회 European Parliament에서 한 연설에서 "가능하다면 우리는 경제적, 화폐적 통합이든, 제가 사회적 통합이라고 명명하는 것이든, 정치적 통합이든 우리가 스스로 정한 기한을 단축해야 한다."105)고 말하면서 유럽통합의 시기를 앞당기기를 희망하였다. 그곳에서 브란트는 구상해 둔 유럽 임시 프로그램European Ad-hoc Program106)을 발표

---

103) *Willy Brandt online biografie*, "Chancellor's visit in Oslo,"
   https://www.willy-brandt-biography.com/t/1967-1974/#1971 (accessed May 31, 2024).
104) CVCE, "European unification and the foreign policy of the Federal Republic of Germany (1966-1974),"
   https://www.cvce.eu/en/recherche/unit-content/-/unit/f28057ae-f00f-4677-8327-d97d19023b80/29bff3e6-4a61-4cac-95d5-57b9d5674355 (accessed May 31, 2024).
105) Willy Brandt, "Rede des Bundeskanzlers Willy Brandt vor dem Europäischen Parlament in Straßburg," November 13, 1973.
106) Willy Brandt, "Rede des Bundeskanzlers Willy Brandt vor dem Europäischen Parlament in Straßburg."

하였다. 이 프로그램은 6가지로서, 경제 및 화폐통합, 공동지역·사회·농업정책의 상당한 진전 필요, 공동체의 재정 운용 개선, 유럽의회의 실질적인 참여와 공동 결정을 위한 결의 필요성, 연대에 기반한 유럽의 공동 책임, 정상회담 빈도 증대, 유럽통합으로 향하는 실질적인 제안이 그것들이었다. 브란트는 항상 자신의 유럽통합 구상안을 구체적으로 제시하였다. 당시 연설에서 그는 "유럽연합은 반드시 실현될 것!"107)이라는 굳은 확신을 드러내며 높은 평가를 받았다.

1974년 브란트는 총리직에서 물러난 이후에도 유럽통합 및 통합과정에서의 민주화에 전념하였다. 브란트는 1979년 유럽의회에서 처음으로 직접선거를 통해 당선되어 1983년까지 의원으로 활동하였다. 그는 유럽의 여러 기관 가운데 유일한 직접 선출기관인 유럽의회의 더 많은 권리를 요구하였다. 그는 유럽 기관의 민주화를 촉구하였으며, 이를 자유롭고 공정한 사회의 필수적인 기둥으로 바라보았다. 그에게 민주주의는 개인의 권리를 보호하고, 책임을 부여하며 시민들 간의 정치적 참여를 촉진하는 최선의 수단이었다. 따라서 유럽의회에 대한 그의 노력은 유럽 시민들이 의사결정과정에서 목소리를 낼 수 있도록 하기 위함이었다. 유럽의회의 역할은 의사결정과정 내에서 투명성, 합법성, 민주적 책임성을 보장하고, 다른 기관에 대한 감시를 제공하는 것이었다. 그의 이러한 민주주의 신념은 유럽 공동체 내에서 민주주의적 권리와 원칙을 효과적으로 보호하고 증진하는 데에 크게 기여하였다.

브란트는 평화와 안정을 증진하기 위해 통합 유럽의 중요성을 강조하였다. 유럽경제공동체와 같은 이니셔티브를 적극 지지함으로써 평화와 번영을 이끄는 통합의 힘을 보여주었다. 그의 관점은 유럽

---

107) Willy Brandt, "Rede des Bundeskanzlers Willy Brandt vor dem Europäischen Parlament in Straßburg."

통합이 단순히 경제적 이익을 넘어 유럽 국가 간의 평화, 협력, 연대를 촉진하는 힘의 상징이 될 수 있다는 것을 반영하였다. 브란트가 유럽주의적 관점에서 유럽통합을 주장한 것은 선구적이었다. 그는 통합된 유럽이 과거의 분열과 갈등을 극복하고 새로운 시대의 번영을 이루어 낼 수 있다고 믿었다.

이러한 통합은 유럽의 모든 시민에게 공평한 기회를 제공하고, 다양성을 존중하며, 상호 협력과 이해를 촉진할 것이라고 여겨졌다. 브란트는 유럽통합을 통해 국가 간의 경계와 장벽을 허물고, 문화적, 정치적으로 통합된 유럽을 실현하기를 소망하였다. 그의 열정적인 지지와 리더십은 유럽통합의 기반을 다지고, 유럽 대륙을 단결된 힘으로 만들어 가는 데 결정적인 역할을 했다. 브란트의 유럽통합에 대한 비전과 노력은 오늘날까지도 유럽연합의 핵심 가치와 목표를 이루는 데 영향을 미치고 있다.

3. 화해의 정치: 바르샤바의 무릎 꿇기-화해의 한 세계 상징

홀로코스트로 인해 독일은 인류사에 유례없는 최악의 죄악을 저지른 국가였다. 브란트는 깊은 역사적 책임감을 갖고 독일의 과거 악행을 잊지 않았다. 그의 이러한 인식은 과거사로 인한 갈등과 상처를 치유하려는 노력으로 이어졌다. 그의 목표는 단순히 과거의 잘못을 인정하는 것을 넘어 이를 극복하고 새로운 화해와 협력을 위한 길을 열어가는 것이었다. 단순히 말로만 끝나는 것이 아니라, 바르샤바 무릎꿇기를 포함한 브란트의 행동들은 그의 의지를 명확하게 보여주었다. 특히 이는 독일과 이웃나라와의 관계, 그리고 유럽사와 세계사의 중요한 변곡점이 되었다.

2차대전 종전 직후부터 그의 관점은 확고했다. 종전 직후 1946년 6월 오슬로에서 출판한 책에서 그는 분명하게 언명한다. 그의 이 언명은 브란트의 바르샤바 무릎꿇기가 결코 일회성 돌출행동이 아니었음을 증거한다.

"독일인은 책임을 져야 합니다. 그러나 책임과 죄책감은 다릅니다. 나치 범죄에 대해 죄책감을 느끼지 않고 죄가 없다고 해도 국민 대다수가 기꺼이 동참한 정책의 결과에서 벗어날 수 없습니다: 그들은 책임이라는 공동체 의식에서 벗어날 수 없습니다."[108]

1952년 2월 17일 베를린 티타니아Titania 궁전에서 '유대인과의 화해' 집회가 열렸다. 이는 브란트와 그의 동료들이 공동으로 창시한 것이었다.[109] 그들은 독일인과 유대인 간의 화해를 촉구하고 나치 정권에 의한 유대인 학살을 강력하게 상기시키면서 '배상의 의무'를 요구하였다.[110] 브란트는 연설에서 "인종적 증오가 지배하는 곳에는 인간의 존엄성뿐만 아니라 자유도 위험에 처해 있습니다."[111]라며, 인간의 기본적인 권리를 보호하는 중요성을 강조하였다. 독일의 이름으로 이루어진 전전戰前 과거 정권의 잘못임에도 불구하

---

108) Willy Brandt, *Verbrecher und andere Deutsche: Ein Bericht aus Deutschland 1946* (Bonn: J.H.W. Dietz Nachf., 2007), 55–56. 이 책의 노르웨이어 원제는 *Forbrytere og andre tyskere*이다.

109) *Willy Brandt online biografie*, "Rally against anti–Semitism," https://www.willy–brandt–biography.com/t/1947–1956/#1952 (accessed February 5, 2025).

110) *Willy Brandt online biografie*, "Rally against anti–Semitism," (accessed February 5, 2025).

111) *Willy Brandt online biografie*, "Rally against anti–Semitism," (accessed February 5, 2025).

고 책임을 가지고 사죄를 의무로 삼은 것이다. 이러한 노력은 브란트가 진정한 화해를 추구하기 위하여 멈추지 않고 계속해서 나아가는 행동을 보여주었다.

전술했듯 당시는 독일에 나치의 잔재가 건재할 때였다. 나치 출신의 최고 직위 키징거Kurt Georg Kiesinger 총리와 한스 글로브케Hans Globke의 대표적 사례를 포함해 전후 초기 독일은 전 영역에서 과거 극복과 치유의 모범이 결코 아니었다. 1961년 3월 19일 브란트는 베를린 시장으로서 뉴욕에서 "독일, 이스라엘 그리고 유대인Germany, Israel and the Jews"이라는 주제로 연설하였다. 112) 브란트는 "독일과 유대인의 관계는 완화되지 않았으며 균형상태에 있을 수 없다는 것을 공개적으로 인정하면서"113) 연설을 시작하였다.

독일의 이름으로 수백만 명의 유대인을 대상으로 자행된 끔찍한 범죄를 인정하고, 이것은 어떤 선의나 배상, 보상으로도 지워질 수 없다고 강조하였다. 이는 독일의 역사적 책임을 다시 한번 상기시키는 것뿐만 아니라, 그의 인간성과 도덕적 신념을 드러내는 것이었다. 동시에 이스라엘 및 유대인과의 화해를 위해 진지하게 노력하고 있는 독일 연방공화국의 새로운 민주주의에 대한 신뢰를 간청하였다. 114) 젊은 정치인 브란트의 주목할만한 연설이었다.

대연정 참여 후 '화해의 연방정부'를 주창한 그는 행정부에 참여한 첫 국무회의에서도 "독일의 과거와 단절할 것"을 주장하였다. 그러나 브란트는 가장 가까운 측근의 표현처럼 "과거를 묻어두거나 역

---

112) Willy Brandt, "Rede des Regierenden Bürgermeisters von Berlin vor dem Theodor-Herzl-Institut in New York am 19. März 1961," New York, March 19, 1961.
113) Willy Brandt, "Rede des Regierenden Bürgermeisters von Berlin vor dem Theodor-Herzl-Institut in New York am 19. März 1961."
114) Willy Brandt, "Rede des Regierenden Bürgermeisters von Berlin vor dem Theodor-Herzl-Institut in New York am 19. März 1961."

사로 남기기 위해서가 아니라 사회의 미래에 초점을 맞추어 통합을 주장한 것"이었다.[115] 이 점은 내부와 외부를 향한, 김대중·만델라·브란트의 가장 높은 정치철학이자 실천이 지닌 공통의 일관성이었다.

1970년 12월 7일 브란트 총리는 당시 공산국가이자 제2차 세계대전 피해국인 폴란드를 방문하여 관계 정상화를 위한 조약 체결을 추진하였다. 폴란드에 머무는 동안 브란트는 바르샤바 게토 봉기를 기리기 위하여 기념비를 찾았다. 바르샤바 게토 봉기는 1943년 4월 19일부터 5월 16일 사이 바르샤바의 게토(유대인 거주지)에서 나치에 대항하여 유대인과 폴란드인이 일으킨 가장 큰 무장 저항 활동이었다.[116] 당시 약 7천 명의 유대인이 체포되어 트레블린카Treblinka 수용소의 가스실에서 학살되었으며, 이후 4만 2천 명의 유대인들은 루블린Lublin과 마이다네크Majdanek 수용소로 이송되었다.[117] 당시만 해도 폴란드를 포함한 동유럽 국가들은 제2차 세계대전의 상처를 여전히 깊이 안고 있었고, 나치의 만행에 대한 증오가 남아있는 상태였다. 하지만 브란트는 화해를 위하여 나치의 잔악한 행위를 진정으로 사죄하고자 하였다.

브란트에 따르면, "폴란드국민처럼 그렇게 고통받은 민족, 고통받은 사람들은 세계 어느 곳에도 없다."[118] 브란트는 바르샤바 기념비 앞에서 헌화한 후, 말없이 겨울비에 젖은 바닥에 무릎을 꿇었다. 그 역사적인 장면을 기록한 사진은 훗날 세계와 세계인들의 마음을

---

115) 에곤 바, 《독일 통일의 주역, 빌리 브란트를 기억하다》, 69-70쪽.
116) *Holocaust Encyclopedia*, "Warsaw Ghetto Uprising,"
     https://encyclopedia.ushmm.org/content/en/article/warsaw-ghetto-upris
     ing (accessed January 21, 2025).
117) *Holocaust Encyclopedia*, "Warsaw Ghetto Uprising," (accessed January 21,
     2025).
118) 정경섭, 《빌리 브란트: 동방정책과 독일의 재통합》, 215쪽.

움직였다. 주변에는 놀란 침묵이 맴돌았다. 무거운 역사의 무게를 감내하는 듯, 1943년 게토 봉기 당시 독일 나치에 맞서 반란을 일으킨 유대인들 앞에 브란트는 머리를 숙였다. 이 행동은 미리 계획된 것이 아닌, 진심으로 과거 독일의 악행을 사죄하고 용서를 구하고자 하는 마음에서 우러나온 행동이었다. 가해자가 아닌 피해자인 그의 무릎 꿇기는 독일의 역사적 책임을 진실하게 직면하고 수용하는 의지를 상징하였다. 폴란드에서 돌아오는 길에 당시 그의 아내 루트 Rut Brandt가 브란트에게 그것이 즉흥적인 행동이었냐 묻자, 그는 어깨를 들썩이며 "무엇인가 해야만 했다."라고 말하였다.119)

　　브란트는 회고록에서 당시를 이렇게 기록하고 있다. "그 제스처는 계획된 것인가? 그렇지 않다. 그것은 계획된 것이 아니다. … 나는 아무것도 계획하지 않았었다." 이어서 그는 말한다. "나는 독일 역사의 나락에서, 그리고 수백만 희생자의 짐 아래에서, 인간의 말이 소용없을 때 행할 수 있는 것을 했을 뿐이다."120) 브란트의 진심은 20년 후에 집필된 위의 회고록에 자신에 대한 아래 기사를 인용함으로써 평생 확고함을 보여주었다. "무릎 꿇을 필요가 없는 그가 무릎 꿇을 필요가 있는, 그렇지만 무릎을 꿇지 않은 모든 사람 대신 무릎을 꿇었다. ─ 그들은 감히 무릎을 꿇으려 하지 않거나 그렇게 할 수 없거나 감히 그렇게 엄두를 낼 수 없기 때문이다."121) 독일 총리로서 브란트가 보여준 이 모습은 과거 나치가 벌였던 잔혹한 행위에 대한 진정성 있는 사과로 받아들여졌다. 그의 행동은 독일과 동유럽 사이에 양극단으로 멀어진 거리를 좁히는 작지만 중요한 단계였다.

　　독일은 제2차 세계대전이 끝난 1945년 시기를 '영년零年, Zero

---

119) 그레고어 쉴겐, 김현성 옮김, 《빌리 브란트》 (서울: 빗살무늬, 2003), 205쪽.
120) 정경섭, 《빌리 브란트: 동방정책과 독일의 재통합》, 216쪽.
121) 정경섭, 《빌리 브란트: 동방정책과 독일의 재통합》, 216쪽.

Hour. Année Zéro. Stunde Null이라고 불렀다. 완전 파괴와 전면 폐허를 상징하는 언어다. 이는 1947년에 거장 로베르토 로셀리니Roberto Rossellini가 만든 〈독일 영년Germany, Year Zero; Germania, Anno Zero〉이라는 영화로부터 비롯된 바 있다.[122] 이후 2차대전, 한국전쟁, 캄보디아 학살의 가공할 파괴와 단절의 참상을 말할 때 반복 표현된다.[123] 그것은 오늘날까지도 쓰일 정도로 인류사의 한 획을 긋는, 일종의 흑암과 창세의 분기점처럼 간주된다.[124]

그러나 동시에 이 영년, 영시零時, Zero Hour의 표현은 인간성과 도덕성의 최하 바닥을 상징할 수도 있을 것이다. 필자는 이러한 해석을 덧붙이고 싶다. 자신들이 행하고, 자신들이 당한 창세創世의 영년 이후 대파괴와 대혼란이 지배한 당시 독일인들은 완전히 붕괴된 도덕관념을 지닌 상태였다. 그들은 유대인 학살 책임을 회피하는 모습을 보였다.[125] 칼 야스퍼스Karl Jaspers처럼 드문 예외가 없는 것은 아니었지만[126], 종전 후 폐허가 된 독일을 재건해 가는 과정에서 독일인들은 유대인 범죄에 대해서는 거의 언급하지 않았다. 오히려 20

---

122) 하승희, 〈표현주의적 의미망의 미학〉, 홍성남·유운성 엮음, 《로베르토 로셀리니》 (서울: 한나래, 2004), 118-131쪽.

123) 앙리 미셸, 김용자 옮김, 《제2차세계대전》 (서울: 박영사, 1986), 149쪽; Francois Ponchaud, Cambodia Year Zero (New York: Holt, Rinehart and Winston, 1977); 박명림, 〈한국전쟁의 구조: 기원·원인·영향〉, 박현채 편, 《청년을 위한 한국현대사: 1945-1991, 고난과 희망의 민족사》 (서울: 소나무, 1992), 123-124쪽.

124) Michael Bechtel, "Soviel Anfang war nie," Bundeszentrale für politische Bildung (bpb), April 27, 2005, https://www.bpb.de/themen/nationalsozialismus-zweiter-weltkrieg/dossier-nationalsozialismus/39607/soviel-anfang-war-nie/ (accessed November 12, 2025); 이안 부루마, 신보영 옮김, 《0년: 현대의 탄생, 1945년의 세계사》 (파주: 글항아리, 2016), 315-316쪽; 하랄트 얘너, 박종대 옮김, 《늑대의 시간: 제2차 세계대전 패망 후 10년, 망각의 독일인과 부도덕의 나날들》 (파주: 위즈덤하우스, 2024), 제1장 제목.

125) 하랄트 얘너, 《늑대의 시간: 제2차 세계대전 패망 후 10년, 망각의 독일인과 부도덕의 나날들》

126) 카를 야스퍼스, 이재승 옮김, 《죄의 문제: 시민의 정치적 책임》 (서울: 앨피, 2014).

422

년 동안 독일인들은 스스로를 가해자가 아닌 히틀러와 스탈린Joseph Stalin의 피해자로 인식해 왔다. 독일이 '가해자의 국가country of perpetrators'를 대표한다는 점을 상기시키는 것은 대다수의 독일인에 의해 무시되었다.127) 따라서 브란트의 바르샤바 무릎 꿇기는 독일의 죄를 공개적으로, 그리고 상징적으로 나타낸 최초의 사건이었다. 달리 말하면, 독일의 과거에 대한 새로운 집단적 책임의 방향성을 제시한 것이다. 독일을 넘어 그만큼 유럽적이자 세계적인 대사건이었다.

그러나 당시 많은 독일인은 이를 냉소적으로 바라보았다. 브란트 총리에 대한 우호적인 성향의 독일 시사주간지 《슈피겔DER SPIEGEL》은 이 무릎 꿇기 이후 독자들을 대상으로 여론조사를 실시한 결과, 브란트의 행동이 적절했다는 응답은 41%에 불과했으며, 48%는 과도했다고 답하였다.128) 독일과 독일인들을 마치 과거사 극복의 모범 내지는 인류의 도덕과 양심을 대변하는 상징처럼 인식하고 있는 세계인들에게 이 조사 결과는 매우 충격적인 것처럼 보이지만, 사실 앞의 밀턴 마이어와 하랄트 애너의 기록과 포츠담 현대사 연구소의 실제 조사가 보여주었듯, 이 결과는 당시 독일인들의 일반적 심성이자 객관적 현실이었다.

독일 시민들 사이에서는 자국의 총리가 취한 조치에 대하여 강력한 지지는 나타나지 않았다. 그러나 미국의 시사주간지 《타임

---

127) Valentin Rauer, "Symbols in action: Willy Brandt's kneefall at the Warsaw Memorial," in Jeffrey C. Alexander, Bernhard Giesen & Jason L. Mast (eds.), *Social Performance: Symbolic Action, Cultural Pragmatics, and Ritual* (Cambridge: Cambridge University Press, 2009), 257–282.

128) Der Spiegel, "KNIEFALL ANGEMESSEN ODER ÜBERTRIEBEN?," December 13, 1970, https://www.spiegel.de/politik/kniefall-angemessen-oder-uebertrieben-a-861df9eb-0002-0001-0000-000043822427 (accessed January 21, 2025).

TIME》은 브란트를 '올해의 인물'로 선정하는 등 극명한 대조를 이루었다.129) 그러나 브란트의 행동이 독일에 대한 유럽과 세계의 인상을 결정적으로 바꿔놓았다는 점은 의심의 여지가 없었다. 1년 후 브란트가 노벨평화상을 수상하면서 용서와 화해를 구한 그의 행동이 독일의 이미지에 지속적이고 긍정적인 변화를 가져왔다는 점은 더욱 분명해졌다.130)

이후 같은 날 독일과 폴란드의 '바르샤바 조약'이 체결되었고 이 조약을 통하여 브란트는 폴란드와의 화해를 향한 확고부동한 첫 걸음을 내디뎠다. 조약의 전문에는 "폴란드는 제2차 세계대전의 첫 번째 희생자이며, 전쟁은 유럽 국가 전체에 막대한 고통을 안겨주었다."131)고 명시되었다. 여기서 과거 독일의 이름으로 저지른 악행을 잊지 않고 사죄하고자 하는 마음을 다시 한번 엿볼 수 있다. 브란트의 무릎 꿇기는 과거 독일의 반인륜적인 범죄에 대한 직접적인 책임과 사과의 의지를 나타내며, 지금까지도 세상을 바꾼 한 장면으로 기억되고 있다. 이는 단순히 과거의 잘못을 인정하는 것을 넘어서, 진정한 사죄와 화해를 표현한 특별한 순간으로 기억된다. 이를 통해 독일과 폴란드의 용서 및 화해의 과정은 유럽뿐만 아니라 세계의 안정과 평화에 기여하였다.

---

129) *Time*, "Man of the Year" (cover), January 4, 1971,
　　　https://content.time.com/time/covers/0,16641,19710104,00.html
　　　(accessed January 22, 2025).

130) Bundeskanzler Willy Brandt Stiftung, "50 years ago: 1971 Nobel Peace
　　　Prize for Willy Brandt," October 20, 2021,
　　　https://willy-brandt.de/en/neuigkeiten/50-years-ago-1971-nobel-peac
　　　e-prize-for-willy-brandt/ (accessed November 12, 2025).

131) "Treaty Between the Federal Republic of Germany and Poland Concerning
　　　the Basis for Normalizing Their Mutual Relations, Signed at Warsaw,
　　　December 7, 1970," CVCE,
　　　https://www.cvce.eu/content/publication/1999/1/1/7f3363b0-2705-472a
　　　-b535-c42bd229f9e2/publishable_en.pdf (accessed January 21, 2025).

424

아우슈비츠 생존자이자 국제 아우슈비츠 위원회International Auschwitz Committee의 폴란드 부위원장인 마리안 투르스키Marian Turski는 2020년 12월 5일 언론인 가브리엘 레서Gabriele Lesser와의 인터뷰에서 브란트의 상징적인 제스처가 그에게 일종의 만족감을 선사했음을 언급하였다.

> "이러한 유죄의 인정은 저에게 엄청난 만족감을 안겨주었습니다. ⋯ 저는 무릎을 꿇는 행위를 자국 역사의 어두운 면을 계속해서 직면하고 인정하려는 지속적인 호소로 생각합니다. 어느 나라도 항상 선하게 행동하진 않기 때문이죠."132)

과거 독일의 죄와 책임에 대한 브란트의 인식은 나치와 제2차 세계대전 동안 독일인들에 의해 고통과 박해와 죽음을 겪었던 모든 사람들에게 깊은 인상을 남겼다.

4. 통합과 화해 정치의 연장과 확장: '접근을 통한 변화', 그리고 공존

안의 연합과 통합의 정치는 밖과의 화해와 공존으로 연결되었다. 그중에서도 "접근을 통한 변화Wandel durch Annäherung, change through rapprochement"는 서독과 동구권, 특히 동독 및 소련과의 관

---

132) Auschwitz-Birkenau Memorial and Museum, "When Willy Brandt Fell to His Knees—An Enduring Appeal to Confront the Dark Past," https://www.aus chwitz.info/en/press/press-informations/press-information-single/lesen/w hen-willy-brandt-fell-to-his-knees-to-this-day-an-enduring-appeal-t o-keep-on-confronting-the-dark.html (accessed February 25, 2025).

계 개선을 목표로 한 빌리 브란트 동방정책의 핵심 개념이자 구상이었다. 이 정책은 동서독 관계를 넘어 냉전 시대에 유럽의 평화와 화해를 촉진하기 위한 광범위한 전략의 일환이었다.

"접근을 통한 변화"의 배경에는 대결과 고립이 동독과 동구권의 변화를 가져오는 효과적인 방법이 아니라는 인식이 전제되어 있다. 대신 브란트는 긴밀한 유대 관계와 상호 이해를 증진함으로써 시간의 진행과 함께 긍정적인 변화를 이룰 수 있다고 믿으며 관여와 대화 전략을 추진했다. 접근을 통한 변화의 핵심은 서독과 이념적 차이나 역사적 갈등이 있는 동유럽 국가들과 대화와 협력을 추구하는 것이었다.

브란트는 즉각적인 정치 변화를 요구하거나 서구의 가치를 강요하기보다는 상호 존중과 주권 인정이라는 기본 원칙에 따라 점진적인 화해의 단계를 밟아야 한다고 주장했다. 그는 최측근인 에곤 바르Egon Karl-Heinz Bahr와 함께 매우 이른 1963년 7월 15일 투칭에서의 연설을 통해 동구권과 소련, 그리고 독일문제에 대한 새로운 구상으로서 '접근을 통한 변화'를 제안하고 천명했다.[133] 두 사람의 구상은 초반부터 상당한 논란을 초래했다.

에곤 바르는 1966년 브란트가 외무부 장관에 취임하면서 외무부 정책기획국장이 되었고, 1969년 브란트 총리 취임 이후에는 총리실 국무장관을 맡았다. 그는 브란트와 함께 존 F. 케네디와 샤를 드골 같은 지도자들의 전략을 반영하여 유럽의 긴장을 완화하기 위한 많은 노력을 기울였다.[134] 그는 국제 정치에서 독일의 역할을 믿었

---

133) *Willy Brandt online biografie*, "Speech at the Protestant Academy in Tutzing," https://www.willy-brandt-biography.com/t/1957-1966/#1963 (accessed December 12, 2024); 에곤 바, 《독일 통일의 주역, 빌리 브란트를 기억하다》, 〈접근을 통한 변화의 탄생〉, 52-53쪽.

134) Rachèle Raus, "Egon Bahr and the concept of a 'European peace order'

고 자국의 이익에 영향을 미치는 결정에서 목소리를 내기 위해 노력했다. 그의 비전의 핵심은 독일 통일을 위한 전제 조건으로 유럽 전역에 신뢰를 구축하는 것이었다. 유럽 평화 및 안보 체제에 대한 그의 구상은 국가 이익과 더 넓은 평화 사이의 균형에 있었으며, 동방 정책과 동서 데탕트의 기초가 된 모스크바 조약과 같은 양자 간 협정에서 무력 포기를 강조했다.[135]

1963년 7월 15일 에곤 바르는 투칭에서 "접근을 통한 변화"에 관한 연설을 했다. "접근을 통한 변화"는 바르가 1963년 6월 10일 워싱턴의 아메리칸 대학교에서 진행한 케네디 대통령의 평화 전략 연설에서 영감을 얻어 독일 통일을 위해서는 대립하는 블록 간의 화해가 필수적이라는 생각을 확장한 것이었다.

"우리는 장벽이 약함의 표시라고 말했습니다. 또한, 공산주의 정권의 공포와 자기 보존 본능의 표시라고 말할 수도 있습니다. 문제는 이러한 정권의 전적으로 정당한 우려를 점차적으로 완화하여 실행 가능한 범위까지 국경과 장벽을 무너뜨릴 가능성이 있는지 여부입니다. 이는 "접근을 통한 변화" 정책을 통해 가능할 것입니다. 저는 우리가 환상 없이 그러한 정책을 추구할 수 있는 충분한 자신감을 가질 수 있다고 굳게 확신하며, 이는 또한 평화 전략이라는 서구의 개념과도 완벽하게 일치합니다. 그렇지 않으면 우리는 기적을 기다려야 할 것이며, 이는 정책이 될 수 없습니다."[136]

(1963-1970)."https://www.cvce.eu/en/obj/rachele_raus_egon_bahr_and_the_concept_of_a_european_peace_order_1963_1970-en-72b54117-68d2-450a-92aa-8ca668c75d6d.html (accessed April 8, 2024).

135) Rachèle Raus, "Egon Bahr and the concept of a 'European peace order' (1963-1970)." (accessed April 8, 2024).

136) Egon Bahr, "Wandel durch Annäherung" (Rede in der Evangelischen Akademie Tutzing [Tutzinger Rede], July 15, 1963), https://www.1000doku mente.de/index.html?c=dokument_de&dokument=0091_bah&object=facsi

같은 날에 행한 연설에서 브란트 역시 바르와 근본 부분이 동일했다. 브란트에게는 전후의 현실을 인정하는 동시에 동구권과의 소통을 강화하는 것이 중요했다. 공산주의 동구권과의 교류는 폐쇄적인 사회에 서구의 사상을 점진적으로 도입하는 것을 촉진하여 시간이 지나면서 변화를 촉진할 수 있다고 믿었다.[137] 또한, 브란트는 상대방의 이익이 갖는 정당성을 인정하는 것이 중요하며, 권력 정치의 역학 관계를 바꾸려면 먼저 이러한 이해관계를 인정해야 한다고 보았다.[138] 나아가, 동서독의 긴밀한 관계를 통해 공산주의 체제의 폐지가 아니라 변화로 이어질 수 있으며, 유럽이 분단된 채로 있는 한 독일의 분단은 지속될 것이라는 점에서 독일 문제 해결은 적대적인 태도를 취하기보다는 소련과의 협력이 중요하다고 보았다.[139] 이는 바르의 독일 통일에 관한 생각과 일치하는 부분이다.

브란트와 바르는 독일 문제가 동서 갈등과 복잡하게 연결되어 있다고 보았고, 이를 해결하기 위해서는 긴장 완화라는 광범위한 맥락에서 강대국들의 합의가 필요하다고 주장했다.[140] 특히, 바르는 독일민주공화국GDR을 변화시키는 데 소련의 협조가 필요하기 때문에 모스크바의 동의 없이는 독일 통일이 이루어질 수 없다고 강조했다.[141] "접근을 통한 변화"라는 원칙은 케네디 행정부가 추진한 데

---

mile&pimage=7&v=100&l=de (accessed April 8, 2024).

[137] Gottfried Niedhart, "Ostpolitik: Transformation through Communication and the Quest for Peaceful Change," *Journal of Cold War Studies* vol. 18, no. 3 (Summer 2016), p.15.

[138] Gottfried Niedhart, "Ostpolitik: Transformation through Communication and the Quest for Peaceful Change," p.15.

[139] Gottfried Niedhart, "Ostpolitik: Transformation through Communication and the Quest for Peaceful Change," p.15.

[140] Rachèle Raus, "Egon Bahr and the concept of a 'European peace order' (1963–1970)." (accessed April 8, 2024).

[141] Rachèle Raus, "Egon Bahr and the concept of a 'European peace order' (1963–1970)." (accessed April 8, 2024).

탕트 정책의 연장선으로, 데탕트 조치를 위해 소련의 양보를 요구했던 이전의 독일 정치 노선에서 벗어난 것이었다.[142]

　"접근을 통한 변화" 개념은 기존의 현실을 인정하고 독일 문제의 해결을 동서 데탕트에 기반한 점진적인 과정의 일부로 자리매김한 브란트의 '동방정책'의 토대를 마련했다. 나아가 그것은 역사적 갈등과 분열을 극복하기 위한 적극적인 접근방식을 의미한다. 이는 과거의 악행과 불만이 복잡하게 얽혀 있음을 인정하고 과거 적대적이었던 인간과 국가 간의 상호 이해와 치유를 촉진하는 것을 목표로 한다. 즉 "접근을 통한 변화"의 핵심은 대결과 적대로는 화해와 용서를 이룰 수 없다는 것이었다. 대신 대화와 협력, 그리고 서로의 관점을 이해하려는 의지를 통해 과거 적대적이었던 사람들과 교류할 것을 주장한다.

　전후 독일과 유럽, 그리고 세계의 맥락에서 "접근을 통한 변화"는 동서독 간의 분열의 완화는 물론 냉전 시기 서독과 동구권 간의 긴장을 해소하는 데 중요한 역할을 수행했다. 브란트의 동방정책은 적대감과 불신을 지속시키는 대신 동독 및 소련과의 대화와 관여의 중요성을 강조했다. 모든 관련 당사자의 주권과 정당한 이익을 인정함으로써 화해와 평화공존을 위한 토대를 마련했던 것이다.

　전후 매우 심각했던 세계적인 과거사 극복의 맥락에서 볼 때 "접근을 통한 변화"는 독일로 인한 역사적 적대감의 해소에 있어 화해와 공존의 힘을 강조한다. 특히 가해 국가로서 화해와 공존의 일반 원칙을 구체적으로 추진함으로써 상호 존중과 관용, 지속 가능한 치유와 평화를 향한 길을 제시했다.

　특별히 브란트는 화해와 공존을 위해 동독과의 두 개의 국가

---

142) Rachèle Raus, "Egon Bahr and the concept of a 'European peace order' (1963–1970)." (accessed April 8, 2024).

정책을 추진하였다. 주지하듯 1949년 서독 정부 수립과 동시에 '연방 전독일문제부Bundesministeriums für gesamtdeutsche Fragen'(약칭 전독부)가 설립되었다. 이는 서독만을 전체 독일을 대표하는 정식 국가로 인정하고, 동독을 인정하지 않는 이른바 할슈타인 독트린, 즉 서독 단독대표론과 유일합법 정부론에 기초한 동독 담당 부처였다. 그러나 첫 사민당 총리인 브란트는 집권 후 1969년 10월 전독부를 폐지하고 동독을 정식 국가로 인정하는 '연방 내독관계부 Bundesminister für innerdeutsche Beziehungen'(내독부)로 변경하였다. 더이상 전독일문제를 대표하는 부처가 아니라는 뜻이었다.

절묘한 두 국가 접근이었다. 브란트에 따르면 1969년 10월 정부 성명에서 그는 아래 사실을 확실히 했다. 즉 "독일 안에 두 개의 국가가 존재한다. 그렇다고 해도 두 국가는 서로에게 외국이 아니다. "그들 서로의 관계는 다만 특수한 관계일 수 있을 뿐이다." 이것은 낡아빠진 생각과의 필연적인 작별이다."143)(강조는 원문그대로). 두 국가 정책에 대한 가장 정확한 해석이었다. 즉 서독의 단독 대표론과 동독의 두 개의 외국론 사이의 가장 예술적인, 즉 현실적인 동시에 이상적인 절충이었다.

브란트와 서독 정부의 입장은 훗날 1972년 12월에 체결된 동서독 기본조약에 대한 서독 연방헌법재판소의 판결과 동일하였다. 연방헌법재판소는 기본조약을 "전체 독일 국가의 부분인 두 국가 간의 조약"으로서 "그 본성에서 보아 국제법적 조약이자 그 특수한 성격에서 보면 국가 자체 내의 관계를 규율하는 조약"이었다. 헌법재판소는 동독의 국가성Staatlichkeit/stateness을 인정한 "두 개의 국가모델 Zwei-Staaten-Modell"을 합헌으로 판결했다.144) 분단 및 동독을 합

---

143) 정경섭, 《빌리 브란트: 동방정책과 독일의 재통합》, 226쪽. 매우 복잡한 이 문제에 대해서는 다른 기회에 상론하고자 한다.

430

헌화하면서도 동시에 통일을 포기하지 않는 일련의 예술적 정책(브란트)이자 예술적 판결(헌법재판소)이었다.

헌법재판소 판결은 끝부분에서 이 점을 명확하게 말한다. "기본조약은 분할조약Teilungsvertrag이 아니고, 연방정부가 독일민족의 국가적 단일성을 제조직할 수 있는 모든 가능성을 다 추구할 수 있는 것을 현재나 장래에 있어서 배제하고 있지 않은 조약이다. 이 조약은, 우선은 국제법상에서 알려져 있는 국가연합Konföderation의 한 변태Variante로 끝나는 긴 과정 중의 제일보이다. 즉 독일민족이 하나의 국가로의 재통일 – 독일의 재조직 –을 실현시키는 방향으로의 제일보이다."145)

결국 독일은 브란트의 두 국가 접근에 기반해 소련과의 모스크바조약(1970.8.12.) 및 폴란드와의 바르샤바 조약(1970.12.7), 그리고 미·소·영·불 사이의 베를린 협정(1972.6.3), 동서독기본조약(1972. 12.21)을 거쳐 독일 문제 해결의 결정적인 국제적 돌파의 큰 걸음들을 내디딜 수 있었다. 작은 걸음이 큰 걸음이 된 것이었다. 내부 연합정치가 초래한 동독과의 관계 개선, 그리고 폴란드, 동구 및 소련과의 화해와 공존이라는 다층적 파상효과波狀效果였다. 모두 브란트의 임기 내였다.

두 국가 접근은, 비록 독일 영토에 두 국가가 존재한다고 할지라도 국제법적인 승인은 고려하지 않으며, 또 서로 외국은 아니며 단지 특별한 관계였다. 상대 인정을 통한 평화공존과 통일에의 원대한, 가장 이상적인 동시에 가장 현실적인 접근이었다. 1949년 건국과 분단, 1969년 두 개의 독일정책, 1989년 동독혁명과 베를린 장벽 붕괴 및 뒤이은 독일통일의 실제 경로를 고려할 때 두 국가정책의

---

144) 김철수, 《독일 통일의 정치와 헌법》 (서울: 박영사, 2004), 162-164쪽.
145) 김철수, 《독일 통일의 정치와 헌법》, 165쪽.

혜안은 아무리 강조해도 지나치지 않다.

Ⅳ. 넬슨 만델라의 화해와 통합의 정치

1. 만델라의 통합정치 Ⅰ: 내전이냐? 통합이냐?

한국의 김대중, 독일의 브란트와 같이 남아프리카공화국의 넬슨 만델라 역시 적대세력과의 통합정부를 통한 최초의 평화적 정부교체를 이룩한 탁월한 지도자였다. 남아공에 대한 한 심층 연구는 말한다. "남아프리카는 새 나라로 두 번 태어났다. 남아공은 1910년 연방의 출범과 함께 한번 태어났고, 1994년 민주국가로 다시 태어났다born again(원문 그대로). 1994년의 재탄생은 전적으로 만델라와 함께 였다."[146]

만델라는 무려 27년 간의 감옥 생활을 통해 20세기 인류사에서 가장 악독한 인종차별정책으로 알려진 아파르트헤이트Apartheid의 상징과도 같은 존재였다. 1990년 2월 마침내 반反–아파르트헤이트 운동을 주도해온 아프리카국민회의African National Congress. ANC에 대한 금지령이 해제되었다. 데 클레르크F.W. de Klerk 대통령은 아프리카 국민회의, 범아프리카회의Pan Africanist Congress, PAC, 남아프리카 공산당 등 31개의 불법 조직에 대해 내려진 금지령을 철회하고, 사상범의 석방과 사형 중지를 선포하였다. 만델라 역시

---

146) Southall, *Smuts and Mandela: The Men Who Made South Africa*, p. 2.

기나긴 감옥 생활 끝에 석방이 결정되었다.147) 끈질긴 비밀 대화와 협상의 결과였으나 놀랍게도 만델라는 단 한 번도 자신의 석방문제를 제기하지 않았다.148)

외부에 '진실과 화해'의 상징 국가로 알려진 것과는 전혀 다르게, 긴 아파르트헤이트가 종식된 1990년대 초 남아프리카공화국(이하 남아공)의 민주화 여정은 극단적인 이념과 세력이 충돌하는 폭력충돌의 현장이었다. 이 시기 남아공은 민주주의로의 제도적 이행과 동시에 옛 폭력의 재등장과 새로운 폭력이 출현하여 극도로 불안정한 사회였다. 그런 점에서 '폭력적 민주주의violent democracy'라는 명명은 당시의 현실에 대한 적확한 규정이었다.149)

우리 시대를 대표하는 세계적 헌법학자인 애커만Bruce Ackerman은 '진실과 화해' 공식과 명칭을 처음 명명하고 제안한 인물인 카데르 아스말Kader Asmal을 인용하며, "특별히 통찰력 있는 참여자인 카데르 아스말이 지적했듯이, 남아프리카공화국의 민주주의로의 전환을 협상에 의한 합의로 보는 것은 오류다. 아마도 더 적절한 표현은 전쟁 당사자 간의 평화 조약peace treaty 협상의 성공일 것이다."150)라고 언명한다. 그들이 보기에 당시 남아공의 사태는 전쟁상황이었고, 쌍방 합의는 전쟁 주체들 사이의 평화조약이라는 뜻이었다. 즉 만델라는 "일어났을 수도 있었을 내전을 가까스로 막았다. 남아프리카 공화국은 민주주의국가이며 드디어 국민 모두가 주

---

147) 만델라의 수감 연대표는 Sahm Venter ed., *The Prison Letters of Nelson Mandela*, pp. xii, 592–595를 참조.

148) Allister Sparks, *Tomorrow is Another Country: The Inside Story of South Africa's Negotiated Settlement* (Johannesburg & Cape Town: Jonathan Ball Publishers, 2003). p. 37.

149) Karl von Holdt, "South Africa: the transition to violent democracy," *Review of African Political Economy*. vol. 40, no. 138 (Dec.2013). pp. 589–592.

150) Ackerman, *Revolutionary Constitutions*, pp. 98, 412.

권자가 되었다."[151]

　　실제로 남아공의 민주화 이행기를 위협한 것은 전례 없이 급증한 정치폭력이었다. 진실과 화해 위원회의 조사에 따르면, 9,043건의 살인 사건 관련 진술 가운데 절반 이상(5,695건)이 1990년부터 1994년 사이에 발생했다. 그러나 이 수치는 폭력과 인권 침해 수준을 반영하는 것이 아니라 위원회가 기록한 인권침해 사례를 보여주는 지표일 뿐이었다. 다른 자료에 따르면 아파르트헤이트 종식 직후 1990년 중반부터 1994년 4월 선거까지 약 14,000명의 남아프리카공화국 국민이 정치폭력으로 사망했다.[152] 진실화해위원회TRC 산하의 인권위원회 조사에 따르면 1990년 7월부터 1993년 6월까지 정치 폭력으로 매달 평균 101명이 사망했다.[153] 사실상의 전쟁 상태였던 것이다.

　　한 연구 역시 1990년부터 1994년 동안 무려 14,000명 이상의 남아공 국민이 폭력충돌로 목숨을 잃었다고 진술하는 동시에 어떤 반反아파르트헤이트 투쟁 시기보다도 많았다고 언명한다.[154] 이 수치는 아파르트헤이트 시기의 사망자 숫자가 아니었다. 물론 1989년까지 무려 4천 명 이상이 살해되었고, 5만 명이 재판 없이 구금되었

---

151) 랑, 《넬슨 만델라 평전》, p. 306.

152) South African Department of Justice and Constitutional Development, "Truth and Reconciliation Commission (TRC) Report: Executive Summary," https://www.justice.gov.za/trc/report/execsum.htm (accessed December 3, 2024); South African History Archive (SAHA) TRC, "TRC Report, Volume 2, Chapter 7, Subsection 1," https://sabctrc.saha.org.za/reports/volume2/chapter7/subsection1.htm (accessed December 3, 2024);. 위의 공식 기록들에 따르면, 본문의 앞의 수치(9043/5695)는 진실화해위원회의 조사이고, 뒤의 수치(14000)는 다른 기관의 자료이다.

153) South African History Archive (SAHA) TRC, "TRC Report, Volume 2, Chapter 7, Subsection 1," https://sabctrc.saha.org.za/reports/volume2/chapter7/subsection1.htm (accessed December 4, 2024)

154) Stephen Ellis, "The Historical Significance of South Africa's Third World," *Journal of Southern African Studies* vol. 24, no. 2 (1998), p. 263.

434

다.[155] 새로운 폭력은 결코 옛 폭력 못지 않았던 것이다. 1990년
한 해 동안 3천 명 이상이 정치폭력으로 사망했고, 그중에는 1990년
7월 22일 인카타 자유당에 의한 테러로 30명 이상이 사망하는 사건
도 포함된다.[156]

만델라의 기록[157]에 따르면 1992년 6월 17일 인카타 당원들이
보이파통에서 ANC 사람 46명을 살해하였다. 만델라는 자신의 인내
심은 사라졌다며 정부가 "전쟁을 벌이고 있다" "나치와 다름없다"라
고 비판하는 동시에 협상 중단을 지시하였다. 그러나 만델라는 강경
한 무장투쟁에 대한 요구 앞에서, 무장투쟁과 협상의 중간인 대중행
동을 선택하였다. 그리하여 8월 3-4일에는 400만 명이 참여하는
남아공 사상 최대의 대중적 파업을 단행하였다. 92년 9월 7일에는
비쇼에서 군인들의 발사로 또다시 29명이 사망하고 200명 이상이
부상하였다.

남아공에서의 민주화로의 이행은 아파르트헤이트의 종식과 동
시에, 민주화 이후의 폭력도 극복해야 하는 이중 과제를 안고 있었
다. 이러한 혼란은 수백 년간의 식민주의와 수십 년간의 아파르트헤
이트 억압이 낳은, 중첩된 후과의 천연된 표출이었다. 그러나 만델라
는 보복과 분열의 길을 거부했다. 그는 맞대응과 맞폭력을 지양하였
고, "우리는 무엇을 하든 반드시 평화절차 내에서 해야 한다."[158]는

---

155) Sparks, *Tomorrow is Another Country: The Inside Story of South Africa's Road to Change*, p. 36.
156) Hassen Ebrahim, *The Soul of a Nation* (Cape Town: Oxford University press, 1998), p. 63; 조동은. 〈체제전환과 헌법제정절차 – 스페인, 헝가리, 남아프리카공화국을 중심으로〉, (박사학위논문, 서울대학교, 2022) 177쪽에서 재인용.
157) 넬슨 만델라, 김대중 옮김, 《자유를 위한 머나먼 여정》 (서울: 두레, 2020), 863-872쪽.
158) Nelson Mandela, *Conversation with Myself*, (London: Picador, 2011), p. 335.

확고부동한 신념을 갖고 있었다. 만델라의 말을 빌리면 석방 직후부터 그는 "문제의 평화적 해결에 적극적으로 기여할 준비가 되어 있었다."[159] 그는 "아무리 폭력을 신봉하는 사람들이라도 평화를 통해 바뀔 수 있다." "현 세계에서 평화보다 더 위대한 대의는 있을 수 없다."라고 언명한다.[160]

만델라는 최악의 폭력사태에도 최대 자제와 협상의 지속을 호소하였다. 실례로 한 백인지상주의자가, 만델라 스스로 "ANC에서 가장 인기 있는 사람 중 한 명"이라고 부른 전 '민족의 창uMkhonto we Sizwe. The Spear of the Nation. MK' 대장인 크리스 하니Chris Hani 를 총살했을 때도 만델라는 자신이 "남아프리카는 가장 위대한 사람 하나를 빼앗겼으며, 이 나라를 새로운 국가로 바꾸는 데 없어서는 안 될 사람을 잃었다."라고 규정하였음에도 불구하고, 백인에 대한 증오와 보복 대신 "오늘 밤 제 마음 깊은 곳에서 저는 흑인과 백인, 모든 남아프리카 국민 여러분과 마음을 함께 합니다."라며 "자신이 갖고 있는 모든 권위에 호소하며" 힘을 자제하자고 간청하였다. 그리고는 "평화와 협상은 중단될 수 없다."라고 말했다.[161] 대표적인 흑인지도자가 백인지상주의자에게 피살을 당한 상황에서도 그의 자세는 자제와 인내였다. 민족의 창은 아파르트헤이트에 맞선 ANC의 무장투쟁 조직이었다.

만델라의 궁극적인 목표는 통합되고 조화로운 새로운 민주국가를 건설하는 것이었다. 그러나 위의 폭력 통계와 사실들이 보여주는 것처럼 당시 만델라가 가려던 타협과 화합의 길은 서로 다른 극단주의 세력의 도전과 위협에 직면해 있었다. 과거로의 회귀를 추구하는

---

159) 넬슨 만델라, 윤길순 옮김, 《넬슨 만델라 어록》 (서울: 알에이치코리아, 2013), 399쪽.
160) 만델라, 《넬슨 만델라 어록》, 400-401쪽.
161) 만델라, 《자유를 위한 머나먼 여정》, 868-871쪽.

436

백인 우월주의 세력, 타협을 거부하는 흑인 급진주의 세력, 흑인 민족주의 세력, 그리고 아파르트헤이트 정부의 비밀조직 등이 그것들이다.

먼저, 극우 백인세력으로서 아프리카너 저항운동Afrikaner Weerstandsbeweging. AWB이 존재했다. 남아공의 민주화 이행기에 가장 가시적인 폭력적 저항을 보인 세력은 아프리카너 저항 운동으로 대표되는 이들 백인 극우파였다. AWB는 조직적 대중 시위와 흑인 아동에 대한 공격과 테러를 자행하는 등 협상 과정을 무력화하기 위해 폭력 전술을 사용했다. 이들은 1990년 한 해에만 50건 이상의 테러를 자행했다.162)

다음으로 범아프리카회의PAC가 이끄는 흑인 급진주의세력이 존재했다. 범아프리카회의는 만델라와 ANC가 추진하는 협상과 타협을 배신으로 규정하고 비타협적 활동을 전개한 조직이었다. PAC는 ANC가 채택한 자유 헌장Freedom Charter에 반대하여 1959년에 ANC에서 분리되어 나온 조직이다.163) 이들은 아자니아Azania(남아공을 일컫는 PAC의 용어)의 토지가 제국주의 침략자들에 의해 강탈당했다고 주장하며 아프리카인에게 반환되어야 한다고 주장했다. PAC는 아파르트헤이트의 종식으로 1990년 2월 ANC와 함께 합법화되었다. 그러나 PAC는 "우리는 지난 30년간 우리 조직에 대한 금지를 인정한 적이 없으므로 합법화는 우리에게 아무런 의미가 없다."며 "모든 전선에서 투쟁을 강화할 것"이라고 선언하였다.164) 그리고는

---

162) Wessel Visser, "Labour and Right-wing Extremism in the South African Context - A Historical Overview," p. 9.
  https://academic.sun.ac.za/geskiedenis/downloads/wvisserlabour.pdf (accessed December 3, 2024).
163) "Pan Africanist Congress (PAC)," O'MALLEY: The Heart of Hope, https://omalley.nelsonmandela.org/index.php/site/q/03lv02424/04lv02730/05lv03188/06lv03214.htm (accessed December 5, 2024).

'민주 남아프리카를 위한 회의Convention for a Democratic South Africa. CODESA'로 불린 광범한 연합적 민주화 협상에의 참여를 거부하고 군사조직인 아자니아 인민 해방군Azanian People's Liberation Army. APLA을 통해 전쟁 준비를 지속했다.

끝으로는 ANC와 인카타 자유당Inkatha Freedom Party, IFP 사이에 존재하는 제3의 세력이었다. 민주화 이행기의 적지 않은 폭력은 ANC와 잉카타 자유당 지지자들 간의 싸움에서 비롯되었다. 이 폭력충돌은 표면적으로는 흑인 대 흑인의 갈등이었다. 그러나 그러한 폭력충돌의 일면에, 만델라의 명명을 빌리면[165], 제3의 세력 Third Force이 존재했다. 이는 제3세력으로 불렸지만 실제로는 아파르트헤이트를 주도한 국민당National Party, NP 정부의 국가기구에 의해 조직된 것이었다.[166]

아파르트헤이트 정책으로 인해 인카타 자유당은 ANC의 무장공격 대상이었다. 예컨대 1985년부터 1993년 사이 ANC의 공격으로 IFP의 약 300여 명의 공직자가 목숨을 잃었다.[167] IFP는 ANC와 남아공 공산당South Africa Communist Party. SACP 사이의 연합전선으로부터 자신들의 생존을 확보해야 했다. 결과적으로 국민당 정부와 IFP 간에는 일종의 공생 관계가 형성될 수 있는 조건이 구비되었던 것이다. 아파르트헤이트 정부는 IFP에 자금을 지원하고 무장시

---

164) Kwandiwe Kondlo, "From The Fringes to Fossils: The Pan Africanist Congress of AZANIA and The Negotiated Transition to Democracy in South Africa, 1990 -1994," *Journal for Contemporary History*, vol. 42, no. 1 (2017), p. 46.
165) Stephen Ellis, "The Historical Significance of South Africa's Third World," *Journal of Southern African Studies*, vol. 24, no. 2 (1998), p. 262.
166) Stephen Ellis, "The Historical Significance of South Africa's Third World," pp. 262, 293.
167) Stephen Ellis, "The Historical Significance of South Africa's Third World," pp. 284-285.

438

켰으며, 장비와 훈련할 수 있는 조건을 제공했다.[168]

2. 만델라의 통합정치Ⅱ:
이상이 아닌 현실, 이상주의가 아닌 현실주의

만델라의 통합정치는 단순히 이상주의와 도덕적 신념에서 비롯된 것이 아니었다. 그가 선택한 화합과 통합의 길은 인종과 이념, 정당과 이해관계로 깊게 분열되어 맹렬히 투쟁하던 모든 정치 세력 간의 균형과 공존을 위한, 현실에 대한 극도로 냉정한 현실주의적 정치 신념과 전략의 산물이었다.

만델라는 극단주의 세력들을 억압·배제하지 않고 대화와 협상, 자제와 타협을 통해 권력을 공유하여 갈등 세력을 제도 내로 끌어들였다. 한 저명한 정치학자의 분석에 따르면 남아공의 경로는 심각하게 분열된 사회에서 권력공유를 통해 민주주의를 도출하는 대표적인 협의주의consociationalism 모델로 볼 수 있었다.[169] 이를 과연 남아프리카공화국에 적용할 수 있는가에 대한 격렬한 비판과 논쟁에도 불구하고,[170] 권력공유는 종족적 계선에 따라 심대하게 분열된

---

168) Stephen Ellis, "The Historical Significance of South Africa's Third World," pp. 283-288.
169) Arend Lijphart, "Electoral Systems, Party Systems and Conflict Management in Divided Societies," in *Critical Choices for South Africa*, ed. Robert Schrire (Cape Town: Oxford University Press, 1990). 그러나 남아공은 합의주의가 아니라고 보는 애커만은, "리파르트가 심지어 남아프리카 공화국이 1인1표를 채택한 1998년까지도 남아공 헌법이 합의주의 원칙에 기반했다는 주장을 지속했다."고 비판한다. Ackerman, *Revolutionary Constitutions*, p. 411.
170) Rupert Taylor, "South Africa: a consociational path to peace?", in *Transformation : Critical Perspectives on Southern Africa* 17 (1992). pp. 1-11.

사회에서 민주주의가 여전히 폭력이나 독재로 치닫는 것을 막을 수 있는 실현 가능한 기제로 간주된다.[171]

만델라는 ANC와 국민당 정부의 권력분점 원칙을 핵심으로 하는 방식을 통해 보수파IFP와 급진파PAC의 이탈 요인을 견제하고 극우 분리주의를 무력화시킬 수 있었다.[172] 그는 화해와 통합을 모색하는 정치리더십을 통해 거의 모든 이념과 종족과 정치세력들을 제도권으로 끌어들이는 데 성공함으로써 심각한 갈등에 이르지 않을 수 있도록 했다. 정당명부식 비례대표제 선거, 연립내각 구성, 권력 배분은 그 주요 실례였다.[173]

만델라가 여러 위협 세력들에 대해 어떻게 대응하였는가를 자세하게 들여다보면 정치세력의 성격과 행태에 따라 유연하게 대처하는 그의 통합적 리더십을 발견하게 된다. 만델라는 AWB에 대해서는 사려 깊은 접근을 통해 이들을 붕괴로 이끌었다. PAC에 대해서는 이들의 급진적 주장을 활용하여 NP 정부를 압박하는 협상의 지렛대로 사용했다. 그리고 IFP에 대해서는 국민통합정부 참여라는 권력 공유를 통해 제도내로 포섭했다.[174]

먼저 보푸사츠와나 위기Bophuthatswana Crisis와 AWB의 자멸

---

171) Caroline A. Hartzell and Matthew Hoddie, "Art of the State: Democracy and Power Sharing in Deeply Divided Societies", in *Power Sharing and Democracy in Post-Civil War States: The Art of the Possible*, (Cambridge University Press, 2020), pp. 22-45.

172) 황규득, "남아프리카공화국의 대통령제: 정치구조와 권력메커니즘을 중심으로," 《한국아프리카학회지》, 제26집 (2007), 210-211쪽.

173) 이한규, "만델라의 정치적 리더십에 대한 고찰," 《한국아프리카학회지》, 제35집 (2012), 127쪽.

174) 물론, IFP가 선거에 참여했던 이유 가운데 중요한 이유의 하나는 NP의 보수파와 IFP의 온건파 사이의 협상에 의한 물질적 타협이었다. Hilary Lynd, "The Peace Deal: The Formation of the Ingonyama Trust and the IFP Decision to Join South Africa's 1994 Elections," *South African Historical Journal* vol. 73, no. 2 (2021), pp. 318-319, 349.

440

이었다. 1994년 3월 최초의 민주 선거를 불과 몇 주 앞두고 아파르
트헤이트가 만든 홈랜드(반투스탄) 가운데 하나인 보푸사츠와나에서
공무원 파업과 민주화 시위가 격화되자 약 600명의 AWB 대원들이
민간인을 학살했다.175) 이에 격분한 보푸사츠와나 방위군의 일부가
반란을 일으켜 AWB를 공격하였고, 이 사건을 계기로 AWB는 결국
자멸의 길을 걷게 된다.

그러나 격렬한 무력충돌에도 불구하고 만델라는 또다른 유혈을
불러일으킬, ANC의 군대인 민족의 창MK의 즉각적인 무력 개입을
피했다. 결코 쉽지 않은 결정이었다. 이를 통해 백인–흑인 내전으로
의 비화 가능성을 차단하는 동시에 AWB는 극단주의로 인하여 자멸
하였다.176) 이 주제에 대한 한 전문적 연구는, ANC와 타협을 한
인카타는 살아남았고, 즉 ANC와 인카타는 함께 살아남았고, 협상테
이블을 이탈하고 폭력을 주도한 조직은 '완벽하게 붕괴되었다'고 기
록한다.177) 즉 폭력의 자제는 상호 생존을, 폭력 노선은 자기 소멸을
초래하였던 것이다. 넓게는 우리 쪽의 폭력의 자제가 상대방 폭력의
소멸을 초래하였던 것이다.

두 번째는 국민당NP과 협상에 PAC의 급진주의를 활용하는 전략
이었다. 만델라는 PAC를 국민당과의 협상에서 지렛대로 활용하는
전략을 구사했다. 그는 NP 정부가 ANC에게 무장투쟁을 먼저 포기할
것을 요구할 때 PAC와 같은 급진파의 존재를 의지해 자신의 주장을

---

175) "TRC Final Report – Vol. 3 Ch. 6, Subsection 104," South African History
     Archive (SAHA) TRC,
     https://sabctrc.saha.org.za/reports/volume3/chapter6/subsection104.htm
     (accessed December 6, 2024).
176) Sparks, *Tomorrow is Another Country: The Inside Story of South Africa's
     Road to Change*, pp. 153–175.
177) Sparks, *Tomorrow Is Another Country: The Inside Story of South Africa's
     Road to Change*, p. 175.

전개했다. NP 정부 역시 ANC와의 협상에 실패할 경우 백인 축출과 토지 수복을 주장하는 PAC와 상대하는 것을 크게 두려워했다. 좌우의 극단주의(PAC와 AWB)의 존재는, 역설적으로 ANC와 NP가 서로 극단을 선택하지 않고 타협하도록 강제하는 압력으로 작용했다.

고도의 리더십을 통해 만델라와 ANC는 PAC, 그리고 IFP로부터 모두 폭력을 방지하고 타협과 평화를 안출하였다. 한 정당한 평가처럼, 그런 점에서 만델라는, 평화주의자pacifist라기보다는 −간디나 투투처럼− 비폭력의 능숙한 실천가a deft practitioner of nonviolence였다고 할 수 있다.[178] 물론 그는 평화를 가장 중시하였다. 본고가 만델라, 그리고 김대중과 브란트의 평화 철학과 실천을 논하는 것은 아니지만 세 사람이 인류 최고 수준의 평화철학과 실천을 보여주었다는 점은 의심의 여지가 없었다.

세 번째는 포용 전략이었다. 한마디로 이는 제도를 통한 포용과 공존을 말한다. 특히 권력 공유를 통한 IFP의 국민통합정부Government of National Unity, GNU 내로의 수용이었다. 1994년 선거 결과에 따라 구성된 내각은 ANC 18석, NP 6석, 그리고 IFP 3석으로 구성되었다. 당시 만델라의 정신이 잘 드러나는 포용전략은 정당명부 비례대표제였다. 이 선거 제도를 통해 IFP는 10.5%의 득표율로 43개 의석을 확보할 수 있었다.[179] 이들 세력을 제도정치로 이끌어냄으로써 끝내 만델라는 내전을 막고 남아공 최초의 민주 선거를 성공시켜 그 자체로 위대한 정치적 성공을 거두었다.

---

178) John Braithwaite, "Rethinking Radical Flank Theory: South Africa," Australian National University, Regulatory Institutions Network. RegNet Research Paper 2014/23 (2014), p, 26.
179) 이한규, "만델라의 정치적 리더십에 대한 고찰," 127쪽.

3. 통합정치의 실천

(1) 남아공 최초의 국민통합정부 I — 헌법제정

넬슨 만델라의 통합정치의 철학과 실천은 실제의 제도건설(헌법제정)과 정부 구성에서 절정을 이루었다. 만델라가 대통령에 취임하여 이끈 정부는 남아공 역사에서 최초의 통합정부일 뿐만 아니라, 그 자신이 민주적으로 선출된 최초의 대통령이었고, 최초의 아파르트헤이트 이후 정부였고, 최초의 민주정부였다.180) 그리고 최초의 흑인 대통령이었다. 국민통합정부는 끝을 모르는 파괴적 갈등을 종식시키며 민주주의로의 평화로운 전환을 촉진한다는 가장 중요한 목적을 성공적으로 달성했다.

만델라가 이끈 국민통합정부Government of National Unity, GNU는 공식적으로는 만델라가 취임한 1994년에 출발하였다. 그러나 그는 훨씬 이전부터 백인과 흑인 지배를 모두 거부하는 통합적 국가공동체에 대한 확고한 이념을 갖고 있었다. 이미 1964년 리보니아 재판 증언에서 만델라는 자신의 불굴의 신념을 말한 바 있다. 그는 일찍부터 백인의 지배는 물론 흑인의 지배에 대해서도 저항하였던 것이다. 그는 흑인의 억압에도 맞서 싸우다 죽을 준비가 되어 있었다.

"나는 나의 일생을 아프리카 민중의 투쟁에 헌신해 왔습니다. 나는 백인 지배에 맞서 싸웠고, 흑인 지배에도 맞서 싸웠습니다. 나는 모든 사람이 조화롭게 그리고 동등한 기회를 가지고 함께 사는 민주적이고 자유로운 사회의 이상을 소중히 여겨왔습니다. 나는 이 이상을 위해

---

180) Nelson Mandela and Mandla Langa, *Dare Not Linger: The Presidential Years* (Farmington Hills, Mich: Thorfndike Press, 2017), pp. 200-201.

살기를 소망하고, 또 이 이상이 실현되는 것을 보기를 소망합니다. 그러나 주님, 필요하다면, 나는 이 이상을 위해 죽을 준비가 되어 있습니다.”[181]

실제로 그의 언명들은 흑인과 백인 모두를 위한 자신의 투쟁과 해방의 철학을 뚜렷이 보여준다. “우리는 혼혈인과 인도인, 아프리카인뿐만 아니라 백인도 해방시켰다.” “남아프리카 국민 전체가 피해자였다.”[182] 만델라는 인종주의를 너무나도 증오했기에 사람들이 반(反)백인주의로 침잠하도록 방치할 수 없었다.[183] 그리하여 그는 억압하는 자의 해방까지 말한다. 이는 분명 범인의 경지를 초월하는 가장 높은 수준의 통합철학이 아닐 수 없다. 그러한 통합철학은 통합 정치로 이어졌다. “내가 감옥에서 풀려나왔을 때 억압하는 자와 억압받는 자 둘 다를 해방시키는 것이 나의 사명이었다.”[184]

통합정치와 민주주의에 대한 만델라의 수감 당시의 생각은 1989년 7월 5일 보타 대통령과의 회담을 준비하기 위해 작성한 메모에 더 구체화되어 나타난다. 만델라에 따르면, “가장 중요한 과제는 단일 국가에서 다수결에 대한 (흑인들의— 인용자 주) 요구와, 이에 대한 남아프리카 공화국 백인들의 우려, 그리고 다수결이 흑인에 의

---

181) “나는 죽을 준비가 되어있습니다.”는 제목으로 알려진 유명한 연설문의 마지막 부분이다. Nelson Mandela Foundation (ATOM), “Item 010 – I am prepared to die: Nelson Mandela's statement from the dock at the opening of the defence case in the Rivonia Trial,”
https://atom.nelsonmandela.org/index.php/za-com-mr-s-10 (accessed December 9, 2024); Nelson Mandela, “Statement from the dock at the Rivonia Trial (20 April 1964),”
http://www.mandela.gov.za/mandela_speeches/before/640420_trial.htm (accessed December 10, 2024).
182) 만델라, 《넬슨 만델라 어록》, 342, 526쪽.
183) 랑, 《넬슨 만델라 평전》, 279-280쪽.
184) 만델라, 《자유를 향한 머나먼 여정》, 481쪽.

한 백인 소수에 대한 지배를 의미하지 않는다는 데 대한 구조적 보장에 대한 백인들의 주장을 조화시키는 것"이었다.[185] 즉 흑인과 백인 어느 쪽도 무력으로 승리할 수 없는 '교착 상태'를 해결하려면 협상을 통한 조화는 필수였다. 물론 만델라는 그들이 전적으로 틀렸다고 생각했을 때에도 다수의 견해를 존중해야한다고 생각했다.[186]

아파르트헤이트 종식 이후 민주정부 구성과정에서 협상의 두 주체인 ANC와 국민당 정부는 모두 국제중재보다는 남아프리카 공화국 국민들이 스스로 문제를 해결해야 한다고 믿었다. 양측의 중요하고 동일한 자세였다. 그러나 석방 이후 만델라는 백인 국민당 정부의 비민주적 제안에 대해서는 단호히 거부하였다. 선거를 패배한 정당이 정부를 마비시키는 제도를 말한다. 이를테면 총선에서 ANC가 75%를 득표하고 국민당이 25%를 득표하였을 경우 국민당의 동의 없이는 어떤 주요 결정도 내릴 수 없는 방식과 같은, 정부 구성에 대한 백인 정부의 구상을 만델라는 단호히 거부하였다.

만델라는 권력협상에서는 냉정한 현실주의자였다. 자신의 대통령 재임 시절 한 저서, 《*Anatomy of a Miracle*》(Patti Waldmeir)의 내용을 인용하면서 그것이 당시 데 클레르크의 실제 목적을 정확하게 요약하고 있다고 기록하고 있다.

"남아프리카 공화국의 마지막 백인 대통령은 권력을 넘겨주기 위해 (협

---

185) The O'Malley Archives, "Notes prepared by Nelson Mandela for his meeting with P. W. Botha, 5 July 1989,"
https://omalley.nelsonmandela.org/index.php/site/q/03lv01538/04lv01600/05lv01640/06lv01642.htm (accessed December 8, 2024); The Presidential Years, "3.1 The path to a government of national unity,"
https://tpy.nelsonmandela.org/pages/part-i-democratic-breakthrough/forming-the-government-of-national-unity/3-1-the-path-to-a-government-of-national-unity (accessed December 12, 2024).
186) 랑, 《넬슨 만델라 평전》, 318쪽.

상을) 출발한 것이 아니라, 가능한 한 권력을 보존하려고 했다. 그는 권력을 전부 내려놓을 생각은 전혀 없었다. 하지만 결국 그는 그렇게 했고, 그것도 행복하게 했다."[187]

그는 문명세계가 이해하는 진정한 민주정부 자체를 원한다며, 백인 정부와 데 클레르크 대통령의 아이디어를 철회시켰다.

당시 만델라는 상세한 협상에 직접 참여하지는 않았다. 그러나 ANC 전국 실무위원회 논의를 통해 지속적으로 보고를 받으며 국민통합정부 구성을 위한 국민당과의 협상 방향과 속도를 조율했다. 당연히 그의 제일 관심은 포용이었다. 만델라는 협상의 난관과 교착상태를 해결하는 데 항상 도움을 주는 동시에, 직접 보고를 받고 협상을 자기 책임하에 관장했다. 한 증언에 따르면 협상 과정에서 그는 거의 모든 문제에 대해 가장 공격적the most militant(원문 그대로)이었다. 그는 국민통합정부가 백인들의 어떤 제안보다도 우월하다고 믿었다. 만델라는 합의의 추구와 ANC의 목표 실현을 동시에 추구하였던 것이다.[188]

당시 합법적 정부와 무력은 여전히 백인 정부가 장악하고 있었다. 경제 부문도 그들이 장악하고 있었고, 폭력의 분출 역시 그들에게 유리한 환경을 제공하였다. 이러한 교착상황을 타개하기 위해 협상 과정에서 만델라는 압박을 위해 대중동원을 병행하였다. 대중동원을 통해 ANC는 국내 국제적으로 확고한 지지를 얻어갔다. 그리하

---

187) The Presidential Years, "Footnote 111 (NM: The Presidential Years, pp. 7–8)," https://tpy.nelsonmandela.org/footnotes/111–nm–the–presidential–years–pp–7–8–nmf–johannesburg (accessed December 23, 2024).

188) The Presidential Years, "3.1 The path to a government of national unity," https://tpy.nelsonmandela.org/pages/part–i–democratic–breakthrough/forming–the–government–of–national–unity/3–1–the–path–to–a–government–of–national–unity (accessed December 24, 2024).

여 아파르트헤이트 철폐 직후 대등하였던 양측의 세력 균형은 ANC 쪽으로 확연히 기울었다. 기존 정부와 협상을 하면서도 권력을 키워 갔던 것이다.

최고 핵심은 헌법 협상이었다. 만델라는 끈질긴 대화와 협상을 통해 과도헌법과 최종헌법 제정을 통한 아파르트헤이트의 종식과 체제 전환을 주도하였다. 과도헌법은 그가 이끄는 ANC의 주도하에, 그리고 최종 헌법은 그의 임기 중에 제정된 것이었다. 남아공의 1996년 최종 헌법 제정과정을 곁에서 자세히 지켜본 저명한 헌법학자 카스 선스타인Cass Sunstein은 그것을 '세계역사에서 가장 존경할 만한 헌법the most admirable constitution in the history of the world' 이라고 극찬한다.[189] 그는 남아공 헌법은, 정치·헌법학자의 로렌스 레시그Lawrence Lessig의 분류를 따라, 보존적 헌법preservative constitution과 변혁적 헌법transformative constitution의 분류를 따를 때, 변혁적 헌법의 가장 두드러진 사례라고 본다.[190]

우리 시대를 대표하는 헌법학자의 일인인 애커만Bruce Ackerman은 남아프리카 공화국을 입헌화constitutionalization 경로의 세 가지 이상형ideal types 중, - 미국, 프랑스, 인도 등과 함께 - 혁명적 헌법revolutionary constitution 경로의 대표사례로 분류한다. 다른 두 이상형은, 기득권 헌법establishment constitution 경로와 엘리트 제정elite construction 헌법 경로를 말한다. 애커만은 혁명적 헌법 경로의 경우 혁명적 외부 세력이 기득권 내부 세력을 기존 정치체제에서 배제하는 데 성공한 나라로 설명하며, 특별히 만델라와 같

---

189) Cass R. Sunstein, *Designing Democracy: What Constitutions Do* (Oxford University Press, 2001), p. 261; 조동은, 〈체제전환과 헌법제정절차 – 스페인, 헝가리, 남아프리카공화국을 중심으로〉, 165쪽.

190) Sunstein, *Designing Democracy: What Constitutions Do*, pp. 67–69.

은 카리스마적 리더십의 역할을 주목한다.[191] 필자가 주목하고자 하는 점은 바로 이 마지막 요소다.

애커만에 따르면 당시 백인 정부의 개헌구상은 다문화 사회에서 나타나는 '합의주의'라는 세계적 추세를 반영하였다. 합의주의자들은 '1인 1표'라는 근본 원칙이 다양한 문화 공동체를 포함하는 국가에는 적합하지 않다고 주장한다. 그들은 평등한 선거권이 분리되고 고립된 소수 집단을 체계적으로 억압하는 '승자독식' 시스템을 허용한다고 우려한다. 그들은, 구속력 있는 법률이 실행되기 전에 수적으로 우세한 집단으로 하여금 지속적인 합의 형성에 참여하도록 요구할 수 있는, 다원제 의회와 같은 헌법구조를 지지한다. '1인 1표' 대신 합의 민주주의를 요구한 백인 정부의 비전은 당시 주류 서구 사상에 부합하였다.[192]

그러나 만델라는 이를 수용하지 않았다. 그런데 당시 서로 합의한 "과도 헌법의 강력한 법률주의는 '평화 조약' 이상의 것으로 변모시켰다. 즉, 만델라와 데 클레르크에게 자신들의 취약한 (정치) 연합을 결집시켜 서로 혁명적 헌정주의를 수용하도록 하는 수단이 되었다. 만델라 쪽에서 볼 때 임시 헌법은 만델라에게 ANC로 하여금 약속을 준수하여 헌법과 제도 내에서 선거를 통해 국민을 대변할 수 있는 정당으로 변모시킬 수 있게 해주었던 것이다.[193]

동시에 애커만에 따르면 "역설적이게도 ANC의 주요 반대세력 가운데 하나가 만델라의 권위를 공고히 하는 것을 도와주었다. 망고수투 부텔레지와 그의 잉카타 자유당은, 모든 남아프리카 국민은 단일 정부 내에서 평등한 시민이라는 만델라의 구상에 오랫 동안 이의를

---

191) Ackerman, *Revolutionary Constitutions*, pp. 3–23, 77–115.
192) Ackerman, *Revolutionary Constitutions*, p. 83.
193) Ackerman, *Revolutionary Constitutions*, pp. 98–99.

448

제기하였다. 대신 그들은 흑인 공동체가 자신들의 각기 다른 홈랜드에서 풀뿌리 민주주의에 참여하는 합의주의적 비전을 제시하였다."194)

ANC는 1950년대 자유헌장에서 확립되고 1980년대 당의 헌법 원칙 선언에서 재확인된 '1인 1표' 원칙을 포기할 생각이 없었다. 만델라는 단기적으로는 합의주의를 지지했지만, 백인 집단에게 거부권을 부여하는 것은 사실 아파르트헤이트의 (다른) 한 형태를 영원히 유지하는 것과 마찬가지였다. 이는 그에게 수십 년간의 저항을 통해 혁명가들을 지탱해 온 맹약에 대한 배신을 요구하는 것이었다.195) 만델라가 추구한 원칙의 정치의 승리였다.

긴 협상의 결과 정부구성 방식은 1994년 1월 28일 공포된 과도헌법interim constitution에 의해 결정되었다.196) 인종차별과 아파르트헤이트를 가능케 한 모든 법률은 폐지되었다. 과도헌법은 국민통합정부 구성으로 나아가는 가도였다. 대통령은 양원 합동회의에서 선출, 400석 국민의회 의석 가운데 80석 이상을 차지한 정당에 부통령 지명 권한 부여, 20석 이상 얻은 정당은 의석에 비례하여 내각에 참여, 내각은 대통령이 부통령 및 국민통합정부에 참여하는 정당의 지도자와 협의하여 임명 등이 주요 내용이었다.197)

다른 한편, 국민통합과 관련하여 소수자 포용 및 언어정책도 남

---

194) Ackerman, *Revolutionary Constitutions*, p. 99.
195) Ackerman, *Revolutionary Constitutions*, p. 101.
196) 1994년의 과도헌법과 1996년의 최종 헌법을 포함한 남아공의 헌법에 대한 상세한 설명은 조동은(2022)을 참조.
197) United Nations Peacemaker, "South Africa Interim Constitution (1993)," PDF, https://peacemaker.un.org/sites/default/files/document/files/2022/07/zainterimconstitution1993_2.pdf (accessed December 26, 2024); South African Department of Justice and Constitutional Development, "Constitution of the Republic of South Africa Act 200 of 1993 (Interim Constitution)," https://www.justice.gov.za/trc/legal/sacon93.htm (accessed December 26, 2024).

달랐다. 남아공은 1994년 성소수자들에게 평등을 보장하는 차별금지 조항을 세계 최초로 헌법에 명시하였다. 만델라의 소수자 포용 및 통합정치와 관련하여 한 법관의 사례는 주목할만하다. 에드윈 캐머런Edwin Cameron은 1992년에 만델라를 에이즈회의에서 짧게 처음 만났을 뿐이었다. 그러나 1994년 만델라는 그를 고등법원 판사로 임명했고, 이후 그는 대법원 판사를 거쳐 헌법재판관이 되었다. 그런데 캐머런은 백인에다가, 성적소수자(게이)임을 공개적으로 밝힌 상태였고, HIV(인간면역결핍 바이러스) 감염자였다.[198] 이 정도의 소수자에 대한 포용은, 적어도 원칙과 정신상에서는 모든 사람에 대한 무지개 같은 포용을 추구하려 하였음을 알 수 있다.

언어정책에서도 통합전략이 드러났다. 남아프리카는 유럽 식민주의자들의 언어인 영어와 아프리칸스어, 그리고 9개의 토착 아프리카어를 포함해 모두 11개의 언어를 헌법상 공용어로 포함시켰다.[199] 이것은 9개 언어와 함께 무엇보다 그 언어들을 사용하는 인구의 80% 달하는 모든 종족에 대한 포용과 공존, 즉 무지개정책을 의미하는 것이었다.

(2) 남아공 최초의 국민통합정 부II: 내각 구성

과도헌법에 따라 마침내 1994년 4월 남아프리카공화국 최초의 민주선거가 실시되었다. 그 결과는 ANC 252석, 국민당 82석, IFP

---

198) 에드윈 카메론, 김지혜 옮김, 《헌법의 약속: 모든 차별에 반대한다》 (서울: 후마니타스, 2017), 12-13, 125-126쪽.

199) South African Department of Justice and Constitutional Development, "Constitution of the Republic of South Africa Act 200 of 1993 (Interim Constitution)," https://www.justice.gov.za/trc/legal/sacon93.htm (accessed December 27, 2024).

450

43석이었고, 기타 4개 정당이 23석이었다. 그런데, 만델라 통합정치의 최절정은 그가 압도적 승리보다는 적절한 승리를 가져온 이 선거 결과에 오히려 안심했다는 사실이다. 총선에서 400석 가운데 252석을 차지했을 때 미래의 헌법을 자유로이 제정할 수 있는 2/3 의석 확보에 실패하자 그는 실망하지 않았다. 이유는 진정한 통합의 정치를 할 수 있었기 때문이다. 한 만델라 전기는 2/3 다수표 확보에 근소한 차이로 실패한 것을 확인하고 그가 "만족해했다"고 표현한다.[200] 정치의 일반 속성에 비추어 자기의 승리보다는 전체의 통합을 목표로 하는 정치, 보통의 정치인이라면 상상도 할 수 없는 경지였다.

"우리가 2/3 문턱을 넘지 못했을 때 ANC의 일부는 실망했으나 나는 그렇지 않았다. 사실, 말하자면 나는 안심할 수 있었다. 만약 우리가 2/3를 점유하여 다른 당의 간섭없이 자유롭게 헌법을 작성하였다면, 사람들은 우리가 남아프리카의 헌법이 아니라 ANC의 헌법을 만든다고 주장할 수도 있기 때문이었다. 나는 진정한 국민통합정부를 원했다."[201]

그는 견제와 타협을 통한 진정한 통합을 원했던 것이다. 선거결과에 기반한 통합내각 구성 시 합의에 따라 ANC에서는 한 명의 대통령을, ANC와 국민당에서 각각 한 명의 부통령이 선출되었다. 내각의 장관은 ANC 18명, NP 6명, 인카타 자유당IFP 3명, 무소속 1명이었다. 특히 합의대로 과거 아파르트헤이트 정부의 데 클레르크 전 대통령이 제2 부통령으로 참여하였고 국민당은 내각에도 6명이 참여했다. 가공할 인종차별 정책을 편 과거 정당의 전직 국가원수와 인사들을 새 정부의 부통령과 각료로 참여시킨 것이었다. 국민통합

---

200) 랑, 《넬슨 만델라 평전》, 317쪽.
201) 만델라, 《자유를 향한 머나먼 여정》, 885쪽.

을 위한 대결단이자 선택이었다.

진정한 화합과 통합을 위해 정부 구성시 만델라는 개인적인 친분이나 정치적 견해를 따지지 않았다. 당시 '국민통합'을 위한 통합정부 구성의 핵심 요체는 세 가지로 드러났다. 첫째 데 클레르크의 부통령 임명, 둘째 ANC 부통령 지명, 셋째 내무부장관에 잉카타당 지도자 부텔레지 임명이 그것이었다.

우선 데 클레르크의 임명은 아파르트헤이트로 인한 인종차별을 자행한 정부의 대통령이자 백인 정부의 수장을 임명했다는 점에서 포용과 통합의 상징이었다. ANC 몫의 부통령의 경우 만델라는 개인적으로는 옛동지의 아들인 시릴 라마포사Cyril Ramaphosa를 좋아했지만 그는 자신이 선호하는 후보를 당에 강요하기 보다는 동지들과 대화한 뒤 타보 음베키Thabo M. Mbeki를 지명하였다.[202] 끝으로는 인카타당 지도자 망고수투 부텔레지Mangosuthu Buthelezi는 마지막까지 선거를 보이콧하며 폭력투쟁을 위협한 집단의 리더였다. 하나같이 어려운 선택이었다.

특히 부텔레지는 실제로 ANC 소속의 수많은 사람을 살상한 집단의 수장이었다. 당시 그는 ANC의 최고 라이벌로 불리기도 하였다. 그러나 만델라는 그를 이 무지개 다인종 국가의 매우 중요하고도 복잡한 시민 지위, 시민권, 선거관리를 담당하는 내무부 장관에 임명하였다. 부텔레지에 대해 만델라는, 아파르트헤이트에는 반대했지만 민주주의 운동에 가시 같은 존재이고, 남아프리카의 통일 국가안에 대해서도 이의를 제기했다고 기술한다.

그러나 만델라는 석방 후 전화, 방문, 회담 제안을 포함해 이 줄루족 지도자와의 타협을 지칠줄 모르고 모색했다. 그러는 동안 인

---

202) 랑, 《넬슨 만델라 평전》, 312–313쪽.

452

카타당 지지자들은 ANC 거점에 대해 전쟁을 선포하고, 많은 사람이 죽고 마을들이 불탔다. 만델라는 무기를 내려놓고 평화를 위해 서로 손을 잡으라고 간청했다. "살인공장을 폐쇄하십시오", "전쟁을 당장 끝내십시오"라고 외쳤지만 쇠귀에 경 읽기였다. ANC 지도자들도 부텔레지와의 회담을 투표로 부결하거나, 혐오하고, 금지했다.[203]

심지어 만델라 정부 출범 이후 부텔레지는 만델라의 해외 체류 가운데 무려 12번 이상이나 만델라 정부 시기 동안 대통령 대행 역할을 수행하였다.[204] 남아공의 종족구성과 당시 권력투쟁 현실, 그리고 권력의 일반 이론에 비추어 만델라의 자신감과 선택은 단순한 모험 차원을 훨씬 뛰어넘는다. 만델라는 부텔레지를 임명한 이유가 "우리 나라의 유능하고 경험이 풍부한 지도자이기 때문"이라고 밝혔다. 그러면서 만델라는 부텔레지 임명이 "화해를 촉진한다면 우리 모두 행복할 것"이라고 첨언한다.[205] 이는 정치 미학의 섬뜩한, 일종의 무서운 아름다움의 경지마저 느끼게 한다.

백인과 흑인을 비롯한 모든 인종이 공존할 수 있는 통합 남아프리카공화국에 대한 철학은 1994년 5월 10일의 만델라의 취임 연설에서도 잘 나타나고 있다. 여기에서 그는 그 유명한 '무지개 나라'를 말한다.

"우리는 모든 국민의 가슴속에 희망을 심어주는 노력에서 승리했습니다. 우리는 흑인이든 백인이든 모든 남아프리카 국민들이 인간의 존엄

---

203) 만델라, 《자유를 향한 머나먼 여정》, 820-823쪽.

204) Chris McGreal, "Democracy neutralises Inkatha," *The Guardian*, https://www.theguardian.com/world/1999/jun/05/chrismcgreal (accessed December 28, 2024).

205) *The Irish Times*, "Buthelezi is made acting president in peace move by Mandela," https://www.irishtimes.com/news/buthelezi-is-made-acting-president-in-peace-move-by-mandela-1.27841 (accessed December 27, 2024).

성에 대한 절대적 권리를 확신하고 아무런 두려움 없이 당당하게 걸을 수 있는 사회, 즉 우리 자신 및 세계와 평화롭게 지내는 무지개 나라(rainbow nation)를 건설할 것을 맹세합니다."[206]

아파르트헤이트 정권에 의해 27년간 잔혹한 수형 생활을 했음에도 불구하고 만델라가 건설하려는 나라는 서로 다른 인종, 서로 다른 종족, 서로 다른 언어, 서로 다른 세력이 조화롭게 공존하는 '무지개 나라'였다. 그러나 그는 자신을 '무지개 인간rainbow man'이라고 부르는 영예로운 호칭에 대해 그것은 단지 한 사람의 이야기가 아니라 모든 남아프리카인의 이야기라고 말한다.[207] 자신은 전체 대우주 남아공의 한 소우주라는 얘기였다.

국민통합정부의 이름 그대로 만델라 정부는 운영시 합의의 원칙을 준수했다. 만델라의 직접 증언에 따르면 "비록 ANC가 대세였지만 합의의 원칙을 침해하지 않았다. 우리는 다당체제에서 하고 있는 일을 국민통합정부와 함께 했다. 우리는 강요하지 않았다. 우리는 설득했다."[208] 따라서 내각은 대세보다는 합의에 의해 결정을 했다. 당시 내각실장 제이커스 거웰Jakes Gerwel의 증언에 따르면, "누군가 내각의 토론이나 회의에 참여하고 있다면 그것이 다당제 정부라는 사실을 알지 못할 것입니다. 당신은 각료들이 서로 다른 정당에서 왔다는 것을 깨닫지 못할 것입니다."[209] 만델라는 통합정부를 가장

---

206) Nelson Mandela, "Nelson Mandela at his inauguration as President of South Africa, Pretoria (10 May 1994)," http://www.mandela.gov.za/mandela_speeches/1994/940510_inauguration.htm (accessed December 27, 2024).

207) Nelson Mandela, "Address by President Nelson Mandela at launch of book 'Madiba: the Rainbow Man', Bonteheuwel (27 November 1997)," http://www.mandela.gov.za/mandela_speeches/1997/971127_book.htm (accessed December 28, 2024).

208) Mandela and Langa, *Dare Not Linger: The Presidential Years*, p. 206.

민주적이고 가장 통합적으로 운영했던 것이다.

만델라 자신은 1995년 2월 국정 연설에서 국민 통합정부에 대해 다음과 같이 긍정적인 평가를 남겼다. 그는 "국민통합정부가 없었다면 정부 안팎의 다양한 주체들 사이의 지속적인 협력은 불가능했다."고 단언한다.

> "어떤 초기 난관이 있더라도 국민통합정부의 개념과 비전의 옳음과 성공가능성을 입증했다는 점을 보고하게 되어 기쁩니다. 국민통합정부는 우리 국민 전체의 협력을 보장하고, 모든 중요한 사안에 대한 국민적 합의를 발전시키며, 주요 소수파 정당들이 국가정부에서 실질적인 목소리를 낼 수 있도록 하고, 나아가 우리나라 미래의 평화, 안정, 자신감에 기여하게 하려는 의도를 달성하는데 성공했습니다."[210]

만델라가 바랐던 남아프리카공화국의 사회는 특정 인종 —백인, 흑인, 혹은 유색인— 이 중심이 되는 사회가 아니라 백인, 흑인, 인도인, 유색인, 혼혈인과 같은 모든 국민이 똑같이 존중받는 되는 국민통합국가, 즉 무지개 나라였다. 그의 투쟁 대상은 단순히 백인이 아니라 인종차별 자체였다. 만델라의 이러한 신념은 그가 남아프리카공화국의 반인종차별과 민주주의를 위해 투쟁했던 처음부터 가지고 있던 근본 가치였다.

---

209) Mandela and Langa, *Dare Not Linger: The Presidential Years*, p. 207
210) Republic of South Africa (gov.za), "Address of President Nelson Mandela on the occasion of the opening of the second session of the Democratic Parliament (17 February 1995)," https://www.gov.za/news/speeches/president-nelson-mandela-opening-second-session-democratic-parliament-17-feb-1995 (accessed December 29, 2024).

4. 화해의 정치: 이행적 정의의 한 세계전범.

(1) 화해: 만델라 정치의 알파와 오메가

만델라의 유명한 말에 따르면 "적과 화해하려면 그 적과 협력해야 하며, 그러면 그 적은 동반자가 된다."[211] 이렇듯 넬슨 만델라에게 화해는 나라의 생명줄이었다. 그는 "우리 삶의 모든 측면에서 화해가 이루어진다면, 그것이 우리나라의 생명줄이 될 것"이라고 여길 만큼 화해를 중시하였다. 나아가 "새로이 태어난 우리나라의 첫 초석은 국민화해와 국민통합"이라며, "그렇지 않았다면 공동의 운명으로 묶인 동등한 시민으로서 평화롭게 함께 살고자 하는 우리 국민들, 흑인과 백인 모두의 요구가 받아들여지지 않았음을 만천하에 알리는 피가 거리를 물들였을 것"이었다. 그에게 화해는 국민통합, 평화, 그리고 유혈 방지를 위해 필수 불가결한 요체였다.[212]

만델라는 복수 속에는 남아프리카의 비극을 위한 해결책이 존재하지 않는다는 것을 깨달았다. 실제로 "복수심은 그의 천성에 맞지 않았다."[213] 그에 따르면 억압은 스스로 인간성을 파괴하고 자신도 야만인이 되는 길이었다. "우리는 우리 투쟁의 깃발에 복수를 새기고 야만에 야만으로 맞서기로 결심할 수도 있었을 것이다. 그러나 억압이 피억압자를 해치듯 억압자의 인간성도 말살한다는 사실을 알았다. 독재자의 만행을 흉내내었다가는 우리 자신도 야만인이 될 수 있다는 것을 알았다."[214]

---

211) Nelson Mandela, *Long Walk to Freedom: The Autobiography of Nelson Mandela* (Boston: Little, Brown and Company, 1994), p. 533. 이 부분의 한글 번역본(만델라, 《자유를 향한 머나먼 길》, 876쪽)은 약간의 오역이다.
212) 만델라, 《넬슨 만델라 어록》, 475쪽.
213) 랑, 《넬슨 만델라 평전》, 319쪽.
214) 만델라, 《넬슨 만델라 어록》, 571쪽.

456

만델라에게 화해의 원칙과 실천은, 천성이라기보다는 오랜 학습과 경험, 특히 기나긴 개인적 고난과 고통의 산물이었다. 권위 있는 한 전기에 따르면 "수감되기 전 만델라를 알던 사람들은 그를 만나고 놀랐다. 지난날의 거만함은 흔적조차 남아있지 않았기 때문이다."[215] 정치인으로서의 고결함은 원리 속에 있는 것이 아니라 태도 속에 존재하기 때문이다.

투옥 18년이 되어갈 때, 즉 석방되기 10년 전에 만델라는 말한다. 그는 감옥에서 정치의 최고 요체를 파악하였음에 틀림 없었다. 원칙의 고수, 현실변화의 인정, 그리고 유연한 대응의 결합이었다.

"우리가 남겨두고 왔던 세계는 벌써 오래전에 사라졌다. 위험한 것은 우리의 사고가 시간의 흐름 속에서 고정되어 있었다는 사실이다.…(그러나) 나는 항상 새로운 사상들에 마음을 열어놓으려 노력했으며, 어떠한 입장이 새롭거나 다르다고 해서 거부하지 않으려 했다. … 나는 우리가 한곳에 머물러 있었다고 생각하지 않았다. … 나는 언젠가 자유인이 되리라는 사실을 의심하지 않았다. 우리는 한곳에 묶여 있었는지 모르지만 세계는 멀어져가는 것이 아니라 우리 쪽으로 움직여오고 있다는 것을 확신했다. (나는) 내가 석방되는 날 오랜 과거의 화석처럼 보이고 싶지 않았다."[216]

그리하여 감옥 시절부터 만델라는 설득과 대화주의자였다. 로벤섬의 수감동료 마이클 딩가케Michael Dingake에 따르면 "모든 수감자 가운데 마디바 동지가 가장 지칠줄 모르고 토론에 임했다. 그것이 아프리카 국민회의의 멤버들과 관련된 것이건, 쌍방 간의 토론이건,

---

215) 랑, 《넬슨 만델라 평전》, 282-283쪽.
216) 만델라, 《자유를 향한 머나먼 길》, 715-716쪽.

다른 조직 멤버들과의 토론이건 말이다."[217]

투투 주교에 따르면 27년 수감 기간 동안 만델라의 의지를 꺾고 증오를 불러일으키기 위한 "모든 시도는 철저히 실패했다." 만델라의 강철같은 화해의 원칙과 철학 때문이었다. 고통을 통해 그는 자비롭고 관대한 사람이 되었다.

> "그 27년의 세월과 만델라가 겪은 온갖 고통은 용광로의 불길처럼 그의 강철같은 의지를 담금질하고 불순물을 제거해주었다. 그 고통이 없었다면 그는 그렇듯 자비롭고 관대한 사람이 되지 못했을지도 모른다. 다른 사람들을 위한 그 고통 덕분에 만델라는 다른 어디서도 얻을 수 없는 놀라운 권위와 신뢰를 얻게 되었다. 진정한 리더는 어느 시점에 자신에 이르러 자신의 활동이 자신의 명예나 권력을 위한 것이 아니라 다른 사람들을 위한 것이라는 확신을 추종자들에게 심어줘야 한다. 그리고 고통만큼 이 사실을 설득력 있게 입증해주는 것은 없다."[218]

투투는 말하기를, 만델라의 27년의 고통은 강철같은 의지, 담금질, 불순물 제거, 자비, 관대, 권위, 신뢰를 낳은 토대를 이룬다. 그리하여, 권좌에 오른 상황에서 아부의 물결이 도처에서 밀려오는데도 만델라가 진정한 민주주의자로 남을 수 있었다는 것은 거의 초인간적이고 영웅적인 면모가 아닐 수 없었다.[219]

긴 토론을 통하여 합의된 남아공의 과도헌법은 아예 '국민 통합과 화해'라는 독립 항목을 설정하여 다음과 같은 근본 정신과 원칙을

---

217) 랑, 《넬슨 만델라 평전》, 317쪽.
218) 데즈먼드 투투, 홍종락 옮김, 《용서 없이 미래 없다》(서울: 사자와어린양, 2022), 69쪽.
219) 랑, 《넬슨 만델라 평전》, 314쪽.

천명한다. 최초의 민주헌법에 이례적으로 '국민통합과 화해' 항목을 넣었다는 점은 이 문제가 현실적으로 얼마나 절실했는지, 그에 대한 헌법제정자들의 인식이 어떠했는지, 타협을 통한 최고 규범에의 삽입이 얼마나 중요했는지를 동시에 보여준다. 물론 훗날 최종헌법에서는 이 부분은 삭제된다.

그러나 당시는 과거와 미래의 가교를 위한 헌법의 결정적인 역할을 모두가 깊이 인식하고 있음을 알 수 있다. 제일 목표요 요체는 항목 전체의 제목 자체처럼 '국민통합과 화해'였다. 헌법은 명백하게 국민통합과 복지와 평화를 위해 국민과 사회 재건 사이에 '화해'가 필요하다는 점을 천명한다. 복수, 보복, 희생양 만들기는 안 된다. 주목할만하게도 우분투도 들어있다.

> "이 헌법은 분쟁, 갈등, 알려지지 않은 고통, 그리고 불의로 심각하게 분열된 사회라는 과거와 인권, 민주주의, 평화적 공존, 그리고 피부색·인종·계급·신념 또는 성별을 초월한 모든 남아프리카 국민을 위한 발전 기회의 인정에 기반한 미래 사이에 역사적인 가교를 제공한다. 국민 통합의 추구, 모든 남아프리카카인의 복지, 그리고 평화는 남아프리카 국민과 사회 재건 간의 화해를 필요로 한다.
>
> 이 헌법의 채택은, 남아프리카 국민이 심각한 인권 유린의 초래, 폭력적 갈등에서의 인도주의 원칙의 위반, 그리고 증오, 공포, 죄책, 복수의 유산을 낳은 과거의 분열과 분쟁을 극복할 수 있는 확고한 토대를 제공한다.
>
> 이제 이러한 문제들은, 복수가 아니라 이해를 위한 필요이며, 보복이 아니라 보상을 위한 필요이며, 희생양 만들기가 아니라 형제정신 (ubuntu)을 위한 필요라는 토대 위에 해결될 수 있을 것이다."[220]

---

220) South African Department of Justice and Constitutional Development,

화해의 추구는, 정치인 만델라에게는 최고의 진정성과 최고의 전략, 두 측면을 모두 갖고 있었다. 만델라에 대한 최고의 전기를 쓴 작가의 언명처럼, "화해는 그의 정치 전략에 분명히 결정적이었다." 그가 개별적인 아프리카너들에게 더 많이 다가갈수록, 그는 그들을 더욱 분열시키고 무장 해제시킬 수 있었다. 용서는 (만델라) 권력의 한 측면으로서, 모든 사람에게 균형이 바뀌었음을 상기시키는 도덕적 우위를 공고히 해주었다. 만델라의 동료 가운데 한 명은 "그가 성인聖人인지 마키아벨리인지 당신은 결코 알 수 없을 것이라고 말했다."[221]

만델라에게 화해는 또 하나의 차원을 갖는다. 즉 그에게 화해는 과거 악행의 치료 및 정의와 분리할 수 없었다. 그는 "치료를 하려면 종기에 메스를 대야 한다는 것을 이해하지 못하는 사람들이 많다."며, 취임을 맞아서는 "상처를 치료할 시간이 왔다. 우리 사이의 깊은 골을 메울 순간이 왔다. 건설의 시간이 왔다."고 언명한다. 대통령 재임시에는 화해의 본질이 불의의 교정이라는 점을 더욱 명확히 한다. "정의, 평화, 화해, 그리고 인종차별과 성차별 없는 민주국가 건설을 우리의 모토로 삼아야 한다. 수 세기 동안 식민주의와 아파르트헤이트로 인해 분열된 우리 사회의 모든 국민들이 입은 상처를 치료해야 한다." "화해란 과거의 불의가 남긴 유산을 바로 잡기 위해 협력하는 것"이었다.[222] 그리하여 만델라는 "지연된 정의는 부정된 정의와 마찬가지"라고 언명한다.[223] 그에게 정의의 지연은 곧 정의의 부정이었다.

"Constitution of the Republic of South Africa Act 200 of 1993 (Interim Constitution),"
https://www.justice.gov.za/trc/legal/sacon93.htm (accessed December 30, 2024). 번역은 필자가 본고의 내용을 고려하여 원문을 그대로 직역하였다.

221) Sampson, *Mandela: The Authorized Biography*, p. 515.
222) 만델라, 《넬슨 만델라 어록》, 473–474쪽.
223) 만델라, 《자유를 향한 머나먼 길》, 716쪽.

그러나 만델라에게는 정의를 위해서도 화해는 필수였다. 특히 그에게 아프리카너들과의 화해는 가장 어렵고 중요한 일이었다. 그들은 남아프리카공화국에 거주하는 백인들을 가리키는 말로, 흑백 차별을 제도화하고 흑인들을 인종 차별의 나락으로 몰아넣은 당사자이다. 인종 차별을 받아온 흑인 입장에서 볼 때 아프리카너들은 복수와 증오의 대상이었다. 그러나 만델라는 아프리카너와의 화해, 공존, 교류를 거부하지 않았다. 아프리칸스어를 공부하는 것이 부끄럽다고 느껴지던 당시, 만델라는 아프리칸스어를 적극적으로 배워 백인들과 교류하고자 하였다. 향후 백인과의 협상과 투쟁에서 우위를 점하기 위해서는, 먼저 백인들의 시각을 이해해야 한다고 생각했기 때문이다.[224]

1994년 만델라의 대통령 취임 이후, 국민당은 소수 정당이 되었다. 백인들은 과거 인종차별을 받은 흑인들로부터 보복당할 것을 두려워했다. 아파르트헤이트가 공식적으로는 폐지되었지만 인종 갈등은 여전히 남아있었다. 화해는 공식 기관이나 제도 수준을 넘어 사회의 다양한 부문과 차원에서 실질적으로 필요했다.

만델라는 취임사에서부터 화해를 강조한다. "우리 중 누구도 혼자서는 성공할 수 없다는 것을 잘 알고 있습니다. 그러므로 우리는 단결된 국민으로서, 국민적 화해를 위해, 국가 건설을 위해, 새 세계의 탄생을 위해 함께 행동해야 합니다."[225] 그리고는, "모두를 위한

---

224) The Presidential Years, "11.2 Interactions with Afrikaner society," https://tpy.nelsonmandela.org/pages/part-iv-transformation/11-reconci liation/11-2-interactions-with-afrikaner-society (accessed January 3, 2025).

225) Nelson Mandela, "Nelson Mandela at his inauguration as President of South Africa, Pretoria (10 May 1994)," http://www.mandela.gov.za/mandela_speeches/1994/940510_inauguratio n.htm (accessed January 3, 2025).

정의와 모두를 위한 평화와 모두를 위한 일자리와 빵과 물과 소금을 있게 하자."고 언급한다. 단결과 화해는 과거처럼 일부에게만 정의와 평화와 빵이 주어져서는 안 되는 것이었다.

흑백 인종 간의 화해를 촉진하고자 만델라는 상호 간의 원활한 교류를 추구하고, 직접 실천했다. 1995년 6월 24일, 남아공에서 개최된 럭비 월드컵에서 만델라는 남아공 백인 럭비팀인 스프링복스와 뉴질랜드의 결승전 경기장에 모습을 드러냈다. 그 자신이 백인팀 스프링복스의 유니폼을 입고 우승 트로피를 들고 함께 승리를 축하하던 만델라의 모습은 여러모로 인상적인 장면이었다. 남아공에서 흑인과 백인은 각각 축구와 럭비를 선호했다. 여기에 인종적 갈등이 더해져 축구와 럭비 경기가 펼쳐질 때마다 갈등이 드러나곤 하였다. 그러나 그날 만델라가 경기장에 등장해 백인 주장과 악수를 나누며, 경기를 흑백 갈등이 아닌 흑백 화합의 현장으로 변화시켰다.

만델라는 인종갈등을 뛰어넘는 화해를 위해 개인적 결단도 감행하곤 하였다. 예컨대 아파르트헤이트의 핵심인물인 헨드릭 페르부르트Hendrik F. Verwoerd의 미망인이 사는 저택에 가서 유창한 아프리칸스어 실력과 세련된 예의범절로 이 연로한 여성을 놀라게 했다. 복수하지 않는다는 점을 알리기 위해서였다.226) 만델라 자신은 페르부르트를 "아프리카인들을 짐승만도 못한 존재로 취급했다" "아파르트헤이트의 주요 이론가이자 총책임자"라고 표현한다.227) 흑인들에게는 그런 최악의 인종차별 인물이었던 자의 미망인을 그는 정중한 예의를 갖추어 예방한 것이었다. 또한 만델라는 라보니아 재판에서

---

226) 랑, 《넬슨 만델라 평전》, 321쪽.

227) 만델라, 《자유를 향한 머나먼 길》, 623쪽. 영문 표현은 훨씬 더 강하다. "beneath animals", "the chief theorist and master builder," Nelson Mandela, *Long Walk to Freedom*, p. 376.

462

자기를 교수형에 처하려 한 검사 퍼시 유타Percy Yutar를 식사에 초대했다. 당시 만델라는 1번으로 기소되었었다. 자신이 가한 온갖 모욕에 대한 영웅적인 용서에 놀란 퍼시 유타는 만델라를 '성인'이라고 불렀다.(강조는 원문그대로)228)

1996년 3월 29일, 아프리카너 기구와의 회의 개회사에서 만델라는 "우리 땅의 모든 언어와 문화에 대해 화해와 존중"이 "국민통합 정부의 다수당인 ANC의 기본 정책에 포함된 입장"이라면서 "우리는 당연히도 아프리카너들을 포함한 남아프리카의 모든 언어들의 유지와 번영에 전념하고 있다." "아프리카너의 이익을 염두에 두는 것은 중요하다." "아프리카너의 미래에 대한 우려는 결코 인종차별이어서는 안된다."229)고 언명한다. 자신들의 억압자 백인에 대한 인종차별의 확고한 철폐를 말하는 것이었다.

(2) '진실과 화해' 모델 : 진실과 화해위원회

오늘날에 이르기까지 만델라와 남아공은 이른바 '진실화해' 공식을 통해 과거(사) 극복의 하나의 세계 최고 전범으로 평가받는다. 1994년 4월의 총선 승리, 1994년 5월의 대통령 취임에 이어 만델라 정부는 1995년 7월 '국민통합과 화해 촉진법Promotion of National Unity and Reconciliation Act'을 제정하였다. 아파르트헤이트라는 악독한 인종차별의 과거사를 다룰 법률의 명칭이 예사롭지 않다. 그리고 1996년 2월 진실과 화해 위원회Truth and Reconciliation

---

228) 랑, 《넬슨 만델라 평전》, 321쪽.

229) Nelson Mandela, "Opening remarks at a meeting with Afrikaner organisations (29 March 1996),"
http://www.mandela.gov.za/mandela_speeches/1996/960329_afrikaner.htm (accessed January 5, 2025).

Committee. TRC를 출범하였다. 법령과 기구의 이름에 청산, 처벌, 척결과 같은 단어는 전혀 찾아볼 수 없었다.

진실과 화해 모델은, 이른바 독일의 뉘른베르크 재판 이후 과거 악행의 극복 경로에 있어 가장 중요한 전환점이었다. 과거사 문제에 있어 '제노사이드Genocide' 이후 가장 중요한 해당 언어는 '진실과 화해'였다. 그만큼 영향과 파장이 전세계적이었다. 20세기 후반 세계의 과거극복을 가장 상징적으로 대표한 이 용어와 방식은 ANC 간부이자 만델라 정부와 음베키 정부에서 각료로 참여한 바 있는 카데르 아스말Kader Asmal이 제시한 것이었다.[230]

위의 법률과 위원회는 1960년에서 1994년 사이에 일어난 중대한 인권침해사건에 대한 조사, 희생자들에 대한 조치, 관련 사실의 완전 공개자에 대한 사면, 희생자들에게 침해 행위 폭로 기회 제공, 배상을 위한 조치, 인간적·시민적 존엄성의 회복과 복원, 인권 침해 행위의 예방을 위한 권고안 제시를 목표로 하였다.[231] '진실과 화해 위원회 자체가 오로지 과거사 정리를 통한 '국민통합과 화해'를 담당하려고 설치한 것이었다.

만델라는 진실화해 위원회의 험난한 난관을 고려하여 1984년 노벨평화상을 수상한 데스몬드 투투Desmond Tutu 대주교를 위원장으로 임명하였다. 종교적인 심성이 강한 남아프리카의 토착적 풍습을 고려하여 존경받는 종교인을 지명한 것이다. 부위원장도 감리교

---

230) Kader Asmal, Adrian Hadland and Moira Levy, *Kader Asmal: Politics in my blood* (Johannesburg: Jacana Media, 2011); Olivia Greene, "Kader Asmal: Politics in My Blood, A Memoir(Review)," (January 2012), *Transformation: Critical Perspectives on Southern Africa* vol. 80, no. 1, pp. 86-90; 투투, 《용서 없이 미래 없다》, 76쪽.

231) Republic of South Africa (gov.za), "Promotion of National Unity and Reconciliation Act," https://www.gov.za/documents/promotion-national-unity-and-reconciliation-act (accessed January 10, 2025).

의 저명 인사였다. 1996년 2월의 TRC 출범식에서 만델라는 대통령으로서 "우리는 용서할 수는 있지만, 잊어버릴 수는 없다."라고 언명한다. 투투 주교는 위원장 취임사를 통해 "TRC는 보복을 위한 것이 아니라 화해와 기억을 위한 것"이라고 강조하였다.[232] 이렇듯 위원회의 중심 목적은 진실의 완전한 공개를 통해 아파르트헤이트의 가해자와 피해자 간에 화해와 용서를 촉진하는 것이었다.[233] 양심의 가책이나 용서를 구하는 대신, 과거를 분명이 드러내는 대가로 재판을 열지 않으며 고백에 대한 처벌을 하지 않기로 한 것이다.[234]

17명 위원으로 구성된 위원회는 산하에 인권침해 위원회, 보상 및 회복 위원회, 사면 위원회를 두었다. 인권침해 위원회는 1960년부터 1994년까지 발생한 인권침해를 조사하는 역할을 맡았다. 보상 및 회복위원회는 피해자의 존엄을 회복하고 재활을 돕기 위한 제안을 수립하는 업무를 맡았다. 사면 위원회는 법령에 따라 사면을 신청한 사람들의 심사를 담당했다.

TRC에 접수된 아파르트헤이트 시기의 인권유린 사건은 2만 1,300건에 이르렀으며, 피해자 수는 약 305만명에 달했다. 사면을 청구한 범죄자들은 약 7,128건이었다.[235] 청문회를 통해 가해자와 희생자 양측의 수많은 증언을 청취·수집·조사하였으며, 진실을 말하는 조건으로 가해자를 처벌하거나 책임을 묻지 않을 것을 약속했다. 진상규명과 용서, 사면의 과정이 남아공 전역에서 진행되었고

---

232) 만델라, 《자유를 향한 머나먼 길》, 906-907쪽.
233) Apartheid Museum, "The Truth and Reconciliation Commission (TRC)," https://www.apartheidmuseum.org/exhibitions/the-truth-and-reconciliation-commission-trc(accessed January 26, 2025).
234) 랑, 《넬슨 만델라 평전》, 325쪽.
235) 만델라, 《자유를 향한 머나먼 길》, 910쪽; the Truth and Reconciliation Commission, "Truth and Reconciliation Commission of South Africa Report: Volume 6," (Cape Town: Formeset, 2003).

34년간 숨겨졌던 수많은 반인륜적 만행의 진실이 드러나게 되었다.

더크 쿠치Dirk Coetzee는 악명높은 경찰살인 부대 블랙플라스 Vlakplaas의 책임자였다. 그 역시 TRC로부터 사면을 받았다.[236] 아래는 그의 끔찍한 증언이다. 최악의 인간성은 ―아우슈비츠, 소련, 문화대혁명, 한국전쟁, 캄보디아에서처럼[237]― 언제나 인간을 상대로 벌어진다.

> "4명의 젊은 경찰관들이 시즈웨 콘딜Sizwe Kondile(반아파르트헤이트 운동가이자 민족의 창 회원. 인용자 주)의 손과 발을 묶어 장작과 타이어 더미에 올려놓고는 석유를 뿌리고 불을 붙였습니다. … 그런 일이 벌어지는 동안 우리는 그 불가에서 술을 마시고 고기(바비큐)를 구워먹었지요. … 두꺼운 살 덩어리, 특히 엉덩이 살과 허벅지 살이 타는 데는 시간이 오래 걸리므로 그것을 완전히 재로 만들기 위해 밤새 돌려가며 태워야만 했습니다."[238]

진상규명과 과거 극복의 과정에서 논란도 격렬하였다. 가해자들도 반발하였고, ANC를 포함한 피해자들도 격렬하게 반발하였다. ANC는 만델라의 설득이 통하지 않을 때도 있을 만큼 반발하였다. 그만큼 인간사회에서 인간 악행과 인간 고통 사이의 화해처럼 어려운 것은 없다.

---

236) Government of South Africa (info.gov.za), "Speeches," http://www.info.gov.za/speeches/1997/08050w13297.htm　　(accessed January 13, 2025).

237) 이에 대해서는 박명림, 〈인간비극과 인간화해〉, 302-361쪽.

238) 만델라, 《자유를 향한 머나먼 길》, 919-920쪽; South African Department of Justice and Constitutional Development (TRC), "TRC Media (1996/11): page," https://www.justice.gov.za/trc/media/1996/9611/s961107d.htm (accessed January 15, 2025).

1998년 10월 29일, TRC의 1차 최종 보고서를 받은 뒤, 만델라는 다음과 같은 연설을 남겼다. 화해의 본질에 대해 중요한 언명이기에 길게 인용한다. 먼저 그는 "오늘 우리는 남아프리카의 기근이 끝날 때 뿌린 씨앗의 수확의 일부를 거둬들이고 있다."라면서 "그 작성 자체가 우리를 여기로 이끈 과정의 일부인 보고서를 받게 되었다."고 언명한다. 나아가 "(TRC의 과정이 준) 고통이 종종 견딜 수 없을 정도였고, 그리고 (진실의) 드러냄이 우리 모두에게 충격적이었다면, 그것은 그 드러냄이, 과거에 무슨 일이 있었는지에 대한 공통의 이해와, 국가 (전체)의 인간성의 회복의 시작을 우리에게 실제로 제공했기 때문"이었다.

그리하여 만델라는 "우리를 이 여정으로 안내한 TRC는 우리 모두의 TRC"라고 규정한다. 여기에서 '우리 모두'는 당연히 흑인과 유색인과 백인, 그리고 가해자와 피해자를 모두 말한다. 만델라는 분명히 인식하고 있었다. 즉,

> "정당한 전쟁(just war)을 수행하는 사람들과 그들이 반대했던 사람들을 나란히 있게 하는 것은 누군가에겐 인위적으로 보일 수도 있다. 심각한 인권침해의 피해자들은 징벌적 정의(punitive justice)와 평화적 전환(peaceful transition) 사이의 상충에 대한 철학적 설명을 받아들이기 어려울 것이다. 많은 이들은 아파르트헤이트 국가가 심각한 인권침해의 주범이라는 결론을 수용하기 어려울 수 있다. 그러나 우리는 그런 반인간성을 자행한 체제에 대해 애매할 수 없을 것이다. 다시는 '그런 일이 절대 없어야 한다!'는 명확한 외침에 대한 불협화음도 없을 것이다. … 이것이 하나의 국민으로서 우리의 생존과 번영의 논리이다. …
>
> 우리는 위원회가 화해라는 건물의 기초를 다지는 작업에 기여했다고

확신한다. 더 나아가 평화의 집을 짓기 위해서는 나와 당신의 손이 필요하다. 화해는 우리에게 민주주의와 인간성을 수호하기 위해 함께 노력해야 한다고 요청한다."[239]

만델라가 말하는 핵심 요체는 인간성의 회복, 국가의 심각한 범죄, 재발 방지, 화해였다. 처벌을 제외하고는, 과거 극복의 핵심 가치와 실천 전부를 말하고 있다. 그런데 TRC는 말할 필요도 없이 "지도자로서 만델라의 위상과 도덕적 위치가 없었다면 TRC는 그 소임을 할 수 없었을 것이다. 위원회 설립을 위한 입법협상, 위원회 임명, 청문회, 그리고 보고서 출간에 이르기까지 만델라는 TRC에 관한 모든 단계의 논쟁을 처리해야만 했다. 심지어 그중에는 위원회 설립을 반대하기 위해 만델라를 설득하려는 시도도 포함되었다."[240] 그만큼 남아공의 과거 극복은 만델라의 철학 및 지도력과 불가분의 관계였다.

'진실과 화해' 방식 자체에 대한 비판을 포함해, 모든 범죄자를 재판에 회부했어야 한다는 사후의 주장에 대해 투투 대주교는 인간들의 기억력이 좋지 않기 때문이라며 강력히 반박한다. 물론, 그는 명령을 받고도 TRC에 출두하지 않은 자들을 기소했어야 했다고 본다.[241]

"체제 이행 전체가 얼마나 위태롭고 가망 없어 보이는 일이었는지, 전 세계 사람들이 이 나라의 변화를 진정한 기적이라 부르며 지

---

239) Nelson Mandela, "Statement by Nelson Mandela on receiving Truth and Reconciliation Commission Report (29 October 1998),"
http://www.mandela.gov.za/mandela_speeches/1998/981029_trcreport.htm (accessed January 17, 2025).
240) Mandela and Langa, *Dare Not Linger: The Presidential Years*, pp. 469–470.
241) 만델라, 《자유를 향한 머나먼 길》, 927쪽.

468

금도 감탄하는 이유가 무엇인지 너무나 빨리 잊어버린 것이다. 이 기적은 협상을 통한 합의의 결과였다. 협상 참가자들 한쪽이 모든 범죄자를 고발해야 한다고 주장했다면 협상을 통한 합의도, 민주적인 새 남아공도 없었을 것이다."242) 여기에서 우리는 굉장히 강력한 반박을 읽을 수 있다.

그에 따르면 남아공의 길은 제3의 길이었다. "사면이라는 제3의 길은 응구니족 언어로 '우분투Ubuntu', 소토족 언어로는 '보토botho'라고 부르는 아프리카 세계관의 핵심 특성과 궁극적으로 일치한다. 어떻게 해서 그토록 남아공 사람들이 징벌을 요구하는 대신 용서를 선택하고, 복수를 꾀하기보다 아량을 베풀며 기꺼이 용서할 수 있었을까? 우분투는 인간됨의 본질을 뜻한다. "아무개가 우분투가 있어Yu, u nobuntu"라는 말은 최고의 찬사다. 관대하고 호의를 베풀며 친절하고 다정하고 남을 보살필 줄 알고 자비롭다는 뜻이다."243)

비판과 반박을 넘어 진실과 화해위원회는 남아프리카의 화해를 통한 민주주의로의 전환에 매우 중요한 통로이자 요소였다. 오랜 시간이 지난 현재로서는 안과 밖에서 적지않은 한계점을 비판받고 있지만 당시로서는 가장 성공적인 모델로 평가되었다. 그리하여 진실과 화해 모델은 현재까지 이행적 정의transitional justice라는, 과거사 극복의 한 대표적인 세계모델이 되었다.244)

---

242) 투투, 《용서 없이 미래 없다》, 46쪽.
243) 투투, 《용서 없이 미래 없다》, 59–60쪽.
244) 이행적 정의에 대해서는 방대한, 세 권으로 이루어진 Neil J. Kritz ed., *Transitional Justice—Vol. I: General Considerations, Vol. II: Country Studies, Vol. III: Laws, Rulings, and Reports* (Washington, D.C.: United States Institute of Peace Press, 1995), 및 Ruti G. Teitel, *Transitional Justice* (New York: Oxford University Press, 2000)를 참조. 지금까지 TRC에 대해서는 수 많은 연구들이 제출되고 있다.

V. 결론에 대신하여

한국의 김대중과 독일의 빌리 브란트와 남아공의 넬슨 만델라
는 고난과 역경, 화해와 통합의 상징으로 받아들여진다. 김대중은
다섯 번의 생사고비를 포함해 71개월의 투옥, 군부독재의 사형선고,
1087일의 망명, 그리고 기나긴 가택연금을 포함한다. 인동초라는
별칭은 그의 고난을 상징한다. 브란트는 가공할 나치의 폭압을 피해
14년의 망명투쟁을 전개하였다. 오랜 기간 그는 무국적자였다. 만델
라는 혹독한 인종차별과 27년의 감옥 생활을 감내하였다. 그 고난을
딛고, 그 고난을 벗 삼아, 그 고난에 힘입어 그들은 화해와 통합의
자국과 세계의 정점으로 나아갔다.

본고는 김대중의 화해와 통합의 정치를 20세기를 대표하는 다
른 두 지도자인 독일의 빌리 브란트, 그리고 남아프리카 공화국의
만델라와 함께 간략하게 검토하였다. 본고가 비록 사실의 부문에서
는, 그동안 잘 알려지지 않은 브란트와 만델라를 좀 더 깊게 들어갔
지만, 김대중의 화해와 통합의 사상과 정치가 두 사람에 비해 결코
낮거나 부족하지 않았다는 점은 강조할 필요도 없다.

김대중은 내부 통합과 연합정치의 경우, 민주화 운동 시기의 의
회 내부(김영삼), 재야 및 민주화 운동 세력, 여성, 기독교, 국제 부문
과의 광범한 연대, 그리고 대선과정에서의 산업화·보수 세력과의
정치연합·이념연합·지역연합(김대중–김종필 연합)을 통한 집권과 건
국 이래 최초의 평화적 정권교체, 대선 이후 내각구성과 정책실현에
서의 보수이념 및 세력과의 정치적 정책적 연대를 통한 남북관계 개
선과 외환위기 극복사례가 특히 주목할만하다.

둘째로 용서와 화해 정치의 경우, 박정희 기념사업지원 및 전두환 노태우 사면을 통한 국내 수준의 진보–보수 화해, 그리고 김대중–오부치 선언을 통한 한일 화해, 남북정상회담과 6·15공동선언을 통한 남북화해가 해당된다. 남북 정상 회담은 건국 이래 최초였다. 일본과의 김대중–오부치 선언 역시 한일관계의 가장 모범적인 전환점의 하나로 평가받는다.

이를 통해, 김대중정치는 한국에게 가장 어려운 3대 요소인 진보–보수연합(남남연합), 한국–일본, 남한–북한의 화해의 정치를 상당 수준에서 모두 이루어낸 이례적인 사례가 아닐 수 없다. 대내 화해와 통합이 대외 화해와 공존으로 연결된 것이다. '국가를 위한 충성(한국전쟁 참전자)'과 '국가에 의한 희생(제주 4·3사건)'을 함께 포용하고, 함께 지원하고, 함께 추념하게 된 첫 계기도 김대중 정부 시기부터였다.

끝으로는 밖과의 공존의 정치의 경우 화해와 통합 정치의 확장이었다. 냉전 시대 초기 시기부터의 주변 4대국 안전보장 및 교차승인을 통한 미일과 북한, 중소와 남한의 상호 화해를 통한 평화추구, 냉전 해체 직후 유엔 동시 가입과 남북 상호 인정 주장, 그리고 유엔 동시 가입과 한중·한소수교 이후의 북미수교 집중 제안을 통한 이른바 전방위=부챗살 평화구상과 전략을 말한다. 그리하여 집권 이후 김대중 시기는 한반도평화–한국문제에 관한 한 한미동맹과 한중협력, 남북관계와 한일관계를 포함해 어떤 시기보다도 한국 주도의 평화실현의 가능성과 전망이 높았던 국면이었다.

끝으로 김대중정치의 한 요체인 연합정부 성공의 현대 한국에서의 거시 역사적인 의미와 위상을 짚어볼 때다. 이 점은 위기 시점에 나타나는 한국인들의 반복적인 내부 대응양태와 관련하여 중요한 지평을 갖는다. 물론 김대중·김종필의 연합정부는 외환위기라는 특별한 국가적 경제위기에 대응하기 위한, 현대 한국의 역사에서 건국

이래 최초의 연립정부라는 위치를 점유한다. 더 나아가 국가공동체 발전의 거시 통학과 관련하여 볼 때도 아래처럼 특별한 위상과 연속성을 갖는다. 즉 한국에서 연합정부는 비상한 공동체 위기상황에서 위기극복과 국민통합을 위한 특별한 계기의 산물이라는 점이다. 이는 절정의 위기 당시 한국인들이 선택한 지혜로운, 동시에 반복적인 경로를 의미한다.

첫째는 일제의 강점에 의한 망국 이후 1919년 최초의 망명 민주공화국인 대한민국 임시정부 수립 당시의 출발이었다. 거대한 근대적 공화주의 운동이었던 3.1운동의 산물인 한국 최초의 이 근대 망명 민주공화국은 통합적 연합정부로 출발하였다.[245]

둘째는 1945년 일제 강점기 최후의 대한민국 임시정부 역시 연립정부였다.[246] 창립 당시 임시정부 이후 최초인 당시의 연립 정부는 급변하는 세계정세 속에서 군국주의 폭압의 임박한 패망을 정치적 준비를 통해 맞이하기 위한, 즉 연합을 통한 주권회복에의 열망의 결집을 말한다.

세 번째는 건국이라는 비상한 국면 당시 1948년의 첫 대한민국 정부의 출발 역시 보수주의, 자유주의, 사회민주주의 세력 사이의 연합정부였다. 대한민국 건국을 위한 이른바 국가형성연합 state-formation coalition을 말한다.[247] 따라서 김대중 정부가 '제2

---

245) 신용하, 「대한민국 임시정부의 수립과 활동의 역사적 의의」, 고정휴 외, 《대한민국 임시정부의 현대사적 성찰》(파주: 나남, 2010), 24-29쪽.

246) 이 주목할만한 견해에 대해서는, 조지훈, 《조지훈 전집 6권》 (파주: 나남출판, 1996), 325쪽; 이러한 견해를 이미 당시에 보여준 분석에 대해서는 미국 전략첩보국 (OSS; Office of Strategic Services)의 '한국문제에 관한 메모'(Memorandum on Korean Affairs. 1945.4.12.) pp. 160, 278, ('연립내각'. the coalition cabinet of Korean Provisional Government. 원문 그대로)를 참조. 국사편찬위원회 대한민국 임시정부자료집 편찬위원회, 《대한민국 임시정부 자료집12: 한국광복군 III》 (국사편찬위원회, 2006).

247) 건국 당시의 국가형성연합에 대해서는 박명림, 《한국전쟁의 발발과 기원 II》(파주:

의 건국'을 자임한 것은, 국가 위기극복을 넘어, 민주공화국 대한민국에서 최초의 야당 집권을 통한 갈등의 제도화와 민주공화국의 완성이라는 헌정적, 거시적 의미를 담는다.

네 번째는 외환위기 시점의 김대중·김종필 연합정부와 최초의 평화적 정권 교체였다. 내부 정치 갈등이 격렬한 한국에서 이 연합정부는 이러한 역사적 위상을 갖는다.

요컨대 민주공화국 대한민국의 첫 임시정부, 제국주의 강점의 종식 당시 임시정부, 대한민국의 첫 정부, 첫 번째 평화적 정권교체가 모두 연합정부였다는 점은, 한 민주공화국의 거시적인 발전 및 도약의 계기와 관련하여 매우 중요한 함의를 담는다.

본 연구는 특정 지도자 개인의 삶과 정치에 대한 과대평가와 과소평가, 칭송과 폄하와는 관련이 없다. 다만 엄정한 객관의 자를 통해 김대중, 빌리 브란트, 넬슨 만델라의 통합과 화해의 정치를, 그 성과 및 한계를 포함하여, 20세기 후반 유럽, 아프리카, 아시아를 각각 대표하는 지도자였던 그들 정치 사상과 실천의 보편적 지평에 대해 탐색하고 분석하려 하였다.

한 가지, 화해와 통합의 이면을 지적해야 할 것 같다. 우리는 앞에서 만델라의 헌법개정 노선을 한 헌법학자의 이론을 빌려 혁명적 헌정주의로 부른 바 있다.248) 헌법변경을 통한 민주주의 확장에 관한 한, 좀 더 온건한 지평에서, 김대중과 브란트도 다르지 않았다. 세 사람은 새로운 국가체제의 정초에 크게 기여한 것이었다. 즉 변혁과 통합의 결합이었다.

세 지도자는 전후 자국 헌법과 헌법정치의 전환에 결정적 역할을 한 정치인의 한 사람이라는 공통점을 갖고 있다. 대화를 통한 헌

나남, 1996), 385-397쪽.
248) Ackerman, *Revolutionary Constitutions*, pp. 77-115. 남아공 부분을 참조하라.

법개혁은 변혁과 통합의 이중 정수였다. 세 지도자는 정치를 통한 국가통치능력 제고의 두 가지 최고 핵심 요체인 제도개혁(개헌)과 정치리더십(연정) 모두에서 공통적인 절정의 역량을 보여주었음을 알 수 있다. 만델라는 이미 본문에서 설명한 대로다.

김대중은, 탁월한 동료 야당 지도자 김영삼과 함께, 국민적 저항을 통해 형성된 군부독재 종식과 개헌 협상을 중심에서 이끌어, 타협을 통한 민주화 전환을 이루어내는데 결정적으로 기여하였다. 한국은 이 타협을 통해 유혈을 통하지 않고 민주화 이행을 이룩한 대표적인 사례가 되었다. 김대중 자신이 군부독재의 최대의 피해자의 한 사람이었음은 물론이다.

브란트는 대연정(부총리 재임)과 소연정(총리 재임) 기간 동안 무려 17번의 개헌을 하여 역대 최다 개헌을 이룬 총리–부총리로 기록되고 있다.[249] 대연정–부총리 때 12번, 소연정–총리 때 5번이었다. 대연정 때는 단일 의회 임기 동안 무려 12번을 개헌하여, 현재까지 단연 최다 개헌이었다. 2차대전 이후 현재까지 독일의 개헌 가운데 그가 대연정–소연정을 통해 부총리와 총리로 재임한 기간 동안의 개헌이 가장 많았다. 민주주의는 시대변화와 국민의사에 따른 합의와 타협이 중요하다고 할 때, 이러한 합의 개헌은 그가 둘 모두에서 탁월한 지도자였음을 보여준다.

세 사람의 정치적 목표의 실현은 모두 통합과 화해를 통한 집권으로 인해 가능하였다. 각각 자기 나라 최초의 연합정부, 최초의 대연정, 최초의 국민통합 정부로서, 독일·남아공·한국에서 사회민

---

249) 이하 수치는 Deutscher Bundestag Wissenschaftliche Dienste, "Änderungen des Grundgesetzes seit 1949," https://www.bundestag.de/resource/blob/995980/dc7cf6b9b7a0b10c71f08 70582847ed4/75-Jahre-Grundgesetz-Aenderungen-des-Grundgesetzes-seit-1949.pdf. 독일은 현재까지 총 67번을 개헌하였다.

주당, 흑인, 야당으로서는 자기 나라에서 최초의 집권이었다. 연합과 통합의 압도적 힘이었다. 이론적 경험적 차원 모두에서 볼 때 사회와 국민와 국가의 통합이야말로 민주주의의 기본조건이기 때문이다.250) 그리고 그들의 집권은 사회와 국민의 통합을 통해 의심의 여지없이 건국 이후 세 나라의 민주주의의 결정적인 전환점을 이루었다. 한국과 독일의 경우 현재까지, —흑인 ANC의 연속 집권인 남아공은 말할 필요도 없고— 연립정부와 대연정을 통해 보수와 타협한 김대중과 브란트만이 오직 자기 정당의 연속집권에 성공한 유일한 사례라는 점은 매우 중요한 함의를 갖는다.

흥미 있는 것은 세 지도자는 통합과 연합을 통해 집권하였을 뿐만 아니라, 집권 이후에도 그들은 국정의 각 분야에서 통합과 연합의 정치와 정책을 펼쳤다는 점이다. 그리고 외부와의 평화공존에도 성공하였다. 즉 안의 화해와 통합이 외부와의 평화와 공존에 우선한 다Concordia Domi Foris Pax. 우리가 탐구한 김대중, 브란트, 만델라, 그리고 한국, 독일, 남아공은 물론 영국, 네덜란드, 스위스, 미국, 핀란드, 오스트리아의 장기 평화 시대가 보여주는 완벽한 일치다.

한국에서 1997년 김대중-김종필연합에 의한 정부교체는, 그때까지의 폭력에 의한 정권교체와 정당 내 정부교체를 넘어 선거를 통한 최초의 정당 간 정권교체로서 민주공화국의 명실상부한 한 완성의 의미를 지닌다. 단기적인 성공과 후퇴에도 불구하고, 스웨덴, 핀란드, 독일, 오스트리아, 이탈리아, 미국, 네덜란드의 역사적 경로

---

250) Dunkwart A. Rustow, *The Politics of Compromise — A Study of Parties and Cabinet Government in Sweden* (London: Princeton University Press, 1955), p. 226, Dunkwart A. Rustow, "Transition to Democracy: Toward a Dynamic Model," *Comparative Politics* 2 (1970): pp. 350–352; Adam Przeworski, Philippe C. Schmitter, Jang Jip Choi, Guillermo O'Donnell, Alfred Stepan et. al. *Sustainable Democracy* (Cambridge: Cambridge University Press, 1995), pp. 110–112.

들에 비추어 정치연합은 위기극복과 국민통합, 민주주의와 국가발전, 그리고 거시적인 평화와 통일의 결정적인 경로로 해석된다.

거시적인 국가발전의 견지에서 볼 때 한국은 국가형성 연합, 산업화연합, 민주화연합의 연속적인 성공을 통해 오늘의 선진국 수준에 도달하였음을 부인할 수 없다. 그러나 1948년의 이승만-김구 분열과 1960년 4월혁명 세력의 분열, 그리고 1987년의 87년의 김영삼-김대중 분열을 포함해 중대 계기에 연합정치의 지혜와 경험은 부족한 것도 사실이었다. 그 점에서 1997년 김대중-김종필 연합은 산업화 세력과 민주화 세력의 정치연합, 보수와 진보의 이념연합, 호남과 충청의 지역연합의 복합적인 3중 의미를 함께 갖는다. 김대중-김종필 정치연합은 최초의 정당 간 평화적 정권교체를 성취한 것을 비롯해 보수와 진보가 함께 연립·연합정부로서 외환위기 극복, 국민통합, 사회적 대타협, 대북 온건 정책, 전방위외교를 가능하게 한 요체였다.

특히 국민통합에는, 진보-보수 인사의 균형적 내각구성을 통한 통합정부 실현 뿐만 아니라 지역균형발전을 통한 지역통합, 외교·안보·통일 분야 각료급 전원의 보수인사 등용을 통한 정책통합, 그리고 노사정위원회를 통한 노사통합, 국가를 위한 유공과 국가에 의한 피해를 동시에 보상하고 포용하는 역사통합-과거통합의 추구를 포함하였다. 다층적 다면적 다성적多聲的 국민통합이었던 것이다. 금모으기운동, 남북정상회담, 한일 월드컵 역시 국민통합의 중요한 계기이자 산물이었다.

그러나 김대중의 국가리더십은 내각제 개헌합의 추구의 시도 부재, 구조조정 과정에서의 재벌체재 개혁과 노사정 불균형의 한계, 사회타협·남북관계·외교관계의 제도화와 연속성의 확보에서 일정한 한계를 노정하였다. 그러한 정치적 한계는 훗날 돌아보아 만델라

476

와 브란트의 경우도 불가피하였다. 그럼에도 각각 자신들의 나라에서, 그리고 세계에서 비교를 통해 볼 때 통합과 화해의 정치를 전범적典範的으로 추구한 지도자들이었다는 점은 분명하였다.

정치에 대한 최초의 체계적 사상과 논변을 개진한 플라톤은 모든 지식을 지배하는 지식을 통치술·통치학이라고 말한 바 있다. 이 말은 국가에서 정치가 차지하는 압도적 위상을 표현한 말이다.[251] 그만큼 시민 개개인의 삶과 나라 전체에서 정치와 정치가는 결정적으로 중요하다. 정치를 직조에 비유하는 플라톤은 절제와 용기, 절제 있는 사람들과 용기 있는 사람들이라는 두 요인과 두 부류의 공존과 협력을 가장 강조한다. 정치의 요체가 아닐 수 없다. 그래야 정치라는, 나라를 위한 천을 제대로 짤 수 있기 때문이다. 절제 하나만으로는 나태로 흐를 수 있으며, 용기 하나만으로는 광기로 흐를 수 있다. 둘의 극단은 더욱 위험하다.

절제 있는 사람들은 용기 있는 사람들보다 조심스럽지만 추진력이 약하고, 용기 있는 사람들은 절제 있는 사람들보다 덜 조심스럽지만 추진력이 강하다. 이 두 부류가 서로 돕지 않으면 시민 삶의 사적인 영역과 공적인 영역 모두에서 국가는 제 역할을 하기 어렵다. 따라서 이 둘을 따로 놀게 하는 것은 위험하다. 나라의 통치는 용기와 절제를 합쳐 하나의 천을 짰을 때 비로소 완성된다.[252] 위기에 직면한 오늘의 민주주의와 세계평화를 돌아볼 때 집권기 김대중, 브란트, 만델라는 용기와 절제를 합치려 노력했던 세계적 지도자들이었다.

그들은 평범한 시민에서 탁월한 정치인으로 변화돼서 정치영역에서 활동한 사람들이었다. 그리고 그 정치의 영역이 갖는 잔혹성과

---

251) 플라톤, 천병희 옮김, 《정치가/소피스트》 (파주: 숲, 2014), 119쪽.
252) 플라톤, 천병희 옮김, 《정치가/소피스트》, 118-132쪽

흑백 택일을 넘어 정치의 통합성과 인간성과 숭고성을 추구한 지도자들이었다. 그것이야말로 김대중, 브란트, 만델라의 화해와 통합의 정치에 대한 하나의 결론이 아닐 수 없다. 따라서 만델라에 대한 아래의 냉정하고 현실적인 객관적 고급 평가는 셋 모두에게 해당된다. 그리고 셋 모두 이러한 마음과 말, 태도와 선택을 자주 표출하였다.

"만델라를 성인으로 묘사하는 것은 실제적이지 않으며, 그는 스스로 성인인 척한 적도 결코 없었다. '나는 천사가 아닙니다.' 어떤 성인도 50년 동안 정치적 정글 속에서 살아남아 그러한 세속적인 변혁을 성취할 수는 없었을 것이다. 만델라는 인간적인 약점, 즉 고집, 자부심, 순진함, 충동성을 갖고 있었다. 그리고 그의 도덕적 권위와 리더십 뒤에서 그는 언제나 능란한 정치인이었다. 그의 가장 가까운 동료 중 한 명은 내가 성인을 상대하고 있는지, 마키아벨리를 상대하고 있는지 결코 알 수 없다."고 말했다. 그의 업적은 가장 넓고 긴 의미에서의 정치를 통달한 데 달려있었다, 즉 사람들을 움직이고 설득하여 그들의 태도를 바꾸는 방법을 이해한 데 달려 있었다. 간디나 처칠처럼 그는 항상 자신의 모범과 존재감을 통해 앞장서 이끌어나가기로 마음먹고 있었다."(강조는 원문 그대로)[253]

---

253) Anthony Sampson, *Mandela: The Authorized Biography*, p. xxiv.

참고 문헌

김귀옥. 〈김대중의 화해의 정치〉. 박명림 외. 《김대중의 사상과 정치: 평화 · 민주
　　주의 · 화해 · 협력 2》. 서울: 연세대학교 출판문화원, 2023.

김대중. 《공화국연합제》. 서울: 학민사, 1991.

______. 《김대중 자서전 2》. 서울: 삼인, 2010.

______. 연세대학교 김대중도서관 편. 《김대중 전집 I》. 제3권. 서울: 연세대학교
　　대학출판문화원, 2015.

______. , 《김대중 전집 II》. 제6권–제19권. 서울: 연세대학교 대학출판문화원,
　　2019.

김종필. 중앙일보 김종필증언록팀 엮음. 《김종필 증언록 2》. 서울: 와이즈베리,
　　2016.

김철수. 《독일 통일의 정치와 헌법》. 서울: 박영사, 2004.

노명환. 《4차 산업혁명 시대를 위한 김대중 생애 · 사상 · 정책의 의미: 빌리 브란트
　　와의 관계 · 비교 속에서》 서울: 신서원, 2024.

______. 〈김대중의 용서 · 화해 사상과 분단 극복 · 지구평화〉. 박명림 외. 《김대중
　　의 사상과 정치: 평화 · 민주주의 · 화해 · 협력 2》. 서울: 연세대학교 출판
　　문화원, 2023.

국사편찬위원회 대한민국 임시정부자료집 편찬위원회, 《대한민국 임시정부 자료집
　　12:　　　　　한국광복군 III》　　　(국사편찬위원회, 2006).

랑, 자크. 윤은주 옮김. 《넬슨 만델라 평전》, 서울: 실천문학사, 2007.

마이어, 밀턴. 박중서 옮김, 《그들은 자신들이 자유롭다고 생각했다》. 서울: 갈라파
　　고스, 2014.

만델라, 넬슨. 김대중 옮김. 《자유를 위한 머나먼 여정》. 서울: 두레, 2020.

__________. 윤길순 옮김. 《넬슨 만델라 어록》. 서울: 알에이치코리아, 2013.

미셸, 앙리, 김용자 옮김. 《제2차세계대전》. 서울: 박영사, 1986.

바, 에곤. 박경서 · 오영옥 옮김. 《독일 통일의 주역, 빌리 브란트를 기억하다》. 서
　　울: 북로그컴퍼니, 2014.

바크, 데니스 L., 데이비드 R. 그레스, 서지원 옮김. 《도이치 현대사 3: 아! 동방정
　　책》. 서울: 비봉출판사, 2004.

박명림. 〈김대중의 연대와 연합의 정치〉. 박명림 외. 《김대중의 사상과 정치: 평

화·민주주의·화해·협력 2》. 서울: 연세대학교 출판문화원, 2023.

______. 〈연합정치·정권교체·대통령 리더십〉. 《1987년 민주헌정체제의 등장과 운영 II: 김대중》. 파주: 카오스북, 2017.

______. 〈인간비극과 인간화해〉. 전우택·박명림 편. 《트라우마와 사회치유》. 서울: 역사비평사, 2019.

______. 〈한국에서 연합적 민주주의: 김영삼과 김대중 정치의 연합성과 지속성〉. 재단법인 김영삼대통령기념재단 편. 《김영삼 대통령과 신한국 창조》. 서울: 새로문화, 2023.

______. 《한국전쟁의 발발과 기원 II》. 파주: 나남, 1996.

박찬수. 《김대중의 국정노트》. 서울: 한겨레출판사, 2015.

베버, 막스. 박상훈 옮김. 《소명으로서의 정치》. 서울: 후마니타스, 2001/2021.

부루마, 이안. 신보영 옮김. 《0년: 현대의 탄생, 1945년의 세계사》. 파주: 글항아리, 2016.

브란트, 빌리. 정경섭 옮김. 《빌리 브란트: 동방정책과 독일의 재통합》. 서울: 하늘땅, 1990.

쉴겐, 그레고어. 김현성 옮김. 《빌리 브란트》. 서울: 빗살무늬, 2003.

신용하. "대한민국 임시정부의 수립과 활동의 역사적 의의."《대한민국 임시정부의 현대사적 성찰》. 파주: 나남, 2010.

아태평화재단. 《김대중의 3단계 통일론》. 파주: 한울, 1995.

야스퍼스, 카를. 이재승 옮김. 《죄의 문제: 시민의 정치적 책임》. 서울: 앨피, 2014.

애너, 하랄트. 박종대 옮김. 《늑대의 시간: 제2차 세계대전 패망 후 10년, 망각의 독일인과 부도덕의 나날들》. 파주: 위즈덤하우스, 2024.

이한규. 〈만델라의 정치적 리더십에 대한 고찰〉. 《한국아프리카학회지》 제35집 (2012)

이홍구. 《민족공동체 형성을 통한 통일로의 전진》. 세종: 국토통일원, 1989.

______. 〈평화통일을 위한 분단체제의 제도화〉. 《중앙일보》, 2015년 9월 14일.

장신기. 《성공한 대통령 김대중과 현대사 – 김대중 재평가》. 서울: 시대의창, 2021.

정태환. 〈김대중 정권의 성격과 개혁정치: 모순과 한계〉. 《한국학연구》 제31집 (2009): 387–416.

조동은. 〈체제전환과 헌법제정절차 – 스페인, 헝가리, 남아프리카공화국을 중심으로〉. 박사학위논문, 서울대학교, 2022.

조지훈, 《조지훈 전집 6권》 (파주: 나남출판, 1996)

중앙선거관리위원회. "제15대 대통령 선거 개표현황." 중앙선거관리위원회. http://info.nec.go.kr/electioninfo/electionInfo_report.xhtml. 검색일: 2024년 5월 20일.

최영태. 《빌리 브란트와 김대중》. 서울: 성균관대학교 출판부, 2020.

카메론, 에드윈. 김지혜 옮김. 《헌법의 약속: 모든 차별에 반대한다》. 서울: 후마니타스, 2017.

투투, 데스몬드. 홍종락 옮김. 《용서 없이 미래 없다》. 서울: 사자와어린양, 2022.

플라톤. 천병희 옮김. 《정치가/소피스트》. 파주: 숲, 2014.

하승희. 〈표현주의적 의미망의 미학〉. 홍성남·유운성 편. 《로베르토 로셀리니》. 서울: 한나래, 2004.

황규득. 〈남아프리카공화국의 대통령제: 정치구조와 권력메커니즘을 중심으로〉. 《한국아프리카학회지》 제26집 (2007)

Ahonen, Pertti. *After the Expulsion: West Germany and Eastern Europe 1945–1990*. Oxford: Oxford University Press, 2003.

Ackerman, Bruce A. *Revolutionary Constitutions*. Cambridge, MA: Belknap Press of Harvard University Press, 2019.

Apartheid Museum. "The Truth and Reconciliation Commission (TRC)." https://www.apartheidmuseum.org/exhibitions/the-truth-and-reconciliation-commission-trc. 검색일: 2025년 1월 26일.

Ash, Timothy G. *In Europe's Name: Germany and the Divided Continent*. New York: Knopf Doubleday Publishing Group, 1994.

Asmal, Kader, Adrian Hadland, and Moira Levy. *Kader Asmal: Politics in My Blood*. Johannesburg: Jacana Media, 2011.

Auschwitz-Birkenau Memorial and Museum. "When Willy Brandt Fell to His Knees—An Enduring Appeal to Confront the Dark Past." https://www.auschwitz.info/en/press/press-informations/press-information-single/lesen/when-willy-brandt-fell-to-his-knees-to-this-day-an-enduring-appeal-to-keep-on-confronting-the-dark.html. 검색일: 2025년 2월 25일.

Bahr, Egon. "Wandel durch Annäherung. Rede in der Evangelischen Akademie Tutzing [Tutzinger Rede], July 15, 1963." https://www.1000dokumente.de/index.html?c=dokument_de&dokument=0091_bah&object=facsimile&pimage=7&v=100&l=de. 검색일: 2024년 4월 8일.

Binder, David. *The Other German: Willy Brandt's Life & Times*. Washington, D.C.: New Republic Book Co., 1975.

Brandt, Willy. *Verbrecher und andere Deutsche: Ein Bericht aus Deutschland 1946*. Bonn: J.H.W. Dietz Nachf, 2007.

__________. "Vorwärts." In Daniela Münkel (ed.), *Berliner Ausgabe, Bd. 4, Auf dem Weg nach vorn: Willy Brandt und die SPD 1947–1972*. Berlin: Verlag J.H.W. Dietz Nachf, 2000.

Braithwaite, John. "Rethinking Radical Flank Theory: South Africa." *RegNet Research Paper 2014/23*. Australian National University, Regulatory Institutions Network, 2014.

Bundeskanzler Willy Brandt Stiftung. "50 years ago: 1971 Nobel Peace Prize for Willy Brandt. October 20, 2021." https://willy-brandt.de/en/neuigkeiten/50-years-ago-1971-nobel-peace-prize-for-willy-brandt/. 검색일: 2025년 11월 12일.

Chris McGreal, "Democracy neutralises Inkatha," *The Guardian*, https://www.theguardian.com/world/1999/jun/05/chrismcgreal. 검색일: 2024년 12월 28일.

Clark, Mark W. "A Prophet without Honour: Karl Jaspers in Germany, 1945–48." *Journal of Contemporary History* 37, no. 2 (April): 197–222, 2002.

CVCE. "European unification and the foreign policy of the Federal Republic of Germany (1966–1974)." https://www.cvce.eu/en/recherche/unit-content/-/unit/f28057ae-f00f-4677-8327-d97d19023b80/29bff3e6-4a61-4cac-95d5-57b9d5674355. 검색일: 2024년 5월 31일.

____. "The Hague Summit (1–2 December 1969): completion, enlargement, deepening."

https://www.cvce.eu/en/education/unit-content/-/unit/d1cfaf4d-8b5c-4334-ac1d-0438f4a0d617/01b8a864-db8b-422c-915e-a47d5e86593e. 검색일: 2024년 5월 31일.

____. "Treaty Between the Federal Republic of Germany and Poland Concerning the Basis for Normalizing Their Mutual Relations, Signed at Warsaw, December 7, 1970." https://www.cvce.eu/content/publication/1999/1/1/7f3363b0-2705-472a-b535-c42bd229f9e2/publishable_en.pdf. 검색일: 2025년 1월 21일.

Der Spiegel. "KNIEFALL ANGEMESSEN ODER ÜBERTRIEBEN? December 13, 1970." https://www.spiegel.de/politik/kniefall-angemessen-oder-uebertrieben-a-861df9eb-0002-0001-0000-000043822427. 검색일: 2025년 1월 21일.

Deutscher Bundestag Wissenschaftliche Dienste. "Änderungen des Grundgesetzes seit 1949." https://www.bundestag.de/resource/blob/995980/dc7cf6b9b7a0b10c71f0870582847ed4/75-Jahre-Grundgesetz-Aenderungen-des-Grundgesetzes-seit-1949.pdf. 검색일: 2025년 1월 21일.

Die Bundeswahlleiterin. "Bundestagswahl 1965." n.d. https://www.bundeswahlleiterin.de/en/bundestagswahlen/1965.html. 검색일: 2024년 4월 15일.

____________. "Bundestagswahl 1969." n.d. https://www.bundeswahlleiterin.de/en/bundestagswahlen/1969.html. 검색일: 2024년 4월 15일.

Die Zeit. "Große Koalition - eine 'miese Ehe'? - Der Briefwechsel zwischen Willy Brandt und Günter Grass. December 2, 1966." https://www.zeit.de/1966/49/grosse-koalition-eine-miese-ehe/komplettansicht. 검색일: 2024년 4월 15일.

Ebrahim, Hassen. *The Soul of a Nation.* Cape Town: Oxford University Press, 1998.

Ellis, Stephen. "The Historical Significance of South Africa's Third World." *Journal of Southern African Studies* 24, no. 2 (1998): 261–295.

Government of South Africa. "Address of President Nelson Mandela on the Occasion of the Opening of the Second Session of the Democratic Parliament (17 February 1995)." https://www.gov.za/news/speeches/president-nelson-mandela-opening-second-session-democratic-parliament-17-feb-1995. 검색일: 2024년 12월 29일.

──────────────────────────. "Promotion of National Unity and Reconciliation Act." https://www.gov.za/documents/promotion-national-unity-and-reconciliation-act. 검색일: 2025년 1월 10일.

──────────────────────────. "Speeches." http://www.info.gov.za/speeches/1997/08050w13297.htm. 검색일: 2025년 1월 13일.

Greene, Olivia. "Kader Asmal: Politics in My Blood, A Memoir (Review)." *Transformation: Critical Perspectives on Southern Africa* 80, no. 1 (2012).

Hartzell, Caroline A., and Matthew Hoddie. "Art of the State: Democracy and Power Sharing in Deeply Divided Societies." In *Power Sharing and Democracy in Post-Civil War States: The Art of the Possible*. Cambridge: Cambridge University Press, 2020.

Holocaust Encyclopedia. "Warsaw Ghetto Uprising." https://encyclopedia.ushmm.org/content/en/article/warsaw-ghetto-uprising. 검색일: 2025년 1월 21일.

Kondlo, Kwandiwe. "From the Fringes to Fossils: The Pan Africanist Congress of AZANIA and the Negotiated Transition to Democracy in South Africa, 1990–1994." *Journal for Contemporary History* 42, no. 1 (2017).

Kritz, Neil J., ed. *Transitional Justice. Vols. I–III.* Washington, D.C.: United States Institute of Peace Press, 1995.

Lijphart, Arend. "Electoral Systems, Party Systems and Conflict Management in Divided Societies." In Robert Schrire (ed.), *Critical Choices for South*

Africa. Cape Town: Oxford University Press, 1990.

Lynd, Hilary. "The Peace Deal: The Formation of the Ingonyama Trust and the IFP Decision to Join South Africa's 1994 Elections." *South African Historical Journal* 73, no. 2 (2021): 318-349.

Mandela, Nelson. *Conversation with Myself*. London: Picador, 2011.

＿＿＿＿＿＿＿＿. *Long Walk to Freedom: The Autobiography of Nelson Mandela*. Boston: Little, Brown and Company, 1994.

＿＿＿＿＿＿＿＿. "Statement from the Dock at the Rivonia Trial (20 April 1964)." http://www.mandela.gov.za/mandela_speeches/before/640420_trial.htm. 검색일: 2024년 12월 10일.

＿＿＿＿＿＿＿＿. "Nelson Mandela at His Inauguration as President of South Africa, Pretoria (10 May 1994)." http://www.mandela.gov.za/mandela_speeches/1994/940510_inauguration. htm. 검색일: 2024년 12월 27일.

＿＿＿＿＿＿＿＿. "Opening Remarks at a Meeting with Afrikaner Organisations (29 March 1996)." http://www.mandela.gov.za/mandela_speeches/1996/960329_afrik aner.htm. 검색일: 2025년 1월 5일.

＿＿＿＿＿＿＿＿. "Address by President Nelson Mandela at Launch of Book 'Madiba: the Rainbow Man', Bonteheuwel (27 November 1997)." http://www.mandela.gov.za/mandela_speeches/1997/971127_book. htm. 검색일: 2024년 12월 28일.

＿＿＿＿＿＿＿＿. "Statement by Nelson Mandela on Receiving Truth and Reconciliation Commission Report (29 October 1998)." http://www.mandela.gov.za/mandela_speeches/1998/981029_trcre port.htm. 검색일: 2025년 1월 17일.

Mandela, Nelson, and Mandla Langa. *Dare Not Linger: The Presidential Years*. Farmington Hills, MI: Thorndike Press, 2017.

Mandela Foundation (ATOM). "Item 010 – I Am Prepared to Die: Nelson Mandela's Statement from the Dock at the Opening of the Defence Case in the Rivonia Trial." https://atom.nelsonmandela.org/index.php/za-com-mr-s-10.

검색일: 2024년 12월 9일.

Marshall, Barbara. *Willy Brandt: A Political Biography*. London: Palgrave Macmillan, 1996.

McGreal, Chris. "Democracy Neutralises Inkatha." The Guardian. https://www.theguardian.com/world/1999/jun/05/chrismcgreal. 검색일: 2024년 12월 28일.

Miard-Delacroix, Hélène. *Willy Brandt: Life of a Statesman*. London: I.B. Tauris, 2016.

Montesquieu. *The Spirit of the Laws*. Anne M. Cohler, Basia C. Miller, and Harold S. Stone (eds.). Cambridge: Cambridge University Press, 1989.

Niedhart, Gottfried. "Ostpolitik: Transformation through Communication and the Quest for Peaceful Change." *Journal of Cold War Studies* 18, no. 3 (Summer), 2016.

Office of Strategic Services (OSS). Memorandum on Korean Affairs. April 12, 1945.

O'Malley Archives. "Notes Prepared by Nelson Mandela for His Meeting with P. W. Botha, 5 July 1989." https://omalley.nelsonmandela.org/index.php/site/q/03lv01538/04lv01600/05lv01640/06lv01642.htm. 검색일: 2024년 12월 8일.

__________________. "Pan Africanist Congress (PAC)." https://omalley.nelsonmandela.org/index.php/site/q/03lv02424/04lv02730/05lv03188/06lv03214.htm. 검색일: 2024년 12월 5일.

Ponchaud, Francois. *Cambodia Year Zero*. New York: Holt, Rinehart and Winston, 1977.

Przeworski, Adam, Philippe C. Schmitter, Jang Jip Choi, Guillermo O'Donnell, Alfred Stepan et. al. *Sustainable Democracy*. Cambridge: Cambridge University Press, 1995.

Rauer, Valentin. "Symbols in action: Willy Brandt's kneefall at the Warsaw Memorial." In Jeffrey C. Alexander, Bernhard Giesen & Jason L. Mast (eds.), *Social Performance: Symbolic Action, Cultural Pragmatics, and Ritual*. Cambridge: Cambridge University Press, 2009.

Raus, Rachèle. "Egon Bahr and the concept of a 'European peace order'

(1963–1970)." CVCE, 2006.

Republic of South Africa, "Address of President Nelson Mandela on the occasion of the opening of the second session of the Democratic Parliament (17 February 1995),"
https://www.gov.za/news/speeches/president-nelson-mandela-opening-second-session-democratic-parliament-17-feb-1995. 검색일: 2024년 12월 29일.

__________________________, "Promotion of National Unity and Reconciliation Act,"
https://www.gov.za/documents/promotion-national-unity-and-reconciliation-act. 검색일: 2025년 1월 10일.

Rustow, Dunkwart A. *The Politics of Compromise – A Study of Parties and Cabinet Government in Sweden.* London: Princeton University Press, 1955.

__________________. "Transition to Democracy: Toward a Dynamic Model." *Comparative Politics* 2 (1970).

Sampson, Anthony. *Mandela: The Authorized Biography.* New York: Vintage, 2000.

Schoenborn, Benedikt. *Reconciliation Road: Willy Brandt, Ostpolitik and the Quest for European Peace.* New York: Berghahn Books, 2020.

Southall, Roger. *Smuts and Mandela.* Auckland Park, South Africa: Jacana Media, 2024.

South African Department of Justice and Constitutional Development. "Truth and Reconciliation Commission (TRC) Report: Executive Summary." https://www.justice.gov.za/trc/report/execsum.htm. 검색일: 2024년 12월 3일.

____. "Constitution of the Republic of South Africa Act 200 of 1993 (Interim Constitution)." https://www.justice.gov.za/trc/legal/sacon93.htm. 검색일: 2024년 12월 27일.

____. "TRC Media (1996/11)."

https://www.justice.gov.za/trc/media/1996/9611/s961107d.htm.
검색일: 2025년 1월 15일.

South African History Archive (SAHA) TRC. "TRC Report, Volume 2, Chapter 7,
Subsection 1."
https://sabctrc.saha.org.za/reports/volume2/chapter7/subsection1.
htm. 검색일: 2024년 12월 3일.

____________________________. "TRC Final Report – Vol. 3, Ch. 6,
Subsection 104."
https://sabctrc.saha.org.za/reports/volume3/chapter6/subsection104.
htm. 검색일: 2024년 12월 6일.

Sparks, Allister. *Tomorrow Is Another Country: The Inside Story of South
Africa's Road to Change.* Johannesburg & Cape Town: Jonathan Ball
Publishers, 2003.

Sputnik News. "Over Half of West Germany's Interior Ministry Workers Were
Ex–Nazis. November 8, 2015."
https://sputniknews.com/europe/201511081029781755–west–germany–
interior–ministry–nazi. 검색일: 2024년 4월 15일.

Sunstein, Cass R. *Designing Democracy: What Constitutions Do.* Oxford:
Oxford University Press, 2001.

Tatsachen über Deutschland. "Federal state."
https://www.tatsachen–ueber–deutschland.de/en/politics–germany/
federal–state. 검색일: 2024년 4월 16일.

Taylor, Rupert. "South Africa: A Consociational Path to Peace?"
Transformation: Critical Perspectives on Southern Africa 17 (1992):
1–11.

Teitel, Ruti G. *Transitional Justice.* New York: Oxford University Press, 2000.

The Irish Times. "Buthelezi Is Made Acting President in Peace Move by Mandela."
https://www.irishtimes.com/news/buthelezi–is–made–acting–president
–in–peace–move–by–mandela–1.27841. 검색일: 2024년 12월 27일.

The Local (Germany). "Half of post–WWII interior ministry were ex–Nazis.
November 7, 2015."
https://www.thelocal.de/20151107/between–1949–70–half–of–int

erior-ministry-were-ex-nazis. 검색일: 2024년 4월 15일.

The New York Times. "Renazification." December 2, 1949.
　https://www.nytimes.com/1949/12/02/archives/renazification.html.
　검색일: 2024년 4월 15일.

The Presidential Years. "3.1 The Path to a Government of National Unity."
　https://tpy.nelsonmandela.org/pages/part-i-democratic-breakthr
　ough/forming-the-government-of-national-unity/3-1-the-path
　-to-a-government-of-national-unity. 검색일: 2024년 12월 12일.
　_______________. "11.2 Interactions with Afrikaner Society."
　https://tpy.nelsonmandela.org/pages/part-iv-transformation/11-
　reconciliation/11-2-interactions-with-afrikaner-society.
　검색일: 2025년 1월 3일.
　_______________. "Footnote 111 (NM: The Presidential Years, pp. 7-8)."
　https://tpy.nelsonmandela.org/footnotes/111-nm-the-presidentia
　l-years-pp-7-8-nmf-johannesburg. 검색일: 2024년 12월 23일.

Time. "Willy Brandt, Man of the Year, January 4, 1971."
　https://content.time.com/time/covers/0,16641,19710104,00.html.
　검색일: 2025년 1월 22일.

Topco Media. *From 100: The Mandela Years: 2021 Edition.* Johannesburg:
　Topco Media, 2021.

Truth and Reconciliation Commission of South Africa. *Truth and Reconciliation
　Commission of South Africa Report.* Volume 6. Cape Town: Formeset,
　2003.

United Nations Peacemaker. "South Africa Interim Constitution (1993)."
　https://peacemaker.un.org/sites/default/files/document/files/2022
　/07/zainterimconstitution1993_2.pdf. 검색일: 2024년 12월 26일.

Venter, Sahm, ed. *The Prison Letters of Nelson Mandela.* New York: Liveright,
　2018.

von Holdt, Karl. "South Africa: The Transition to Violent Democracy." *Review
　of African Political Economy* 40, no. 138 (Dec. 2013).

Wessel Visser, "Labour and Right-Wing Extremism in the South African
　Context - a Historical Overview," *ITH-Tagungsberichte* 41, 2007,

125-48.

Wikipedia. "Beate Klarsfeld." https://en.wikipedia.org/wiki/Beate_Klarsfeld.
　　검색일: 2024년 4월 18일.

Willy Brandt online biografie. "Foreign Minister and Federal Chancellor in
　　Bonn."
　　https://www.willy-brandt-biography.com/foreign-minister-and-
　　federal-chancellor-in-bonn/. 검색일: 2024년 4월 15일.

__________________________. "For relationships with Eastern Europe."
　　https://www.willy-brandt-biography.com/t/1957-1966/#1964.
　　검색일: 2024년 4월 15일.

__________________________. "Speech at the Protestant Academy in
　　Tutzing."
　　https://www.willy-brandt-biography.com/t/1957-1966/#1963.
　　검색일: 2024년 12월 12일.

__________________________. "April 1967 European Consultations."
　　https://www.willy-brandt-biography.com/t/1967-1974/#1967.
　　검색일: 2024년 5월 31일.

__________________________. "Chancellor's visit in Oslo."
　　https://www.willy-brandt-biography.com/t/1967-1974/#1971. 검
　　색일: 2024년 5월 31일.

__________________________. "For European unity − Concepts and policies
　　for Europe 1939-1992."
　　https://www.willy-brandt-biography.com/politics/european-unity/.
　　검색일: 2024년 5월 31일.

__________________________. "Rally against anti-Semitism."
　　https://www.willy-brandt-biography.com/t/1947-1956/#1952.
　　검색일: 2025년 2월 5일.

Wolfgang Schmidt. "Foreign Minister and Federal Chancellor in Bonn." Willy
　　Brandt Biografie,
　　https://www.willy-brandt-biography.com/foreign-minister-and-
　　federal-chancellor-in-bonn/. 검색일: 2025년 2월 25일.

저자 소개

김학노

1983년 서울대학교 정치학과를 졸업하고, 1985년 서울대학교 대학원에서 정치학 석사 학위를 받았으며, 1997년 위스콘신 대학교(University of Wisconsin-Madison)에서 유럽통합 연구로 정치학 박사 학위를 받았다. 2001년 이후 영남대학교 정치외교학과에서 재직하고 있다. 한국정치학회와 한국국제정치학회 회원이며, 유럽통합연구회를 거쳐 분리통합연구회 활동을 하고 있다. 주요 연구 관심사는 정치이론, 국제정치, 남북한 관계, 분리-통합, 지정학 등이다. 저서로 《남과 북의 서로주체적 통합》(2018), 《정치: 아我와 비아非我의 헤게모니 투쟁》(2023), 《'분단-통일'에서 '분리-통합'으로》(공저)(2014), 《해방정국, 분리와 통합의 정치: 한국과 오스트리아》(공저)(2025) 등이 있다.

최영태

전남대학교 사학과를 졸업하고 동 대학원에서 박사학위를 취득하였다. 독일 보훔대학에서 연구했으며, 미국 아이오와 대학 방문학자를 역임했다. 전남대학교 사학과에 재직하였고, 현재는 전남대학교 명예교수이다. 대학에서 서양문화사와 유럽현대사를 가르쳤다. 5·18 연구소장, 한국독일사학회 회장 등을 역임했다. 시민운동에 참여하여

광주흥사단/광주시민단체협의회　상임대표,　민주화를위한전국교수협의회
(민교협) 공동의장을 역임했다. 주요 저서로는《독일 통일의 3단계 전개과
정》(2018),《빌리 브란트와 김대중: 아웃사이더에서 휴머니스트로》(2020),
《거인의 꿈: 하의도 · 서울 · 평양》(장편소설)(2024) 등이 있다.

양재진

연세대학교 행정학과 교수이다. 미국 럿거스대학
에서 정치학 박사학위를 받았다. 연세대학교 김
대중도서관장, 한국사회보장학회장, 한국행정학
회 편집위원장, 노무현정부 대통령자문 정책기획
위원, 사회보장위원회 사회보장평가위원장 등을
역임했다. 주요 연구 분야는 복지국가, 발전국가,
그리고 정부학이다. 대한민국학술원상(2023). 아
시아행정학회 Akira Nakamura Best Paper Award(2019), 한국정치학회
인재저술상(2017), 한국정치학회 학술상(2013) 등을 수상했다. 주요 저술
로《정부의 원리−대한민국 시스템을 한눈에 꿰뚫는 정치수업》(2025),《복
지의 원리−대한민국 복지를 한 눈에 꿰뚫는 11가지 이야기》(2023),《The
Small Welfare State: Rethingking Welfare in the US, Japan and
South Korea》(2020),《The Political Economy of the Small Welfare
State in South Korea》(2017) 등이 있다.

492

박진경

김대중 정부에서 국회 입법비서관으로 모성보호3법을 추진하였고, 초대 여성부장관 비서관을 맡아 성평등기구와 여성정책의 초석을 다지는데 기여하였다. 이후 국회 보좌관, 국무총리실 여성가족정책과장, 대통령비서실 경제수석실 행정관 등 최고정책결정단위에서의 총괄 및 조정 역할을 수행하였다. 문재인 정부에서는 대통령직속 저출산고령사회위원회 사무처장(2019~22년)을 맡아 고위공직자로서 국정의 핵심 분야 컨트럴타워 역할을 수행한 바 있다. 이화여대에서 행정학 박사학위(2010)를 받았으며, 여성정책과 여성정치, 다문화·이민, 저출생·인구정책에 관심을 갖고 캐나다 퀸즈대학 방문학자, 한국행정연구원 초청연구위원, 인천대 객원교수, 이화여대 초빙교수를 역임하였다. 국가인권위원회 차별조정위원, 국회헌법개정특별위원회 자문위원, 한국여성단체연합 성평등연구소장으로도 활동하였다. 《김대중의 성평등-대한민국여성의 삶을 바꾸다》(2024), 《남녀동수-공존의 길, 책임과 권리를 함께하다》(2025), 《한국의 여성정치를 보다》(2018), 《젠더입법》(2020) 등의 공저자로 참여하였다.

김병로

1984년 성균관대학교 사회학과를 졸업하고, 1986년 미국 인디애나주립대학교 대학원에서 사회학 석사학위를 받았으며, 1991년 럿거스대학교 대학원에서 남북한 발전 비교연구로 사회학 박사학위를 받았다. 1993년 통일연구원에 입사하여 선임연구위원 및 북한연구실장을 지냈으며, 2003년 아신대학교 교수 및 북한연구소장을 거쳐, 2006년 서울대학교 통일평화연구원으로 전직하여 연구교수 및 2011년

HK교수로 연구와 강의·집필활동을 했으며, 2026년 정년 퇴임을 하였다. 북한연구학회 제22대 회장, 국방부·통일부·국가정보원 자문위원, 민주평화통일자문회의 상임위원, 민화협 정책위원 등을 역임했으며, 평화나눔재단 고문, 기독교통일포럼 상임대표, 한반도평화연구원 연구위원 등으로 활동하고 있다. 주요 저서로는 《Two Koreas in Development》(1992), 《한반도발 평화학》(2021), 《북한, 조선으로 다시 읽다》(2016), 《다시 통일을 꿈꾸다》(2017), 《탈사회주의 체제전환과 북한의 미래》(공저)(2018), 《개성공단》(공저)(2015), 《분단폭력》(공저)(2016), 《한국과 조선》(2024) 등이 있다.

남기정

서울대학교 일본연구소 교수이며, 사단법인 외교광장 사무총장을 맡고 있다. 서울대학교 외교학과에서 학사와 석사학위를, 도쿄대학 대학원 총합문화연구과에서 박사학위를 취득했다. 일본 도호쿠대학 법학연구과, 국민대학교 국제학부에서 가르쳤으며, 현대일본학회 회장, 한국정치외교사학회 회장을 역임했다. 《기지국가의 탄생: 일본이 치른 한국전쟁》(2016 한국어판, 2023 일본어 번역본), 《동아시아와 샌프란시스코 조약체제: 3개의 분단과 2개의 정전을 넘어서》(공저)(2023), 〈분석도구로서 한국 민족주의론 고안을 위한 시론−상쇄 조합 구조의 형성과 고착화〉(2022, 개념과 소통), 〈북일 교섭 소생을 위한 처방전〉(《북일 교섭 30년(와다 하루키)》 서평, 2024, 역사비평)을 비롯해서 동아시아 국제정치를 배경으로 한 일본의 정치와 외교에 대해 다수의 업적을 발표했다.

박명림

연세대학교 지역학협동과정 교수로서 정치학, 사회인문학, 동아시아학, 평화, 문명, 국제관계를 가르치고 있다. 연세대학교 김대중도서관장 및 인간평화와 치유연구센터 소장을 맡고 있다. 고려대학교 아세아문제연구소 연구교수, 하버드대학교 아세아문제연구소 연구교수, 하버드대학교 하버드–옌칭연구소 협동연구학자, 프랑스 고등사회과학원과 베를린 자유대학교 초빙교수, 지린대학교 해외석좌교수를 역임하였다. 주요 저서로는 《한국전쟁의 발발과 기원》1·2(1996), 《한국 1950: 전쟁과 평화》(2002), 《역사와 지식과 사회》(2011) 등이 있다. 오랫동안 《김대중 전집》(2019), 《김대중 육성 회고록》(2024), 《김대중 망명일기》(2025), 《김대중–이희호 옥중기록》(2026)을 비롯한 김대중 일차 자료의 수집, 정리와 간행을 지속해 왔다.